यथासमय

(व्यंग्य-संग्रह)

यथासमय

शरद जोशी

भारतीय ज्ञानपीठ

पहला संस्करण : 2005
दूसरा संस्करण : 2007
तीसरा संस्करण : 2008
चौथा संस्करण : 2011
पाँचवाँ संस्करण : 2022

भारतीय ज्ञानपीठ
लोकोदय ग्रन्थमाला : ग्रन्थांक 778

प्रकाशक
वाणी प्रकाशन ग्रुप
4695, 21-ए, दरियागंज, नयी दिल्ली-110 002
फ़ोन : 011-23273167, 23275710
ईमेल : sales@vaniprakashan.in

ISBN : 978-93-5518-361-3

यथासमय
(व्यंग्य)
शरद जोशी

YATHASAMAY
(Satire)
by Sharad Joshi

मुद्रक : आर. टेक ऑफ़सेट प्रिंटर्स, दिल्ली-110 032

आवरण चित्र : अमित कल्ला

Fifth Edition : 2022

Price : INR. 495

समर्पण

माँ, इरफ़ाना शरद के नाम
इतने वर्षों में न जाने कितने घर बदले
पर आपने पप्पा के हजारों लेखों को
हमेशा सहेज-सँभालकर रखा।
—नेहा शरद

आज से कुछ साल पहले
(भूमिका)

समझ छिछली होती जा रही है। गहराई गायब है और उसकी आवश्यकता भी अनुभव नहीं की जाती। संगीत में, धर्म में, साहित्य या इतिहास में छिछलापन छा गया है जो गहरे हैं उनसे रिश्ता टूटता जा रहा है और वे अकेले जीने के लिए छोड़ दिये जाते हैं। कुछ साल पहले खबर थी कि विशेषज्ञता का जमाना आएगा। तब विस्तार और गहराई दोनों के प्रति हम आश्वस्त थे। आज उथलापन सर्वोपरि है। कृति से, रचना से, विचार से व्यक्ति का जुड़ा होना, उसकी निजता अब मायने नहीं रखती। यदि यह अगली सदी का आभास है तो बड़ा भयावह है। धर्म में ईश्वर खोजने की बजाय उपयोगिता तलाशी जाने लगे तो किसी कम्युनिस्ट का पोप के प्रति आदर जताना या किसी पण्डित का मौलवी से बात न करना समान है, क्योंकि सब-कुछ जरूरत के तराजू पर तोल कर हो रहा है। सिद्धान्त थे तो दृढ़ता थी। मूल्य होते हैं तो उस पर डटे रहने की जिद होती है। अब बयान बदलने का संकोच समाप्त हो गया, धुन चुराने में शर्म नहीं आती, कविता जगह घेर कर प्रसन्न है, इतिहास मात्र एक सन्दर्भ है, अब सफलता सीढ़ियों द्वारा ही केवल नापी जाती है। बिक्री हो जाने की क्षमता श्रेष्ठता का अन्तिम प्रमाण है। केवल उपभोक्ता बाजार में ही गुणवत्ता अपने होने की सूचना दे पाती है। कुछ साल पहले तक स्थितियाँ इतनी गिरी हुई नहीं थीं।

भीड़ आपसे अपरिचित है और आप भीड़ से। अन्य शक्तियों की तरह भीड़ भी अब डराती है। चूँकि व्यक्ति के उन्नयन की सम्पूर्ण प्रक्रिया भ्रष्ट है, अत: प्रवर्तक शक्ति के रूप में आप भीड़ को देखने में संकोच करते हैं। वह उपयोग की जा सकती है, मूर्ख बनायी जा सकती है, धोखा खा सकती है। भीड़ या समाज का समूह अब पावन तालाब या पवित्र गंगा नहीं रहे। इसकी कोई गारण्टी नहीं कि वह आपको सही ढाँचे में ढालकर, निखारकर ले आएगी। जन की विराट उपस्थिति अब गाँधी या लेनिन को ताकत नहीं देती, न उभारकर लाती है। पहले अकेला आदमी खरीदा जा सकता था, अब भीड़ खरीदी जा सकती है। विदेश का पैसा आपके देश का एक पूरा प्रान्त

खरीद सकता है। कुछ साल पहले बुद्धिजीवी यह सोच मन को समझा लेते थे कि जो भी गलत, गड़बड़ या अशुभ है वह जनशक्ति द्वारा सुलझाया या सँवार लिया जाएगा, यदि ऐसा नहीं होता तो समझने में गड़बड़ है। क्या वह आज भी उतने ही जोर से यह बात कह सकता है? विचारों के, मान्यताओं के आग्रह जन-विरोधी न हों, फिर भी जन की कोई कसौटी उन्हें परखने के लिए उपलब्ध नहीं है। आदमी को उसके इतिहास से, मानव संस्कृति की धारा से काटकर शुद्ध वर्तमान में बाँधकर खड़ा कर देने की जो साजिश बीस वर्ष पूर्व चालू हुई थी, वह अब अपना रंग दिखा रही है। आज आप राइफल थमाकर आदमी की आत्मा अपने पास गिरवी रख सकते हैं।

इन वर्षों में मरने की खबर कोई खबर नहीं। क्या हो गया कि मनुष्य की संवेदनशीलता इन वर्षों में इतनी कम हो गयी है और जो इसका ढिंढोरा पीटते हैं कि उनकी आत्मा को कष्ट पहुँचा है वे अपनी राजनीति के लिए एक अनिवार्य पाखण्ड कर रहे हैं, यह सभी जानते हैं। इन सालों में हमने रोज सुबह की शुरूआत मरने की खबर पढ़कर की और देर रात एक मनोरंजक कार्यक्रम देख सो गये। साँस लेने और साँस छोड़ने की तरह तनाव में जीना और तनाव से मुक्ति ही जीवन की मात्र गतिविधि रह गयी है। तीखे, गहरे प्राणलेवा नशे से लेकर लाइब्रेरी से वीडियो कैसेट ला फिल्में देखने तक की क्रियाएँ समस्याओं से पलायन हैं। मनुष्य का यह रूप, मौत के समाचारों की उपेक्षा करेगा ही।

बृहत्तर समाज की समस्याओं के प्रति चिन्तित होना उच्च वर्ग ने तब से छोड़ दिया, जब से देश में नवधनाढ्यों की संस्कृति उभरकर आयी। अब मध्यमवर्ग ने भी यह रुख अपना लिया है। यह जानते हुए भी कि सरकार सारे मामले सुलझा नहीं सकती, लोग हर समस्या सरकार की ओर धकेलते हैं और सरकार जवाब में लोगों की तरफ धकेल देती है। एकदम अकेले हो जाने और निजी स्वार्थ में सबसे कट जाने के बाद मनुष्य अपने विकास के चोर रास्ते खोज रहा है। अब बाप उँगली पकड़कर अपने बेटे को चौड़े रास्ते पर छोड़ने के बजाय गलियों से आगे बढ़ जाने की सलाह देता है। नवविवाहित दहेज के लिए वधुएँ जलाता है, गाँव की आर्थिक हालत ठीक करने के लिए महिला को सती किया जाता है और दूसरे को नौकरी मिल जाएगी, इस आशंका से उत्पन्न पीड़ा आत्मदाह के लिए प्रवृत्त कर सकती है। तो कुल मिलाकर आज के आदमी का क्या रूप बनता है! बस साल-भर पहले कश्मीर से जुड़े रहना एक राष्ट्रीय भावना थी। आज ऐसे लोग मिल जाएँगे जो यह पूछते नजर आएँगे कि हम कश्मीर छोड़ क्यों नहीं देते? मतलब अपना कारखाना फायदा देता रहे, हमारी फर्श संगमरमर की हो, हमारी गाड़ी फुलटैंक रहे, हमारा कन्साइन्मेण्ट मंजिल तक पहुँच जाए, मेरे बेटे की दुकान चल जाए इसके आगे आदमी ने सोचना बन्द कर दिया

है। आज से बीस साल पहले छात्रों के, ट्रेड यूनियनों के आन्दोलनों को राजनीति-विहीन करने की जो साजिश तत्कालीन सत्ताधारियों ने आरम्भ की थी और उच्च वर्ग ने राष्ट्रीय विकास का बहाना लेकर जिसकी हाँ-में-हाँ मिलाई थी, उसके नतीजे सामने आ गये हैं। कोई दृष्टि नहीं रही। नैतिकतावादियों को निरन्तर परेशानियों का सामना करना पड़ता है और खुलेआम स्वार्थ का खेल खेलनेवाले नेताओं की जमीन मजबूत है। आज प्रश्न यह रह गया है कि क्या विचार को, ईमानदारी को जनाधार प्राप्त होगा? ऐसा प्रश्न इस देश के इतिहास में पहले कभी नहीं उठा।

अँग्रेजी में कहते हैं डोण्ट बॉदर मी यानी मुझे तंग मत करो! जवाब में मैं तुम्हें बॉदर नहीं करूँगा। मैं बीमार हूँ, तो पड़ोसी मुझे देखने कृपया न आये और वह बीमार है तो मैं क्यों जाऊँ! मैं गड्ढे में पड़ा हूँ यह मेरा मामला है और तुझे लोग गड्ढे में ढकेल रहे हैं, इसकी चिन्ता तू कर! मानो पीड़ा न हुई, आदमी की निजी बियर की बोतल हो गयी जिसे राष्ट्र के इस अँधेरे बार में, निजी एकान्त खोज पीते समय वह डिस्टर्ब होना पसन्द नहीं करता। यदि वह भीड़ में बम फेंक कर हत्या भी करता है तो वह चाहता है कि इसे उसका निजी मामला माना जाए। उसका आग्रह है कि उसे पर्याप्त आदर मिले—हत्यारे के रूप में आदर मिले। अपराधियों को यह सोच आश्चर्य होता है कि उनके द्वारा किये सामूहिक बलात्कार के कृत्य पर इतनी चर्चा क्यों की जा रही है!

आज से कुछ साल पहले अपराधी सिकुड़कर बैठता था। अब वह चौड़ा होकर बैठता है। उसका किसी से कोई ताल्लुक या सरोकार नहीं। जैसे अपराध एक निजी जीवन-दर्शन हो। जब हम देखते हैं कि दस अपराध करने के बाद भी नेता टी. वी. के सामने न केवल मुस्कराता है बल्कि देश के मामलों में सीना चौड़ा कर बयान देता है, तो हम समझ नहीं पाते कि बेशर्मी का दायरा कितना है! इतने वर्षों तक हर क्षेत्र में ऐसी सीमाएँ फैलाने के अलावा हमने किया क्या है।

अनुक्रम

दर्शन ने दर्शन को मारा

दर्शन पर कोई पुस्तक मैंने इसलिए नहीं लिखी कि मैं जानता हूँ कि मैं लिखूँगा तो कोई नहीं पढ़ेगा। उससे अधिक खेदजनक स्थिति यह है कि जो पढ़ेगा उसे समझ नहीं आएगी। और परम दयनीय स्थिति यह है कि यदि मैंने ऐसी कोई पुस्तक लिखने की ठान ही ली तो मैं नहीं जानता कि मैं उसमें क्या लिखूँगा। मेरे लिए दर्शन एक दुर्लभ-सी चीज है। शायद इसीलिए कहा गया है कि दर्शन दुर्लभ भये तिहारे।

इतना असमझनीय कठिन विषय होने के बाद भी भारत देश में दर्शन शब्द का जिस तरह उलट-पलट कर मनचाहा उपयोग होता है, वह काबिले दर्शन है। बात यहीं तक नहीं कि लोग अपने देखने लायक बेटे का नाम दर्शनसिंह रख देते हैं और कालान्तर में उस बालक को हाकी खिलाड़ी इसी कारण बनना पड़ता है कि लोग उसे देखते रहें। जो यात्री-बस पूरे देश का भ्रमण करती है अर्थात् जिसकी खिड़की से सड़क के आसपास का भारत नजर आता है, लोग उस बस का नामकरण पूरे गर्व से भारत-दर्शन कर देते हैं। उस समय कोई यह विचार नहीं करेगा कि दर्शन का विचार और ज्ञान से कोई ताल्लुक है। आप यह कह सकते हैं कि भारत से दर्शन इसलिए गायब हो गया, क्योंकि लोग दर्शनों में लग गये। यदि महापुरुष के दर्शनों से तृप्ति होती हो, आत्मा को सुख मिल रहा हो तो यह जानने की आवश्यकता क्या है कि उस महापुरुष का दर्शन क्या है। बुद्ध की सुन्दर मूर्तियाँ बनीं, वे दर्शन के पात्र हो गये और लोग भूल गये कि बुद्ध का दर्शन क्या था। गाँधी की मूर्तियाँ लग गयीं और गाँधी-दर्शन गायब हो गया। मतलब यह कि इस देश पर तो दर्शन ने दर्शन को मारा।

जो दार्शनिक होता है वह दर्शनीय प्राय: नहीं होता और जो दर्शनीय होते हैं, लोग उनके 'दर्शन' की परवाह नहीं करते। अर्थात् उनके विचार जानने को उत्सुक नहीं होते। देखने लायक चीज सिर्फ देख ली जाती है।

बम्बई में जिस इमारत से समन्दर दिखाई देता है उसका नामकरण 'सागर दर्शन' होते देर नहीं लगती। इमारतों को यह नाम मातृछाया, साईंकृपा, गुरुकृपा

आदि की तरह सामान्य है। जहाँ से जुहू दिखता है उसका नाम जुहू दर्शन। हवाई अड्डे के पास बनी एक सोसायटी का नाम है जम्बो दर्शन। शायद इसलिए कि खिड़की से जम्बोजेट जाता-उतरता दिखाई देता हो। न भी देखें तो कोई फर्क नहीं पड़ता, क्योंकि इन तथाकथित सागर दर्शनों से सागर कितना दिखाई देता है, यह भी बहस का विषय है। मकानों के नामकरण के इस नियम के अन्तर्गत कोई ताज्जुब नहीं कल से अमिताभ बच्चन के बँगले के पास बने किसी फ्लैट का नाम हो अमिताभ दर्शन। फिर चाहे वह नजर आये भी या नहीं।

इसी दर्शनक्रम में एक इमारत के नामकरण ने मुझे सर्वाधिक आकर्षित किया। नाम था 'मार्गदर्शन'। विशेषत: यह कि यह मकान एक चौड़ी सड़क के किनारे बना था और इसकी खिड़की से एक चहल-पहल-भरी सड़क दिखाई देती है। जिसकी खिड़की से सागर दिखाई देता है यदि वह अपने मकान का नाम सागरदर्शन रख सकता है तो जिसकी खिड़की से मार्ग दिखाई देता है वह अपने मकान का नाम मार्गदर्शन तो रख ही सकता है। भारत में अधिकांश मकान मार्गदर्शन हैं क्योंकि वे सड़क की ओर खुलते हैं।

अब इसे इस देश की दार्शनिक ट्रेजेडी ही कहिए कि मार्गदर्शन, जो आदिकाल से एक क्रिया मानी जाती थी, इन वर्षों में संज्ञा हो गयी। वह भी भाववाचक नहीं। नेताओं के, जो नेता इसलिए कहलाते थे क्योंकि वे आगे चलते थे, जब स्थायी बँगले बनने लगे और आगे चलने का सवाल ही नहीं रहा तब मार्गदर्शन का अर्थ भी घर बना कर रहना ही हो जाए तो क्या आश्चर्य। आजादी के इतने वर्षों में जनता को यही मार्गदर्शन मिला, और यही दर्शन उसने सीखा कि बेटे मकान बनाओ और चैन से रहो। मात्र एक जीवन की फिलॉसफी।

दर्शन शब्द ही इतना भ्रामक है कि उस पर बिना स्वयं भ्रमित हुए पुस्तक लिखना कठिन है। दर्शन का अर्थ होगा देखना, दिखाना, देखने की व्यवस्था करना, देखने का कोण चुनना या स्वयं को दिखाना। कुछ भी हो सकता है। या न हो। मेरे ख्याल से भारतीय सन्दर्भ में जिस देखे को हम अनदेखा कर देते हैं, वही दर्शन है, जो अबूझ इसलिए है कि उसे बूझने से हमें मतलब क्या है?

सड़क और गड्ढे

जब शेरशाह सूरी ने भावी भारत की आवश्यकता महसूस करते हुए दिल्ली से बंगाल तक एक लम्बी सड़क बनाने की सोची, तो उसके डिग्रीहीन इंजीनियरों ने सर्वे कर एक नक्शा तैयार किया। नक्शे को हुजूर की खिदमत में पेश करते हुए उन तथाकथित इंजीनियरों ने शेरशाह से कहा, ''जहाँपनाह, ग्राण्ड ट्रंक रोड बनाने के लिए इससे बेहतर कोई रास्ता नहीं हो सकता।''

जहाँपनाह ने विलेन का काम करने वाले दढ़ियल एक्टरों के विशिष्ट अन्दाज से एक भौंह ऊपर कर नक्शे पर नजर डालते हुए कहा —यही रास्ता क्यों? क्यों नहीं दिल्ली से हैदराबाद होकर कलकत्ता तक सड़क बनायी जाए? लुत्फ रहेगा।

'नहीं हुजूर! इस सड़क पर जितने गड्ढे हो सकेंगे उतने दूसरी सड़कों पर नहीं हो सकेंगे,' इंजीनियर ने कहा। आदिकाल से भारत के इंजीनियर ठेकेदारों और उनकी भावी पीढ़ियों का हित ध्यान में रखकर निर्माण कार्य करते आये हैं। शेरशाह सूरी भी ऐसी सड़क की कल्पना नहीं कर सकता था, जो इतनी मजबूत हो कि बनाने वाले एक बार भुगतान प्राप्त करने के बाद बेरोजगार हो जाएँ। वह भारतीय सड़क क्या, जिसमें गड्ढे न हों। प्राचीनकाल से यही स्थिति है। कोई नहीं कह सकता कि लोग मोहनजोदड़ो से हड़प्पा किस रास्ते से जाते थे। आर्य पूरे भारत में फैले हैं, पर आर्यों का आगमन किस रास्ते से हुआ, इस प्रश्न का उत्तर किसी के पास नहीं है। दुर्दशा होते हुए सड़क कब खेत हो जाए, या उस पर लोग मकान खड़े कर लें, आप कह नहीं सकते।

आजकल बरसात है, और हमारे देश में नगरपालिकाओं को गालियाँ देने के लिए यह श्रेष्ठ मौसम माना गया है। सड़क पर गड्ढों में पानी भर गया है और जब तक पानी न भरे हम यह जान नहीं पाते कि सड़कों पर गड्ढे हैं। गड्ढे पूरे वर्ष होते हैं पर तब वे हमें नजर नहीं आते। वे हमें बरसात में दिखाई पड़ते हैं। पूरे शहर में एक निचली सतह होती है। अँग्रेजी अखबार जिसे लो-लायिंग एरिया कहते हैं। वर्षा शुरू हुई कि यहाँ पानी भरने लगता है। जमा हो जाता है।

यह शहर की निचली सतह है। इसका पता केवल बरसात में लगता है। पानी नगर का वर्ग-भेद स्पष्ट कर देता है। जहाँ वह जमा है, वह केवल भौगोलिक ही नहीं आर्थिक दृष्टि से भी शहर की निचली सतह है। गोरेगाँव के क्वार्टरों में पानी भर गया, गोरेगाँव के झोंपड़ों में पानी भर गया। आप यदि यह खबर पढ़ें तो समझ लीजिए कि वह निचली सतह है। वहाँ पैर रखते ही आपकी औकात गिरने का अन्देशा है।

सड़क बनाना इस देश की एक रहस्यमयी कला है। इसके रहस्य केवल गुरु अपने शिष्यों को बताते हैं। आज जो सड़क नयी बनी है, यह कितने माहों बाद गड्ढों से शोभायमान होने लगेगी यह गूढ़ रहस्य जानने वाले ही जानते हैं। एक सड़क बनने के बाद अनन्तकाल तक ठेकेदार को लाभ और सड़क-मजदूरों को रोटी देती है। वे बार-बार आते हैं, निरन्तर आकर उस सड़क को ठीक करते रहते हैं। फिर भी वह वही रहती है। बरसों की जानी-पहचानी गड्ढोंवाली सड़क। शहर की जान। जीवनरेखा। धचके-दर-धचके चहल-पहल से भरी।

राजा दशरथ भगवान जाने कहाँ से रथ घुमाकर ले आते थे। बेचारे राम को तो बनवास के समय सपाट मार्ग मिला नहीं। जब लंका से लौट रहे थे, रथों की कमी नहीं थी। जितने चाहते विभीषण नजर कर देता। पर राम सड़कों की हालत आँख से देखकर आये थे। बोले, समय पर पहुँचना है, तो आकाश-मार्ग से चलना ही ठीक होगा। रावण के यहाँ लम्बा समय रहने के कारण सीता की तबीयत ठीक नहीं थी। रथ के धचकों में और बीमार हो जाती। कहने का अर्थ यह कि त्रेतां युग में सड़कों की हालत ठीक रहती, तो पुष्पक विमान का नाम सुनने को नहीं मिलता। दक्षिण से उत्तर या उत्तर से दक्षिण जाने के लिए आज भी प्लेन फ्लाइट ही श्रेष्ठ है। बाम्बे-आगरा रोड की हालत सब जानते हैं।

दिल्ली की सड़कें जब से अच्छी हुईं, सब कहते हैं कि दिल्ली तो मानो विदेश है। सच यह है कि बिना गड्ढोंवाली, सपाट, मजबूत सड़क भारतीय वास्तविकता और आदर्श के अनुकूल नहीं बैठती।

बगदाद का नसीहत-फरोश

सुना है कि शहर बगदाद में एक नसीहत-फरोश था जो हर मौका-मुसीबत में नेक नसीहत कर जैसे-तैसे पेट पालकर गुजारा करता था। एक दिन जब उसका 'फ्रस्ट्रेशन' अपनी बुलन्दी पर पहुँच गया तो वह बादशाह के महल की तरफ टकटकी लगाकर देखने लगा। वह उठा और बोला कि इस फ्री लांसिंग की ऐसी-तैसी, अब सरकारी नसीहतकार बनेंगे और चैन की छानेंगे। वह चला और महल के नीचे खड़ा हो पुकार लगाने लगा :

"तू भी किसी के दरवाजे पर उम्मीदवार होता है, तो तू उनकी भी मुराद पूरी कर जो तेरे दरवाजे पर उम्मीद बाँधे बैठे हैं। दर्दमन्दों को दर्द से रिहाई दिला ताकि तेरा दिल भी दर्दमन्द न रहे।"

तब किसी नौकर ने बादशाह को खबर दी कि एक मुँहताज महल के नीचे खड़ा है और जाने क्या बड़बड़ाता हुआ पुकार लगा रहा है। बादशाह उस वक्त खाली था, उसने नसीहत-फरोश को बुलाया और पूछा, "ऐ नेकबख्त तू क्या चाहता है?"

"हुजूर, मैं आपके शहर बगदाद का नसीहत-फरोश हूँ, मुझे नसीहतें बेचने का सात साल का तजुर्बा है। मेरी नसीहतों से गाढ़े वक्त पर बहुतों का काम निकला है। अब मैं हरामखोरी से भरी एक सरकारी नौकरी का मुन्तजिर हूँ और ख्याल रख ऐ बादशाह कि नसीहत वह चीज है, जो हर मुसीबत में काम देती है।"

"तुम बड़बड़ अच्छी कर लेते हो," बादशाह बोला, "तुम जैसे लोगों की हमारे दरबार में सख्त जरूरत है। आगे से हम इन्साफ करेंगे और तुम नसीहत करना।"

कुछ देर बाद बादशाह के दरबार में एक मुकदमा पेश हुआ। शहर बगदाद के कोतवाल ने एक मुलजिम को हाजिर किया और कहा, "हुजूर, यह शख्स हरामी गुनहगार है, यों कि इसने गुनाह किया है। यह पराये माल और परायी बीवी पर नजर रखता है और बाज वक्त उन्हें हासिल करने में कामयाब भी हो

जाता है। इसका कुसूर यह है गरीबपरवर कि यह अपना माल और अपनी बीवी छुपाकर रखता है और हम पुलिसवालों से उसकी हिफाजत करता है। इसकी इस हरकत से पुलिस का दबदबा कम हो रहा है। कोई ताज्जुब नहीं किसी दिन शहर में बलवा हो जाए।''

बादशाह ने नसीहतकार से पूछा, ''क्या नसीहत करते हो?''

''मेरी नसीहत तो यह है कि बादशाही एक दरख्त है, मुलजिम उसकी जड़ें हैं। जो जड़ को काटता है, वह बादशाही का दुश्मन है।''

''क्या खूब! तुममें तो सरकारी तोते की सारी काबिलियत है। मुझे लगता है तुम एक दिन वजीर बन के रहोगे।'' बादशाह बोला और फिर उसने मुलजिम से पूछा, ''तेरा इस जुर्म पर क्या बयान है?''

''कोतवाल ने जो कुछ कहा, सो ठीक है। मैं अपनी दौलत और अपनी बीवी को हिफाजत से रखता हूँ। मगर जरा सोचिए जहाँपनाह कि यह फर्ज तो पुलिस का है कि छुपा हुआ माल पकड़े। अगर ये नाकामयाब हुए तो इसमें मेरा क्या कसूर है?'' मुलजिम ने कहा।

तभी दरबार में एक नाजनीन, हुस्न की मलिका दाखिल हुई और बोली, ''ऐ खूबसूरती को पनाह देनेवाले बादशाह, जरा मेरी भी सुन! यह मुलजिम मेरा खाविन्द है और कोतवाल का बयान गलत है। खाविन्द मुझे अपनी तसल्ली के लिए छुपाकर जरूर रखता है मगर मैं कोतवाल को हमेशा हासिल हूँ, जो मेरा आशिक है, मुझसे हमेशा मिलता है। कोतवाल चाहता है कि मेरे खाविन्द का सिर कलम हो जाए ताकि मैं हमेशा के लिए उसे मिल जाऊँ। नेक बादशाह का फ़र्ज़ है कि चरित्रहीन औरतों को कोतवालों के एकाधिकार से बचाये।''

बादशाह ने यह सब सुनकर नसीहतनिगार की तरफ देखा। इस पर वह बोला, ''ऐ बादशाह, मगर तू वही कर जो तेरे और तेरी रिआया के फायदे में हो।''

''क्या करूँ नेकबख्त, जल्दी बता?''

''पहले तो इस गरीब मुलजिम को चलता कर क्योंकि इसका कसूर नहीं। यह वही कर रहा है जो हर आजाद मर्द करता है। फिर इस कोतवाल को जाने दे, हर छिपे माल पर इसकी नजर है। उसके बाद जरा इस औरत पर नजर डाल।''

''क्या करूँ, इसे हरम में रख लें?''

''इसे तो ऐसे के सिपुर्द कर जो नेकनसीहत की जंजीर में कैद रखे।''

''ऐसा नसीहतबाज तो सिर्फ तू ही है। जा ले, यह औरत आज से तेरी हुई। वाकई में तू बहुत होशियार नसीहतकार है। ताज्जुब है तू अब तक गरीब

और तंगदस्त कैसे रहा!'' बादशाह ने कहा।

''गरीबपरवर, मेरे बुरे दिन और गरीबी की वजह यह थी कि मैं आम पब्लिक को नसीहतें देता था जो हमेशा सोच-समझ कर अमल करती है। इसी से तंग आकर मैं सरकारी नौकर हुआ। इस हसीना को इनायत करने के लिए हुजूर का शुक्रिया!''

तभी वह खूबसूरत औरत चिल्लायी, ''मैं इस बदमाश नसीहत करनेवाले को अच्छी तरह जानती हूँ जो हुजूर के हुक्म से मेरा आज से खाविन्द है। इसी ने मुझ से नसीहत की थी कोतवाल से मिला कर चूँकि जवानी चार दिनों की है, जो ऐश कर लिये, वही ऐश है।''

और तभी वह शख्स जो मुलजिम था, चिल्लाया, ''और इसी नसीहत करनेवाले ने मुझे भी नसीहत दी थी कि जर और जोरू को हमेशा हिफाजत से रखो क्योंकि उनका क्या भरोसा!''

बादशाह मुसकराया। उसने कोतवाल से पूछा, ''क्यों कोतवाल, इस नसीहतकार ने कभी तुम्हें कोई नसीहत नहीं दी?''

''मैंने इसे कभी मुँह नहीं लगाया, हुजूर!''

नसीहत देनेवाला उस सुन्दरी को लिये हुए घर पहुँचा।

''तुम सचमुच बहुत होशियार हो। बादशाह तो तुमसे खुश है ही, शायद जल्दी ही तुम्हें वजीर भी बना दे।'' औरत ने कहा।

''रे नेक बीवी, नसीहत करनेवाले ने कहा है कि नसीहत हमेशा ऐसी दो जिससे सामने बैठकर सुननेवाले को फायदा हो चाहे न हो, मगर जल्दी या देर से हमें जरूर हो।''

उसके बाद वे दोनों आराम से जिन्दगी बसर करने लगे।

बिल्ली से सबक

मुल्क के किसी शहर के लोग जो दिल में कई शिकायतें रखते थे और सल्तनत से खफा थे, एक दिन हुकूमत के खिलाफ जुलूस निकालने पर उतारू हो गये। खबर वजीरों तक पहुँची। हुक्म हुआ कि जुलूस दबाया जाए और इस गुस्ताखी को खत्म करने के लिए हर जरूरी कदम उठाया जाए।

जुलूस निकला, उसे रोका गया और इसके लिए लाठियाँ चलायी गयीं, बन्दूकें छोड़ी गयीं जिससे काफी लोग घायल हुए। नतीजे में जुलूस तितर-बितर हो गया और शहर में हुकूमत का दबदबा फैल गया। नेता गिरफ्तार कर लिये गये।

कुछ वक्त बाद वजीरों के हुक्म से शहर में बहुत-से अच्छे काम होने लगे। जैसे—अनाज सस्ता हुआ, कारखाना डला और सड़कें बनीं। यह देख एक शरीफ आदमी ने वजीर से पूछा—आप भी गजब करते हैं! कल आप इसी शहर के लोगों पर गोलियाँ चला उन्हें भूने डाल रहे थे और आज उन्हीं लोगों के लिए खुशी और तरक्की के सामान कर रहे हैं?

अकलमन्द वजीर ने जवाब दिया—मैं बिल्ली से सबक लेता हूँ जो किसी साफ जगह गन्दगी करती है तो उसे फौरन मिट्टी से ढक देती है। बुराइयों को नेक कामों से ढकना चाहिए और भरोसा रखना चाहिए कि जब चुनाव आएँगे, लोग बुराइयाँ भूल जाएँगे और नेक काम याद रखेंगे।

बल्ले से कलम तक

पुराने दिनों में जब टीमें विदेश जाती थीं, खिलाड़ियों से यह उम्मीद की जाती थी कि वे चुप रहेंगे। यहाँ-वहाँ बेकार की बड़बड़ नहीं करेंगे। यह काम कप्तान और मैनेजर का होगा। अक्सर ही टीमें इंग्लैण्ड जाती थीं। लेडियों और लार्डों से लार्ड के मैदान के आसपास अँग्रेजी में बातचीत करने और एक-दूसरे के कथन पर यस-यस करने के सुखद सौजन्य से गुजरना ऊँचे दर्जे के क्रिकेट की अनिवार्यता थी। कप्तान अक्सर ऐसे चुने जाते थे, जो मधुर अँग्रेजी बोलने में निपुण हों। जब खेलें तो अच्छे खिलाड़ी होने का इम्प्रेशन चाहे न जमा सकें, पर जब बोलें तो अपने सभ्य, अच्छी अँग्रेजी पढ़े-लिखे होने का इम्प्रेशन जरूर जमाएँ। तब यह जरूरी नहीं था कि टीम में जितने लखन परसाद और ननकूराम खेलने आये हैं, सबकी अँग्रेजी अच्छी हो। इसलिए कहा जाता था कि भैया चुप रहो। गलत अँग्रेजी बोल, उच्चारणों की रेड़ मार अपनी नाक मत कटाओ अँग्रेज बहादुर के सामने।

लिखने का तो सवाल ही नहीं उठता। हॉकी और फुटबाल के खिलाड़ी समाज के उस स्तर से आते थे, जहाँ एप्लिकेशनें लिखवाने के लिए दूसरों के पास जाना पड़ता था, खुशामद करनी पड़ती थी। इसलिए अपने अनुभव अखबारों में लिखने का तो सवाल ही नहीं उठता था। कितने खिलाड़ी इस देश में जनमे, नाम कमाया, खाँसते-कराहते मर गये, मगर उनके अनुभव, उनके कौशल और उनकी हिदायतें कभी लिखी नहीं गयीं। वे लिखना जानते नहीं थे और दूसरा कोई खाली नहीं था कि उनकी तरफ से लिख दे। उसके दाम कौन दे। युद्ध के अनुभव वहाँ लिखे नहीं जाते, खेल के लिखे नहीं जाते। प्रेम के लिखे जाते हैं, सो प्राय: काल्पनिक होते हैं। यूरोप में अभिनेत्रियाँ अपने अनुभवों को किताब की शक्ल दे देती हैं। यहाँ यथार्थ में जीने वाले भी समाज को अपने अनुभवों से वंचित रखते हैं। एक सरकारी कर्मचारी पूरे जीवन एक विभाग का राईरत्ती अनुभव होने के बाद भी एक लेख लिख सचाई उजागर नहीं करता। आज की बात कुछ हद तक समझ आती है कि मिलट्री के रहस्य और पोलें खुलने की आशंका रहती

है। पर क्या पी.डब्ल्यू.डी. में एक पढ़ा-लिखा ईमानदार व्यक्ति नहीं है, जो एक किताब लिख इस विभाग की पोलें उघाड़े कि सड़कें और पुल बनाने में भ्रष्टाचार की परतें क्या हैं।

धारणाओं के इसी क्रम में खिलाड़ियों पर बन्दिश है कि वे खेल के बारे में नहीं लिखेंगे। खेल-कूद के मामले में ऐसी कौन-सी बात है, जिसे छुपाना जरूरी है। या जो आज नहीं कल उजागर नहीं होंगी। इस देश में जो लोग लम्बे समय तक खेलने के बाद विश्वनाथ और पटौदी हो जाते हैं, वे मैदान से हटने के बाद एक्सपर्ट, कमेण्ट देने वाले और लेख लिखने वाले बन जाते हैं। क्रिकेट से कलम तक यात्रा तो उन्हें करनी ही है अतः इसका अनुभव लेना वे अभी से आरम्भ कर दें, तो इसमें क्रिकेट के मालिकों का क्या जाता है। मगर बोर्ड के लोगों को डर रहता है कि कहीं जोश और ईमानदारी में कोई खिलाड़ी खरी-खरी बात न लिख बैठे। कारण वे यह बताएँगे कि खिलाड़ी को पूरा ध्यान खेल पर देना चाहिए। मगर जब भीषण लड़ाइयाँ लड़ते हुए बाबर अपना बाबरनामा लिख सकता था, तो टेस्ट मैच खेलते हुए खिलाड़ी एक विवरण तो लिख ही सकता है। मुगल साम्राज्य का पतन इसलिए नहीं हुआ कि जहाँगीर अपना जहाँगीरनामा लिखता था। अभिव्यक्ति की स्वतन्त्रता और अवसर सबको होना चाहिए। अनुभव सभी क्षेत्रों से संचित होना जरूरी है। पर जिनके दामन में दाग होता है, वे शायरी से कतराते हैं। शायरों से कतराते हैं। कुल मिलाकर शब्द मात्र से कतराते हैं। फिर चाहे वे पत्रकारिता के ही क्यों न हों।

टीम मैनेजर की प्रार्थना

हे प्रभु, भारतीय हॉकी की लाज रख। डूबती नैया को बचा ले खिवैया, क्योंकि इस देश में नावों को तू ही बचाता और तू ही डुबोता है। हमारी नैया कितने वर्षों से डोल रही है प्रभु। मैं टीम की पूरी हॉकियाँ तेरे चरणों में रखकर निवेदन कर रहा हूँ।

भारतभूमि में तूने बच्चों को जनम देने में बहुत उदारता बरती है, चराचर के स्वामी। एक बालक ऐसा पैदा कर जो शार्ट कार्नर से गोल कर सके। हम पर भरोसा रख ए सकल खेलों के असल खिलैया कि यदि ऐसे किसी बालक ने राम और कृष्ण की इस भूमि पर जनम लिया तो हम उसे अवश्य टीम में ले लेंगे। फिर चाहे उसके पीछे रेलवे या सेना के किसी अफसर की जोरदार सिफारिश हो अथवा न हो।

तू देख रहा है ना ओ सब-कुछ देखनेवाले, कि इस प्रशिक्षण कैम्प में जो बालक हॉकी खेलने आये हैं उनमें से ही भारत की भावी टीम बननी है। मैं नहीं जानता देव कि इस देश के असली हॉकी खिलाड़ी इनमें आये कि नहीं? तू इन खिलाड़ियों को बल दे, बुद्धि दे, स्टेमिना दे, हौसला दे कि ये कम-से-कम दो गोल कर सकें चाहे वे फिर शार्ट कार्नर के समय विरोधी टीम की गफलत या रेफरी की किसी भूल के कारण ही क्यों न सम्भव हुए हों।

हे ईश्वर, हम नहीं जानते कि हममें क्या कमी है। जीतने की पूरी तैयारी और पूरे प्रयत्न के साथ हम क्यों हार जाते हैं? हे भटकों को राह दिखाने वाले, हमारे फारवर्ड खिलाड़ी गोल के पास जाकर क्यों गड़बड़ा जाते हैं? उनकी बुद्धि उनकी हॉकी और उनके पैरों को क्यों नियन्त्रित नहीं करती? गोल उन्हें क्यों नजर नहीं आता? उनकी गेंद आउट में क्यों चली जाती है भगवन, हमारी समस्या का हल कर।

हे अनाथों के नाथ, हॉकी के हम अफसर और भाग्य-विधाताओं ने भारतीय हॉकी को खाई से निकाला और अब वह कुएँ में जा रही है। इससे तो वह खाई में ही अच्छी थी जब भारत विश्व चैम्पियन था। उसके उत्थान के प्रयत्न में हम

डूब गये, दीनानाथ। अब तो भेज तू किसी ध्यानचन्द को या तू खुद जनम ले और हॉकी संगठन का अध्यक्ष बनकर हमारे लिए खिलाड़ियों का चयन करवा दे।

जब ये टीम मैदान में उतरे देवता तो तू जरा इसका ध्यान रखना। इसे छह पेनल्टी कार्नर मध्यान्तर से पहले और दस पेनल्टी कार्नर मध्यान्तर के बाद अवश्य दिलवा देना। इनमें से ये पूरी जान लड़ाकर कोई दो कार्नरों को अवश्य गोल में कन्वर्ट कर लेंगे, अगर तेरी कृपा शार्ट लगाने वाले पर बनी रही। हे सृष्टि के नियन्ता, तू हमारे गोलकीपर को सद्‌बुद्धि देना। जब गेंद सामने से आती नजर आये तो वह उत्साह में इतना आगे न बढ़ जाए कि उसे चकमा देकर गोल कर लेना विरोधी टीम के लिए बायें हाथ का खेल हो जाए। तू पूरी टीम का ही ध्यान रखना प्रभु क्योंकि पता नहीं यहाँ कौन खिलाड़ी कब गलत खेलने लग जाए।

सौभाग्य और दुर्भाग्य के बीच निरन्तर झूलती इस भारतीय हॉकी टीम का मैं मैनेजर हूँ, कृपालु। मुझ पर विशेष दया रखना। टीम के हार जाने के बाद कारणों का विश्लेषण मुझे ही करना पड़ेगा। मुझे ऐसी स्थिति से बचाने के लिए तू टीम को कम-से-कम फायनल तक तो पहुँचा दे। फिर मैं कारण खोज लूँगा कि हमारी शैली पुरानी है, या स्टेमिना कम है या रक्षापंक्ति कमजोर थी। उसके बिना तो जूते पड़ने की नौबत आ जाती है, भगवन्। तूने भारतीय हॉकी जिन अफसरों के हाथ में दी है वे ही इसका सत्यानाश करें इसका अवसर न देना। जब तूने यह पूरा देश अफसरों को सौंप दिया तो हॉकी क्या चीज है। हमारा वर्चस्व आगामी वर्षों में बना रहे इसलिए एक शानदार जीत की फिलहाल सख्त आवश्यकता है। हे दयालु, तू अपनी कृपादृष्टि हम पर रख और जैसे भी करके इस बार हमें विजयी बना दे।

उपेक्षित अंकल-सा जीवन

कहते हैं भारतीय राजनीति और प्रशासन में अब युवकों का बोलबाला रहेगा। अड़ियल घोड़े की लगाम नौजवान थामने वाले हैं और न केवल अब घोड़ा सरपट भागेगा मगर जिस दिशा में नौजवान दौड़ाएँगे उसी दिशा में भागेगा। जब से मैंने सुना मैं निराश चल रहा हूँ।

जिन लोगों ने पिछले दिनों मेरे फोटू देखे हैं या मुझसे मुलाकात की है वे जानते हैं कि इन दिनों मैं अच्छा-खासा वरिष्ठ लगने लगा हूँ। सम्मान के योग्य मैं चाहे अभी भी न समझा जाऊँ, पर शक्ल-सूरत से मैं उस किनारे लग गया हूँ जहाँ मुझसे थोड़ी इज्जत से बात की जानी चाहिए। कुछ करने भी लगे थे, पर तभी देश में आम चुनाव के साथ वह घनघोर राजनीतिक परिवर्तन हुआ। युवकों का सम्मान आरम्भ हो गया। मैं अपमान की आशंका में काँप रहा हूँ। किस दिन कहाँ मेरी मिट्टी पलीद हो जाए कह नहीं सकता।

आप जरा मेरी त्रासदी को समझिए। जब मैं युवक था, वातावरण में बूढ़ों का बोलबाला था। नारे लगाना तो दूर मुँह भी खोलता तो फौरन मेरा नाम बदतमीजों के रजिस्टर में लिख लिया जाता था। आपको आज भी खटिया से पैर लटकाये मेरे जमाने के ऐसे बूढ़े मिल जाएँगे जो मेरा नाम सुनते ही कुछ अव्यक्तनीय विशेषण और सम्बोधन आदि विस्मयादि बोध चिह्नों के साथ हवा में इन्वर्टेड कॉमा लगाते बुड़बुड़ाने लगेंगे। जब वे अपनी टॉर्च से मेरे जीवन पर प्रकाश डालते हैं वह बड़ा रंगीन, सनसनीखेज और भले घरों में न सुनाने योग्य बन जाता है।

मैंने जीवन का अधिकांश भाग शराफत से इसलिए बिताया कि बूढ़ों के विचार मेरे बारे में अच्छे रहें। उन दिनों बूढ़े ही साहित्यकार होते थे, बूढ़े ही राजनेता-मन्त्री होते थे, दफ्तरों में जाओ तो बूढ़ा ही अफसर बना कुर्सी पर बैठा रहता था। हमारे क्षेत्र का थानेदार भी बूढ़ा था और पिताजी को जानता था। मतलब आप किसी भी दिशा में केरियर को धक्का दो, पाला किसी बूढ़े से ही पड़ता था।

वे बूढ़े देखते ही त्योरियाँ चढ़ाने लगते और बात ही बात में मुझे ऐसी स्थिति में ला देते कि मैं सोचता कि हाय मैं बूढ़ा ही क्यों न जन्मा। मैं उन्हें खुश रखने के लिए उनकी बात पर खिसियाने लगता क्योंकि जवाब देने पर बदतमीजी मानी जाती। वे मेरे पिताजी को भी कोसते कि उन्होंने तुम्हें यही तमीज सिखाई। पिताजी बूढ़े थे। वे मुझे डाँटते।

वह अजीब जमाना था जब दूल्हों में भी अक्सर बूढ़े दिख जाया करते थे। तब सोचिए हम पर क्या गुजरती होगी। क्या-क्या नहीं सहा, अपमान के किस-किस दौर से नहीं गुजरे, पर यही सोचकर सह जाते थे कि एक दिन हम भी बूढ़े होंगे और हमारा सम्मान होगा। केवल प्रेमिका का बाप बूढ़ा हो तो लैला-मजनूँ की दीर्घकालीन परम्परा का मान रख कोई सहन भी कर जाए। मगर उस जमाने में रेलवे के टिकिट कलेक्टर भी बूढ़े होते थे और हम बिना प्लेटफॉर्म टिकिट लिये अपने बूढ़े नेताओं का स्वागत करने स्टेशन पर नहीं जा पाते थे।

युवा के नाते हमने बड़ी परेशानी सही है उन दिनों। बयान करने में कलेजा मुँह को आता है। कुछ बूढ़े तो ऐसे मिले जिन्होंने मेरे युवा होने को धिक्कारा और बोले —शरम आना चाहिए तुम्हें नौजवान होकर इतना भी नहीं कर सकते।

युवकों के लिए अच्छे दिन नहीं थे। हमारे नेता थे जवाहरलाल नेहरू, वे बूढ़े थे। वे मौलाना आजाद और पन्त का बड़ा आदर करते थे। वे बूढ़े थे। उस जमाने में मुख्यमन्त्री भी बूढ़े होते थे। जैसे कैलाशनाथ काटजू। पण्डित नेहरू ने एक यू. एन. ढेबर को काँग्रेस का अध्यक्ष बनाया। शुरू में मुझे लगा वह युवक होंगे पर बाद में समझ आया कि वे जनाब काफी कम उम्र में बूढ़ों जैसा व्यवहार कर सम्मानित-सी चीज हैं। मतलब यह कि या तो महत्त्वपूर्ण व्यक्ति खुद बूढ़े होते थे या बूढ़े होने की हविस रखते थे, क्योंकि जानते थे कि जब तक बूढ़े होंगे नहीं, कुछ बात नहीं बनेगी।

जवानी के वे दुःख-भरे दिन मैंने बड़े धीरज से बिताये। यही सोच कि कुछ ही वर्षों में मैं बूढ़ा हो जाऊँगा। जईफी रंग लाएगी, आदर होगा, अनुभवी कहलाऊँगा, मार्गदर्शन, मीन-मेख निकालूँगा, पते की बात कहूँगा, लोग मेरी थोड़ी गरज करेंगे। मगर हाय रे संसार सागर (तुझे बना दूँ एक गागर), आज जब मैं जिन्दगी के उस चौराहे पर खड़ा हूँ, जहाँ से बुढ़ापे का चौड़ा रास्ता आरम्भ होता है तब मेरे साथ यह चोट, यह राजनीतिक परिवर्तन, यह लहर, यह मेजारिटी, ये रौब, ये मन्त्रिमण्डल, ये उम्मीदें और कुल मिलाकर मेरे साथ ये धोखा। इतने सालों क्या मैं झख मारने को बूढ़ा होने का इन्तजार कर रहा था? अब जब हमारा वक्त आया तो पालिसी बदल गयी?

मैं इन दिनों बड़ा निराश चल रहा हूँ। मैंने कई बार आईने में देखा, यह

जाँचना चाहा कि मैं कितने दिन अपने को युवक खींच सकता हूँ। मगर सम्भावनाएँ क्षीण हैं। इसे कहते हैं विधना का विधान। इतनी जिन्दगी 'एंगरी यंग मेन' अभिशप्त रहे। अब बाकी जिन्दगी 'एंगरी ओल्ड मेन' बने बिताना है। कुछ समझ नहीं आता। चारों तरफ युवा वर्ग है। भतीजों की दुनिया में उपेक्षित अंकल का जीवन जीना है और राजनीति में तो युवकों को आप जानते हैं। एक बार युवा पंजीकृत हो जाते हैं तो फिर पच्चीस-तीस साल तक युवा ही बने रहते हैं। अर्थात् मेरे जीते जी तो ये बूढ़े कहाने से रहे।

नया वर्ष

नया वर्ष!

नया वर्ष आवेदन पत्रों का वर्ष हो! जो, जहाँ है वहाँ से कहीं अन्यत्र के लिए आवेदन करे। नया वर्ष सुखद इस्तीफों का वर्ष हो। नया वर्ष नौकरी छोड़ने का वर्ष हो। क्रान्ति असम्भव है, स्थितियाँ नहीं सुधरेंगी, मनुष्य सिर्फ स्थान बदल सकता है। नया दु:ख खोजने में कम-से-कम परिवर्तन का सुख मिलेगा। अत: स्थान बदलिए, इस्तीफे दीजिए और नये आवेदन कीजिए। नया वर्ष आवेदन पत्रों का वर्ष हो!

नया वर्ष वायदों का वर्ष हो, आश्वासनों का वर्ष हो। चाहे वे वायदे झूठे निकलें और आश्वासन, आश्वासनों की परम्परा के अनुसार, थोथे हों, पर हों अवश्य! वायदे और आश्वासन जीवन के मरुस्थल में मरीचिकाओं के समान हैं। आदमी हिरन की तरह एक वायदे से दूसरे वायदे तक चौकड़ियाँ भरता है। आदमी ही नहीं, सारा समाज, सारा देश वायदों और आश्वासन के दम पर दौड़ता है। वायदे हमें आस्थावान बनाते हैं। घोर अँधेरे में सिर्फ वायदे की किरन आती है और आँखों में चमक दौड़ा देती है। प्रेमिका प्रेमियों से, प्रेमिका के पिता जी प्रेमी से, बॉस अपने बाबू से, नेता समाज से और बड़े देश छोटे देश से, वायदे करें, आश्वासन दें। नया वर्ष वायदों का वर्ष हो!

नया वर्ष उधार का वर्ष हो। सब परस्पर उधार लें और उन्हें मिल भी जावे। क ख से और ख ग से उधार ले। टाम डिक से, डिक हेरी से और लल्लू जगधर से उधार ले। दुकानें ग्राहकों को, कारखाने दुकानों को, सरकार कारखानों को और बड़े देश छोटे देश की सरकार को उधार दें। आदमी हो या देश समस्या का हल सिर्फ उधार लेने में मानता है। अर्थशास्त्र की महान प्रतिभाएँ दीर्घ चिन्तन के उपरान्त इसी निष्कर्ष पर पहुँचती हैं कि कहीं से उधार ले लिया जाए। उधारी हमारे राष्ट्रीय जीवन का अंग है। बिटिया ब्याहने से लेकर कारखाना खड़ा करने तक हमारे सारे सपने उधारी के दमबूते पर टिके हैं। नया वर्ष उधार का वर्ष हो। नया वर्ष उधार न लौटाने का वर्ष हो!

नया वर्ष परस्पर हितों का वर्ष हो। चाचा अपने भतीजों को, ब्राह्मण अपने समाज के जन को, कायस्थ कायस्थ को और प्रान्त वाले अपने प्रान्त के लोगों को लाभ पहुँचाएँ। हमारा घर भरे, हमारे लोगों का घर भरे। जो भी हमारा है सुखी रहे। हमारे जिले में अन्न खूब हो, हमारे राज्य में चीजें सस्ती मिलें और हमारे घर में स्टॉक बना रहे। हमारे लोगों को नौकरियाँ मिल जाएँ। हमारा व्यक्ति ऊँचे पद पर हो। हमारा आदमी नेता हो, हमारा आदमी वाइस चांसलर बने, हमारा आदमी जज बने, हमारा आदमी कलेक्टर हो—सर्वत्र हमारे ही लोग हों जो हमारा हित करें। संसार की तुलना में हमारा देश ऊपर उठे, देश की तुलना में हमारा प्रान्त, प्रान्त में हमारा जिला, जिले में हमारा गाँव और गाँव में हम सबसे सम्मानित और सुखी हों। सुखदायी संकीर्णताएँ, लाभदायी भाई-भतीजावाद का यह वर्ष हो। नया वर्ष परस्पर हितों का वर्ष हो!

नया वर्ष आलोचनाओं, प्रत्यालोचनाओं अर्थात् बुराइयाँ करने का वर्ष हो। जब अकेले बैठें तो दूसरों की बुराइयाँ विचारें। जब लिखें तो सैद्धान्तिक आधारों पर दोषारोपण करें। हमारे चिन्तन मनन की परिणति दोष खोजने में हो। हमारे विचारों का आरम्भ-अन्त किसी की बुराई करने से हो। 'खूब बुराइयाँ होंगी जब मिल बैठेंगे सयाने दो'—और जब तीन सयाने मिले तो चौथे की और चार मिले तो पाँचवें की बुराइयाँ करें। जब चार में से एक उठकर चला जाए तो हम उसकी भी बुराइयाँ करें, मज़ाक उड़ाने लगें। नेता जनता में कमियाँ बताए और जनता नेता के दोष खोजे। कविताओं में किसी की आलोचना हो और फिर उन आलोचनाओं से भी असहमति हो। हर खबर का खण्डन हो, हर खण्डन को चुनौती दी जाए और हर मन्तव्य पर सम्पादक के नाम पत्र भेजे जाएँ। निजी कक्ष से सार्वजनिक क्लब तक यही रस व्याप्त हो। बुराइयाँ की जाएँ और बुराइयाँ करनेवालों की बुराइयाँ की जाएँ। नया वर्ष आलोचनाओं, प्रत्यालोचनाओं अर्थात् बुराइयाँ करने का वर्ष हो। छिद्रान्वेषण का वर्ष हो!

नया वर्ष बोरियत का वर्ष हो। हम दूसरों को बोर करें और प्रतिबोरित हों। हर व्यक्ति हर जगह बोर हो। रेडियो के पास, टी.वी पर, सिनेमा में, भाषणों में, चित्रकला प्रदर्शनी में, पत्रिकाओं में, अखबारों में, किताबों में, नाटकों में—सर्वत्र, सब बोर हों। जो जहाँ से उठे, बोर होकर उठे। जो जहाँ जाए बोर करने जाए। एक बोरियत से दूसरी बोरियत में फँसने का नाम ही दिनचर्या हो। कवि सम्मेलनों में बोरियत हो और घर जाएँ तो श्रीमती बोर सिद्ध हों। वह अकेली बोर हो और जब पति पहुँचे तो ज्यादा बोर हो। बोर होने के बाद लोग कॉफी हाउस जाएँ और वहाँ से बोर होकर लौटें। बोर लिखा जाए और पढ़कर सब बोर हों। 'बोर बोर' की आवाजें गूँजने लगें। नया वर्ष 'बोरों' का वर्ष हो!

नया वर्ष उघड़ने और सिकुड़ने का वर्ष हो। हर व्यक्ति कुछ और तंग हो। दिमाग तंग से तंगतर होते चले जाएँ। पैण्ट की मोहरियाँ और सलवार के पाँयचे भी और तंग हों। नया वर्ष अधिक उघड़े। पीठें, गले, कमर, बाँहें, खिड़की के परदे, ब्लेकमनी, चोरी का स्टॉक—सब ज्यादा उघड़ें। सब पोलें सार्वजनिक हों। नया वर्ष उघड़ने और सिकुड़ने का वर्ष हो। नया वर्ष 'टॉपलेस' वर्ष हो, 'नेरो' वर्ष हो!

नया वर्ष मियाँ-मिट्ठू बनने का वर्ष हो। एक-दूसरे को शुभकामनाएँ देकर नुकसान पहुँचाने का वर्ष हो। ऊँची-ऊँची बातें करके टुच्चे काम करने का वर्ष हो। नया वर्ष औपचारिक मुस्कुराहट और परस्पर प्रशंसा का वर्ष हो। नया वर्ष केले खाकर छिलके फेंकने का वर्ष हो। पैर कुचलकर 'सॉरी' कहने का वर्ष हो! लड़कियाँ घूरने और छेड़खानियाँ करने का वर्ष हो। सौन्दर्य प्रदर्शन और युवकों को पागल बनाने का वर्ष हो। यह विश्वामित्र की तपस्या भंग करनेवाला मेनका वर्ष हो।

जो होता चला आया है वही होते रहने का वर्ष हो। स्वार्थों पर जुड़ने और सिद्धान्तों पर बिखरने का वर्ष हो। मीठी गलतफहमियों और थोथी शुभेच्छाओं का वर्ष हो!

वह चश्मा कहाँ है?

यह खबर कि गाँधीजी का चश्मा चोरी चला गया—गहराई से सोचो तो हृदय-विदारक है। चुराने वाले के लिए इस देश में क्या कमी है, पूरा देश पड़ा है चुरा ले जाने के लिए। पर देखिए, हद है कमनजरी की, ले जानेवाले चश्मा ले गये। आज बापू जीवित होते तो क्या किसी में साहस होता कि उनका चश्मा चुरा ले। वे चले गये। बाद के नेताओं ने उनका दृष्टिकोण स्वीकार नहीं किया। पर बाद के चोरों ने उनका चश्मा चुरा लिया। राष्ट्र को धोखा देने के लिए उस चश्मे की जगह दूसरा चश्मा रख दिया गया। क्या बापू के पास दो चश्मे थे? अगर नहीं थे तो बापू के नाम पर यह गलत चश्मा क्यों? यह हर्ष की बात है कि इस देश में अभी भी गाँधी को जानने वाले कुछ बचे हैं। वे पहचान गये कि चश्मा वह नहीं है। उसकी जगह नकली चश्मा रखा हुआ है।

वर्षों पहले मैंने खबर पढ़ी थी कि गाँधीजी जिस लोटे का रोज उपयोग करते थे, वह चोरी चला गया। तब भी मेरा हृदय इसी प्रकार टूटा था। तब मुझे आशा थी कि आजाद भारत की सरकार अपने प्रिय और आदरणीय बापू के लोटे को तलाशकर रहेगी और लोटा-चोर को उचित सजा देगी। पर सरकार हाथ-पर-हाथ धरे बैठी रही। न लोटा मिला और न लोटा-चोर। और आज चश्मा चला गया। गाँधीजी के पास था क्या? इस तरह धीरे-धीरे सब-कुछ चला गया, तो इस देश में गाँधी के नाम पर रह क्या जाएगा सिवाय रिचर्ड एटनबरो की फिल्म के।

मेरे एक मित्र हैं—शर्माजी। मित्र का अक्सर यही नाम होता है। उन्हें यह खुशफहमी है कि वे जासूस हैं। जब से सी.आई. डी. विभाग से उनका आवेदन-पत्र रिजेक्ट हुआ, वे इस नियम के अन्तर्गत कि अच्छे आदमी की आज की दुनिया में कद्र या पहचान नहीं है—अपने को सचमुच बहुत अच्छा जासूस समझने लगे हैं। बापू का चश्मा चोरी चले जाने पर उनका हृदय भी उतने ही अनुपात में विदीर्ण हुआ जितना मेरा। पर वे मेरी तरह हाथ में कलम लिये बैठे नहीं रहे। 'मेन ऑफ़ ऐक्शन' होने के नाते वे राष्ट्र की अमूल्य धरोहर

की खोज में फौरन निकल पड़े। बचपन में नियमित कॉमिक्स पढ़नेवालों के चरित्र में यह गुण उभर आना अत्यन्त स्वाभाविक है।

कल मिले। उत्साहित थे, पर गम्भीर भी। हुआ यह कि चश्मे की तलाश में वे निकले और 'गाँधी' पिक्चर का टिकट खरीद अन्दर घुस गये। पूरी फिल्म को फ्रेम-दर-फ्रेम उन्होंने गौर से देखा। उन्हें शक है कि फिल्म में बेन किंग्सले ने गाँधी का अभिनय करते हुए जो चश्मा पहना है वही गाँधीजी का असली चश्मा है। गाँधी के अभिनय में जान डालने के लिए रिचर्ड एटनबरो ने यह हरकत की। गाँधीजी का असली चश्मा गायब कर दिया और हीरो को पहना दिया। जाहिर है, अभिनय में ऑस्कर लेने के लिए यह सब जरूरी था। अभिनय के मूल में असली प्रेरणा चश्मा ही था।

शर्माजी ने बहुत धीमे और खुसपुसाते हुए मुझसे यह बात कही। मुझे फौरन समझ में आ गया कि सी. आई. डी. विभाग साक्षात्कार के बाद शर्माजी को नौकरी में लेने में क्यों मजबूर था। इसके विपरीत शर्माजी का कहना था कि हर अनूठी खोज की दिशा में अग्रसर होनेवाले का शुरू-शुरू में ऐसे ही मजाक बनता है।

मेरी तरह वे भी गाँधी फिल्म के प्रशंसक थे। उनका कहना था कि प्रधानमन्त्री पद पर श्रीमती गाँधी की वापसी के बाद देश ने जो महान कार्य किये हैं, उनमें 'गाँधी' फिल्म बनाने के लिए कर्ज देना सर्वश्रेष्ठ कार्य है। हम अमेरिका नहीं हैं मगर सही जगह सही कर्ज देना जानते हैं। इस मामले में हमारा आर्थिक इतिहास अन्य देशों से पुराना है।

शर्माजी का कहना है कि एटनबरो मजबूर रहा होगा। फिल्म के लिए गाँधीजी जैसा असली चश्मा मिलना इस जमाने में कठिन था। मजबूरी में उसने यह सब किया, पर काम हो जाने के बाद उसे यह चश्मा लौटा देना चाहिए था।

हमने राज्य के गृहमन्त्री से चर्चा की। उन्होंने हमारी बात को ध्यान से सुना। कहना होगा कि पूरी चर्चा सौहार्दपूर्ण वातावरण में हुई अर्थात् उन्होंने हमें धक्के देकर नहीं निकलवाया। वे एक ही बात बोले—समझ में नहीं आता, हम हिन्दुस्तानियों में अजीब आदत पड़ गयी है। हम सारे कामों की सफलता का श्रेय विदेशियों को क्यों देते हैं? गाँधीजी हमारे नेता थे। माना कि उनपर फिल्म हमने नहीं बनायी, पर ऐसे छोटे-मोटे काम तो हम स्वयं कर सकते हैं।

यदि असली चश्मा एटनबरो के पास नहीं है तो शर्माजी का काम कई गुना बढ़ गया है। अब यह चोरी का माल इस देश में किसी के भी पास हो सकता है।

बड़ा देश, बड़ा झूठ

कई बार बड़े देशों पर मुझे बड़ी दया आती है। सोचकर भला लगता है कि चलो हमारा देश छोटा है और हमें इतना झूठ नहीं बोलना पड़ता। यदि हम अमेरिका जैसे बड़े देश हो जाएँ तो हमें भी बोलना पड़े। मुझे कई बार अमेरिका के विषय में सोचकर अजीब-सा लगता है। इनके प्रमुख नेताओं को सारा दिन हर बात पर झूठ बोलना पड़ता है। क्या कोई ऐसा क्षण आता होगा जब ये सच बोलते होंगे?

वहाँ एक होता है प्रेसिडेण्ट और एक होती है काँग्रेस। प्राय: अखबार में छपता रहता है कि प्रेसिडेण्ट अमुक बड़ा काम करना चाहते हैं मगर उन्हें चिन्ता है कि काँग्रेस इस बात को मंजूर करेगी या नहीं? मानिये वे एक ऐसी तोप बनाना चाहते हैं जिसे वे अपने व्हाइट हाउस से छोड़ें तो सीधे मास्को के क्रेमलिन में गिरे। उद्देश्य यह है कि यदि उनके महान राष्ट्र पर दूसरा महान राष्ट्र अचानक हमला कर दे तो जवाबी कार्रवाई में समय बचाने के लिए वे व्हाइट हाउस में निर्णय लेते ही तोप दाग दें। तोप बनाने पर इतने करोड़ डॉलर का खर्च आएगा जो बहुत आवश्यक है। पर सवाल यह है कि काँग्रेस इस प्रस्ताव को मंजूरी देगी या नहीं? यह सवाल वहाँ हमेशा रहता है।

अड़ियल और जिद्दी

पढ़कर हमेशा लगता है कि वहाँ के प्रेसिडेण्ट और उनके सचिव तो बड़ी अच्छी बातें सोचते और करने की कोशिश करते हैं मगर वहाँ की काँग्रेस बड़ी अड़ियल और जिद्दी संस्था है जो उनकी बात मानती ही नहीं। वहाँ के प्रेसिडेण्ट जो खुद इतनी बड़ी तोप हैं एक असली तोप लगाना चाहते हैं। मगर काँग्रेस कह रही है फिलहाल तमंचा काफी है। वहाँ के काँग्रेसी इस मामले में क्या सोच रहे हैं, क्यों सोच रहे हैं और वे सोचने वाले कौन भले आदमी हैं जो सुरक्षा के पावन इरादे से लगायी तोप में निहित मूर्खता को समझ रहे हैं। अखबारों में यह ज्यादा

नहीं आता। सिर्फ प्रेसिडेण्ट के इरादे और चिन्ताएँ आती हैं।

अमेरिका के प्रेसिडेण्ट पाकिस्तान को इतनी सैनिक सामग्री दे देना चाहते हैं कि पाकिस्तान में रखने की जगह ही नहीं रहे। अभी अमेरिका के सुरक्षा सचिव पाकिस्तान आये। कुछ और बचा खुचा देने का वचन दे गये। सचिव महोदय का कहना था कि क्या करें, हमारे पास एफ-16 से अच्छे हवाई जहाज ही नहीं हैं। नहीं तो हम पाकिस्तान को जरूर देते। पाकिस्तान ने अमेरिका से वर्दी में लगने वाले बटन से लेकर प्रक्षेपास्त्र तक सब माँग लिया है। फिर भी हाय-हाय मची है कि और लाओ। फकीर का दिल नहीं भरता।

झूठ बोलना ही स्वभाव

अब यदि आप अमेरिका के राष्ट्रपति या उनके सचिवों से प्रश्न करें कि पाकिस्तान को आप इतनी फौजी मदद क्यों दे रहे हैं तो वे जवाब में आपसे अलग-अलग समय में अलग-अलग बातें कहेंगे, कभी कहेंगे कि रूस चूँकि अफगानिस्तान तक घुस आया है और बस पाकिस्तान में घुसना ही चाहता है इसलिए बहुत जरूरी है कि पाकिस्तान को इतने शस्त्र दे दिये जाएँ कि रूस डरकर काँपने लगे और आगे बढ़ने में उसकी नानी मरे। फिर कभी कहेंगे कि खाड़ी के देशों की सुरक्षा के लिए पाकिस्तान को ढेर-सा फौजी सामान देना जरूरी है। वे बड़े राष्ट्र हैं। निरन्तर झूठ बोलते रहना उनका स्वभाव है। कोई उनसे यह नहीं पूछ सकता कि रूस से अफगानिस्तान में लड़ने के लिए पनडुब्बी की जरूरत कैसे पड़ेगी। फिर जब भी पाकिस्तान की फौजी जरूरतों का हिसाब लगता है, हिन्दुस्तान के पास के सामान से तुलना क्यों होती है? रूस से लड़ने को इतने हवाई जहाज क्यों चाहिए जितने भारत के पास हैं?

पर बड़े राष्ट्र का अर्थ है बड़ी झूठ और जिस तरह निरन्तर झूठ बकने वाला व्यक्ति हमें बजाय अपराधी के एक मरीज लगने लगता है उसी तरह निरन्तर झूठ बोलने वाला राष्ट्र भी एक मरीज लगता है।

धर्म से डॉलर बड़ा है

इस देश में आदमी किस्मत या बदकिस्मती के कारण पहचाना जाता है। वह क्या कर रहा है, उसके भाग्य में क्या करते रहना लिखा है? वह हरिजन से मुसलमान, या मुसलमान से पुनः हरिजन हो जाए, तो कोई अन्तर नहीं पड़ता, बशर्ते झाड़ू और टोकरा यथावत उसके हाथ में रहे। वह स्वयं को 'दिल बहलाने को ग़ालिब ख्याल अच्छा है' के अन्तर्गत ख़ान मुसलमान समझ ले, पर कहनेवाले उसे भंगी ही कहेंगे और चमार उसे अपने से छोटा ही समझेंगे। भारतवासी थोक में ईसाई हुए और होते चले गये, पर गोरी चमड़ीवाले विजेता अँग्रेजों ने कभी उन्हें अपनी बराबरी का नहीं माना। न भारतीय ईसाइयों और अँग्रेज ईसाइयों में रोटी-बेटी का, बराबरी का व्यवहार हुआ और न ही भारतीय ईसाई का मुरदा कभी अँग्रेज के पास गड़ने दिया गया। वे बेचारे पादरी के समस्त उपदेशों और आश्वासनों के बावजूद खानसामागिरी करने, बैण्ड बजाकर म्यूजिक पैदा करने या क्लर्क हो जाने से अधिक ऊँचा भविष्य नहीं बना सके। ब्राह्मण, क्षत्रिय और बनियों ने कभी ऐसे क्रिस्तानों को अपनी बराबरी का नहीं माना। उलटे उन्हें उनकी कन्याओं से सार्वजनिक रूप से नजरें मिलाने, बतियाने, कमर में हाथ डालने और उन्हें गर्भिणी बना देने की सुविधा प्राप्त हो गयी। पहले, जब वे हरिजन या नीच जाति की कन्या थीं, तब यह सुविधा नहीं थी।

नव क्रिस्तानों ने समझा था कि बस नये ढंग के कपड़े पहनने, अँग्रेजी बोलने और चर्च जाने से उनके भाग्य बदल जाएँगे, पर वे बरसों कोशिश के बावजूद निम्न वर्ग से निम्नमध्यम वर्ग हो जाने के आगे प्रगति न कर सके। ठर्रा छोड़ 'विलायती' पीने से मनुष्य जितनी प्रगति कर सकता है, उतनी उन्होंने कर ली। आपसी सम्बन्धों का भी मजा यह है कि पंजाब में ईसाई बना शख्स गोआनी या मरहट्टी ईसाई लड़की से शादी नहीं करेगा, महज इसलिए कि वे काली होती हैं।

हरिजन से मुसलमान हो जाने से भी कुछ नहीं होता, क्योंकि आप ऊँची जाति के मुसलमान तो हो नहीं सकते। मसलन सिद्दीकी लोगों को मुसलमानों

में वही माननीय दर्जा प्राप्त है, जो हिन्दुओं में ब्राह्मणों को है। सैयद लोग उतने ही बड़े माने जाते हैं, जितने हिन्दुओं में वैश्य माने जाते हैं। कोई मुसलमान यदि हिन्दू धर्म अपना ले, तो यह आग्रह नहीं कर सकता है कि मैं कान्यकुब्ज या सरयूपारीय ब्राह्मण कहलाना चाहूँगा, या मुझे नागर या औदिच्य जाति में मिला दीजिए। उसी तरह कोई हरिजन यह समझे कि मुसलमान हो जाने पर मैं सैयद हो जाऊँगा, तो गलत सोचता है। यह उसकी किस्मत में नहीं लिखा है और न होगा। हाँ, यदि कोई सैयद साहब किसी धोबन की लड़की की अदाओं पर मर मिटें और उसे मुसलमान बनाकर घर में डाल लें, तो उसके बच्चे अपने को सैयद कह सकते हैं। मगर यदि इसका उल्टा हो कि कोई धोबी का लड़का सैयद की लड़की पर कुरबान हो जाए, और इस्लाम धर्म अपनाकर उससे निकाह कर ले, तो उसके बच्चे सैयद नहीं कहला सकेंगे। रहेगा वह धोबी-का-धोबी।

आजकल हरिजनों में मुसलमान हो जाने का फैशन शुरू हुआ है। ताज्जुब नहीं, यह चाव बढ़ता जाए और कुछ दिनों में ब्राह्मण भी मुसलमान होने लगें। कारण आर्थिक हैं। धर्म-परिवर्तन के कारण सदैव आर्थिक होते हैं। जाति की सुरक्षा के लिए भी धर्म-परिवर्तन कर लिया जाता है। कई बार सामाजिक सुरक्षा प्राप्त करने के लिए भी एकाध जाति धर्म-परिवर्तन कर लेती है। भूखों मरने से धर्म-परिवर्तन करना गलत नहीं लगता। मनुष्य के जीवन में धर्म का कितना ही महत्त्वपूर्ण स्थान हो, पर वह रोटी से ऊपर नहीं है। पिछले सालों में बेकारी, बेरोजगारी जिस तरह बढ़ी है, ब्राह्मणों, राजपूतों और हरिजनों में छीना-छपटी बहुत बढ़ गयी है। ब्राह्मण, राजपूत लगातार इस कोशिश में रहते हैं कि हरिजनों को उनकी सही औकात दिखा दी जाए कि बेटा लोगो, अधिकार पाने-वाने की बात बेकार है। रहोगे हमेशा तुम हमारी टाँग के नीचे। हरिजनों के झोपड़े जला देने, हरिजन-कन्या नजर आते ही उसे सामूहिक रूप से दबोच लेने का इरादा बाँधने या हरिजनों को जिन्दा जला देने के मूल में यही धौंस-पट्टी का मामला है कि बेटा, अपनी लिमिट में रहो। आय के साधनों पर कब्जा जमाने की कोशिश मत करो।

बरसों से मुसलमान और हरिजन सत्तारूढ़ काँग्रेस को वोट देते रहे हैं और काँग्रेस की ठोस जीतों में उनका बड़ा हाथ रहा है। ऐसा सिर्फ काँग्रेस के प्रभाव के कारण नहीं होता। मुसलमान और हरिजन यह उम्मीद लगाते रहे हैं कि काँग्रेस सरकार कमाई के साधनों में उन्हें उचित हिस्सा देती रहेगी और कुछ हद तक गरीबी को सहन करते हुए वे सुरक्षित रह सकेंगे। ऊपर से काँग्रेस के सिद्धान्त जो भी रहे हों, उसके अन्दर बड़ी और उच्च जातियों का गहरा प्रभाव है। इसी कारण काँग्रेस सरकार में यह कभी सम्भव नहीं हो सका कि हरिजन

या मुसलमान व्यवहार में बराबरी का दर्जा पा सकें। पहले भारतीय मुसलमान आशा-भरी निगाहों से पाकिस्तान की तरफ देख लेता था और भारत के प्रति अपनी पीड़ा जाहिर भी कर देता था पर पिछले वर्षों में उसने ऐसा करना बन्द कर दिया है। बंगलादेश का मामला हो जाने के बाद उसने अपना भाग्य भारत से जोड़ लिया है। इतने दंगे होने पर भी वह पाकिस्तान जाने की बात नहीं करता। उसे पता है कि पाकिस्तान की अन्दरूनी हालत क्या है। एक विशेष वर्ग के हाथ में सत्ता, शक्ति और पैसा है और आम मुसलमान वहाँ भी परेशान हैं। उसके लिए हिन्दुस्तान या पाकिस्तान बराबर हैं। कोई एक जगह नहीं, जहाँ वह जिन्दगी को बेहतर बना सके। पिछले दिनों हुए दंगे संकीर्ण मुस्लिम नेताओं को फायदेमन्द सिद्ध हुए हैं, क्योंकि इसके सन्दर्भ में वे अरब रईसों के सामने अपना करुण चित्र प्रस्तुत कर कुछ रुपया खींच सकते हैं।

भारतीय मुसलमान की नजर इस समय अरब देशों पर है। वहाँ काम-धन्धा निकल रहा है, अच्छी नौकरियाँ मिल सकती हैं। वह इस अवसर का लाभ लेकर अपनी किस्मत बदलना चाहता है। वह कोई गलत नहीं सोच रहा, क्योंकि सभी इस नजर से सोच रहे हैं। अरब का पैसा देख भारत सरकार के मुँह में भी पानी आता है। मध्यपूर्व के देशों में जाकर नौकरी के उम्मीदवारों की संख्या बढ़ती जा रही है। यों उम्मीदवारों में दक्षिण भारतीय तथा सभी जातियों और धर्म के लोग हैं, पर मुसलमान यह सोचता है कि मुसलमान होने के कारण अरब उसे प्राथमिकता देंगे। गरीब मुसलमानों में यह होड़ बढ़ गयी है। अरबों को अपनी लड़की दे घर की किस्मत बदलने के लिए वे लालायित हो गये हैं। वे चाहते हैं कि उनके लड़कों को इराक, ईरान कहीं भी बड़ी नौकरी मिल जाए। अरब चाहे ऐसा न सोचें, क्योंकि उन्हें तो मजदूरी से मतलब, पर भारतीय मुसलमान चाहते हैं कि अरब उन्हें प्राथमिकता दें।

अपनी किस्मत सिर्फ गरीब मुसलमान ही नहीं बदलना चाहता, हरिजन भी बदलना चाहता है। काम मिल रहा है, तो उसे मुसलमान हो जाने में हर्ज नहीं लगता। यों भी मेहतर कौन-से देवता की पूजा करता है, कोई व्रत रखता है या नहीं, इस दिशा में कभी हिन्दू पण्डितों ने नहीं सोचा। मेहतर हिन्दू देवी-देवता से लेकर पीर की दरगाह तक सबको मानता है। हिन्दुओं की असल फिक्र यह नहीं है कि भंगी की श्रद्धा क्या है? उनकी असल फिक्र यह है कि वह अपने गन्दे हाथों से कहीं हमारे पवित्र स्थल या देवता को न छू ले। हिन्दुओं में शूद्रों के लिए केवल एक ही आचार-संहिता बनाई गयी है कि वे दूर रहें, हटकर बैठें, सामने न आएँ, अपनी छाया न पड़ने दें, जूठन खाएँ तथा बासी भोजन, फालतू सामान और फटे-उतरे कपड़ों को स्वीकार कर सेवा में डटे रहें। इसके अलावा

हरिजनों के मामले में हजारों वर्षों के इस हिन्दू चिन्तन में कुछ और नहीं सोचा गया। हरिजनों में से बौद्ध बने, मुसलमान बने, सिख बने, ईसाई बने। हिन्दू धर्म के पण्डितों ने कभी यह फिक्र नहीं की कि हिन्दुओं में से कोई धर्म-परिवर्तन कर रहा है। वे मानते थे कि नीच जाति के लोग कर रहे हैं। व्यवहार में जाति का दर्जा और भेद धर्म से बड़ा रहा है। आजकल फिक्र हो रही है। बड़ी हद तक यह राजनीतिक फिक्र है।

दूसरी समस्या उन सक्रिय एजेण्टों की है, जो अरबों से पैसा खींचने के काम में बरसों से लगे हैं। आखिर आप किसी भी जाति या देश से उनके मूल्यों और पसन्दों को मान्यता दिये बिना पैसा नहीं खींच सकते। जब अमरीकी डॉलर के भारत में आने का लालच था, लोग अमरीकनों की तरह कन्धे उचकाकर, मुँह टेढ़ा कर अँग्रेजी बोलने लगे थे। यह 'यस' करनेवाला भारतवासी पिछले बरसों से एकाएक 'या या' क्यों करने लगा? उसकी आधी आस्तीनें ऊपर क्यों उठ गयीं? अमरीकी सैनिकों की पोशाक की तरह उसके शर्ट-पैण्ट में जेबों की संख्या क्यों बढ़ने लगी? यह सब इसलिए कि आप जिनसे रुपया बटोरना चाहते हैं, उनकी तरह व्यवहार कर, उन जैसे लगना एक बेहतर 'पॉलिसी' मानते हैं। सरकार और राजनीतिक पार्टियाँ भी इसी तरह सोचती हैं। सोवियत रूस से सहायता लेने के लिए निरन्तर कैपिटलिस्टों के हितों की सुरक्षा करनेवाली काँग्रेस अपने को समाजवादी घोषित कर वैसा लिबास धारण करने का नाटक रचती है। यदि कल से जापानी येन (मुद्रा) के देश में आने की सम्भावनाएँ जाग जाएँ, तो ताज्जुब नहीं, लोग आँखें छोटी-छोटी कर बातें करने लगें, अपने कद को छोटा करने की दवाएँ तलाशने लगें और अमिताभ बच्चन की ओर प्रेम से देखना बन्द कर दें। आपको जिससे कमाई करनी है, उसकी सभ्यता और व्यवहार को अपनाना होता है। धरमधुरन्धरी ब्राह्मणों ने अँग्रेजी राज में अपनी आदरणीय पोजीशन बनाये रखने के लिए अँग्रेजी सीखी, विदेशी पोशाक धारण की, घर की व्यवस्था बदली और नयी चाल अपनाकर समाज के सिरमौर बने रहे। संस्कृत और संस्कृति में पददलित होने का जोखिम वे मोल नहीं लेना चाहते थे। सनातनधर्मी चिल्लाते रहे, पर ब्राह्मण के बेटों ने एक नहीं सुनी। यही होता है। आज अरबों के पेट्रो डॉलरों से अंश बटोरना है, तो केवल निम्न वर्ग ही मुसलमान नहीं बनेगा, उच्च वर्ग भी शेखों जैसा व्यवहार करेगा। अरब खरे आदमी हैं और उनके शौक स्पष्ट हैं। वे औरत चाहते हैं, धर्म पर डटे रहकर, हर कुकर्म करते हुए अपने आर्थिक प्रभाव का विस्तार चाहते हैं। उनके अनुसार भारत में नैतिक एडजस्टमेण्ट आरम्भ हो गया है। वे मस्जिदों के सुधार और निर्माण, मुस्लिम धार्मिक संस्थाओं की स्थापना और विकास तथा धर्म-प्रसार के नाम पर भारी रकम

दे सकते हैं। दे रहे हैं। राष्ट्र का आर्थिक स्वार्थ इस या उस बहाने उससे डॉलर खींच लेने में है। पर हिन्दुओं को डर है कि मुसलमान आर्थिक रूप से ताकतवर होकर नयी समस्या न खड़ी कर दें। सारी राजनीति इसी घबराहट की राजनीति है। दंगों के मूल में ऐसे ही चक्कर हैं। मुस्लिम संस्थाएँ सरकार से समझौता चाहती हैं कि उन्हें पनपने दिया जाए और सरकार को भी इससे क्यों उज्र होने लगा क्योंकि हरिजन अैर मुसलमान मिलकर वोटों की बड़ी गारण्टी देते हैं।

पर इससे यह सोचना भ्रम है कि गरीब मुसलमानों की किस्मत पलट जाएगी। बस, इतना होगा कि उसे रोजगार मिलने लगेगा। होगा यह कि अरब रुपयों के सहारे मुसलमानों में उच्च वर्ग का पाया मजबूत हो जाएगा और वे मुसलमान मजदूरों के थोक में ठेकेदार हो जाएँगे। चर्च बने या मस्जिद, काम तो गरीब को मिलता है। अरब देशों में बेटों को नौकरियों पर भेज भारतीय मुसलमान अपनी हालत दुरुस्त करेगा। जमीन खरीदेगा, सम्पत्ति बनाएगा। इसमें उज्र नहीं होना चाहिए। जहाँ देश की योजनाएँ और प्रशासन आदमी की किस्मत बदलने में मजबूर हो, वहाँ यह सब होना स्वाभाविक है। हरिजन मुसलमान बनेंगे ही। कल से ब्राह्मण के बेटे अरबी का अध्ययन करने लगें, तो आश्चर्य नहीं करना चाहिए। अँग्रेजी हो या अरबी, हैं तो दोनों परायी भाषाएँ। पेट की गरज सब-कुछ सिखा देती है।

अपने ढीले लिबासों में डॉलर भरे अरब भारत आ रहा है। हर सशक्त और समृद्ध विदेशी ने यहाँ आकर हमारी संस्कृति, सभ्यता, धर्म-नैतिकता और सामाजिक ढाँचे की ऐसी-तैसी की है। वह भी करेगा। एक सुस्त, परजीवी, सुविधाएँ तलाशते देश के लोग उसके अनुसार चारित्रिक हेर-फेर कर लें, तो इसमें ताज्जुब नहीं। डॉलर धर्म से बड़ा होता है।

हाथ मिलाने से हाथ हिलाने तक

वे मुस्कराये। हवाई जहाज से उतरकर पहला काम उन्होंने यही किया। उन्होंने हाथ मिलाया। वे तब भी मुस्कराये।

मैं सोचता हूँ, इतने दिनों वे बड़ी परेशानी में रहे। वे अपनी गम्भीर छवि बनाये रखना चाहते थे और उन्हें मुस्कराना भी पड़ता था। हो सकता है वे सचमुच गम्भीर लोग हों पर वे यहाँ पूरे सप्ताह मुस्कराने के लिए अभिशप्त थे।

वे आते, वे जाते। वे बैठते, वे उठ जाते। वे एक जगह से दूसरी जगह जाते, वहाँ से तीसरी जगह जाते। फिर पहली जगह लौट आते। वे किसी-न-किसी से हाथ मिलाते। तैंतीस नम्बर का मेहमान जब पैंसठ नम्बर के मेहमान से हाथ मिला रहा होता उसी समय चौदह नम्बर का मेहमान चालीस नम्बर के मेहमान से हाथ मिला रहा होता।

हमने उन्हें हाथ मिलाते देखा। परस्पर मुस्कराते देखा। हम भी अपना हाथ लिये-लिये यहाँ से वहाँ घूमते रहे। जो मिला उससे मिलाते रहे। एक मुस्कान हमारे चेहरे पर चिपकी थी। वह उनके आने के पहले से चिपकी थी। वह उनके जाने के बाद तक चिपकी रही।

कमरे थे जिनमें वे रहे। सोफे थे जिन पर वे बैठे। कारें थीं जिनमें वे एक जगह से दूसरी जगह गये। हाल थे जिनमें वे जमा हुए। माइक थे जिन पर वे बोले। हवाई जहाज थे, जिनसे वे उड़ गये।

उन्होंमे वह देखा जो देखने लायक था। वही वे देखना चाहते थे। वही हम उन्हें दिखा सकते थे। हमें उनकी सुरक्षा का बहुत ख्याल था। खुद उन्हें अपनी सुरक्षा का बहुत ख्याल था। इस तरह लगातार ख्याल रखने के कारण वे अन्त तक सुरक्षित रहे। वे जैसे आये थे वैसे ही लौट गये। यही होना था। यही हम चाहते थे। यही हुआ। कुछ शब्द थे, जुमले थे, मुहावरे थे। उन्हें जोड़-जोड़कर बने वाक्य थे, पैरेग्राफ थे, बयान थे, निबन्ध थे। सब वही बोले। सबने दूसरों को वही बोलते सुना। सबने उस पर वही विचारा। फिर सब उसी नतीजे पर पहुँचे। सबने नतीजों को वही शब्द, वही जुमले, वही मुहावरे, वही वाक्य

और वैसे ही पैरेग्राफ दिये। मतलब वही-वही शब्द उन ही विचारों को लिये जगह-जगह से टपके, रिसे, बहे और उनका एक हौज बना जिससे पैरेग्राफों की बाल्टियाँ भरी गयीं, गिलास भरे गये जिसे उन ही लोगों ने पिया, नहाया, एक-दूसरे पर उलीचा, चरणामृत या पेग की तरह मीडिया वालों को बाँटा, अपने देश ले जाने के लिए थरमस में भरा और लौट गये। वे जिन शब्दों से भरी सुराही लेकर आये थे वे उन ही शब्दों से भरी सुराही लेकर वापस लौट गये। तृप्त आये थे, तृप्त ही गये। यही होना था। इसी की व्यवस्था थी।

व्यवस्था करने वाले व्यवस्था में लगे थे। वे यही कर सकते थे, वे यही कर रहे थे। सुबह की चाय हाथ में ले दरवाजा खटखटाने से देर रात उनकी कार का दरवाजा खोलने तक व्यवस्था चाक चौबन्द थी। हमारे लिए यही उपलब्धि थी। यही हमारा लक्ष्य था कि वे हाथ मिलाएँ, मुस्कराएँ, और हम उनके लिए कार का दरवाजा खोलें, सुबह की चाय हाथ में ले उन्हें 'गुडमार्निंग' कहें।

मार्निंग गुड थी, आफ्टरनून गुड थे, इवनिंग गुड थी और देर नाइट गुडनाइट थी। हाथ मिलाने के रिश्ते थे, सुनिश्चित शब्दों के आदान-प्रदान के लिए नियमित मुस्कानें थीं।

वे आये, वे चले गये। आये भी वो गये भी वो, खत्म फसाना हो गया। मैंने एक से पूछा यह सब क्या हुआ, क्यों हुआ, क्या यही सब होना था जो हुआ?

उसने कहा यह बड़ी बात है कि वे आये, वे मुस्कराये, उन्होंने हाथ मिलाया। यह बहुत बड़ी बात है। वे हवाई जहाज पर चढ़ गये। उन्होंने हाथ हिलाया। हाथ मिलाने से हाथ हिलाने तक के ये दिन समाप्त हुए।

सारे जहाँ का दर्द

देश के लिए यह सौभाग्य की बात हो या दुर्भाग्य की, मगर यह सच है कि भारत के प्रधानमन्त्री के पद का दर्जा पिछले कुछ महीनों से बहुत तेजी से उठ गया है। जो साधारण सड़कछाप वोटर इस गलतफहमी में थे कि वे अपने लिए एक एम.पी. या देश का प्रधानमन्त्री चुन रहे हैं, उन्हें यह पता लगना चाहिए कि दरअसल उन्होंने एक विश्वनेता चुना था, जो इस समय संसार की समस्याएँ सुलझाने में लगा है। संसार में समस्याएँ बहुत अधिक हैं, मगर खेद है कि यह देश अपनी संवैधानिक मजबूरियों के कारण केवल एक प्रधानमन्त्री संसार को सप्लाई कर सकता है। काश, हमारे पास चार-पाँच प्रधानमन्त्री होते, तो हम उन्हें पूरी दुनिया में फैला देते। और तब शायद यह भी सम्भव होता कि उनमें से एक प्रधानमन्त्री हम अपने देश के लिए भी देख लेते, जो असम समस्या, अकाली समस्या, सूखा समस्या, भूख समस्या टाइप की जो छोटी-मोटी समस्याएँ हैं, उनसे माथापच्ची कर लेता। हमारे पास सिर्फ एक प्रधानमन्त्री है। इतने सारे देश हैं। उससे जितना बनता है, वही तो करेगा। मुहावरे से कहा जाए तो अकेली जान क्या-क्या करे।

हमारा प्रधानमन्त्री, जिस समय जो भी हो, संसार के देशों को एक ही बात कहता है और पिछले पैंतीस सालों से कहता रहा है कि देशों को चाहिए कि वे परस्पर शान्ति और सद्भाव रखें तथा अपने मामले आपसी बातचीत से निपटाएँ। सम्बन्ध चाहे जैसे हों मामले जो भी हों, उनके कारण जो भी हों, हमें उनसे मतलब नहीं। बातचीत से निपटाओ और इस बात का ध्यान रखो कि बातचीत करते हुए आपस में गाली-गलौज न कर बैठो। हम सबसे बार-बार यही कहते हैं। यह इतना ऊँचा आइडिया है कि किसी और देश के प्रधानमन्त्री के माइण्ड में ही आता नहीं। भारत के प्रधानमन्त्री के माइण्ड में ही आता है। और इस मामले में भारत का प्रधानमन्त्री भी कोई कम शरद जोशी नहीं है। आइडिया आया तो कहेगा। फिर चाहे वह कितना ही साधारण क्यों न हो।

संसार के देश तो चाहते हैं कि हमारे भारत का प्रधानमन्त्री पूरे वक्त उनके

मुल्कों में ही घूमता रहे और विश्व शान्ति, परस्पर सहयोग, छोटे देशों की कड़की दूर करने में बड़े देशों का योग आदि नियमित विषयों पर पूरे उत्साह से भाषण देता रहे। अच्छे भाषण सुनना कौन नहीं चाहता! अच्छी अँग्रेजी सुनना कौन नहीं चाहता। पर हमारी मजबूरी है कि हमारा प्रधानमन्त्री पूरे साल बाहर नहीं रह सकता। उसे कुछ दिनों देश में भी रहना पड़ता है। लोकसभा का सेशन होता है, कश्मीर में चुनाव आ जाता है या दीगर ऐसी कुछ बाते हैं, जब भारत के प्रधानमन्त्री को भारत में रहना जरूरी है। मजबूरी है। कई बार जवाबी कार्रवाई करने किसी दूसरे देश का प्रधानमन्त्री भारत में टपक पड़ता है। तू हमारे देश में भाषण देगा, तो हम तेरे देश में भाषण देंगे की बदले की भावना के साथ। उस समय उसका स्वागत तथा दीगर औपचारिकताएँ बरतने भारत के प्रधानमन्त्री को भारत लौटना पड़ता है। कई बार आपने देखा होगा कि हमारा प्रधानमन्त्री कई-कई महीने भारत में ही यहाँ-वहाँ घूमता रहता है।

भारत के प्रधानमन्त्री बनने के लिए अपने राज्य की समस्याओं की समझ न हो, पर राष्ट्रीय समस्याओं की समझ होनी चाहिए। वह भी न हो, पर अन्तर्राष्ट्रीय समस्याओं की समझ होना बहुत जरूरी है। इसी समझ के अभाव में हर कोई प्रधानमन्त्री नहीं बन पाता। स्कूल में भूगोल का शिक्षक मुझे संसार के नक्शे के पास खड़ा कर बेढब सवाल पूछता था कि बताओ, ब्लाडीबास्टक, होनोलूलू और कुस्तुनतूनिया कहाँ हैं और मैं उन शहरों को सारी दुनिया में तलाशता रहता था। तभी मैंने तय कर लिया था कि मैं भारत का प्रधानमन्त्री नहीं बनूँगा। लोग मुझे पालम से विदाई देंगे, इसलिए कि मुझे चेकोस्लोवाकिया जाना है और मैं पहुँच जाऊँगा फिनलैण्ड। स्वागत तो खैर मेरा वहाँ भी होगा, क्योंकि मैं भारत का प्रधानमन्त्री हूँ। और हर देश भारत के प्रधानमन्त्री का स्वागत करने की चौबीसों घण्टे तैयारी रखता है। पर वे आश्चर्य करेंगे कि मैं वहाँ कैसे पहुँच गया? और इधर चेकोस्लोवाकिया में रोना-धोना होगा कि आज जो आनेवाला था, वह उतरा क्यों नहीं? भारत का प्रधानमन्त्री बनने के लिए अन्तर्राष्ट्रीय समझ बहुत जरूरी है। उसे हमेशा यह ध्यान रखना पड़ता है कि अगर वह एक देश जा रहा है, तो आसपास के और कितने देशों में जा सकता है और लौटते समय कहाँ-कहाँ रुक सकता है।

अब चूँकि लेख समाप्त होने को आ रहा है, इसलिए जरूरी है कि मैं विषय पर आ जाऊँ। विषय यह है कि भारत का प्रधानमन्त्री ऐसी ऊँची चीज है कि वह अब दुनिया का नेता है। भारत के काम का नहीं रहा। एक तो ऐसी टुच्ची देसी समस्याओं में उसका माइण्ड खराब करवाना भी ठीक नहीं है। अगर चाहते ही हो कि भारत का प्रधानमन्त्री भारत की समस्या पर ध्यान दे, तो समस्या

का लेवल उठाओ। उसे इतनी बड़ी बनाओ कि वह भारत के प्रधानमन्त्री का ध्यान आकर्षित करने के काबिल लगे। आप चाहते हो कि बम्बई की कपड़ा मिलें बन्द पड़ी हैं, तो भारत का प्रधानमन्त्री उस छोटी-सी बात में लगा रहे। फिर तीसरी शक्ति के देशों की ओर पहली और दूसरी शक्ति का ध्यान कौन चौथी शक्ति खींचेगी, अगर प्रधानमन्त्री की एनर्जी बम्बई के मजदूरों पर सोचने में चली गयी। समस्या का स्तर उठाओ। जब तक वह अन्तर्राष्ट्रीय घटनाओं का दर्जा नहीं प्राप्त कर लेती, तब तक कोई अन्तर्राष्ट्रीय स्तर का नेता उर्फ भारत की प्रधानमन्त्री उस पर कैसे ध्यान देगा।

दूसरा तरीका यह है कि आपस में निपट लो। शान्ति और सद्भाव से निपटो, तो अच्छी बात है। नहीं, कोई जरूरी नहीं, क्योंकि ये चीजें तो अन्तर्राष्ट्रीय मामलों में जरूरी होती हैं। जैसे चाहो निपट लो। जब हमारा प्रधानमन्त्री अन्तर्राष्ट्रीय मामले निपटाने में लगा है, तो हम आपसी मामले तो निपटा ही सकते हैं। एक व्यस्त भारतीय प्रधानमन्त्री के साथ उसके देश के निवासी इतना सहयोग तो कर ही सकते हैं। उसे तंग मत करो। खुद कर लो, क्या करना चाहते हो।

संसार के विषय में मेरा जो थोड़ा बहुत ज्ञान है, वह भारत के प्रधानमन्त्री की निरन्तर यात्राओं से ही बढ़ा है। एक बात देख मुझे हमेशा से ताज्जुब भी होता रहा है और मजा भी आता रहा। भारत का प्रधानमन्त्री किसी भी देश में जाकर कहता है कि मामले शान्ति और सद्भावना से निपटाये जाने चाहिए। उस देश का प्रेसिडेण्ट या प्रधानमन्त्री अपने भाषण में यही बात कहता है कि हम मामले को शान्ति और सद्भावना से निपटाना चाहते हैं। सभी देशों में यही बात दोहरायी जाती है। मुझे हँसी इस बात पर आती है कि जब सभी देश ऐसा करना ही चाहते हैं और कह रहे हैं, तो हमारा भारत का प्रधानमन्त्री उधर जाकर क्या करता है। मगर वह जाता है। बार-बार एक ही बात को कहने वह जाता है। और न जाए तो बेचारा क्या करे। इस घटिया देश की दो कौड़ी की समस्याओं में सिर चटवाने से तो किसी अन्तर्राष्ट्रीय जमघट में बड़ी समस्या पर भाषण देना अच्छा। भारत का प्रधानमन्त्री यही करता है। देश की हालत कुछ भी हो, पर यही हमारी महानता है। सारे जहाँ का दर्द हमारे जिगर में है।

'अ' अणु का!

भारतीय पाठशालाओं का मेधावी छात्र मैट्रिक की महान परीक्षा में उत्तीर्ण होने के उपरान्त एक दीर्घ प्रश्नचिह्न से लटककर दो माह चिन्तन करता है, कॉलेज में मैं साइंस लूँ या आर्ट्स? मानवीय प्रगति के दो दरवाजे एक साथ 'धाड़-देनी-से' खुल जाने के कारण वह समझ नहीं पाता किसमें घुसूँ? भविष्य, इतिहास, मानवीय मूल्य, कैरियर, राष्ट्रीय भावना, काबलियत आदि समस्त महत्त्वपूर्ण तत्त्व यहाँ-वहाँ हिलोरें मारने लगते हैं। यार, परिवार, मोहल्लेवाले इस चिन्तन में हाथ बँटाते हैं, अर्थात् लड़का यदि कला में जाना चाहता है, तो उसे विज्ञान की सलाह देते हैं और विज्ञान लेना चाहता है, तो कला की व्यावहारिक उपयोगिता समझाते हैं। भारतीय बापों के समक्ष गम्भीर प्रश्न आ खड़ा होता है। छोकरे की बौद्धिक नसें भीगने लगी हैं, यह सरस्वती देवी के मोहल्ले में चक्कर लगाये बिना रहेगा नहीं, इसे कहाँ भेजने से घर में अच्छा वेतन आने की आशा है? यह चिरन्तन अनुत्तरित अथवा निरन्तर गलत-उत्तरित प्रश्न उस दिन हमेशा के लिए सुलझ गया, जब भारत ने एक अदद अणु विस्फोट कर दिया। यह तय हो गया कि भारतीय पाठशालाओं के मेधावी छात्र अब कॉलेज में साइंस नहीं लेंगे, क्योंकि उस क्षेत्र में जो कुछ किया जा सकता था, किया जा चुका। विज्ञान में उन्नत राष्ट्र अणु विस्फोट की जिस ऊँचाई पर पहुँच गये थे, वहाँ भारत भी जा लगा। एक अध्याय समाप्त। बोल सियावर रामचन्द्र की जय।

अभी तक 'अ' अनार का हुआ आता था। अब 'अ' अणु का हो गया। इस तेजी से स्तर आज तक कभी नहीं उठा। वे मन्त्रीगण, जो कल हिंसा-आगजनी के सन्दर्भ में माचिस और घासलेट के शान्तिपूर्ण उपयोग पर भाषण देते थे, और उनकी कोई नहीं मानता था, वे ही आज अणु शक्ति के शान्तिपूर्ण उपयोग पर भाषण देते हैं और सब मानते हैं। इसमें सन्देह नहीं कि हमारी हर राष्ट्रीय पैमाने की हरकत में अन्तर्राष्ट्रीय शान्ति का नेक इरादा सदैव जुड़ा रहता है। पुलिसवालों

के लिए प्रति वर्ष डण्डे खरीदे जाते हैं, तो जाहिर है कि उसका उद्देश्य शहर में शान्ति बनाये रखना ही है। इसी तरह यदि हमारे पास सौ-पचास अणु योजनाएँ स्टॉक में पड़ी रहें, तो मन को भी शान्ति रहती है और बाहर भी। ऐसे में सिवाय शान्ति के और मुई हो भी क्या सकती है? मैं तो इसे आत्मनिर्भरता कहूँगा। वक्त-जरूरत बाहर किसी का दरवाजा तो नहीं खटखटाना पड़ेगा।

सभी जानते हैं कि भारत अणु शक्ति के शान्तिपूर्ण प्रयोग के मामले में दृढ़-प्रतिज्ञ है। यों इस देश में अच्छी-अच्छी प्रतिज्ञाएँ लोग एक चंचल चितवन, एक मधुर मुस्कान के कारण तोड़ देते हैं, परन्तु आशा है, इस मामले में हमें कोई उर्वशी मेनका छाप कोमल मजबूरियाँ डिगा नहीं सकेंगी। अणु शक्ति के शान्तिपूर्ण उपयोग पर हम अटल हैं। जिस तरह चाकू से सिर्फ आलू-बैंगन काट हम उसके शान्तिपूर्ण उपयोग पर जोर देते हैं, लगभग वही हाल अणुशक्ति का बना देंगे। ऐसे अनेक कार्य, जो हमारे आलस, अर्थाभाव, अयोग्यता अथवा आयोजना में गलती के कारण आज तक नहीं हो पा रहे हैं, वे सब अणु शक्ति के कारण 'फटाक-देनी-से' हो जाएँगे। हमारे लिए यह शान्ति का मामला है और शान्ति की दिशा में लम्बे चिन्तन का परिणाम है, जो सामने आया है। आश्चर्य नहीं, जल्दी ही श्रीमती गाँधी इस मामले में विनोबा भावे, जयप्रकाश जी आदि से मिलें और अणु शक्ति संस्थान शान्ति मिशन को सौंपने की दिशा में पहल जारी हो जाए। यह शान्ति का काम शान्तिवाले ही शान्ति से करेंगे।

अणु विस्फोट की अनेक शान्तिवाली उपयोगिताएँ हैं। यह सर्वोत्तम ध्यानाकर्षक करिश्मा है। जैसे रेल हड़ताल किस्म का कोई बड़ा मामला अखबारों में हेडलाइन चढ़कर राष्ट्र का खोपड़ा खा रहा हो, आप उसी समय एक अणु विस्फोट कर दीजिए और देखिए, क्या होता है? देश-भर में चर्चा का विषय बदल जाएगा। अति विकास की सूचना से अति पिछड़ेपन का दर्द कम हो जाता है। राष्ट्र का मानसिक सन्तुलन लौट आता है। जब महँगाई बढ़ रही हो, तो रॉकेट छोड़ो। हड़ताल हो रही है, तो अणु विस्फोट करो। दर्द कहाँ, दवा कहाँ? इस दूरी को कम करना सरकार का कमाल है। भारतीय सन्दर्भ में देखिए, तो इससे राज्यों की तुलना में केन्द्र की शक्ति बढ़ी है। इसके एक धमाके से गुजरात-बिहार बौने लगने लगे हैं। इस बार बात छुपी रही, कुलिया में गुड़ फोड़ने की तरह केन्द्र ने अपने-अपने कर लिया। मगर अगली बार हर राज्य का मुख्यमन्त्री अपना दावा लेकर दिल्ली दौड़ेगा। कृपया विस्फोट हमारे राज्य में कीजिए, हमारे यहाँ विस्फोट की पूरी सुविधाएँ एवं स्थितियाँ हैं। केन्द्र न्याय करे, हमारे दावे पर ध्यान दे आदि। आखिर कौन मुख्यमन्त्री नहीं चाहेगा कि उसके राज्य में काँग्रेस मजबूत हो। जहाँ विस्फोट होगा, कांग्रेस की स्थिति सुधरेगी। चुनाव के पहले चार-छह

विस्फोट यहाँ-वहाँ हो जाएँ, तो काँग्रेस फिर बहुमत में आ जाएगी। अणु शक्ति का इससे अधिक शान्तिपूर्ण उपयोग और क्या हो सकता है?

इस बार हुए प्रयोग से एक तथ्य स्पष्ट सामने आया है कि जहाँ विस्फोट होता है, वहाँ बड़ा भारी गड्ढा बन जाता है। इस देश में जहाँ गड्ढों का अभाव है, अणु शक्ति निश्चित ही इस तरह वरदान सिद्ध होगी। आज हर गाँव को तालाब, कुएँ और अनाज छुपाने के लिए बड़े गड्ढों की आवश्यकता है। तालाब और कुओं से उत्पादन बढ़ेगा और उत्पादन छुपाने की सुविधा से भाव बढ़ेंगे। देश की अर्थव्यवस्था के दोनों अनिवार्य पहलू हैं। भारतीय व्यापारियों के हाथ में चाँद आ जाए, तो वे तुरन्त चाँद के गड्ढों में अनाज स्टॉक कर लें। कृष्ण पक्ष में हाथ ऊँचे कर कहें कि अनाज नहीं है और शुक्ल पक्ष में उसे ऊँचे भाव बेचें। इस विस्फोट से जो गड्ढा उपलब्ध हुआ है, उस पर यदि शीघ्र भारतीय खाद्य निगम ने अधिकार नहीं जमाया, तो वह प्रायवेट सेक्टर के हाथों चला जाएगा।

अणु विस्फोट से राष्ट्रीय स्वाभिमान में कई मेगाटन वृद्धि हुई है। हम न्युक्लीय क्लब के सदस्य हो गये। इसका सदस्य होना रोटरी, लायंस आदि के सदस्य होने की तरह सम्मानजनक है। अब भारत को डर सिर्फ इतना है कि कहीं 'डाइनस क्लब' की स्थायी सदस्यता हमसे न छिन जाए! रौब जमाने और भीख माँगने के बीच एक विकल्प चुनना है। हम चुनेंगे अथवा दोनों ही चलने देंगे। जिसमें भी राष्ट्र का हित हो। दोनों में है।

भारतीय इतिहास में यह दशक धमाकों का दशक माना जाएगा। समाजवाद, गरीबी हटाओ आदि धमाके समय-समय पर हुए और राष्ट्र उसकी गूँज से महीनों अभिभूत रहा। अणु विस्फोट इस क्रम में असली धमाका है। इसके शोर में सारी आवाजें दब जाएँगी। अणु विस्फोट से गरीबी यों हट सकती है कि जहाँ गरीबी और झोंपड़पट्टी ज्यादा हों, वहाँ शासन यह घोषणा करे कि हम इस क्षेत्र में शीघ्र अणु विस्फोट करनेवाले हैं। सारा इलाका खाली हो जाएगा। गरीबी हट जाएगी। उस एरिया को बाद में डेवलप कर फ्लैट निकाले जा सकते हैं या गगनचुम्बी इमारतें खड़ी की जा सकती हैं। इस तरह धीरे-धीरे सारे देश से गरीबी हट जाएगी। बोल सियावर...

शक्ति एक्सपोर्ट आइटम है। जिन देशों के पास शक्ति अधिक है, वे उसे दूसरों को सुरक्षा के रूप में निर्यात करते हैं। हमारा उत्पादन इस मामले में इतना कम रहा है कि राष्ट्रीय पूर्ति-भर की शक्ति हम जुटा नहीं पाते थे। अणु विस्फोट से एकाएक हमारे पास शक्ति अधिक हो गयी है। अब हम आसपास के देशों

में यह विज्ञापित कर सकते हैं कि वे हमें अपना हाल बताएँ, लिखें अथवा मिलें। हमारा पता यह है, वगैरह। मिलने का समय सुबह शाम इतने बजे से इतने बजे तक। नक्कालों से सावधान आदि। शक्ति एक्सपोर्ट कर हम बदले में उनसे चावल, घासलेट आदि ले सकते हैं, जिसकी इस देश को सदैव आवश्यकता रही है और रहेगी।

कितने हर्ष और गर्व का विषय है कि भूखे-नंगों का यह देश सभी दिशाओं में प्रगति लगभग एक साथ कर रहा है।

और-और उधार

उधार लेने के लिए ऐसा स्नेहपूर्ण आग्रह पहले नहीं होता था। लगता है, यदि हम नहीं ले रहे तो अपने नागरिक दायित्वों से पीछे हट रहे हैं। कुछ अन्दर-ही-अन्दर कोंचता है, खटकता है कि हम ले क्यों नहीं रहे? सच बात यह है कि कर्जदार होने की शर्म जो पुराने जमाने में हमारे पुरखों को होती थी, हममें भी बड़ी हद तक शेष है। कर्जदार का सिर झुका रहता है, उसे रात-भर नींद नहीं आती, चिन्ता सताया करती है आदि व्यर्थ की बातें मन के कोने में गुत्थी बनी पड़ी हैं। हम अपने ही द्वारा स्थापित शर्म के भार से मुक्त नहीं हो पा रहे। वक्त बदल गया। अब कर्जदार का सीना फूला रहता है और वह बैंकवाली गली से गुजरने से नहीं डरता। वह रात को आराम से सोता है और सुबह उठने में जल्दी नहीं करता। कर्ज उसने बैंक से लिया है। बैंक राष्ट्र का है और राष्ट्र उसका। सब सबके हैं। किसने किसको कर्ज दिया, समझ नहीं आता। कौन किसका आभार माने—बैंक राष्ट्रवासियों का या राष्ट्रवासी बैंकों का। कुछ भी हो, मन को अच्छा लगता है। वक्त पड़े आसरा है। और वक्त पड़ता ही रहता है।

अर्थशास्त्र के क्षेत्र में मेरा अनुभव सिर्फ पैसा खर्च कर देने तक सीमित है। मैं काफी मात्रा में धनराशि अपेक्षाकृत तीव्र गति से व्यय कर सकता हूँ। इस मामले में पुराना अनुभवी हूँ। बल्कि कहना होगा कि एक हद तक इस धन्धे से ऊब चुका हूँ। खुद के अलावा दूसरों का भी काफी पैसा वक्त-वक्त पर खर्च करता रहा हूँ। जो बन सका इस मामले में औरों की सेवाएँ की हैं और आगे भी करते रहने का इरादा है। जिस किसी दोस्त के पास ज्यादा रुपया होता है उसे खर्च करने के रास्ते बता देता हूँ, बल्कि उस रास्ते तक स्वयं उसे ले जाता हूँ। मुसीबत में हम मदद न करेंगे तो कौन करेगा!

एक ऐसे सेवाभावी प्रकार के व्यक्ति से यदि चारों ओर से आग्रह किये जाएँ कि भई कर्ज ले लो, भई कर्ज ले लो तो वह परेशानी में फँस जाता है। उधार काफी

ले चुके हैं और उसे लौटाने के लिए अगला जन्म लेने का दृढ़ निश्चय भी कर चुके हैं मगर इसी बीच बैंकों का राष्ट्रीयकरण हो गया तथा अधिक उधार मिलने की सुविधाएँ हो गयीं। शुरू में मैंने ध्यान नहीं दिया, मगर अब रास्ता चलना मुश्किल है। बैंक ऐसी लुभावनी अदा से मेरी ओर देखते हैं कि समझ नहीं आता कि चारों तरफ चौदह बैंक और एक अकेला मैं। किधर जाऊँ? जिस बैंक से उधार न लो वही माइण्ड करता है। इन्सान क्या करे। खासकर मुझ जैसा इन्सान, जो उधार लेने के बिल्कुल मूड में नहीं। इस देश में जहाँ जनता के आग्रह पर बड़े-बड़े इज्जतदार लोग चुनाव में खड़े हो जाते हैं, वहाँ मुझ जैसा सामान्य व्यक्ति स्नेहपूर्ण आग्रह पर छोटा-मोटा उधार न ले, कैसे सम्भव है? कौन मानेगा मेरी बात! लोग कर्ज ले रहे हैं और हर बात के लिए कर्ज ले रहे हैं, बल्कि कोई बात न हो फिर भी कर्ज ले रहे हैं। हमारा देश विदेश से कर्ज ले रहा है और हम लोग विदेश के अभाव में देश से ही कर्ज ले रहे हैं। कर्ज के मधुर दबाव की सुखकर अनुभूतियों में समूचा राष्ट्र डूबा हुआ है। एक समय था जब इस देश के आदमी को चैन की नींद सोने के लिए घोड़े बेचने पड़ते थे और आज ऐसा समय आ गया है, जब वही आदमी दिन में कर्ज लेता है, शाम को घोड़े खरीदता है और रात को आराम से सोता है।

बहुत दिनों से मुझ पर दबाव आ रहा है कि कर्ज से स्कूटर खरीद लूँ। मेरा इस प्रस्ताव पर दो कारणों से विरोध था। एक यही कि मैं अब उधार नहीं लेना चाहता और दूसरा यह कि स्कूटर तो मुझे चाहिए ही नहीं। पहली बात को किसी ने नहीं माना और कहा, कि नहीं उधार तो चाहे कुछ हो, आपको लेना ही होगा। बहस इस पर होती रही कि स्कूटर लिया जाना चाहिए या नहीं। वे लोग कहने लगे कि स्कूटर से एक फायदा यह है कि घर में स्कूटर आ जाता है, कहीं जाना-आना हो तो जा-आ सकते हैं, बस के लिए घण्टों खड़े रहने का चक्कर नहीं, जल्दी पहुँच सकते हैं। मतलब यह कि उन मित्रों ने स्कूटर के वे सब फायदे गिनाये, जो स्कूटर के फायदे होते हैं। मैंने नेता की-सी मुद्रा बना ली और 'आपके प्रस्ताव पर विचार करूँगा' कुछ ऐसे कहा जैसे मैं वास्तव में उनके प्रस्ताव पर विचार करूँगा। और मुझमें विचार करने की योग्यता और क्षमता दोनों हैं। बिल्कुल नेता की-सी मुद्रा, खासकर आर्थिक प्रश्नों पर। विकल्प भी थे, स्कूटर न लूँ तो पंखा ले लूँ या रेफ्रीजरेटर और इसी तरह की कई वस्तुएँ जो दूकानों पर मिलती हैं। कर्ज सभी के लिए आवश्यक है। इस देश की प्रगति के लिए कर्ज आवश्यक है। जैसे जब तक देशवासी सूट नहीं पहनने लगेंगे, यह देश प्रगति नहीं करेगा और बिना उधार लिये सूट सिलता नहीं। कर्ज और प्रगति का बिल्कुल चोली-दामन छाप सम्बन्ध है।

मगर उस दिन बचना मुश्किल हो गया। मैं दो मटके खरीदने जा रहा था। बड़ी उपयोगी वस्तु है जिस पर किसी दिन अलग से निबन्ध लिखने की सोच रहा हूँ। मैंने निश्चय किया था कि एक साथ दो मटके खरीदूँगा। मटकों में यह समस्या शाश्वत है कि उन्हें एक बार भर दो तो धीरे-धीरे खाली होने लगते हैं। फिर भरना पड़ता है। वे फिर खाली हो जाते हैं। एकदम शेर-शायरी की समस्या है कि 'हम भरते रहे, वे खाली होते रहे, यह सिलसिला ताअबद चलता रहा।' खैर मटकों पर मैं किसी दिन पूरी नज्म कहूँगा। फिलहाल सिर्फ दो मटके खरीदने की बात है, ताकि जब तक एक खाली हो, हम दूसरा भरते रहें और जब तक दूसरा खाली हो हम पहला भरते रहें या इसका उलटा करें, बिल्कुल यानी जब तक पहला भरा जाए हम दूसरा खाली करने में जुटें और जब तक दूसरा भरा जाए हम पहला खाली कर दें। मटके भरने और खाली करने के अपने अनुभवों पर मैं कुछ नहीं, तो एक कहानी जरूर लिखूँगा। क्या खयाल है? एकदम सहज कहानी है। कई बार जब घर में कोई मटका टूट जाता है, मेरा मन दुःखी हो जाता है। उस क्षण बड़ी गहरी अनुभूति होती है देखिए, क्रौंच नामक अनुपयोगी पक्षी की मृत्यु से पीड़ित हो कवियों ने महाकाव्य रचे हैं और छायावादी कवि तारा टूटने पर सिसकता था तो भाई साहब मटका आखिर मटका है। क्या इसका टूटना दुखान्त नहीं होता! बहुत गहरा होता है। मैं तो गम्भीरता से मटकों पर एक तीन अंकों का दुखान्त नाटक लिखने की सोच रहा हूँ। प्रथम अंक में मंच पर मटके लाकर रखे जाते हैं, दूसरे अंक में वे भरे और खाली किये जाते हैं तथा तीसरे अंक में (विधना का विधान) वे टूट जाते हैं। सोचिए तब दर्शकों के हृदय पर क्या बीतेगी, जब वे मंच पर इतने सारे मटकों को टूटता देखेंगे। मुझसे तो एक मटके का टूटना नहीं देखा जाता। हृदय करुणा से भर आता है। वाणी से कोई श्लोक, कविता शायरी या इन सबकी अनुपस्थिति में कोई सिनेमा का गाना फूट पड़ता है। मटके की जीवन में अपनी महत्ता है। इस देश में जहाँ टके की हाँडी लोग बजाकर लेते हैं (इस उद्देश्य से कि पानी भरने के अतिरिक्त कभी संगीत समारोह में उसका वादन करना पड़े, तो आनन्द में कमी न आये) तथा कविता-संकलन खरीदते समय उसकी उपयोगिता पर विचार करते हैं। मटके का महत्त्व निश्चित है। इसके सांस्कृतिक, सामाजिक, आर्थिक आदि कई पक्ष हैं। छोटी विधा में सधेगा नहीं। भगवती बाबू से निवेदन करेंगे कि वे मटके पर मोटा उपन्यास ही लिख दें। यह विषय हम जैसों के बस की बात नहीं है। वे ही लिख सकते हैं।

आज्ञा हो तो विषय पर आऊँ? मैं उस दिन दो मटके खरीदने जा रहा था। वे ही प्रेमीजन, जो मुझे स्कूटर आदि के लिए ऋण दिलाने के लिए आग्रह करते

रहे हैं, रास्ते में मिल गये।

"कहिए जोशी जी, कहाँ?"

"हें हें, ऐसे ही जरा दो मटके खरीदने निकला था।"

"नकद खरीद रहे हैं क्या?"

"जी हाँ, कुम्हारों से अभी सम्बन्ध मधुर नहीं हुए।"

"कोई बात नहीं। आप बैंक से कर्ज क्यों नहीं ले लेते?"

"मटके खरीदने के लिए?"

"जी हाँ, और क्या, आपको मटके ही खरीदना है ना? ले लीजिए। चौबीस किस्तों में पटा दीजिएगा।"

"मगर दो मटकों के लिए क्या कर्ज लेना!"

"कर्ज तो एक मटके के लिए भी मिल सकता है। आप कैसी बातें करते हैं!"

"हें हें!"

"चलिए फार्म भर दीजिए।"

"मैं सोच रहा था कि नकद ही दे दूँ। अभी मेरे पास ये रुपया है। फिर किसी बड़े काम के लिए कर्ज लूँगा।"

"तब भी मिल जाएगा, बड़े काम के लिए भी मिल जाएगा। अभी तो मटकों के लिए, ले लीजिए। चौबीस किस्तों में पटा दीजिए।"

मैं परेशान था। कर्ज की सुविधा देख आदमी का पैर फिसलता है, पर इस मामले में कीचड़ इतना कम था कि मेरा जूता जमा रहा।

"इन छोटी-छोटी चीजों के लिए कर्ज कैसे मिल जाता है?" मैंने सवाल किया।

"मटका छोटी चीज है?" वे बोले।

मैं निरुत्तर हो गया। मैंने कभी मटके को छोटी चीज नहीं माना। मैंने चुपचाप फार्म पर दस्तखत कर दिये। कर्ज छोटा हो, पर मटका बड़ा है।

बच्चे राष्ट्र का धन हैं, अतः कर्ज लेकर विवाह करना गलत नहीं, क्योंकि आखिर आप राष्ट्र का धन ही बढ़ाएँगे। आप जो कीजिए कर्ज मिलता है। आप कुछ नहीं करना चाहें, इसके लिए भी जल्दी ही कर्ज मिलने लगेगा। चारों तरफ रुपयों के बादल घिर रहे हैं। भीषण वर्षा का भय है। मैं छाता खोले बैठा हूँ पर इस बात की कोई गारण्टी नहीं कि मैं सूखा बच सकूँगा। मुझे भीगना होगा। मुझे किसी-न-किसी बहाने कर्ज लेना होगा।

कड़ा कदम

कड़ा कदम एक उठाने लायक मामला है जिसके विषय में अक्सर सुनने को मिलता है कि वह उठाया जाएगा अथवा वह उठाया जाना चाहिए।

सरकार से अपेक्षा की जाती है कि वह कड़ा कदम उठाएगी। निवेदन किया जाता है कृपया कड़ा कदम उठाएँ। सरकार भी कहती है कि वह उठाने की सोच रही है। चाहे तो उठा सकती है।

सरकार के दो कदम होते हैं। एक ढीला कदम और दूसरा कड़ा कदम। ढीला कदम सरकार नहीं उठाती क्योंकि लोग कहेंगे कि ढीला कदम है। ढीला वह उठाती नहीं और कड़ा उठाने की सोचती रहती है। ऊब कर लोग कहने लगते हैं कि अच्छा न कुछ तो ढीला ही उठा लो। सरकार अक्सर वह भी नहीं उठाती।

इसका यह अर्थ नहीं कि सरकार 'स्टेचू' है और वह कदम उठाती ही नहीं। वह कदम उठाती है पर उसे लेकर एक बहस शुरू हो जाती है। सरकार कहती है यह कड़ा कदम है। लोग कहते हैं यह ढीला है। या इसका उल्टा होता है। लोग कहते हैं कि कड़ा कदम है और सरकार कहती है ढीला है पर उठाना जरूरी था और हमारी मजबूरी थी। अर्थात् कोई कदम ढीला है या कड़ा इस बात को लेकर विद्वानों में एक मूर्खतापूर्ण मतभेद बना रहता है।

सरकार के कड़े कदम की एक पहचान यह है कि जो नहीं उठाया जाता प्रायः यह कड़ा कदम होता है। उठाने पर ढीला लगता है। या उठाने से ढीला पड़ जाता है।

कई क्षेत्र हैं, जिसमें सरकार से कड़ा कदम उठाने की अपेक्षा की जाती है। मन्त्रीगण अपने बयानों में कह भी देते हैं कि इस विषय में सरकार शीघ्र ही कड़ा कदम उठाने की सोच रही है। शायद उनका यह कह देना ही अपने में कड़ा कदम होता है। सरकार फिर कोई कड़ा कदम नहीं उठाती। अधिकांश मामलों में मन्त्री का बयान ही कड़ा कदम होता है।

कड़ा कदम सरकारी चिन्ता का विषय है। सरकार सोचती रहती है कि

फलाँ मामले में कड़ा कदम उठाया जाए अथवा नहीं। फिर यह कि कदम कैसे उठाएँ कि वह कड़ा लगे। चिन्ता ही चिन्ता में कदम कमजोर हो जाता है। तब तक बात इतनी बिगड़ चुकी होती है कि और कड़े कदम की आवश्यकता हो जाती है। फिर एक समय ऐसा आता है कि कदम उठे या न उठे कोई अन्तर नहीं रह जाता। सरकार कुछ उठाती नहीं। उठाने की जरूरत ही समाप्त हो जाती है।

कुछ लोग हैं जो यह चाहते ही नहीं कि कदम उठाये जाएँ। ढीले अथवा कड़े कैसे भी न उठाये जाएँ। वे इस कल्पना से डरते हैं कि सरकार कदम उठाएगी। उठाने की बात से ही वे ऐसा शोर मचाने लगते हैं कि कमजोर कदम जोरदार लगने लगता है। उनके हल्ले और विरोध से ढीला कदम कड़ा कदम हो जाता है, सरकार को यश मिल जाता है और यह पुष्ट होता है कि सरकार कड़े कदम उठा सकती है।

सरकार से जब आप कदम उठाने की अपेक्षा करते है तब सरकार आपसे मजेदार सवाल पूछती है। वास्तव में वह अपने आप से यह सवाल पूछती है। सरकार कहती है कड़ा कदम उठाया जाए पर किस दिशा में उठाया जाए? इस प्रश्न का उत्तर अक्सर बहस उपजाने वाला होता है। इसलिए ठीक उस क्षण में जब आप कदम उठाये जाने की प्रतीक्षा कर रहे होते हैं सरकार स्थिति का अध्ययन कर रही होती है। अथवा पूरी विस्तृत रिपोर्ट की प्रतीक्षा करती है। विरोधी दलों से मशविरा करना चाहती है। ऐसे में प्रायः उसका सबसे कड़ा कदम यह होता है कि वह पत्र लिखती है और उत्तर का रास्ता देखती है। वह अपने किसी मन्त्री को स्थिति का अध्ययन करने भेज देती है जो आकर बताता है कि हालत खराब है मगर नियन्त्रण में है।

मतलब यह कि सरकार तब तक कड़ा कदम नहीं उठाती जब तक कड़े कदम की व्यर्थता सिद्ध न हो जाए। तब कुछ जरूरी नहीं होता। फिर हम कहते हैं, चलिए, ढीला कदम ही सही, उठा लीजिए।

गालियाँ खाने का वर्ष

आजकल प्रेसवालों को खूब गालियाँ पड़ रही हैं। जिस भी छुटभैये, बड़भैये नेता की जबान खुजलाने लगती है, वह प्रेस को चार गालियाँ बक देता है। बड़े निडर और पावरफुल नेता का इमेज बनता है, प्रेस को गालियाँ देने से। मुझसे एक मित्र ने पूछा, यार ये आजकल हर कोई प्रेस को गालियाँ दे रहा है, क्या करें? मेरे पास कोई तार्किक उत्तर तो नहीं था। अक्सर नहीं होता है। पर उत्तर तो देना ही था। मैंने कहा, आजकल हर कोई हर किसी को गाली दे रहा है, तो दो-चार प्रेस को पड़ जाएँ, तो क्या आश्चर्य। अपनी जड़ जैसे-तैसे कुकर्म-सुकर्म कर मजबूत कर लेने के बाद दूसरों के ईमान पर शक करना पिछले 25 वर्षों में विकसित भारतीय प्रवृत्ति है। अपनी-अपनी जगह कम या ज्यादा बेईमान सभी हैं, तो परस्पर गालियाँ देने का अधिकार भी समान रूप से वितरित हो गया है। ईमानदारी की कसौटियाँ भी सामाजिक नहीं रहीं, सबकी अपनी निजी, प्राइवेट रह गयी हैं, सो जितने दिमाग, उतने कारण गाली देने के। सुनो गाली। क्या कर लोगे? खैर मनाओ कि सिर्फ गालियाँ दे रहे हैं और कुछ नहीं कर रहे।

बात कहने को कह दी, पर दो-चार घण्टे बाद मुझे लगा कि बात मैंने अपनी समझ का स्तर देखते हुए काफी गहरी कह दी और इस समस्या पर चिन्तन हो जाए, तो हर्ज नहीं। मेरी समस्या यह है कि जिस तरह मैं साहित्यकार नहीं हूँ, उसी तरह पत्रकार भी नहीं हूँ। जिस तरह साहित्य की समस्याओं पर बोलना मेरे अधिकार में नहीं आता, पत्रकार भी नाराज हो सकते हैं कि जूते हमें पड़ रहे हैं, तो तुम बीच में बोलनेवाले कौन हो?

गलती पत्रकारों की भी है। पिछले दिनों बलात्कार की इतनी घटनाएँ प्रकाश में आयी हैं, अखबारों के जरिये कि प्रशासन के सभी सदस्य महसूस कर रहे हैं कि प्रेस उनके प्राइवेट मामलों में दखल दे रहा है। नेताओं का कहना है कि पाठकों की रुचि का ध्यान रख कभी-कभी एकाध बलात्कार का किस्सा छाप दें, तो हर्ज नहीं है, पर रोज ही बलात्कार की खबरें दी जाएँगी, तो निर्माण-कार्यों और उद्घाटनों के समाचार कहाँ छपेंगे? नेताओं को समाचारपत्रों से शिकायत यह

है कि वे बजाय निर्माण-कार्यों के, घोटालों की खबरें छापते हैं और आर्थिक विकास के इस तथ्य को नजरअन्दाज कर देते हैं कि घोटालों से ही निर्माण-कार्य आगे बढ़ता है। प्रेस से इस तरह की शिकायतें नेहरू के जमाने से चली आ रही हैं। सरकार में बैठे नेताओं का कहना है कि पत्रों को अपना काम जिम्मेदारी से करना चाहिए। पत्र यही बात नेताओं से कहते रहते हैं कि आपको अपना काम जिम्मेदारी से करना चाहिए। यह एक बहस को जन्म देनेवाला रोचक मतभेद है कि जिम्मेदार कौन हो और जिम्मेदारी क्या है। पत्रकार सुविधाएँ चाहते हैं। राजनेता उन्हें पूरी सुविधाएँ देने को तैयार हैं। एक पत्रकार कहते हैं कि सुविधाएँ पाने के बाद हम सच बोलेंगे। नेताओं का कहना है कि भैया, सुविधाएँ ले रहे हो, तो थोड़ी कुर्बानी तो करनी पड़ेगी। पत्रकार कहते हैं, सच बोले बिना कैसे काम चलेगा। नेता कहते हैं, हमारा चल रहा है, तो तुम्हारा क्यों नहीं चलेगा?

पत्रकारों का कहना है कि मालिक हमें जैसी नीतियाँ बताते हैं, वैसे हमें चलना पड़ता है। हम मजबूर हैं। नेताओं का कहना है कि हमें मालकिन जैसी नीति बताती हैं, वैसे हमें चलना पड़ता है। हम भी मजबूर हैं।

इतना चिन्तन मेरा सिर दुखाने को काफी है। फटे में टाँग देने की भी सीमा होती है। मैं चूँकि नेता या पत्रकार कुछ भी नहीं हूँ, इसलिए मुझे यह नैतिक दायित्व लगता है कि लड़ाई बन्द की जाए। मैंने दोनों पक्षों से बात की और मुझे कोई ऐसा फार्मूला नजर नहीं आया, जिससे मैं पत्रकारिता के इतिहास में स्थान बना सकूँ। आजकल एक तरीका यह है कि जब किसी समस्या पर ठीक से विश्लेषण न हो पाये, तो उसको टेबुलाइज कर लेना चाहिए। अर्थात् एक चार्ट बनाकर देखना चाहिए कि अतीत में कब-कब, किस वर्ष यह समस्या उठी और तब परिस्थितियाँ क्या थीं? इस तरह के विस्तृत चार्ट बनाने की बजाय मौलिक चिन्तन सरल पड़ता है, इसलिए मैं समस्याओं पर मौलिक चिन्तन ही करता हूँ, पर मजबूरी में मुझे भी चार्ट बनाने पड़े। अतीत में गया। देखा, कुछ ही वर्ष पूर्व मोरारजी भाई प्रधानमन्त्री की कुर्सी पर बैठने के कुछ माह बाद पत्रकारों को कोसते-गालियाँ देते नजर आये। और पहले गया। श्रीमती गाँधी प्रधानमन्त्री पद पर बैठने के पाँच छह माह बाद अखबारवालों पर सैण्डिलें सन्नाती नजर आयीं।

यहाँ इस बिन्दु पर मुझसे अपेक्षा की जाती है कि मैं अपना चार्ट उर्फ तालिका प्रस्तुत करूँ, जो मैंने बनायी है। मैं नहीं कर रहा, इसके दो कारण हैं। एक तो यह कि मैंने जो चार्ट बनाया है, उसमें बहुत गलतियाँ हैं। कई गालियाँ, जो पत्रकारों को नेताओं ने दीं, वह मैं नोट नहीं कर पाया। पत्रकार भी अक्सर ऐसी गालियों को नजरअन्दाज कर जाते हैं, सो उसका हवाला नहीं है। दूसरे, समय बीत जाने पर नेता भी साफ मुकर जाते हैं कि हमने कभी अखबारनवीसों

को गालियाँ दी ही नहीं। हमारे मन में उनके प्रति कभी दुर्भावना रही ही नहीं। मैं तो प्रेस और पत्रकारों का सबसे बड़ा हितचिन्तक रहा हूँ, इसलिए चार्ट देने से कोई फायदा नहीं। मैं फँस जाऊँगा। लोग उसे गम्भीरतापूर्वक ले सकते हैं तो मैं नहीं चाहता।

मैं नतीजों का जिक्र करूँगा और दीक्षान्त भाषण देने के अन्दाज में पत्रकारों से कहूँगा कि अब वे यह मानकर चलें कि प्रजातन्त्र में चुनाव के लगभग नौ माह, या वर्ष-भर बाद से उन्हें गालियाँ पड़ने लग जाएँगी, जो कोई पौने दो, दो वर्ष चलेंगी और फिर एकाएक बन्द हो जाएँगी। यह क्रम विगत वर्षों में रहा है, आगे भी रहेगा। इस कालखण्ड में कोई भी नेता समाचारपत्रों को और पत्रकारों को गाली दे सकता है। यहाँ तक कि सूचना-मन्त्री भी गाली देगा। मुख्यमन्त्री सर्वाधिक गालियाँ देंगे, यदि केन्द्र में उनकी स्थिति सुदृढ़ है। स्थिति कमजोर या ढीली होते ही वे देना बन्द कर देंगे।

चुनाव के ठीक दो वर्ष पहले नेताओं और पार्टियों में चुनाव-चेतना अँगड़ाई लेने लगती है। सबसे पहले उन्हें बुद्धिजीवियों की याद आती है। वे यह बयान देते नजर आएँगे कि राष्ट्र की प्रगति में बुद्धिजीवियों का योग जरूरी है। वे आगे आएँ और मार्गदर्शन दें। वे साफ कहते हैं कि हमें बुद्धिजीवियों का सहयोग लेना होगा। उनकी मूल फिक्र यह होती है कि ये कमबख्त चुनाव के ऐन पहले हवा न बिगाड़ दें। वह बात कई बार इतनी बढ़ जाती है कि उसी झोंक में कुछ बुद्धिजीवियों को टिकट भी मिल जाते हैं। अब वे कितने बुद्धिजीवी हैं, यह कॉफी हाउस में साहित्यिक चर्चा का विषय है, पर उन्हें मिल तो जाते हैं।

मैं पत्रकारों की चर्चा करते हुए बुद्धिजीवियों पर आ गया, तो बहुत-से पत्रकारों को यह विषयान्तर लग रहा होगा। खैर, तो मैं लिख रहा था कि चुनाव के दो वर्ष पूर्व नेताओं और पार्टियों में चुनाव-चेतना जाग्रत होती है। वे एकाएक पत्रकारों के प्रति सहृदय, नम्र और मधुर होने लगते हैं। उस समय यदि पत्रकारों की कोई समस्या भी हो, तो वे उसे सुलझाने में देरी नहीं करते। पत्रकारों को भी चाहिए कि उनकी जो भी समस्या हो, जैसे सरकारी मकान प्राप्त करना, फ्री पास लेना, पत्नी की सर्विस लगाना या पुलिस के मुखबिर से व्हिस्की की व्यवस्था करना आदि, तो उस मौसम में सुलझा लें। उसके फौरन बाद नेता चुनाव के आन्तरिक चक्करों में फँस जाते हैं और समाचारपत्रों से यही अपेक्षा करते हैं कि वे उनके चुनाव क्षेत्र के सही-सही समाचार छापेंगे अर्थात् यह कि उनकी स्थिति मजबूत है, विरोधी दलों के पैर जम नहीं रहे आदि। दूसरे, वे समाचारपत्रों से अपेक्षा करते हैं कि उनकी पार्टी ने जो पोलिंग बूथों पर जबरन कब्जा किया है, उसकी खबरों को निराधार मानकर नजरअन्दाज कर दिया जाएगा।

चुनाव हो जाते हैं उसके फौरन बाद नेताओं के बँगलों पर पत्रकारों का स्वागत श्राद्ध पक्ष के कौवों की अपेक्षा अधिक होने लगता है। वे नेता की इमेज बनाने के दिन होते हैं, ताकत का प्रदर्शन किया जाता है, जिसके बल पर कुर्सियाँ मिलती हैं और पत्रकार ऐसे समय अपने अखबारों के माध्यम से उनकी सेवा कर सकते हैं।

इस तरह चुनाव के बीच के पाँच वर्षों में तीन वर्ष पत्रकारिता का स्वर्णिम युग होता है और उसके बाद दो वर्ष गालियाँ खाने के होते हैं। आजकल वे दो वर्ष चल रहे हैं और इन दिनों में नेताओं के मुँह से जो सुनने को मिले, समझिए कि वह कम है।

यों मालिकों का व्यावसायिक नजरिया तो इतना-भर है कि सरकार सबसे बड़ी विज्ञापनदाता है। और विज्ञापनदाताओं के विरुद्ध लिखने का आत्मबल भारतीय पत्रकारिता में कड़ी नाट्य समीक्षा करने तक है। रही मालिकों की उलझन, तो उसे नेशनल हेराल्ड के मालिक बखूबी समझते हैं कि आज अखबार चलाना कितना कठिन है। नेताओं के ज्यादा फोटो छापने से उनका भी लेआउट मार खाता है।

मूर्तियों का प्रजातन्त्र

कमी न मूर्तियों की है और न पूजनेवालों की। मिल जाए तो लोग पूजने से चूकते नहीं। न मिले तो किसी 'शेप बेशेप' पत्थर की तलाश करते उन्हें देर नहीं लगती। दिखा और लगाया सिन्दूर। पत्थर का बस चले तो खुद सिन्दूर लगा ले! इस देश में सभी पुजने की सम्भावना टटोलते हैं। पत्थर का बस न चले, आदमी का चलता है। एक दाँव पर महारत आते ही खुद को उस्ताद घोषित करते यहाँ कोई देर नहीं लगाता। कब कौन-सा अनगढ़ पत्थर देवता बन जाएगा, कहा नहीं जा सकता। मिट्टी की तासीर है।

यहाँ मूर्तिपूजक जनम लेते हैं और उनके लिए मूर्तियाँ शून्य से उभरती हैं। सभी मूर्तियों के भाग्य में मन्दिर नहीं लिखे, जिसे मिल गया, जो स्थापित है, उसके जलवे हैं। भक्तों में उसी का घण्टा बजाने की उतावली रहती है। बाकी मूर्तियाँ यहाँ-वहाँ बिखरी पड़ी हैं। उन्हें शायद किसी धार्मिक क्रान्ति का इन्तजार है जब उन्हें एक अदद मन्दिर मिलेगा। वह न हो तो वे किसी स्मगलर के कन्धे पर लद कर चोर रास्तों से विदेश जाना पसन्द करेंगी। सब जा रहे हैं, प्रोफेसर से कारपेण्टर तक, तो क्यों वे नहीं जाएँगी? हमारा देश मूर्तियों का उत्पादन करता है। एक्सपोर्ट की आइटम हैं मूर्तियाँ और मेहनतकश लोग। अपनी प्रगति के गलियारे खोजना सबको आता है।

पिछले तीस वर्षों में मूर्तियाँ बढ़ीं, उसके पूजनेवाले बढ़े, बड़ी हद तक दोनों के रिश्ते साफ हो गये। हम तुम्हें पूजते रहेंगे, तुम हमारे लिए मौका मुसीबत में काम आना। अगर फायदा करे तो इन्सान खेड़े के हनुमान से बद्रीनारायण की ऊँचाई तक जाकर मूरत के सामने सिर नवा सकता है। कस्बे के छुटभैया नेता से दिल्ली के केन्द्रीय मन्त्री तक जब जैसी जरूरत हो वह जाने को राजी है। बँगले के चक्कर, मूरत की परिक्रमा, मूरत की स्तुति, रिश्वत, देवता को फलफूल श्रद्धा के अनुसार भेंट, सब अन्ततः फायदा करेगा इसी भरोसे वह पूजन करता है।

मूरत भी जानती है, कम्बख्त किस इरादे से परिक्रमा कर रहा है, काहे को

पुजारी के सामने मुस्करा रहा है, पी. ए. से इतने दिनों यारी की और उसे व्हिस्की पिलायी, तो बेमतलब नहीं है। मूरत सब समझती है। बड़ी घाघ और खुर्राट चीज होती है मूरत। वह श्रद्धालुओं की मंशा पहचानती है। कार लिये आया है लायसेंस लेकर जाएगा। पैदल आया है इसे नौकरी चाहिए। स्कूटर पर आया है, प्रमोशन का अभिलाषी होगा। मूरत सब जानती है। तुम कम्बख्त इसी देश के भक्त हो, वह यहीं की मूरत है। एक दूसरे की नब्ज पहचानते हैं।

कस्बे और मोहल्ले का चालू आदमी जब अपने जीवन का पहला कुरता-जाकिट पहन समाजसेवा के इरादे से आईने में अपनी शक्ल देखता है तो उसके मन में मन्त्री बनने के सपने तैरते हैं। वह गन्दी बस्तियों की दिशा में अपने उज्ज्वल भविष्य की आशाएँ लिये बढ़ता है। बस्ती जैसी है वैसी ही रहेगी। इसके सहारे जो नेतृत्व उभरेगा, उसे रहने को बँगला मिल जाएगा। हर बस्ती को एक मूरत चाहिए मानता लेने को, एक गुण्डा चाहिए आत्मरक्षा के लिए, एक नेता चाहिए माँगें बुलन्द करने के लिए।

कई बार नेता, गुण्डा और मूरत की भूमिका एक ही शख्स निपटा देता है। जो भी हो लोगों को देवता बनाने के लिए पत्थर मिल जाता है। उसे सिन्दूर नहीं लगाना, वह कुरता-जाकिट पहनकर आया है। उसकी सिर्फ स्तुति करते रहिए, भेट चढ़ाते रहिए, देखिए धीरे-धीरे वह कैसी प्राणवान ताकत साबित होगी, अपनों को आशीष और परायों को श्राप देनेवाली, जो मानता करो वह पूरी करने वाली। भाई का तबादला, बच्चे को मेडिकल में एडमिशन से लेकर भ्रष्टाचार की इन्क्वायरी में बेदाग मुक्ति दिलानेवाली। मूरत शुरू में नाकुछ-सी चीज होगी, सिर्फ मोहल्ले और आसपास के लोग उसके सम्मुख झुकेंगे। पर धीरे-धीरे प्रभाव का दायरा व्यापक होगा। दूर-दूर से दर्शनार्थी जय-जयकार करते आने लगेंगे। प्रांगण या लॉन पर प्रातःकाल मेला जुटने लगेगा। मूरत की ठसक बढ़ जाएगी, नखरे बढ़ जाएँगे, एक कामना पूर्ण करवाने के लिए बार-बार चक्कर लगाने होंगे। आपकी औकात से मूरत का दर्जा कहीं ऊपर उठने लगेगा। वह मोहल्ले से नगर, नगर से प्रान्त और प्रान्त से केन्द्र के मन्दिर में बैठ जाएगी। मन्दिर का आकार बढ़ जाएगा, जमघट बढ़ जाएगा, चढ़ावे के मामले में पुजारी की अपेक्षाएँ बढ़ जाएँगी। गरीब आदमी उधर घुसने का इरादा टाल देगा।

पर वह है तो इसी देश का ना? उसे एक अदद मूरत तो चाहिए। वह आसपास देखेगा। जिसकी छवि में प्रभु का आभास हुआ वह उसकी प्रभुता को सिर-माथे लगाएगा। एक और मूरत जनम लेगी। तनकर खड़ी हो जाएगी। जरूरी

है उसका होना। मूर्तियों का प्रजातन्त्र है हमारा! मूर्तियों को उभारने की आदत है हमारी। श्रद्धा बढ़ने-घटने का खेल चलता रहता है। आज इसका घण्टा बजा दिया, कल उसकी घण्टी बजा दी। आज यहाँ प्रार्थना की, कल वहाँ मन्त्रपाठ कर आये। एक मन्दिर और दूसरे मन्दिर में क्या फर्क? एक बँगले और दूसरे बँगले में क्या फर्क? आज यहाँ परिक्रमा की, कल उसका चक्कर लगाया। आज इधर नारियल फोड़ा, कल उधर मिठाई का डिब्बा ले खड़े हो गये।

मन्दिर से खाली हाथ लौटना, क्या मतलब? मेले क्या बेमतलब जुटते हैं, रैलियाँ यों ही नहीं लगतीं, पर्व अपनी गरज से मनते हैं। अमृत की बूँद चाटने के चक्कर में सब कुम्भ में जमा होते हैं, इसलिए देवता हमारी जरूरत हैं। हमारे स्वार्थों को ठेलने के लिए कुली चाहिए हमें इस प्रजातन्त्र में। तीस साल में कुलियों की भीड़ लग गयी, ठेले आपस में टकरा रहे हैं। जय-जयकार के शोर में कुछ सुनायी नहीं देता। मूर्तियाँ असफल खण्डित हो फिर पत्थर होने लगीं, मगर इस मिट्टी का बना आदमी लगातार भिड़ा है मूर्तियाँ खड़ी करने में। पता नहीं कब साले की यह खब्त समाप्त होगी!

एक पराजित उम्मीदवार की सेवा में पत्र

प्रियभाई साहब,

उस दिन कलेक्टोरेट में परिणाम सुनने के बाद आप शाम की रेल से पधार गये तब का दिन है और आज का दिन, मेरा रोटी जीमने तक का मन नहीं कर रहा। राजनीति का क्षेत्र मुआ ऐसा है जिसमें इन्सान को बुरे-अच्छे दिन देखने को मिलते हैं, मगर इस बार तो भारी हो गयी। आप यहाँ से उदास गये। आपका अफसोस भी वाजबी है कि रुपये दस लाख से उतर गये इस चुनाव में और इज्जत गिरी सो अलग। मगर एक कर्तव्यनिष्ठ सेवक के नाते मेरी उदासी भी कम नहीं है। वाइफ बहुत कहती है कि अब मूड ठीक करो और जरा दुकान-धन्धे की बात करो, पर सच कहता हूँ बाबू साहब, आपकी हार ने हमें डुबो दिया। आप नहीं हारे मुझे लगता है जैसे मैं ही हार गया। कैसे खोटे भाग पड़े भाई साहब, जरा सोचो। आज मैं कहीं का नहीं रहा। मेरे दोस्त हवा देख समाजवाद का नारा लगाने लगे तो आज वे सुख-चैन से हैं और मैं आत्मा की आवाज के चक्कर में पड़कर आपका कार्य करता रहा तो इस काबिल भी नहीं रह गया कि म्युन्सीपाल्टी के लिए खड़ा हो जाऊँ। क्या-क्या अरमान लेकर चले थे, सब पर पानी फिर गया। आप तो दिल्ली-बम्बई घूमते-फिरते हो बिजनेस में और आपका मन रम जाता है, मगर मैं तो क्षेत्र का गरीब कार्यकर्ता ठहरा, मैं कहाँ जाऊँ? मुझे तो यहीं रहकर अपनी राजनीति करनी है। मेरा दुःख मैं ही जानता हूँ।

क्या-क्या मनसूबे बाँधकर पॉलिटिक्स में घुसे थे कि एक दिन हमारे भी अच्छा बँगला होएगा, कार होएगी, आदर मिलेगा, चार पैसे बटोरने का समय आएगा। मगर देखो कैसी उलटी हो रही है! हम तो शुरू से ही गलत लाइन में पड़ गये। आपका भी ख्याल था कि आज नहीं कल काँग्रेस उखड़ेगी और इसलिए फिलहाल अपोजीशन में खड़े रहने में ही दूरंदेशी है। मगर तब से आज तक काया को चैन नहीं मिला। और इस हार ने तो बाबू साहब, बिलकुल तबीयत निरास कर दी। गीता में ऐसे मौके के लिए क्या-क्या वचन कहे गये हैं कि

इन्सान को हिम्मत नहीं हारना चाहिए, उसी की प्रेरणा से यहाँ बना हूँ। नहीं तो सच कहता हूँ भाई साहब, तबीयत संन्यास लेने की कर रही है।

फिर भी मुझे इतनी खुशी है कि जमानत बच गयी। पिछली बार तो आपको याद होगा कि आपकी जमानत भी जप्त हो गयी थी। इस बार कोई तीन हजार वोट ऊपर पड़े हैं जिसकी क्रेडिट मैं तो भवानीसिंह जी को दूँगा जो रात को ठर्रे की दस बोतलें और हजार रुपया लेकर गये और झोंपड़पट्टी का काफी वोट अपनी तरफ फोड़ लाये। यह सच है कि जेल में होने के कारण भवानीसिंह जी हमें देर से प्राप्त हुए पर जो काम उन्होंने किया वह सॉलिड है। हमें भविष्य में ऐसे ही कार्यकर्ता लगेंगे। मैंने उनसे चुनाव के काफी पहले बोल दिया था कि देखो कोई नया क्राइम मत करना, क्योंकि अगर मध्यावधि चुनाव पड़ गये तो बाबू साहब लोकसभा के लिए इस बार भी खड़े होंगे और तब इनको वर्कर लगेंगे। मगर वे एक चक्कर में फँस गये। उनके लिए तो ढाई महीने की जेल कोई बात नहीं मगर हम जैसे पोलिटिकल फील्ड वालों को उनकी कमी अखर गयी। यदि वे जल्दी आ जाते तो सारा जरायम पेशा वोट हमें गिरता।

अब समय है कि हम हार के कारणों पर ठण्डे दिल से विचार कर सकते हैं और आगे के वास्ते कोई सोलह आना योजना बना सकते हैं। मेरे मन को बड़ा दु:ख है और आपका दुख भी मैं समझ रहा हूँ मगर हमें धीरज नहीं छोड़ना चाहिए। सबसे पहले तो मैं आपसे निवेदन करूँगा कि पॉलिटिक्स त्यागने की जो बात आप स्टेशन पर विदा के वक्त बोल रहे थे, सो गलत है। जब मुझ जैसा साधारण-जन इतने जूते खाकर भी इसमें पड़ा हुआ है तो आप तो समर्थ हैं जिसके पास इतना काम-धन्धा और बाप-दादों का रुपया है। आपके निराश होने का सवाल नहीं है। यह लाइन जरा देर से फल देती है और शुरू में थोड़ी त्याग तपस्या माँगती है। आप जैसों के निराश होने की बात तब तक नहीं आती जब तक हम आपके साथ हैं और अपना भविष्य आपसे नत्थी किये हिम्मत से बढ़ रहे हैं। आपको आल इण्डिया लीडर बनना है तो हमें भी लोकल तो बनना ही है। ऐसे निराश होने से कैसे काम चलेगा!

चुनाव में अपनी हार के कारणों पर जब मैं विचार करता हूँ तो मुझे लगता है रुपया आने में आपकी तरफ से देरी हुई। मैंने पचास हजार मँगवाया था। काम चालू करने के लिए आपने बीस हजार भेजा। वह भी देर से। अगर कोई दस दिन पहले रुपया आ जाता तो हम पब्लिक में घुस जाते और ऐसी सुरसुरी फैला देते कि काँग्रेस की पहली मीटिंग में ही जूता फिंक जाता। दूसरे सिद्ध पेण्टर की टीम भी तय हो जाती जिनका दीवारें रँगने में जवाब नहीं। हजार रुपया हाथ पर धर देते तो वह मान जाता वह कलाकार अच्छा है और जिस पार्टी से सौदा तय

करता है उसका साथ आखीर तक निभाता है। इसी तरह हमें कनछेदी से कार्यकर्ताओं की बात जल्दी कर लेनी चाहिए थी। उसने पहले मुझे कह दिया था कि अगर समाजवाद का हल्ला उठ गया तो दस रुपये रोज से कम पर वर्कर नहीं मिलेगा और प्रचार तो दूर ऐन वक्त पर वोटर को चिट्ठी पहुँचाने वाला कोई नहीं होगा। इधर प्रजातन्त्र ही हवा ऐसी जोर पकड़ गयी है कि हर आदमी विचारधारा रखने लगा है और पॉलिटिक्स के वास्ते सस्ते ईमानदार कार्यकर्ता जुटाना कठिन हो गया है। चार पैसे का वर्कर रम और ह्विस्की से कम पर बात नहीं करता। आपका रुपया समय से आ जाता तो हम कनछेदी की मार्फत चर्चा कर लेते। जब हम रुपया लेकर बाजार में उतरे सारा वर्कर सत्ता काँग्रेस और जनसंघ वालों में बँट गया था और हमें इब्राहिम लँगड़े, सन्तु महाराज, भालचन्द और बहादुर दादा के अलावा कोई आदमी नहीं मिला। इसमें भालचन्द को संसोपा वाले झटक ले गये। भविष्य के लिए मैंने तय कर लिया है कि हम ऐसे सिद्धान्तवादी टाइप के वर्करों से बात ही नहीं करेंगे।

सो रुपिया आया मगर देर से आया। हमने खर्च भी जी-भर कर किया मगर जनता की शिकायत रह गयी कि बाबू साहब देर से पहुँचे। दूसरा मेरा निवेदन है कि अब वक्त आ गया है जब आपको थोड़ा बहुत दिखावे पुर्ता समाजवादी हो जाना चाहिए। इसलिए हमें भी होशियारी दिखानी चाहिए। क्यों नहीं हम आज से ही समाजवादी हो जाएँ? मैं तो हो रहा हूँ और मेरा निवेदन है कि आप भी हो जाइए। आप समर्थ हैं, पैसे वाले हैं, आपके इतने धन्धे और कारखाने चल रहे हैं कि आपको समाजवादी हो जाने में कोई हर्ज नहीं। आपकी समाजवाद से नहीं बल्कि समाजवाद की शोभा आपसे बढ़ेगी। अब चुनाव हो गये और जैसे परिणाम आये हैं उनसे लोगों का मूड समझकर अगर आप समाजवादी हो जाएँ तो आपकी जय-जयकार हो जाएगी। यह अवसर मिला है जो बार-बार नहीं आएगा। नीति का प्रश्न है, विचार कर लीजिए। मैं तो समाजवादी हो रहा हूँ। अच्छे कार्यकर्ताओं की इज्जत सभी पार्टियों में होती है। अगर विधान सभा चुनाव में डटकर काम कर लूँगा तो एकाध बस का परमिट मिल जाएगा। थोड़ी आमदनी बढ़ जाए तो पॉलिटिक्स करने में भी मजा आएगा। सत्ता से दूर रहकर भी ईश्वर की कृपा से मेरी दो टैक्सियाँ चल रही हैं तो समाजवाद मान लेने के बाद तो मैं आपके आशीर्वाद से अच्छी प्रगति कर लूँगा। मेरी तो हार्दिक इच्छा है और कार्यकर्ता के नाते आपको भी सलाह दूँगा कि आप भी लगे हाथ समाजवादी हो जाएँ। जो होना था सो हो गया। उसका रंज-गम भूलकर अब आगे की सोचने में ही खैर है। नंगा-भूखा आदमी अगर समाजवाद-समाजवाद चिल्लाये तो उसकी क्या इज्जत मगर जब कोई खाता-पीता, पैसेवाला

आदमी समाजवाद की बात करता है तो लोग-जनता भी उसका मान करती है। आप समाजवादी हो जाइए और उस परमपिता ईश्वर पर भरोसा रखिए आपका कोई कुछ नहीं बिगाड़ सकता।

अगले चुनाव की स्थितियों को समझकर एक कर्मठ कार्यकर्ता के नाते मेरा आपसे सुझाव है कि कहीं से एकाध हेलीकॉप्टर की व्यवस्था होनी चाहिए। एक हेलीकॉप्टर वह काम करता है जो सौ जीपें भी नहीं कर सकतीं। अगली बार यदि आप समाजवाद के साथ हेलीकॉप्टर लेकर चुनाव मैदान में उतरे तो आपका दुहरा आकर्षण बढ़ जाएगा। नया मिल जाए तो कहना ही क्या मगर सेकण्ड-हेण्ड की भी जुगत जम जाए तो चूकिये मत। अगले चुनाव में ईश्वर ने चाहा तो आपके पर्चे आसमान से बिखरेंगे और सारे क्षेत्र में आनन्द छा जाएगा। जमीन पर जीपें अपना काम करेंगी, आसमान पर हेलीकॉप्टर घूमेगा, फिर देखें वोटर बचकर कहाँ जाता है। इस बार तो हम ठीक से सम्पर्क नहीं कर पाये मगर अगली बार क्षेत्र की गाँव-गली भटकेंगे और मैं चिल्लाकर आपकी तरफ से कहूँगा कि कम्बख्तो अरे असली समाजवाद लाने वाला ऊपर से उतरा है, मत देना वोट मगर जरा दर्शन तो कर लो, जीवन सफल हो जाएगा, किस दुनिया में पड़े हो। अरे जीप-मोटर वालों को तो बहुत वोट देकर देख लिया, कुछ नहीं हुआ, अब जरा हेलीकॉप्टर वाले को देकर देखो क्या होता है। गरीब की ऊपर वाला ही सुनता है। हेलीकॉप्टर में बाबू साहब पधारे हैं तो भगवान के भेजे हैं हमारे लिए, नहीं इस पिछड़े क्षेत्र को कौन पूछता है। मैं खुद माइक हाथ में लेकर अनसमेण्ट लगाऊँगा, फिर देखो कैसा रंग जमता है। मेरा निवेदन है कि आप राजनीति के लिए एक हेलीकॉप्टर की व्यवस्था जरूर करें। अरे हम सिर्फ हेलीकॉप्टर में घूमने का लालच देकर सौ से ऊपर कार्यकर्ता खड़े कर लेंगे। कोई कठिन बात नहीं। चमत्कार को सब नमस्कार करते हैं।

यदि आप छोटे मुँह बड़ी बात नहीं समझें तो एक निवेदन मेरा और है। यों तो आप चुनाव के समय हर बार ही आठ-दस लाख रुपया खर्च करते हैं जो आप जैसे धनाढ्य व्यक्ति को शोभा भी देता है, मगर यदि चुनाव के पूर्व लाख रुपया साल भी क्षेत्र में खर्च कर दें तो आपकी मशहूरी सॉलिड होगी जो आगे वोट हासिल करने में काम आएगी। आप बिजनेस में लगे रहते हैं इसलिए आप स्वयं बार-बार यहाँ आवें यह सम्भव नहीं है मगर लाख रुपया किस तरह खर्च हो यह आप मुझ पर और भवानी सिंह जी पर छोड़िए जिन्हें हम धीरे-धीरे क्राइम के क्षेत्र से समाज सेवा के क्षेत्र में ला रहे हैं। वे खुद भी बार-बार जेल जाने से ऊब गये हैं और शेरे पंजाब टाइप होटल खोलना चाहते हैं ताकि शान्ति से एक स्थान पर बैठकर काम कर सकें। भवानी सिंह जी की और मेरी

मैत्री पुरानी है। बरसों पहले उन्होंने मुझसे आग्रह किया था कि स्मगलिंग के काम में मैं उनका पार्टनर रहूँ मगर मैंने कहा कि मैं पॉलिटिक्स में घुसने की सोच रहा हूँ इसलिए दूर रहकर जितनी मदद कर सकूँगा, अवश्य करूँगा। मैंने की भी है और इसी कारण वे मेरे कहने पर इस चुनाव में काँग्रेस और जनसंघ जैसी जोरदार पार्टियाँ छोड़ आपकी मदद को आये। अब उनकी भी इच्छा है और मेरी भी इच्छा है कि आप थोड़ी आर्थिक मदद करें तो वे एक होटल डाल दें। राजनीतिक दृष्टि से भी उचित रहेगा क्योंकि इसके द्वारा हम कार्यकर्ताओं के बैठने के लिए एक अड्डा हो जाएगा। मेरी योजना इस क्षेत्र में एक ऐसा आदर्श युवक संगठन बनाने की है जो इशारे पर काम करे और क्षेत्र में कोई मीटिंग उसकी रजामन्दी के बिना हो ही न सके। भवानी सिंह जी को उस संगठन का नेता बनाना होगा। वे कुशल संगठक हैं और हर बाधा का सामना करने के लिए मौके पर दस-पच्चीस आदमी जुटा लेते हैं। यदि आपका आशीर्वाद और सहयोग रहा तो हम जल्दी ही इस काम में लग जाएँगे और संस्था खड़ी कर लेंगे।

मैंने स्टेशन पर निवेदन किया था कि पाँच हजार रुपया तुरन्त भिजवा दें तो अभी तक आपकी कृपा नहीं हुई है। हार का दुःख होना मनुष्य के लिए स्वाभाविक है और यह दुःख आपको ही नहीं हमें भी है, मगर इस चुनाव में यह दुःख बड़े-बड़ों ने उठाया। जहाँ ऐसे दिग्गज डूब गये वहाँ हम जमानत बचाकर साफ निकल आये यही क्या कम है। फिलहाल मैं इतना ही कह सकता हूँ कि यह हवा जो आज है कल नहीं रहेगी और लोग आपको चुनेंगे। आज भी क्षेत्र में आपकी सर्वत्र प्रशंसा है कि आपने आदर्श चुनाव लड़ा और रुपयों के खर्च की परवाह नहीं की। आपने क्षेत्रवासियों का हृदय इतना खर्च कर जीत लिया है। आप हारे हैं राजनीतिक दृष्टि से मगर नैतिक एवं आर्थिक दृष्टि से विजय आपकी हुई है। सब आपके ही गुण गा रहे हैं। समाजवाद आएगा जब आएगा, अभी तो गरीब आदमी आप से ही उम्मीद लगाये है और इस चुनाव में आपकी कृपा से बहुतों के दलिद्दर कट गये। क्षेत्र की जनता यह हार्दिक कामना करती है कि आप यहीं से इस बार खड़े हों और मुझ जैसे व्यक्ति को सेवा का मौका मिलता रहे। पत्र लिखते समय भवानी सिंह जी पास बैठे हैं और आपको नमस्कार कह रहे हैं। ड्राफ्ट की प्रतीक्षा है ताकि हम जनसेवा चालू करें। कृपया शीर्घ उत्तर देवें।

विनम्र सेवक,

....

विदेशी हाथ

विदेशी हाथ से हमें बहुत शिकायत है। यह शिकायत उस पतिव्रता स्त्री की तरह नहीं जो यह नहीं चाहती कि कोई उसे जरा भी छुए। यह शिकायत उस स्त्री की तरह है जो सार्वजनिक स्थलों पर छूने के प्रदर्शन का विरोध करती है। छुओ, पर देखो कोई देख न ले।

बड़ा हौवा है विदेशी हाथ का। आता है, हमें परेशान करता है। परेशान करने को देशी हाथ ही काफी है। जब देखो तब छेड़ते रहते हैं। यहाँ से वहाँ से। मानते ही नहीं। ऊपर से विदेशी हाथ भी। माना कि विदेशी हाथ मजबूत है, सुन्दर है, कीमती अँगूठियाँ हैं उसकी हर उँगली में। मगर यदि हमारे शरीर पर इतने खुले रूप में यहाँ-वहाँ फिरता रहा तो बदनामी होगी ना! परे हट, विदेशी हाथ!

हम चाहते हैं कि वह विदेशी हाथ आये और सीधे हमारी जेबों में, हमारे पर्स में डॉलर रख कर चला जाए। ऐसे कि पता भी न लगे। विदेशी हाथ आए, जुड़े और हमारी संस्कृति को प्रणाम कर चला जाए। विदेशी हाथ आए और हमें विदेश यात्रा का निमन्त्रण थमाकर चला जाए। यदि वह काफी दिनों नहीं आता तो हम उसे विदेश बुलाने जाते हैं। अन्तर्राष्ट्रीय सम्मेलनों में शिकायत करते हैं कि विदेशी हाथ आजकल निष्क्रिय क्यों है? और जब वह सक्रिय होता है, हमारे मन में छुपा चिरन्तन औरतपना जाग जाता है। हम भिनकते हैं, बिसूरते हैं, हाय हमें हाथ छेड़ रहा है, छू रहा है। गलत जगहों पर छू रहा है। हाथ को तोड़ देने या झटके से अलग करने का दम हममें नहीं है। सच पूछा जाए तो अच्छा भी नहीं है। हम तो मधुर-मधुर विरोध करते हैं, बड़बड़ाते हैं। ताज्जुब नहीं ऐसे में हम उस विदेशी हाथ को अपने प्रति अधिक आकर्षित और उत्तेजित करते हों। हमारा चरित्र उस तिरिया की तरह है जो सम्भोग की इच्छा रखते हुए बलात्कार की परिस्थितियाँ निर्मित करती है। हम मर्द की तरह उस अनचाहे विदेशी हाथ से पंजा लड़ाकर उसे पराजित क्यों नहीं करते? हम उसे कसकर मरोड़ क्यों नहीं देते कि कुछ समय के लिए वह ठण्डा पड़ जाए। ऐसी कैसी संवेदनशीलता हमारे

शरीर में है, कौन-सी गुदगुदी हममें मचती है कि सारी मुनमुनाहट, बड़बड़ाहट के बावजूद हमें उसका हमसे दूर रहना पसन्द नहीं आता। हममें कौन-सी कमजोरी है, कौन-सी मजबूरी है कि यह विदेशी हाथ जब विदेश में ही रहता है, हमें बहुत दूर लगता है।

और क्या यह भी हमारे ही चरित्र का दिलचस्प पक्ष नहीं कि यह जानते हुए भी विदेशी शरीर के और भी अंग हमारे देश के अंगों का स्पर्श कर रहे हैं, हमें केवल विदेशी हाथ से शिकायत है। हम क्या विदेशी हाथ का इसलिए विरोध कर रहे हैं कि बाकी बात उजागर न हो। विदेशी दिमाग है जो हमारे दिमाग में घुस गया है। विदेशी आँख है जो हमारे राष्ट्रीय चश्मों के पीछे है। विदेशी आवाज है, शब्द है, भाव है जो हमारे कण्ठ में है। विदेशी इच्छाएँ हैं जो हमारे मन में तैरती हैं। विदेशी शरीर के अन्य अंग काफी खुलेआम हमारे अंगों के समीप हैं। हम उनका जिक्र नहीं करते। हम विदेशी हाथ की चीख चिल्लाहट मचाते हैं। हमारे पैर विदेशी जूतों में हैं, हमारे घुटने विदेशी जमीन पर कमजोर पड़ जाते हैं, हमारी पिण्डलियाँ सदा विदेश यात्रा की थकान के दर्द में रहती हैं। हमारी सुषुम्ना नाड़ी किसी भी विदेशी वस्तु को देख फड़कने लगती है। सब-कुछ विदेश-सा विदेशमय हो, पर यह जो विदेशी हाथ हमारी कमर सहलाता है, हमें चिकोटी काटता है, हमारे कोमल अंगों पर दबाव डालता है, यह न हो। हम स्वयं से नहीं पूछते कि हमारा कोई भी अंग कोमल क्यों है? हमारे शरीर में किसी के स्पर्श से गुदगुदी क्यों होती है? हम अपने शरीर को वज्र-सा क्यों नहीं बनाते?

कितने खास अपने, इतने पास अपने

[हमारे नगर में आयोजित कविता-पाठ के एक बौद्धिक आयोजन की रपट जिसे पढ़ते समय कृपया यह पूर्वग्रह मन में न रखें कि कविता पढ़ने सुनने का यह आयोजन कवि सम्मेलन था।—रपटकार]

जैसा आप जानते हैं कि यह चिन्ता उर्फ यह हर्ष, जो हमारी संस्था के बार्षिक बजट को मित्रों और आत्मीय स्वजनों में व्यय करने का दूसरा नाम है, इसे सदैव रहा है कि ऐसा कुछ भिन्न, अलग-थलग-सा किया जाए जिससे हम भिन्न और अलग-थलग अर्थात् सामान्य मध्यमवर्गियों से ऊँचे लगें। ऐसे प्रयत्नों के पीछे यह बुनियादी खुन्नस बराबर सक्रिय रही है कि इस समय जो सच्चा और अच्छा लिखा जा रहा है उसे केवल हमारे मित्रजन, यार, रिश्तेदार ही लिख रहे हैं और पूरे बजट को इन ही सार्थक कलाकर्मियों में बाँटने की उत्सुकता विगत कुछ सालों से हमें उकसाती-पोसती रही है।

दरअसल मित्रों की रचनाओं के इस संकलन के प्रकाशन की बात हमारे आत्ममुग्ध दिमाग में तब आयी जब मित्रों के समागम का आयोजन हमने पिछले दिनों अपनी इसी संस्था के खर्च से किया जो प्रसंगवश इस संकलन की प्रकाशक भी है। इसमें हम दिमाग बुजुर्गों तथा यशतलाशू युवाओं ने भाग लिया था जो सदा हमारी सूची में ऊपर रहे हैं, हमारे लॉन पर हमारे बच्चे को प्यार करने वालों से लेकर हमारी आलोचकीय टिप्पणियों में छुपी बौद्धिकता सराहने वालों तक। दो सुबहों में फैले इस आयोजन में कोई पौने तीन सौ मर्मज्ञ श्रोताओं ने बार-बार आयोजक के रूप में हमारी ओर ध्यान से देखते हुए इन कवियों की कविताओं को सुना। श्रोताओं में अधिकांश हमारे विभाग के कर्मचारी, हमारी संस्था की अन्य प्रवृत्तियों से आर्थिक लाभ कमाने वाले, हमारे परिवार जन, पड़ोसी, स्थानीय वे कवि जिनमें हीनभाव जाग्रत करना हमारा लक्ष्य रहा है, उन पत्रों के पत्रकार जो पत्र उन पत्रकारों के कारण हमारे हैं आदि थे। सौभाग्य से हमारे मौसा का परिवार भी यहाँ आया था जिसने आयोजन को सुना। छह लाख जनसंख्या की

छोटी-सी बस्ती में छुट्टी के व्यस्त दिन पौने तीन सौ श्रोताओं का आ जाना आयोजन की सफलता की बहुत बड़ी पहचान था।

हमारे आयोजन में उस सतहीपन, सस्ते मनोरंजन और सहजता का बिलकुल अभाव था जो कवि सम्मेलनों में होता है। कविताओं में लोकप्रियता पाने की कोशिश नहीं थी। बतौर नमूना हमें यह दो उदाहरण देने की इजाजत दें जो अपनी निश्छल लयात्मकता के कारण आयोजन में उपस्थित प्रबुद्ध श्रोताओं में वाहवाह का पात्र बनीं। (हमें यह खेद है कि आलोचनात्मक चिन्तन के इतने विकास के बावजूद काव्य की प्रशंसा में 'वाह वाह' के अतिरिक्त किसी अन्य जुमले का हिन्दी में अभाव है जो रचनाधर्म के प्रति हमारी उन्मुक्त संवेदनशीलता को ठीक व्यक्त कर सके।) हम उदाहरण अंश रूप में दे रहे हैं :

तालाब में डूबी
जो लड़कियाँ
वे जवान थीं, जवान थीं
उनके भरे हुए स्तन थे
जिन्हें छूते ही
करण्ट दौड़ जाता था
वे गोल मटोल
जादू की पुतलियाँ
जवान थीं, जवान थीं
बीतने नहीं देंगी सौ साल
ये लड़कियाँ
कल किसी के सपनों में
नंगी होकर आएँगी
दे देंगी अपना हाथ
चिड़िया बनकर आएँगी।

सार्थक काव्यकर्म को व्यक्त करने वाला एक और उदाहरण जो कवि सम्मेलनों वाले सस्ते मनोरंजन से बहुत अलग है—

जो मैं तू राजी
तो क्या करेगा काजी
टके सेर मुर्गी
टके सेर भाजी

ये गुल गुल
ये चम चम
ये खुल खुल
ये सम सम
तलुए की ताली
हलुए की थाली
आओ बनाएँ
भुरता तुम्हारा
आओ सिलाएँ
कुरता तुम्हारा
आओ पकाएँ
बुलबुल की भाजी
हम तुम राजी
करेगा क्या काजी

सस्तेपन के कवि सम्मेलनी प्रलोभनों से बची सार्थक कवि कर्म में रत कवियों की ये खरी और प्रासंगिक कविताओं के पाठ का परिणाम यह था कि आयोजन समाप्त होने पर मौसम बदल चुका था। लोग कवियों से अपनी हालत के बारे में जानने के लिए कविताएँ सुनने आये थे और इस मकसद से वे भाषा के लयात्मक अनुभव से अभिभूत होने को तैयार थे। चूँकि ऐसी कविताएँ हमें आदमी होने की गहरी पहचान कराती हैं और समझ देती हैं इसलिए उपस्थित श्रोताओं ने यह पहचाना कि वे आदमी हैं और यह जानने से उनकी समझ भी बढ़ी। आयोजन चूँकि श्रोताओं की उपस्थिति में था अत: कवियों को लगा कि लोग उनके पास हैं। साथ ही, श्रोताओं को भी यह महसूस हुआ कि कविताएँ उनके समीप हैं जिन्हें वे सुन तक रहे थे।

इस आयोजन ने कई गलतफहमियों को दूर कर दिया। पहला आश्चर्य तो यह जानकर हुआ कि बुलाने से लोग कविताएँ सुनने आते हैं, खासकर वे लोग जो हमारे विभाग की सेवा में हैं, हमसे आर्थिक लाभ लेते हैं, जो स्वयं कविताएँ पढ़ना चाहते हैं या जो हमारे रिश्तेदार, मित्र या नौकर आदि हैं। अब भविष्य में कोई यह न कहे कि गम्भीर कविता के श्रोता नहीं हैं। या इसलिए कि श्रोता हैं कविता गम्भीर नहीं है चाहे श्रोता न हों गम्भीर। दूसरा हमें इस आयोजन से यह भी पता लगा कि यह सोचना गलत है कि कविता पढ़ने की चीज है, सुनने की नहीं। पाठक कविता पढ़ते हैं पर चाहे तो कवि भी अपनी कविता पढ़ सकता

है। थोड़ा जोर से पढ़े तो यह स्वाभाविक है कि जिन्हें सुनाई दे रहा है वे सुनेंगे। आयोजन ने सिद्ध किया कि कविता सुनने की चीज है और हम इस निश्चय पर पहुँचे कि इन कविताओं को एक साथ छपा देना चाहिए ताकि ये पढ़ने की चीज भी बन सकें। कवियों ने यह महसूस किया कि उन्होंने स्वयं को पहली बार लोगों के समीप अनुभव किया और लोगों ने उन्हें, पर वे इस आत्मीयता की प्रक्रिया में लोकप्रियता से साफ-साफ बचे रहे।

कवि-कर्म की सार्थकता को रेखांकित करने वाले इस आयोजन के अन्त में एक प्रासंगिक कविताएँ लिखने वाले कवि ने दूसरे प्रासंगिक कविताएँ लिखने वाले कवि से प्रसंगवश कहा—"सुना कुछ लोगों को हवाई जहाज का किराया दे रहे हैं जबकि कुछ को फर्स्ट क्लास पर टरका रहे हैं, यह बड़ा गलत है। अगर दें तो सबको हवाई जहाज का किराया दें या सबको फर्स्ट क्लास।"

और इस प्रकार यह अभिभूत और गद्‌गद करनेवाला आत्मीय आयोजन समाप्त हुआ।

अपनी-अपनी कैद

[पर्दा उठता है, यदि यह पहले से ही उठा हुआ न हो! नजारा कोतवाली का। मुंशी छोटी-सी मेज पर रखे मोटे रजिस्टर में कुछ लिख रहा है। करीब एक चोर, जिसके हाथ-पैर बँधे हैं, बैठा है।]

मुंशी : (*लिखते हुए*)—गया परसाद, नौ बज गये होंगे। घण्टे मार दे। *(कुछ क्षण बाद, ऊब महसूस करते हुए)* आये नहीं साहब अभी तक।

(*चोर मुस्कराता है, कनखी से प्रौढ़ की तरफ देखता है, घण्टे बजते हैं।*)

चोर : घड़ी दुरुस्त हो गयी मुंशी जी?

मुंशी : कौन-सी घड़ी?

चोर : यही, बड़ीवाली। उस बार आया था, तब बिगड़ी पड़ी थी। आप बता रहे थे, ऊपर से दुरुस्ती कराने की मंजूरी नहीं आयी।

मुंशी : बड़ा याद रखते हो।

चोर : हमने एक बार चुरायी थी। ऐसी घड़ी, बहुत साल हुए, सिविल लेन के बँगले से। बेचने गये, तो गुदड़ी बाजार में कोई लेने को तैयार नहीं हुआ। बोले पुरानी है, इसका फैशन नहीं रहा। बड़ी मुश्किल, तमाम दस रुपये में उठी।

मुंशी : हूँ! (*कुछ लिखने के बाद*) इस बार बड़े दिनों में आये?

चोर : बीमार था। डेढ़ महीने सरकारी अस्पताल में पड़ा रहा। फिर डॉक्टर बोला, घर जा जाकर आराम करो। दो माह धन्धा-पानी हुआ नहीं। प्रैक्टिस ठण्डी पड़ गयी। इस बार फँसे हैं, तो छह महीने से कम जेल क्या होगी? आराम ही आराम है। डॉक्टर साहब की इच्छा पूरी हो जाएगी। बड़ा शरीफ आदमी है।

मुंशी : अभी तक नहीं आये साहब? (*रजिस्टर बन्द करता है।*)

चोर : आज बड़ी देर हो रही है, आपको घर जाने में।

मुंशी : क्या बतायें! रोज का चक्कर है आजकल, नया साहब है, कुछ बोलते भी नहीं बनता।

चोर : ड्यूटी तो दस से पाँच तक है?

मुंशी : है तो, मगर क्या होता है। नौकरी ठहरी!

चोर : नया साहब है, शायद पता न हो।

मुंशी : अरे, सब जानते हैं, यों ही हलकान करते हैं, फिजूल। शर्मा को कहीं भिजवा दिया और खुद चले गये, तो पता नहीं अभी तक।

चोर : सेनुमा चले गये हों शायद?

मुंशी : क्या पता, कहाँ गये?

चोर : मेरे खयाल से वहीं गये होंगे या स्यात घर चले गये हों। आप फून कर लीजिए ना, पता लग जाएगा।

मुंशी : नहीं भाई। फोन नहीं कर सकते। नाराज होते हैं। बिला वजह रात को फोन मत किया करो।

चोर : (*हँसकर*) यह भी खूब रही। (*कुछ क्षण बाद*) खाना तो खाये नहीं होंगे आप?

(*मुंशी चुप रहता है, सोचता-सा*)

दाल-चूड़ा मँगा लीजिए, हमारे नाम पर। हम हवालाती कैदी हैं, कभी मँगवाया जा सकता है। हम तो सदा खाएँगे नहीं। आप ही खा लीजिए।

मुंशी : नहीं। छोड़ो। अब घर खाएँगे।

चोर : पता नहीं, कब तक आएँ इनिसपेट्टर साहब!

मुंशी : पहले पता होता तो यहीं कटोरदान बुलवा लेते, घर से (*रुककर*) मगर बुलवाते किससे। शिवराम तो बँगले की ड्यूटी पर है। खैर, और देखते हैं, थोड़ी-देर। कुछ नहीं, तो शर्मा ही आ जाए।

चोर : हाँ, आपको छुट्टी मिले। पर हुजूर हमें कोठरी में बन्द करवा दो, तो थोड़ा हाथ-पैर फैलाएँ। सारा बदन दर्द कर रहा है। पहले तो वहीं चौकवालों ने जूते-चप्पलों से मार-मार कर हमारा हस्पताल बना दिया। फिर इनिसपेट्टर साहब ने मारा। थोड़ा आराम मिल जाए, तो ठीक रहे। कल फिर कचहरी में पेशी है। सारा दिन वहाँ बाप के नाम पर रोना है।

मुंशी : साहब आ जाएँ, तो वे ही हुकुम करेंगे। पता नहीं, कहाँ अटक गये। हद होती है, इन्तजारी की!

चोर : न भी हुआ, तो हम यहीं सो रहेंगे। रात-भर की तो बात है। पर आप आज खूब फँसे?

मुंशी : क्या करें, समझ नहीं आ रहा।

चोर : ऐसा कीजिए, रूलर लेकर रजिस्टर पर लाइनें हेंच डालिए। चार छह दिन की छुट्टी हो जाएगी। पिछली बार आया था, तब आप यही किया करते थे।

मुंशी : अच्छा बताया तुमने। (*रजिस्टर खोलकर रूलर उठा लाइनें खींचने को होता है, पर पेन्सिल देख रह जाता है*) पेन्सिल ही खराब है। आजकल सप्लाई बड़ी रद्दी आ रही है।

चोर : छील लीजिए ना! लाइए हमें दीजिए, हम छील देते हैं।

मुंशी : ब्लेड-चाकू कुछ तो नहीं!

चोर : अरे, आज तो आपने हमारा माल बरामद किया, उसी से छील लीजिए।

मुंशी : हाँ (*ड्रॉअर खींच चाकू निकालता है*)

चोर : लाइए, हमें दीजिए। हम छीले देते हैं। उस चाकू का ट्रिक हम जानते हैं।

(*मुंशी चोर की ओर चाकू और पेन्सिल बढ़ाता है। चोर बँधे हाथ से लेता है, वैसे ही चाकू खोलता है, पेन्सिल छीलता है। छीलते-छीलते उसे कुछ ध्यान आता है, तो मुस्कराता है*)

मुंशी जी, ऐसे गिरफ्तारशुदा कैदी के हाथ में चाकू न थमाया कीजिए आप। कभी मुसीबत में फँस जाएँगे।

मुंशी : (*चौंककर*) ए, क्या कह रहे हो?

चोर : (*पेन्सिल छीलते हुए*)—कभी कुछ हो जाए! वार ही कर दे और भाग जाए। खुद पर ही मार ले। क्या कह सकते हैं?

मुंशी : (*घबराकर*)—लाओ वापस करो चाकू।

चोर : पेन्सिल तो छील दें, दिये देते हैं।

मुंशी : हम छील लेंगे।

चोर : छिल गयी, अब क्या रखा है। (*चाकू बन्द कर पेन्सिल के साथ मुंशी को देता है*) कैसी बनी! सुरीली नोक है। हमारा लल्लू डिराइंग की पेन्सिल की नोक हमी से बनवाता है।

(*मुंशी रजिस्टर पर लाइनें खींचता है। कुछ क्षण चुप्पी।*)

लगता है, आज की रात आप यहीं गुजारेंगे। हमारा भी बदन टूट रहा है, नींद क्या आएगी!

मुंशी : नहीं भाई! हमारी ड्यूटी शाम के पाँच बजे खत्म हो गयी। वह तो बस साहब आ जाएँ, तो चले जाएँ।

चोर : आप सुबह दस बजे आ गये होंगे?

मुंशी : और नहीं क्या!

चोर : कितने घण्टे हो गये? ग्यारह, बारह, एक, दो...!

मुंशी : ग्यारह घण्टे! अब रात के दस बजनेवाले हैं।

चोर : अब जाइए, आराम कीजिए। बाल-बच्चे याद कर रहे होंगे। ऐसी भी क्या नौकरी! इन्सान को घर जाने का टेम नहीं। कैद है! कल सुबह दस बजे फिर ड्यूटी।

मुंशी : तेरे भरोसे छोड़ जाऊँ क्या कोतवाली?

चोर : यह भी आप ठीक कह रहे हैं। (*हँसता है*) हमें तो इसीलिए यह नौकरी-चाकरी पसन्द नहीं। दुनिया चोर-उचक्का कहती रहे। पर ऊपरवाला जानता है, उतना ही चुराते हैं, जितना पेट भरने को जरूरी हो। हमारी जरूरत का मिल जाए, फिर सोना भी पड़ा रहे तो नहीं छूते। मगर हाँ, किसी की गुलामी नहीं। जब तबीयत हुई, एकाध हाथ छोटा-मोटा मार दिया और बस घर बैठे हैं। हम, वो और हमारा लल्लू अपने मस्त!

मुंशी : यहाँ कौन छप्पर फाड़ कर दे रही है गौरमेण्ट!

चोर : न दे! कम दे। पर इन्सान को सुख से जीने तो दे।

मुंशी : तुम यही कहना चाहते हो ना कि तुम हमसे ज्यादा सुखी हो।

चोर : अरे, आप तो बुरा मान गये। यों साहब, चोर कहाँ सुखी नहीं है। नौकरी में भी वही सुखी है, जो चोर है।

(*मुंशी लम्बी साँस ले, यह देख काफी लाइनें खिंच गयी हैं, रजिस्टर बन्द कर देता है। फिर कुछ सोचता है।*)

मुंशी : गया परसाद, घड़ी पर नजर डाल ले। वक्त हो जाए, तो घण्टे मार देना।

चोर : घड़ी सुधर गयी, यह अच्छा हुआ।

मुंशी : हूँ!

चोर : देखें, कल कचहरी में क्या होता है! छह महीने से कम की क्या होगी? खैर, जो हो!

(*मुंशी चुप आँखें मसलता है, रजिस्टर खोल, फिर बन्द कर देता है।*)

चोर : (*हँसकर*)—आपकी खूब रही। फँस गये। नौकरी बुरी चीज है। हम तो इस नतीजे पर पहुँचे, बँधकर रह जाता है, इन्सान।

(*मुंशी कुछ देर शून्य में ताकता रहता है। फिर टेबल पर रखे रजिस्टर से सिर टिका आँखें मूँदने का प्रयत्न करता है। तभी*

नेपथ्य से गया परसाद घण्टा बजा देता है। मुंशी चौंककर आँखें खोलता है, फिर मूँद लेता है। कैदी बँधे हुए हाथ-पैरों से लेटने का उपक्रम करता रहता है। वह एकाध व्यर्थ की हँसी हँस देता है। फिर मुंशी को देख चुप हो जाता है।)

मुंशी : (*एकाएक चौंककर*) कुछ कहा तुमने?

चोर : नहीं! सोच रहा था, साहब आ जाते, तो आप घर चले जाते।

(*मुंशी एकटक उसे देखता है, फिर धीरे-से रजिस्टर से सिर टिका लेता है। पर्दा गिरता है।)*

यदि महाभारत फिर से लिखा जाय

आदमी का स्वभाव है कि वह गुटका तलाशता है। मगर हमारे देश में अभी विद्वान व्यक्ति और व्यस्त व्यक्ति की दो अलग-अलग श्रेणियाँ नहीं बनीं। हजार पन्नों की किताब देख कोई घबराता नहीं, पढ़ने पर बोर नहीं होता। लेखक अपनी बात को विस्तार देना जानते हैं। एक सामान्य कथानक के पिचके गुब्बारे में अपनी प्रतिभा से इतने शब्द फूँक देते हैं कि वह फूल कर मोटा हो जाता है और लेखक का नाम साहित्य के अँधेरे में 'निओन साइन'-सा चमकने लगता है। इसी कारण पॉकेटबुकों के इस जमाने में अभी कद्दू के आकार की किताबें बाजार में आती रहती हैं और वे पाठक जिनके दिमाग और काठ की अलमारियाँ मजबूत हैं, उन्हें खरीदते रहते हैं। इस प्रोत्साहन के बावजूद किसी लेखक में इतनी हिम्मत नहीं हुई कि वह महाभारत-सा महाग्रन्थ रच दे, जिसमें छोटी-बड़ी कथाओं, प्रसंगों और चरित्रों की अच्छी खासी प्रदर्शनी लगी हो। यद्यपि उस महाभारत के बाद भी अनेक युद्ध लड़े गये, परिवार में झगड़े हुए और षड्यन्त्र रचे गये, नया महाभारत नहीं रचा गया।

महाभारतकार व्यासजी एक मामले में आज के लेखक की तुलना में किस्मत वाले थे। उनकी उम्र लम्बी थी। विचित्रवीर्य के जमाने से जनमेजय तक वे सक्रिय रहे। महाभारत की भूमिका से अन्त तक उन्होंने सब-कुछ देखा और महाग्रन्थ रच दिया। आज भी महाभारत होते हैं, पर लेखक उससे दूर है और अगर पास है तो बात को पूरी तौर से समझने में असमर्थ। यदि चित दिखे तो पट का भेद समझने में असमर्थ और अगर पट नजर आये तो चित की व्याख्या करने में असमर्थ। महाभारत-सा प्रोजेक्ट उसके बस की बात नहीं। एक जिन्दगी में यह काम नहीं हो सकता। धृतराष्ट्र, युधिष्ठिर, भीम, अर्जुन, कृष्ण, द्रौपदी, दुर्योधन, अश्वत्थामा और कर्ण की टक्कर का एक भी पात्र ठोस के रूप में मिल जाए तो एक शानदार उपन्यास के लिए वह काफी हो। इनमें से सिर्फ एक के दम पर ऐसा तम्बू ताना जा सकता है कि साहित्य में नाम अमर हो जाए। व्यासजी ने तो इस मामले में गजब कर दिया। जयद्रथ, विदुर, शकुनि, दुःशासन, अभिमन्यु

आदि छोटे चरित्र भी इतने खड़े कर दिये कि भुलाये नहीं जा सकते। इसी कारण कई बार सन्देह होता है कि व्यास एक व्यक्ति है या लेखकों की कोऑपरेटिव सोसाइटी—लगता है एक कमेटी है जो सरकारी मदद से काम कर रही है।

जमाना बदल गया। अगर आज कर्ण से कोई ब्राह्मण कवच, कुण्डल माँगने जाता तो वह तुरन्त कहता—"वाह प्यारे! हमी रहे मूर्ख बनाने को! तुम्हें कवच, कुण्डल दे दें तो हम क्या करें, रोयें तुम्हारे नाम को? चलो, खिसको यहाँ से!" आज कौरव, पाण्डव जुआ या तीन पत्ती खेलते तो भूलकर भी कोई राज्य दाँव पर न लगाता। और अगर लगाकर हार भी जाता तो दूसरे दिन राज्य देने से साफ इनकार कर देता कि भाई मैं होश में नहीं था, माफ करना। पाण्डवों को अगर वन में जाना पड़ता तो वे जाते ही एक कोऑपरेटिव सोसाइटी बना लेते और वन की लकड़ियाँ, तेंदू पत्ते आदि 'फारेस्ट प्रोडक्ट' बेचने का धन्धा शुरू कर देते। आज कृष्ण अर्जुन के सारथी बनते ही नहीं, साफ बोल देते कि मुझ-जैसी पोजीशन का आदमी ऐसी छोटी पोस्ट पर काम कैसे कर सकता है! और अगर बन ही जाते तो अर्जुन को गीता का उपदेश सुनने का मौका नहीं आता। अर्जुन कृष्ण से साफ कह देता मेरे मामले में बोलने वाले तुम कौन? तुम्हारा काम है रथ चलाना, सो चलाओ, बेकार बहस करने की जरूरत नहीं। जिस दिन कौरव चक्रव्यूह रचते उस दिन अभिमन्यु उसमें घुसता ही नहीं। मुसीबत उठाने से क्या फायदा? एक दिन लड़ाई न सही, चलेगा। अगर अभिमन्यु चक्रव्यूह में फँस ही जाता तो कौरव के सिपाहियों को रिश्वत दे बाहर आ जाता।

जमाना बदल गया है, तौर-तरीके बदल गये हैं। नया-नया लेखक अगर महाभारत लिखना शुरू कर दे तो बात आगे न बढ़े। जुए में राज्य हार जाने वाले पाण्डवों को द्रौपदी तलाक दे देती और छुट्टी करती। और अगर जमीन के बँटवारे के सवाल को लेकर भाइयों में झगड़ा होता भी सही तो कचहरी में होता। मामला बरसों जिला-कोर्ट से आगे नहीं बढ़ता। इसी बीच अगर महाबली भीम किसी दिन दुर्योधन के साथ मारपीट कर लेते तो तुरन्त फौजदारी का मुकदमा और लग जाता। धर्मराज युधिष्ठिर, गाण्डीवधारी अर्जुन, महाबलशाली भीम, नकुल और सहदेव के साथ बरसों तक रोज कचहरी के बरामदे में सिर लटकाये बैठे रहते। कौरव तारीखें बढ़वाते रहते और मुकदमा टलता रहता। युधिष्ठिर के जमाने से चला मुकदमा अगर जनमेजय के समय भी निबट जाता तो उसे जल्दी ही निबटा माना जाता। उस महाभारत में 'नरो वा कुंजरो वा' किस्म का सिर्फ एक बयान कलंक बनकर रह गया, पर नये महाभारत का हर पात्र रोज कचहरी में झूठे बयान देता कि दूसरे पक्ष के लिए सबूत देना कठिन हो जाता। वकील के चक्कर लगाते लगाते बेचारे धर्मराज के पैर छिल जाते। जितना जुए में नहीं हारते उससे अधिक

तो वकीलों पर खर्च हो जाता! कचहरी का कमरा कुरुक्षेत्र बन जाता और लम्बी, बोर, कानूनी लड़ाई के बाद पता नहीं निर्णय क्या होता! हो सकता है कि कौरव मामले को सुप्रीम कोर्ट तक खींचते!

आज का लेखक अगर महाभारत लिखता तो पूरी कहानी दूसरी होती। फिर भी अपेक्षाकृत वह मजे में रहता। किसी साहित्यिक पत्र में धारावाहिक रूप से प्रकाशित करवाता और अच्छा-खासा रुपया भी वसूल करता। कई भागों में छपवाता और भारी रॉयल्टी वसूलता। फिर संक्षिप्त संस्करण प्रकाशित कर कोर्स में लगवा देता। व्यासजी महाभारत लिखते समय रॉयल्टी की कल्पना नहीं कर पाये, न फिल्म की, पर आज का लेखक इन सभी पक्षों पर विचार कर ही काम करता। हो सकता है वह एक महाग्रन्थ के अतिरिक्त कुछ लघु उपन्यास भी निकालता, जैसे—राजा नल की कहानी, विराट राजा के यहाँ पाण्डवों के किस्से, भीष्म पितामह की जीवनी, कर्ण की ट्रेजेडी, सुभद्राहरण आदि सभी घटनाओं पर छोटे-छोटे जोरदार उपन्यास बन जाते। अकेले अर्जुन के कारनामे किसी जेम्स बाण्ड से कम नहीं। बाकायदा सीरीज चल सकती थी। द्रौपदी की लम्बी कहानी और पाँच पतियों के साथ उसका जीवन कोई नया लेखक आत्मकथात्मक शैली में लिखना पसन्द करता। द्रौपदी के अनुभव उसके लिए चुनौती बन जाते। अश्वत्थामा के विषय में कहा जाता है कि कृष्ण के शाप से वह आज भी जीवित है। भला बताइए, महाभारत का एक पात्र अभी उपलब्ध है तो जरूर कहीं वोटर-लिस्ट में होगा। यह सच है कि वह कौरव-पक्षीय है, पर नया लेखक भी तो तटस्थता पर जोर देता है। महाभारत की पुनःरचना के लिए अश्वत्थामा से काफी उपयोगी सामग्री मिल सकती है। लेखकों को चाहिए कि वे अश्वत्थामा की तलाश आरम्भ कर दें।

मगर भाई, महाभारत लिखकर भी क्या होगा? जनता में लोकप्रिय हो जाए, बिक्री खूब हो, मगर ये आलोचक लोग किताब को कौड़ी लिफ्ट नहीं देंगे। कहेंगे कि कथा को अनावश्यक विस्तार दिया गया है। इतिवृत्तात्मकता अधिक है। पात्रों के चित्रण में अतिरंजना है। लेखक ने अनेक सुपरमैन खड़े कर अस्वाभाविकता ला दी है। अनेक प्रसंग व्यर्थ हैं और मूलकथा से उनका कोई सम्बन्ध नहीं। लेखक ने श्रम काफी किया, पर व्यर्थ! उसे उचित रूप से सम्पादन करना नहीं आता। उपदेशों की भरमार है, जैसे युद्ध आरम्भ होने की घड़ियों में कृष्ण द्वारा अर्जुन को इतना लम्बा उपदेश देना अस्वाभाविक जान पड़ता है। इस उपदेश के चलने तक लड़ाई कैसे रुकी रही होगी, समझ में नहीं आता। लेखक ने नाम रखने तक में पक्षपात किया है। कौरव-पक्ष के व्यक्तियों के नाम दुर्योधन, दुःशासन, दुर्मुख आदि हैं, जो उचित नहीं प्रतीत होते। भला बताइए, जन्म के

समय पिता को क्या पता था कि इन्हें आगे जाकर विलेन (खलनायक) बनना है, जो वह ऐसे नाम रखता!

बेचारे लेखक को जवाब देना मुश्किल हो जाता। इतना विशाल ग्रन्थ सिर पर उठाये वह साहित्य में अपनी जगह बनाने की कोशिश करता और आलोचक उसे मार भगाते। व्यासजी के सामने ये दिक्कतें नहीं थीं। साहित्यिक वादों और अहंजीवी आलोचकों से वे घिरे हुए नहीं थे। और आज का लेखक यों भी अकेलेपन का चित्रण करने का इच्छुक है। उसका हीरो अर्जुन नहीं, अश्वत्थामा है, जो कड़वी स्मृतियों का भार ले आज भी जी रहा है, जो युद्ध के नाम से काँपता है। सो आज का लेखक अगर महाभारत लिखने भी बैठे तो वह जाने-अनजाने दूसरी, बिलकुल दूसरी, कहानी लिखने लग जाएगा। हो सकता है वह लिख भी रहा हो!

अन्धा युग क्रिकेट का

(तीन बार हूटिंग के उपरान्त परदा उठता है)

कथा-गायन

कण्ठ गवैया को दे ईश्वर,
    बजवइया को दीजो ताल
नचवइया को पाँव जो दीजे,
    तो महफिल में होय कमाल
और खिलाड़ी को साहस दे,
    भारत की बच जाए लाज
कवियन को दे सत्य कठोरा,
    तासे सरैंगे सगरे काज
खतम भयो सब खेल,
    किरकिट में हारो भारत भैया
घर लपेट ली बैट बिसर गये
    सगरी ताता थैया
यह चौथा है दिवस मैच का,
    छायी उदासी गहरी
गिरगिट सम पिच की रक्षा में
    घूम रहे हैं प्रहरी

(परदा उठने पर स्टेज खाली है। दोनों ओर से दो प्रहरी वार्तालाप करते हुए यन्त्रचालित-से स्टेज के आरपार चलते हैं।)

प्रहरी 1 : उल्लू के पट्ठे हैं हम
घूम-घूम पहरा देते हैं

इस सूने स्टेडियम में।

प्रहरी 2 : इस सूने स्टेडियम की
धोखेबाज पिच पर
खिलाड़ी हमारे जहाँ
मन्थर गति से रन बनाते
तीव्र गति से आउट हुए
लौट गये मुँह लटकाये
पैवेलियन की दिशा में
क्राउड की धिक्कारों को
सहन करते हुए।

प्रहरी 1 : थके हुए हैं हम
इसलिए नहीं कि
हमने फील्डिंग की
या बॉलिंग
हम तो यों ही ड्यूटी पर तने रहे।
हजारों की टिकट बिक्री के
इस पाँच दिवसीय मजाक में
उल्लू के पट्ठे हैं हम रक्षक
गिरती हुई इज्जत क्रिकेट की
हम क्या बचाते
हमारा बाप भी नहीं बचा सकता था।

प्रहरी 2 : बचाने को था ही क्या
जब ओपनर्स के घुटने
काँप उठे फास्ट बाल को देख
बचाने को था ही क्या!

प्रहरी 1 : रात-रात-भर जाग
हम इस पिच की रक्षा करते रहे
शायद कल यहाँ इतिहास बनेगा —
यही सोचते
कुछ अर्थ नहीं था हमारी मेहनत का
हमारी प्रतीक्षा का।

प्रहरी 2 : कुछ अर्थ नहीं था
क्रिकेट के इस अर्थहीन

सूने स्टेडियम में
पहरा दे-दे कर
अब थके हुए हैं हम
अब चुके हुए हैं हम
अच्छा होता हम भी खिलाड़ी बन जाते
होटल में सोते चैन से
हारना तो हमें भी आता है।

(चुप होकर वे आरपार घूमते हैं। सहसा स्टेज पर प्रकाश धीमा हो जाता है। नेपथ्य से आँधी की-सी ध्वनि आती है। दोनों प्रहरी सुनते हैं)

प्रहरी 1 : सुनते हो
कैसी ध्वनि है यह?

प्रहरी 2 : समीक्षक हैं क्रिकेट के
लौट रहे हैं अपने दफ्तरों से
लिख-लिख कर टिप्पणियाँ
आज के खेल पर
कर दी होगी बौद्धिक व्याख्या
दिखाये होंगे भाषा के चमत्कार
कितनी पंक्तियों में वर्णित हुआ होगा
केवल एक शब्द 'हार'

(प्रहरी जाते हैं। पीछे का परदा उठता है। क्रिकेट समीक्षक खड़ा सोच रहा है, कभी-कभी सर खुजलाता। नाम है विदुर राय।)

कथा-गायन

छि: तू क्या लिक्खैगा!
फि: तू क्या लिक्खैगा!
जिन खिलाड़ी की तारीफन में
बाँधे तूने सेतु
ले बल्ला जब आये खेलने
भूले अपने हेतु
अनुभव से क्या सिक्खैगा!
निरक्षर तू क्या लिक्खैगा!

आज स्पोर्ट्स पेज पर छायी
मरघट-सी खामोशी
दोष खिलाड़ी का जरूर है
तू भी उतना दोषी
किस मुँह फिर दिक्खैगा
टेंपा तू क्या लिक्खैगा!
झेंपा तू क्या लिक्खैगा!

(पीछे पुराने खिलाड़ी धृतराष्ट्र राव ट्रांजिस्टर से कमेण्ट्री सुनने का प्रयास करते हैं। न सुनाई देने पर खीझते हैं।)

धृतराष्ट्र : कौन कप्तान?
क्या खयाल है
कल ड्रा हो सकेगा या नहीं?

विदुर : मैं हूँ विदुर, कप्तान नहीं
क्रिकेट समीक्षक इस अभागे खेल का
महाराज
बोर हो गया सारा देश आज
बचे-खुचे जो 'टेल एण्डर' हैं
क्या बचा पाएँगे इनिंग से हार
मुझे नहीं लगता
आप इतने चुप क्यों है राव जी!

धृतराष्ट्र : सत्य, कटु सत्य!
क्रिकेट प्रेमी का पूरा जीवन जी
पहली बार समझा है मैंने
सत्य, कटु सत्य!

विदुर : मत कहिए
काँप उठेगा भारतीय क्रिकेट का
समूचा महल
मत कहिए उसे!

धृतराष्ट्र : समीक्षक हो कर तुमने
क्यों नहीं कहा...

विदुर : कहा था
अन्य मेरे मित्रों ने भी कहा था

अखबारों में लिखने के अतिरिक्त
व्यक्तिगत रूप से भी बोला था
सेलेक्टरों से
क्या होता है। कुछ नहीं होता।

धृतराष्ट्र : हम क्या कर सकते थे
रेडियो से कान लगा
खून का घूँट पीने के अतिरिक्त
हम क्या कर सकते थे
हमारी सद्भावना से उपजा
व्यक्तिगत संवेदन से जो जाना
केवल उतना ही है मेरा क्रिकेट जगत
इन्द्रजाल की माया-सृष्टि के समान
मन में ही स्टेडियम विकसित हुए
टू स्लिप ऐण्ड ए गली
मन में फेंकी गयी सारी आफब्रेक, लेगब्रेक
मन में लगते रहे चौके-छक्के
यह पराजय मेरी वैयक्तिक है
मेरी सद्भावना ही उस टीम की शक्ति थी
मुझ जैसों की बूँद-बूँद सद्भावना।

विदुर : पर टॉस से ही होने लगी भूल
आपका अनकहा सत्य हो गया प्रकट
होने लगा सिद्ध झूठा और शक्तिहीन
टीम का गर्व
एक-एक कर हम पिटे
कमेण्ट्री आप सुनते रहे।

धृतराष्ट्र : मेरे लिए वह कमेण्ट्री निरर्थक थी
मैं खेल नहीं सकता
केवल सुन ही तो सकता हूँ
मुझे मिलते हैं केवल शब्द
कल्पित कर सकता नहीं
कैसे गेंद के आने पर
प्रायः उखड़ जाता है हमारा विकेट

गान्धारी : *(नेपथ्य से एक कर्कश स्वर)*

महाराज
मत दोहराएँ अब
बोर हो गयी सुन-सुन कर
सह नहीं पाऊँगी।

(सब क्षण-भर चुप)

विदुर : कारण क्या है समझ नहीं पाया?

गान्धारी : *(नेपथ्य से)*
अब बन्द भी करो यह चर्चा
भाड़ में जाए मुआ
क्रिकेट-फिकेट
मेरे सारे लड़के बिगड़ गये इस खेल में

(धृतराष्ट्र और विदुर ट्रांजिस्टर बगल में दाब घर से भागते हैं।)

कथा-गायन

समय करे नर क्या करे,
समय होत बलवान
भीलन लूटी गोपियाँ,
वही अर्जुन वही बाण
भारत खिलाड़ी जाग कर,
लेओ इधर चित मोड़
दिखा देओ निज बुद्धिबल,
कायरता को छोड़।
दिखलाना जौहर वही,
घोर गरज एक बार
डटकर खेलो अन्तिम दिन,
जीत में बदले हार।

प्रहरी 1 : क्या तुम्हें सम्भव दिखता है?
विजय होगी हमारी?

प्रहरी 2 : मरीचिका है, महज मरीचिका
क्रिकेट के निराश शून्य में भी
चमकती है आशा
विजय की सुनिश्चितता को भी

डँस लेती है पराजय की आशंका
अरे कौन याचक जी, इतनी रात गये!

(याचक जी का प्रवेश)

याचक जी : आज कुछ ज्यादा ही हो गयी
व्हिस्की-शिस्की
क्रिकेट के सेलेक्टर्स ने
दी थी बहुत बड़ी पार्टी

प्रहरी 1 और 2 : खिलाड़ियों को?
काश हम भी खिलाड़ी होते?

याचक जी : नहीं प्रेसवालों को

प्रहरी 1 : तो फिर हम वही होते

याचक जी : मैं कहता हूँ, पराजय की व्याख्या में
दोष सेलेक्टर्स पर न मढ़ा जाए

प्रहरी 2 : फिर किस पर टूटेगी पत्रकारिक प्रतिभा?

याचक जी : पिच पर,
सुबह गिरी ओस पर
आकाश पर
अनझेले कैचों पर
गेंद के चक्कर न लेने पर
या ऐसा ही कोई कारण
जो व्याख्याकारों की
व्हिस्की-सिंचित प्रतिभाएँ खोज सकें।

प्रहरी 1 : जा कर कोई कहे उनसे
हम भी कर रहे हैं पराजय का विश्लेषण
हमें भी
पार्टी दें
हम सेलेक्टर्स को दोषी नहीं मानेंगे।

याचक जी : सारा देश कर रहा चर्चा
सत्य को छुपाने के लिए
पार्टियों की बरसात जरूरी होगी देश पर,
चरित्र की रक्षा के लिए
छाता लगाना पड़ेगा मुझे
जानते हो मैं तो पीता नहीं।

(लड़खड़ाता है)

प्रहरी 2 : सो तो आपके पैरों से जाहिर है।

याचक जी : बहुत दबाव था, इनकार नहीं कर पाया।

प्रहरी 2 : दबाव सही शब्द है,
बम्बई पर कर्नाटक का दबाव
कर्नाटक पर बम्बई
दोनों पर पंजाब
पंजाब पर गुजरात
राष्ट्रीय खेल की प्रान्तीय शतरंज पर
बढ़ते-हटते रहते हैं खिलाड़ी
प्रान्तों के गौरव की प्रतिस्पर्धा में
पिछड़ता है देश
हमेशा यही होता है क्रिकेट में
अन्यत्र भी।

याचक जी : मैं कहूँगा सेलेक्टर्स का इसमें क्या दोष है?

प्रहरी 1 : दोषी वे क्यों नहीं?

याचक जी : जिनकी व्हिस्की तैरती है
मेरी शिराओं में
दोषी नहीं हैं वे मेरी निगाह में
जाऊँ अब
पत्नी प्रतीक्षा करती होगी संस्कार-वश
जानती है वह
क्रिकेट के मौसम में
मैं अच्छा पति नहीं रहता
पर इतना याद रखें
क्रिकेट को मैं गम्भीरतापूर्वक लेता हूँ।

(याचक का प्रस्थान)

प्रहरी 2 : हम सभी क्रिकेट को गम्भीरतापूर्वक लेते हैं।

प्रहरी 1 : काश, क्रिकेट भी हमें गम्भीरतापूर्वक लेता।
सेंचुरी बन जाने पर जहाँ
वितरित होते हैं मुफ्त चुम्बन
उसी स्टेडियम का पहरा देने पर
क्या मिला हमें? बोलो क्या मिला?

प्रहरी 2 : सच है
नहीं लिखे लकड़हारों और सुतारों के भाग्य में
श्रृंगारधर्मी काठ के पलंग
सहना है हमें श्रम की यातना।
गेंद को पीटना
गेंद से पिटना
हाथ बाँधे खड़े रहना विकेट के पीछे
धीमे-धीमे टहलना एम्पायरी अन्दाज में
कप्तानी करना, आज्ञाएँ देना
पानी की गाड़ी लिये जाना
कमेण्ट्री करना रेडियो पर
टिप्पणी करना आज के खेल पर
वर्तमान की समीक्षा इतिहास के आँकड़ों के सन्दर्भ में
चयनकर्ता बन सूची बनाने की राजनीति
यश और गौरव के सन्दर्भ में
विवाह कर लेना अभिनेत्रियों या सुन्दर कन्याओं से
विदेश जाना, लौटना
क्रिकेट के ये सकल सुख, आनन्द
नहीं लिखे हमारे भाग्य में।

प्रहरी 1 : हमारी वाणी में नहीं वे उक्तियाँ
जो नृत्य करती रहती हैं
क्रिकेट के मैदान पर।

(प्रहरी धीरे-धीरे चले जाते हैं। क्रिकेट की उक्तियाँ नृत्य करती आती हैं। उक्तियों का नृत्य)

उक्तियाँ : हम हैं उक्तियाँ
उक्तियाँ हैं हम
चलता है खेल बस
हमारे ही दम
हम हैं उक्तियाँ
उक्तियाँ हैं हम

उक्ति 1 : यह पिच स्पिनर्स को फेवर करता है

उक्ति 2 : यह पिच बल्लेबाजों का स्वर्ग है

उक्ति 1 : खेल का भाग्य टॉस से निश्चित होगा

उक्ति 2 : क्रिकेट इज़ ए गेम ऑफ चांस

उक्तियाँ : उक्तियों को याद रखो
दूर होंगे गम
हम हैं उक्तियाँ
उक्तियाँ हैं हम
चलता है खेल बस
हमारे ही दम

उक्ति 1 : गेंद की चमक खेल के लिए खतरनाक है

उक्ति 2 : आउट फील्ड धीमा होने से रन कम बने

उक्ति 1 : लगातार बम्पर फेंकना सभ्यता नहीं

उक्ति 2 : टीम का मनोबल और खिलाड़ी का फॉर्म जरूरी बातें हैं

उक्तियाँ : उक्तियाँ ही निर्णय
देतीं कदम-कदम
हम हैं उक्तियाँ
उक्तियाँ हैं हम
चलता है खेल बस
हमारे ही दम
हम हैं उक्तियाँ
उक्तियाँ हैं हम
हम हैं उक्तियाँ

(उक्तियाँ नृत्य करती चली जाती हैं। धृतराष्ट्र राव और विदुर राय ट्रांजिस्टर लटकाये आ रहे हैं। विदुर धृतराष्ट्र को बीच-बीच में सँभाल लेता है।)

धृतराष्ट्र : मेरी पत्नी गान्धारी को
'माता-काम्प्लेक्स' है।

विदुर : मैं समझा नहीं महाराज
मनोविज्ञान मेरे लिए गुगली है
क्या होती है, कभी न समझ पाया।

धृतराष्ट्र : जब कभी हारता है भारत क्रिकेट में
गान्धारी को यह अपनी हार लगती है
जानते हो उसके सारे पुत्र
क्रिकेट के खिलाड़ी रहे जनम से
इसी कारण फेल होते रहे इम्तहानों में

विदुर : गान्धारी-पुत्र क्रिकेट खिलाड़ी बनें
मैं बता सकता हूँ क्या भविष्य होगा महाभारत का

धृतराष्ट्र : पर वे अच्छे खिलाड़ी भी न बन सके
कार, ट्रक और ऑटोरिक्शा के विकास ने
मुहल्ले के क्रिकेट को बड़ी क्षति पहुँचायी है
प्रतिभाएँ कुण्ठित हो रही हैं
निराशा, घुटन, सन्त्रास वगैरह इधर भी है
वे 'समान्तर क्रिकेट' की सोचने लगे हैं।

विदुर : समान्तर क्रिकेट?

धृतराष्ट्र : गुल्ली डण्डा
यानी खेल आम आदमी का।

विदुर : उनका भविष्य उज्ज्वल है
गुल्ली-डण्डे से पहचान सकते हैं वे
भारतीय क्रिकेट की आत्मा

धृतराष्ट्र : गान्धारी-पुत्र नहीं बन सकेंगे खिलाड़ी
कोई नहीं लेगा उन्हें टीम में
काश, मैं अमरनाथ, माकड या पटौदी होता
मेरे बच्चों का भविष्य बन जाता
यहीं खेलते रहेंगे मुहल्ले की धूल में वे
हाय!

विदुर : निराश न हों।
मेरा एक निवेदन स्वीकारें।

धृतराष्ट्र : कहो विदुर
पुत्रों को जन्म देने के अतिरिक्त
हम भारतीय क्रिकेट के विकास में
क्या योग दे सकते थे?

विदुर : यद्यपि परिवार नियोजन की
आपने उपेक्षा की
अपने अज्ञानवश
पर फास्ट बॉलर का नितान्त अभाव है
देश में
आप ने इस पर कभी क्यों नहीं विचार किया
गान्धारी जी एक फास्ट बॉलर अगर देतीं

क्रिकेट कण्ट्रोल बोर्ड उनका कितना आभारी होता!

धृतराष्ट्र : हमने प्रयत्न किये थे
सफलता नहीं मिली
सब-के-सब स्पिनर्स ही निकले
धीमी गेंदों के फिंकैया
स्वयं गाँधारी यह सोच
बहुत पीड़ित रहती हैं

विदुर : क्या होगा? क्या होगा देश का?

धृतराष्ट्र : जब चार सौ मीटर दौड़ के
स्वर्ण पदक विजेता खिलाड़ी
गोला फेंकने में स्वर्ण पदक प्राप्त
कन्याओं से
प्रणय निवेदन कर विवाह करेंगे
तब उनका पुत्र होगा फास्ट बॉलर
प्रथम इस देश का
या इसका उलटा
अर्थात् वर गोला फेंकता हो
वधू चार सौ मीटर की दौड़ दौड़ती हो
एथेलेटिक्स में सुलझेगी
क्रिकेट की समस्या
यह मेरी भविष्यवाणी है
गहन चिन्तन के बाद
मैं इस नतीजे पर पहुँचा हूँ।

विदुर : आप धन्य हैं महाराज!
नयी दिशा दी है आप ने
खेल जगत को
मानेंगे इसे तो
क्रिकेट सभी स्तर पर
राष्ट्रीय खेल बन जाएगा!

धृतराष्ट्र : मीटिंग है आज फिर चयनकर्ताओं की
देखें क्या होता है?

(धृतराष्ट्र और विदुर चले जाते हैं बातें करते। मंच पर दोनों प्रहरी आ एक टेबल और तीन कुर्सियाँ लगाते हैं।)

प्रहरी 1 : अब क्या होगा?

प्रहरी 2 : वही होगा जो होता रहा है।

प्रहरी 1 : क्या निर्णय लेंगे चयनकर्ता?

प्रहरी 2 : वही जो लेते रहे हैं
वही तर्क
वहीं बहसें
वही प्रश्न, वे ही मुद्राएँ
वही विरोध
वे ही समस्याएँ
क्या निर्णय होगा
वही जो होता रहा है।

प्रहरी 1 : वे आ रहे हैं इस तरफ
चलो, हम बैठ जाएँ इधर

(तीन चयनकर्ताओं का प्रवेश, अलग-अलग चाल, चेहरों पर जिम्मेदारी के मुखौटे लगाये मानो मंच पर घूमते-विचरते कुर्सियों पर आ बैठते हैं।)

चयनकर्ता 1 : मेरा मत है

चयनकर्ता 2 : मैं सहमत नहीं

चयनकर्ता 3 : इनकी सुनिए तो सही

चयनकर्ता 1 : ओपनर के लिए क और घ
बाद में च और फ
मिडिल ऑर्डर में द और न
फिर य और म
क घ च फ द न य म

चयनकर्ता 2 : नहीं
ग प ल न र क्ष त्र ज्ञ

चयनकर्ता 3 : नहीं
ट ठ ड ढ ण स य व

चयनकर्ता 1 : अपने-अपने भर लो

चयनकर्ता 3 : हमें नये खिलाड़ी लाने होंगे।

चयनकर्ता 2 : ग प ल न र श नये हैं।

चयनकर्ता 1 : मैं जोखिम नहीं लूँगा।
क घ च फ द न य म

चयनकर्ता 2 : ग प ल न र क्ष त्र ज्ञ
चयनकर्ता 3 : ट ठ ड ढ ण स य व
चयनकर्ता 1 : अच्छा क घ च फ ग प ल न
चयनकर्ता 3 : ट ठ ड ढ ग प ल न
चयनकर्ता 2 : ग प ल न ट ठ ड ढ
चयनकर्ता 1 : अच्छा क घ ट ठ ग प
चयनकर्ता 3 : नहीं ट ठ ग प क घ
चयनकर्ता 2 : नहीं ग प ट ठ क घ
प्रहरी 1 : सा रे ग म प ध नि
प्रहरी 2 : नि ध प म ग रे सा

(चयनकर्ता बहस की मुद्राओं में नामों पर व्यस्त रहते हैं। कथा-गायन आरम्भ हो जाता है। बीच में दोनों प्रहरी जुगलबन्दी गाने का अभिनय करते हैं। चयनकर्ताओं की बहस लड़ाई तक पहुँच जाती है।)

कथा-गायन

कमेटी कमेटी, कमेटी कमेटी
खड़ी हो के बैठी हमारी कमेटी
कमेटी ने तारा, कमेटी ने मारा
कमेटी ही किस्मत, बनाती है
य ा र ा
यहाँ पर कमेटी, वहाँ पर कमेटी
मुसीबत में डूबे, जहाँ पर कमेटी
जब भी पुकारा, उठ करके लेटी
कुम्भकर्ण की बेटी, ये चलती
क म े ट ी
शब्दों से जीते, शब्दों से हारे
शब्दों के चलते, पटा ओ बनेटी
कमेटी कमेटी, कमेटी कमेटी

(गायन समाप्त होने तक तीनों चयनकर्ता आपस में गुत्थमगुत्था हो चुकते हैं। चयनकर्ता 1 शेष दोनों को हरा देता है। कृतवर्मा का प्रवेश)

कृतवर्मा : मैं हूँ वर्मा
महाभारत टाइम्स का
खेलकूद प्रतिनिधि
घोषित कर दिये नाम
आदरणीय चयनकर्ताओं ने
नयी टीम के
यह-यह में कुछ वह-वह मिला
तू तू के संग
मैं मैं का संयोजन कर
इसके साथ उसको
ये और वे को पास ला
क्लाइडोस्कोप की
उन्हीं चूड़ियों के टुकड़ों से
नया फूल बनाया है
टेस्ट में विजय की कामना के साथ
हे हे, क्या होगा सब जानते हैं
(टूटा बल्ला लिये अश्वत्थामा का प्रवेश)
कौन अश्वत्थामा!

अश्वत्थामा : हाँ, मैं हूँ अश्वत्थामा
यह मेरा बल्ला है
जिस पर कभी सी. के. नायडू ने दस्तखत किये थे,
आज जब मैंने
घोषित टीम में नहीं देखा अपना नाम
तोड़ दिया मैंने इसे
हमेशा के लिए

कृतवर्मा : निराश न हों अश्वत्थामा

अश्वत्थामा : कब तक रहूँगा मैं
भारतीय टीम का पन्द्रहवाँ खिलाड़ी
मेरी थी अटल आस्था
इसी बल्ले से
टेस्ट में सेंचुरी बनाऊँगा
थक गया रणजी ट्राफी और
स्थानीय टीमों में खेलते

पर मैं सदैव रहा
पन्द्रहवाँ खिलाड़ी
बारहवें खिलाड़ी, और दो रिजर्व
के बाद शायद मेरा नाम है
जो कभी घोषित नहीं होता।

(वक्ष पीटता है)

आत्मघात कर लूँ
इस नपुंसक अस्तित्व से।

कृतवर्मा : धीरज रखो अश्वत्थामा
हम पत्रकारों की तरह
कभी-कभी
नपुंसक अस्तित्व जरूरी होता है
प्राण-रक्षा के लिए

अश्वत्थामा : व्यर्थ हैं बल्ले
तुम्हारी कलम की तरह

कृतवर्मा : क्रिकेट इज़ ए गेम ऑफ चांस अश्वत्थामा!

अश्वत्थामा : बहुत सुन चुका हूँ
फिर मुझे क्यों नहीं मिला चांस
आज देखता हूँ चयनकर्ताओं को
कहाँ हैं वे?
कहाँ हैं वे?

(जाता है)

कृतवर्मा : ठहरो अश्वत्थामा, ठहरो।

(जाता है)

प्रहरी 1 : लराला लाल्ला!

प्रहरी 2 : लरीरी री री!

प्रहरी 1 : कोई विक्षिप्त हुआ

प्रहरी 2 : कोई शापग्रस्त हुआ

प्रहरी 1 : हम जैसे पहले थे

प्रहरी 2 : वैसे अब भी हैं

प्रहरी 1 : प्रहरी अन्धे युग के।

प्रहरी 2 : क्रिकेट के इस सूने स्टेडियम में
करते प्रतीक्षा और अँधेरे कल की।

कथा-गायन

इसी तरह अन्धा युग अवतरित भया क्रिकेट पर
बीतता नहीं बल्कि रह रह दोहराता है
हर क्षण होती है खेलों की मृत्यु मैदानों में
हर क्षण अँधियारा गहरा होता जाता है

चयनकर्ता और उनके भी चयनकर्ता
शयनकर्ता हैं वे हमेशा शयनकर्ता

हम सदा क्राउड रहेंगे, दर्शक इस आचरण के
जन्म पर गाया बधावा, मर्सिया गायें मरण पे

मन में है विश्वास, अन्धा युग कभी बीतेगा
जीतेगा यह देश क्रिकेट में कभी अवश्य जीतेगा।

(क्राउड के शोर के साथ समाप्त)

(न केवल शीर्षक, बल्कि पंक्तियाँ, पात्र, मंच निर्देशन में डॉ. धर्मवीर भारती के 'अन्धा युग' से जो साफ-साफ चोरी की है, उसे स्वीकारते हुए साहित्य की परम्परानुसार आभारी हूँ। जब कि चोरी में ऐसी कोई परम्परा नहीं है। यदि कहीं छन्द दोष हों तो उसका श्रेय भी मूल कृति को जाता है—सीनाजोर शरद जोशी)

लिलीपुटियों के अन्तिम दिन

बौनों के देश लिलीपुट से गुलीवर मार्च में लौट आया था। नवम्बर की एक शाम उसी लिलीपुट देश की राजधानी में बने दस वर्गफुट लम्बे-चौड़े बाग के एक टीले पर खड़ा हो एक बौना भाषण दे रहा था। उसका कद लम्बा था यानी कोई साढ़े छह इंच और वह उन सब बौनों में अलग नजर आता था। चेहरा गम्भीर, आँखें बड़ी-बड़ी और वह रुक-रुककर बोलता था। वह नेता नहीं था, वह दार्शनिक किस्म का शख्स था जो बोलने के साथ किसी गहरे विचार में खोया हुआ नजर आता था। पाँच-साढ़े पाँच इंच ऊँचाई के कोई तीस-चालीस बौने उसके आसपास घिरे हुए उसे सुन रहे थे। वह कह रहा था—'हम बौने हैं, हम कद के छोटे हैं, यह हम स्वीकार क्यों नहीं करते कि हमारा आकाश छोटा है। जिसे हम विस्तार समझ रहे हैं, वह विस्तार नहीं है। हम इस सचाई को क्यों नहीं स्वीकार करते कि हम शक्तिहीन हैं, कमजोर हैं और कुछ भी कर पाने में असमर्थ। जब गुलीवर लौटेगा और हो सकता है इस बार वह अकेला नहीं हो, उसके साथ कुछ और राक्षस आएँ और उसी जैसे, तो वह हमें अपने बड़े-बड़े जूतों से रौंद देगा। हमें अपना गुलाम बना लेगा। यह किसी भी क्षण हो सकता है। किसी भी क्षण इस नन्हे लिलीपुट देश के आकाश से वह पहाड़नुमा गुलीवर आएगा और हमें तहस-नहस कर देगा।'

भाषण देते हुए वह दार्शनिक-सा व्यक्ति कुछ क्षण रुका। उसने अपनी आँखें बन्द कर लीं और कुछ सोचने लगा। फिर उसने आँखें खोलीं और कहा, 'मुझे भविष्य एक सड़ा हुआ गुर्दा नजर आता है जिसकी दुर्गन्ध मेरे वर्तमान में व्याप्त है। हम सब अपने महान अतीत की सुगन्ध को फैलाकर भी उस दुर्गन्ध को नहीं रोक पा रहे हैं जो लिलीपुट के भविष्य से आ रही है। एक युद्ध होगा जिसमें हम सब झोंक दिये जाएँगे। यह सच है। यह यथार्थ है। यही यथार्थ है। यह सिद्ध हो चुका कि अपनी ऊँचाइयों का भ्रम पाले हुए हम सब बौने हैं। हम छोटे-छोटे लोग हैं। गुलीवर नामक उस लम्बे और ताकतवर व्यक्ति ने आकर यह साबित कर दिया कि हमारे अहं से बढ़कर हास्यास्पद

स्थिति और कुछ नहीं।'

भीड़ बढ़ती जा रही थी। वह भाषण देने वाला अब चीख-चीखकर बोल रहा था।

ऐसा कुछ दिनों से हो रहा था। एक ही ऐसे अनेक व्यक्ति थे जो इस तरह की बातें कहते थे। लिलीपुट देश में इस तरह की बातें पहले सुनाई नहीं देती थीं। पूरी शब्दावली भिन्न थी, विचार भिन्न थे। दरअसल यह सारा सिलसिला एक चित्रकला प्रदर्शनी से आरम्भ हुआ था। उन चित्रों की समीक्षा को लेकर एक बात उठी थी जिसका धीरे-धीरे अन्य क्षेत्रों में असर हुआ था।

लिलीपुट की राजधानी मिलिडेंडों का सुप्रसिद्ध चित्रकार प्लूनर वर्षों से सिर्फ लैण्डस्केप बनाया करता था। बारह वर्ग मील में फैले इस देश के चप्पे-चप्पे में वह भटका था। वे दो-तीन इंच ऊँची झाड़ियाँ, डेढ़-दो फुट के विशाल वृक्ष, छः-सात फुट ऊँचे पहाड़, आठ-दस इंच गहरी नदियाँ जिनके चौड़े पाट दो फुट से कम नहीं थे, उन सब पर प्लूनर ने चित्र बनाये थे जिसे लिलीपुट के रईस सम्मान से खरीदते थे। इसी के बाद लिलीपुट देश में उस विशाल साढ़े पाँच फुट ऊँचे गुलीवर का आगमन हुआ। चित्रकार प्लूनर उस घटना के समय राजधानी में ही था और उस विशाल अनुशासित भीड़ के साथ था जो साहस के साथ समुद्र तक गयी थी, जिसने बेहोश पड़े गुलीवर को रस्सों से बाँध दिया था और उसके होश में आते ही जिसने तीरों की बौछार कर उसे अपने कब्जे में कर लिया था। सब भयभीत थे, राजा भी भयभीत था पर वे एक होकर हिम्मत से अपने-अपने शत्रु का सामना कर रहे थे। प्लूनर इस घटना का साक्षी था। उसने भी भय अनुभव किया था। एक खामोश देश का उड़ा हुआ चेहरा उसने करीब से देखा था।

गुलीवर जब तक लिलीपुट में रहा, चित्रकार प्लूनर ने अपनी बौनी ऊँचाई से उसका अध्ययन किया था। धीरे-धीरे पूरा परिप्रेक्ष्य बदला और उसके बनाये लैण्डस्केप में अन्तर आने लगा। समूची दृश्याकृति में एक ऐसा विशेष आकार उभरने लगा जो विशाल था, खौफनाक था और जो सारे चित्र पर एक भयावह प्रभाव छोड़ता था, जैसे चट्टानों के मध्य एक काली भयावनी चट्टान या हरी झाड़ियों के बीच किसी विशाल वृक्ष का भूरा निर्मम तना। समीक्षकों का ध्यान इस ओर गया। उन्होंने कहा कि प्लूनर के चित्र एक अनजान हॉरर से ग्रस्त हैं। कल तक जो दृश्य आँखों को प्रिय लगते थे, वे अब भय की सृष्टि करते हैं। ऐसा क्यों है? इस प्रश्न का एक ही उत्तर था, गुलीवर का भय। उसके

आगमन से लिलीपुटवासियों के मन पर गहरे भय का प्रभाव, अपने छोटे होने का तीव्र अहसास, जो उस लिलीपुटी चित्रकार की रचना का अंग बन गया था।

शुरू में बात लिलीपुट के बुद्धिवादियों तक ही सीमित थी। सामान्य जनता न इसे समझी थी और न उसने समझने की चेष्टा की थी। जल्दी ही एक नये पहलू से गुलीवर की चर्चा शुरू हुई। लिलीपुट के सबसे बड़े अर्थशास्त्री ग्विलेटानी कुआबाइका ने, जो उस बारह वर्ग मील के महान देश की पूरी अर्थव्यवस्था तथा आर्थिक इतिहास पर साधिकार टिप्पणी करता था, विस्तृत अध्ययन कर बताया कि लिलीपुट का पूरा आर्थिक ढाँचा गुलीवर के आगमन के बाद से चरमरा गया है और यह देश अब इस योग्य नहीं रहा कि निकट भविष्य में अपने विकास के काम हाथ में ले सके। उसने आँकड़े रखे। गुलीवर, जिसे लिलीपुट वालों ने क्विनबस क्लेस्त्रीन नाम दिया था, के साथ लिलीपुट के स्वर्गीय राजा गोलबाश्तो मोमारे ने जो समझौता किया था, उसके अनुसार गुलीवर को लिलीपुट वालों ने प्रतिदिन 1728 बौनों के बराबर भोजन देना स्वीकार किया था। गुलीवर उनके देश में एक अनिमन्त्रित मुसीबत बन कर नौ माह से ऊपर रहा था और इस काल में पूरे देश ने अपनी कमाई और उपज का सबसे बड़ा प्रतिशत उस गुलीवर के मुँह में झोंक दिया था।

ग्विलेटानी कुआबाइका के अनुसार यदि गुलीवर आक्रामक बना रहता और लिलीपुट के मकानों, पुलों और उद्योगों को तहस-नहस करता तो पता नहीं लिलीपुट देश सदा के लिए समाप्त नहीं हो जाता या टूट नहीं जाता। उस प्रसिद्ध अर्थशास्त्री ने अन्त में यह प्रश्न उठाया कि यदि भविष्य में गुलीवर या उसी आकार-प्रकार का कोई दूसरा व्यक्ति लिलीपुट देश पर आक्रामक बनकर कर आया तो क्या हमारा देश उसका मुकाबला करने में समर्थ है? प्रश्न लिलीपुट की जनता और शासन दोनों से किया गया था।

शासन ने अपने तरीके से इस समस्या की गम्भीरता को समझा था और वे कदम उठा रहे थे। एक ऐसे व्यक्ति को जिसे वे अपने में बहादुर और काबिल समझते थे, उन्होंने लिलीपुट की सुरक्षा का काम सौंपा। उसने कई प्रस्ताव रखे जो मंजूर किये गये। हालाँकि इससे लिलीपुट की जनता पर टैक्स बढ़ रहा था, चीजें महँगी हो गयी थीं, गरीबी अनुभव होने लगी थी, नये काम-धन्धे शुरू न होने के कारण लोग बेकार थे, पर कोई रास्ता नजर नहीं आता था। एक विशाल गुलीवर के आक्रमण का भय उनसे सब करवा रहा था। उनके अस्तित्व का सवाल था। वे मजबूर थे। शासन ने जनता का हौसला बनाये रखने के लिए बहुत से कार्यक्रम बनाये थे। जिस दिन लिलीपुट के बौनों ने विशाल

गुलीवर को रस्सों से बाँधा था, वह दिन एक राष्ट्रीय दिवस घोषित कर दिया गया था। पहले राष्ट्रीय दिवस पर शुलानो नामक एक सिपाही को, जो अफसर के आदेश पर गुलीवर की नाक पर भाला लेकर चढ़ गया था और जिसने खुद जान जोखम में डाल कर गुलीवर को वश में करने का प्रयत्न किया था, लिलीपुट के वीर के सम्मान से अलंकृत किया था।

उसी दिन लिलीपुट के नये राजा ने अपनी जनता को सम्बोधित करते हुए कहा था, उस विपत्ति के बारे में जो उनके मुल्क पर आयी थी और जिसका जनता ने पूरी एकता, संगठन और धैर्य से मुकाबला किया था। राजा कह रहा था कि सब को एकता और अनुशासन से रहना चाहिए। उत्पादन बढ़ाना चाहिए, मेहनत करना चाहिए। उसने कहा कि अगर हम एक रहे तो बड़ी से बड़ी ताकत हमारा कुछ नहीं बिगाड़ सकती। उसका इशारा गुलीवर की तरफ था। उसने आसपास के उन मुल्कों से, जहाँ उसी के आकार के यानी चार से छह इंच के बौने बसते हैं, मैत्री का हाथ बढ़ाते हुए कहा, ''आपस में वैमनस्य कर हम आगे नहीं बढ़ सकेंगे। हमें समझना चाहिए कि हमारा असली शत्रु कौन है और उससे मुकाबले के लिए हमें परस्पर दोस्ती और सहयोग करना चाहिए।''

यों सब ठीक चल रहा था। ऊपर से कुछ नहीं लगता था। खेती होती थी, फसल बाजार में आती थी, लोग नौकरियाँ करते थे, फौजें कवायद करती थीं, पर कहीं कुछ ऐसा हो जाता कि लोग किसी आशंका से काँप जाते। जैसे कोई ज्योतिषी भविष्यवाणी करता कि लिलीपुटों पर भारी विपत्ति आने वाली है और सबको लगता कि शायद शस्त्र लेकर गुलीवर आएगा, हम पर आक्रमण करने। उस आशंका का मजाक बनाया जाता। पर फिर भी एक गुत्थी बनी कहीं मन में अटकी रहती।

कुछ दिनों बाद लिलीपुट की राजधानी मिलीडेंडों की सड़कों, चौराहों और होटलों में ऐसे युवक घूमते नजर आने लगे लगे थे जो अपने को एक बौनी सभ्यता की उपज कहते थे, खुद को जिन्दगी से ऊबा हुआ बताते थे और वर्तमान व्यवस्था से घृणा करते थे। उनकी सारी गतिविधियों को पतनोन्मुखी कहा गया पर उन पर कोई असर नहीं हुआ। उनका नेता फिलूदी नामक एक संन्यासी था जिसकी हर बात सुनने वाले को व्यर्थता के अहसास से भर देती थी। उनके सामने कोई राह नहीं थी। उनका नेता यह बताने का दावा नहीं करता था। वे लोग राह बताने वालों से नफरत करते थे। उनमें कुछ कवि थे, कुछ लेखक और चित्रकार और कुछ कुछ भी नहीं।

इसके समानान्तर युवकों का एक और समूह था जो भविष्य और अतीत को पूरी तरह नकारते हुए वर्तमान और वर्तमान के भी चालू क्षण पर विश्वास करता था। वह परम्परागत रूप से जीवन को प्रभावित करने वाली सारी संस्थाओं को अमान्य कर बिना प्रयत्न सुख भोगने में लगा रहता था और इस तरह पूरे समाज के लिए समस्या बन गया था। उन ही दिनों लिलीपुट के युवकों में एकाएक लम्बा होना सौन्दर्य का मापदण्ड बन गया। सब लम्बे लगना चाहते थे। वे चार से छह इंच ऊँचाई के बौने लम्बे होकर गुलीवर तो नहीं हो सकते थे पर वे लम्बे होना चाहते थे। उन पुरानी पीढ़ी के लोगों से, जो अपने को चतुर और अनुभवी दिखाने के लिए गर्दन दबाकर और झुकाकर बातें करते थे, वे कुछ बिलकुल अलग थे जो ऊँचाई बढ़ाने वाले जूते पहनते और अपने बालों को खड़ा रखते थे।

पूरे लिलीपुट में कुछ ऐसी बातें हो रही थीं, जो विचित्र थीं। सब जानते थे कि यह गुलीवर के वापस जाने के बाद से आरम्भ हुआ है और गुलीवर के आगमन और रौंदे जाने की आशंका से उत्पन्न है पर कोई इसे नहीं कहता क्योंकि किसी के पास इसका उत्तर नहीं था। सब एक हीनभाव से ग्रस्त थे पर उसे दूर करने की बात बेमानी और थोथा आदर्श लगती थी। पार्क, चौराहे या किसी सभा में जब कोई विचित्र-सा शख्स खड़ा होकर कहता—हम मृत्यु को हर पल अपने करीब महसूस करते हैं, हम किसी दुर्घटना की ओर तेजी से बढ़ रहे हैं, तो सुनने वालों को जाने क्यों लगता कि यह सच है। जब कोई कहता कि हम बौने हैं, हम मर जाएँगे, तब कोई नहीं पूछता कि हम बौने क्यों है?

ऐसा वर्षों होता रहा। हर बच्चा बड़ा होता और उसके साथ एक भय बड़ा होता कि गुलीवर या उस जैसा कोई पहाड़-सा आदमी आएगा और हमें रौंद कर रख देगा। हमें, हमारी पूरी कौम को समाप्त कर देगा। जो चौकाने वाले जुमले थे, वे धीरे-धीरे जीवन-दर्शन बन गये थे और एक रूपहीन, आकारहीन भय सारे बौनों की पूरी जिन्दगी में पैठ गया।

उनकी कविताएँ दहशत से भरी हुई थीं। वे भय से आक्रान्त लोगों की मनोदशा के अतिरिक्त कुछ भी चित्रित कर पाने में अपने को असमर्थ पाते थे। उनकी कथाओं से सुखद अन्त का वास्ता टूट गया था। उनका कथा-नायक एक सामान्य नपुंसक शख्स था जो कुछ करने में असमर्थ था और इस विवशता से परेशान था कि वह असमर्थ है। उनके संगीत में चीख प्रमुख हो गयी थी। रस की जगह एक अर्थहीन बड़बड़ाहट और डरे हुए आदमी की चीख ने ले ली थी। वे ऐसे वाद्य बजाते, जो भय को बढ़ाते थे। उनके चित्रों में काले और

भूरे, रक्तपात और दुर्घटना के रक्तिम रंग प्रमुख हो गये थे। सभी लोग धीरे-धीरे अनमने और चुपचाप हो गये थे और शब्द उन्हें आकर्षित नहीं करते थे। वे सब गुच्छा-भर लोग जो लिलीपुट के बारह वर्ग मील क्षेत्र में बसे हुए थे, एक साथ रहकर भी अलग-अलग कहीं खो गये थे। वे क्रोध में मुट्ठियाँ ताने घूमते, यह बता नहीं पाते थे कि वे किससे नाराज हैं। वे अजीब-से लोग हो रहे थे, जैसे कभी देखे नहीं गये थे।

बहुत वर्षों बाद जब गुलीवर दूसरी बार लिलीपुट आया, तब वह नौजवान गुलीवर नहीं रह गया था। उसके दाँत नकली थे, उसकी आँखें कमजोर थीं और उसकी पीठ झुकी हुई थी। वह मृत्यु के करीब था, उसके चेहरे पर झुर्रियाँ पड़ गयी थीं और वह थोड़ा-सा चलकर थक जाता था। वह कीमती चमचमाते वस्त्र पहने हुए था क्योंकि अब वह गरीब यात्री नहीं रह गया था, अमीर व्यापारी बन गया था। उसे एक जिद सवार हो गयी थी कि मरने के पहले वह एक बार लिलीपुट जाएगा और उन नन्हे लोगों से मिलेगा जिनके साथ वह कभी रहा था। यात्रा लम्बी थी और कठिन। यह निश्चित नहीं था कि वह जीवित पहुँच सकेगा या नहीं, पर वह आ गया था।

मुक्ति संग्राम : भोजन दृष्टि

प्रस्तुत है बंगलादेश से एक आँखों देखा वृत्तान्त। प्रस्तुतकर्ता हैं श्री दादू चौबे, मेरे मित्र, जो अखौरा से ढाका तक फौज के साथ गये और अभी वहीं खातिरें करवा रहे हैं। सविस्तार वर्णन लिखा है और साथ में पत्र है कि इस लेख को किसी अखबार में छपवा देना। छपवा रहा हूँ।

बंगलादेश मुक्त करा लिया गया। सब प्रसन्नचित्त हैं। मिठाइयाँ बँट रही हैं। लोग खा रहे हैं।

अखौरा से ढाका तक की यात्रा बड़ी कष्टप्रद थी। सबसे बड़ा कष्ट तो भोजन का। चौदह दिनों के इस युद्ध के दौरान जैसा खाना मिलना चाहिए था वैसा नहीं मिला। हमारी फौज के पास वाहनों की कमी थी। जितने थे उनमें अधिकांश में गोला-बारूद आदि की पूर्ति होती थी। भोजन का इन्तजाम आसपास के गाँववाले करते थे। इसी कारण धीमी रफ्तार के बावजूद समय पर चाय नाश्ता तथा दोनों समय भोजन मिलता रहा। सभी जगह गाँव के प्रधान पचास से सौ तक सैनिकों को भोजन अपने घरों में ही कराते थे। इसके अलावा भी हमारे फौजी भाई अन्य लोगों के घरों पर भोजन करते थे। हेलीकॉप्टर बड़े काम आये। उससे गोला-बारूद के अतिरिक्त खाद्य सामग्री भी अग्रिम ठिकानों पर गिराई जाती थी। गाँव वाले सिर पर युद्ध सामग्री के साथ भोजन भी ढोकर समय पर पहुँचा देते थे। इस मामले में मुक्तिवाहिनी का भी योगदान विशेष रहा।

बंगलादेश में प्रवेश करते ही हमारी नजर सबसे पहले वहाँ के धान के खेतों की ओर जाती है। चावल मछली यहाँ का प्रमुख भोजन है। वहाँ के निवासियों से चर्चा करने पर ज्ञात हुआ कि बंगलादेश में खाने-पीने की कमी नहीं रहेगी। फिर भारत ने भी आश्वासन दे दिया है। जैसे-जैसे हम ढाका की ओर बढ़ रहे थे हमें छोटी-मोटी चाय की दुकानें मिल जाती थीं। हम चाय पीते आगे बढ़ रहे थे। दुकानदार पैसा देने पर नहीं लेते थे। कहते थे आप लोग इतनी दूर से हमारे लिए आ रहे हैं। आपको भोजन कराना हमारा फर्ज है। उनका यह व्यवहार भारत के प्रति बंगलादेश के सम्मान का प्रतीक था।

कलकत्ता से गोहाटी, सिल्चर, धर्मनगर होता मैं अगरतला पहुँचा और एक होटल में टिक गया। मेजर (नाम याद नहीं) जब मुझे लेने आये मैं भोजन कर रहा था। उनके साथ एक जीप में हम ब्राह्मण बारिया पहुँचे। वहाँ हमारा स्वागत हुआ। लोग 'जोय बांगला' कहकर हमारा स्वागत करते और हमें खाने को देते। वहाँ की रेल लाइन टूट-फूट गयी थी। भोजन सामग्री थल-मार्ग से आती थी। वहाँ हमने पाकिस्तानियों के बनाये मजबूत बंकर देखे। आश्चर्य यह कि ऐसी सुरक्षा व्यवस्था के बावजूद तथा इतने गोला बारूद के भण्डार रहने पर भी पाकिस्तान ने मैदान क्यों छोड़ दिया? विचार करने पर ज्ञात होता है कि क्षेत्र के नागरिकों के सहयोग की कमी सबसे बड़ी बाधक थी। जनता के असहयोग के कारण भोजन जुटाना कठिन होता था। जबकि ऐसी स्थिति हमारी फौजों के साथ कभी नहीं आयी। शाम तक मैं ब्राह्मण बारिया पहुँचा। वहाँ धुआँ उठ रहा था। पास जाने पर देखा कि क्षेत्र की एकमात्र चाय की दुकान से उठ रहा है। रात को सम्भागीय मुख्यालय की तिमंजिली इमारत में हमने खाना खाया। भोजन अच्छा था। रात वहीं गुजारने के बाद हम वहाँ से हेलीकॉप्टरों में बैठ नरसिंघदी रवाना हुए। हमारे साथ दस हेलीकॉप्टर थे जिनमें खाने-पीने की सामग्री भी थी। रास्ते में सैनिकों के लिए भोजन सामग्री गिराई जा रही थी। जैसे ही हमारे हेलीकॉप्टर उतरे, ग्रामीणों ने हमें घेर लिया और खाने को दिया। वहाँ से खाते-पीते हम नरसिंहदी की ओर बढ़े जिस पर भारतीय सेना कब्जा कर चुकी थी। कस्बा उजाड़ हो गया था। कुछ दुकानें खुली थीं मगर उनकी सारी खाने-पीने की सामग्री पहले ही बिक चुकी थी। सेना का मुख्यालय जुट नील में नदी के किनारे था जिससे खाने की मेस संलग्न थी। हमारी व्यवस्था वहीं थी। दूसरे दिन दोपहर जब हम भोजन कर रहे थे तब खबर मिली कि पाकिस्तानी फौजों से हथियार डलवाने की कोशिश चल रही है और जल्दी ढाका पर हमला होगा। भोजन के उपरान्त हमने देखा कि गाँववाले हमारे लिए कुछ और खाने को लाये हैं। भारतवासियों के प्रति उनके असीम स्नेह को देख हमने खा लिया। शाम की चाय ब्रिगेड कमाण्डर के साथ हुई।

दूसरी सुबह हमें ढाका की ओर बढ़ना था अत: चाय-नाश्ता जल्दी-जल्दी में किया गया। सीतलक्खाँ नदी पार कर हम टैंक रेजिमेण्ट के साथ हो गये जो ढाका की ओर बढ़ रही थी। रास्ते में हमें विशेष कष्ट नहीं हुआ। बढ़ती हुई सेना की खाने-पीने की व्यवस्था अच्छी थी। दोपहर का भोजन बिहार रेजिमेण्ट के साथ हुआ। चावल की क्वालिटी जोरदार थी और उबले अण्डे। वहाँ से बोल्टा बाजार की ओर बढ़े। रास्ते में आठ टैंकों का एक मोर्चा लगाये एक कैप्टन मिले। उसने हमें चाय के प्याले और बिस्कुट दिये। वहाँ से हम एक टैंक में सवार हो

आगे बढ़े। हमारे टैंक उत्तम कोटि के हैं और उसमें खाने-पीने की व्यवस्था पर्याप्त होती है। हमने टैंक में बैठकर नदी पार की। नदी के पार हमारा भयंकर स्वागत हुआ। सबने हमें मिठाइयाँ पेश कीं। इतना खुशी का वातावरण था कि आगे बढ़ने की इच्छा नहीं हो रही थी। मगर ढाका में पाक फौजें आत्मसमर्पण कर चुकी थीं और आगे बढ़ना आवश्यक था।

हमारी जीप ढाका की ओर बढ़ रही थी। राह में लोगों के झुण्ड स्वागत में खड़े थे। वे सिगरेटें पेश कर रहे थे। आत्मसमर्पण की कार्यवाही समाप्त होने के कुछ घण्टों बाद हम ढाका में घुसे। थके हुए थे, भूख लग रही थी। इण्टरकाण्टिनेण्टल होटल सामने था।

उस रात का वह डटकर खाना मैं भूल नहीं सकूँगा। इस लम्बे पत्रकारिक जीवंन में मैंने कितनी पार्टियाँ अटेण्ड की हैं, बड़ी-बड़ी जगहों पर खाया है मगर उस रात ढाका के भोजन में जो तृप्ति थी वैसी शायद ही कहीं मिली हो। बड़ा सुखद क्षण था वह। मुक्ति संग्राम में भारत की सहायता से बंगलादेश की जनता विजयी हुई थी। बंगलादेश का भविष्य उज्ज्वल है। यह सच है कि उसके सम्मुख आज कई समस्याएँ हैं जैसे इतने लाखों व्यक्तियों के भोजन की समस्या मगर वह इसे सुलझा लेगा। आज वहाँ की जनता मुक्त है, प्रसन्न है, वह होटलों में आ जा रही है और वह भारत की आभारी है। भारत को अनचाहे ही इस संग्राम में कूदना पड़ा। लाखों शरणार्थियों को भोजन की समस्या से परेशान एक देश ने अन्ततः कड़ा कदम उठा ही लिया। आज हर भारतवासी का सीना स्वाभिमान से फूला हुआ है और ढाका में निमन्त्रणों की बौछार है। जब से यहाँ हूँ मुझे लगातार दावतों के निमन्त्रण मिल रहे हैं और सबमें एक साथ उपस्थित रहना कठिन है फिर भी अपनी क्षमता-भर इस देश के उमंग उत्साह में हाथ बँटाने में जितना योग दे पा रहा हूँ, दे रहा हूँ। नाना प्रकार के भोजनों के अनुभव से गुजरने के ये दिन सचमुच सार्थक हैं। जोय बांगला, जय हिन्द।

अपने लेख के साथ संलग्न पत्र में श्री दादू चौबे ने मुझे कोसा था कि मुक्ति के इन क्षणों में मैं बंगलादेश नहीं आया। मैं दादू चौबे के स्वास्थ्य का अनुमान कर सकता हूँ जो निरन्तर भोजनों की इस कठिन घड़ी में अपने कर्तव्य को पूरा कर रहे हैं। जब मैं वहाँ जाने का विचार करता हूँ मेरे मुँह में पानी आ जाता है। मगर मजबूर था, कैसे जा सकता था? मुझे पता भी नहीं था कि कुछ व्यक्तियों के लिए मुक्ति का पथ फौज की मेसों और नाश्ते की टेबलों के बीच से गुजरता है अन्यथा मैं भी साहस करता।

दादू चौबे अभी वहीं हैं। आभार प्रदर्शन के उपलक्ष्य में पार्टियाँ हो रही हैं और वे इन क्षणों में बंगलादेश को अकेला छोड़ कैसे आ सकते हैं?

मेरे काँटे में फँसा सातवाँ बेड़ा

'इण्टरप्राइज' पर खलबली मच गयी। उसके कम्प्यूटर अपनी समझदार सूचनाएँ उगलने लगे। सारे सातवें बेड़े को एलर्ट कर दिया गया। मैंने अपनी नाव से देखा कि च्युइंगम चबाते अमरीकी नाविक इधर-उधर दौड़ रहे हैं। तोपें हमारी ओर घूम रही हैं।

"यह सातवाँ बेड़ा है!" बोट के कप्तान ने मुझे बताया, "अच्छा, और आठवाँ कहाँ है?"

वह मुझे घूरने लगा। बोला, "शरद जी, इस समय समझदारी का परिचय दीजिए, हम उनकी रेंज में हैं।"

"वह हमारी रेंज में है, कप्तान। फिकर नाट। मैं इन अमरीकनों को अच्छी तरह जानता हूँ। मैंने इन्हें कई फिल्मों में देखा है।"

"ये लोग ऐक्टर नहीं सोल्जर हैं।"

"अमरीकी सोल्जर तीन चौथाई ऐक्टर होता है।"

हम लोग मछली पकड़ने आये थे। उम्मीद नहीं थी कि काँटे में सातवाँ बेड़ा फँस जाएगा। कागज काटने के स्तर के एक-दो चाकुओं और एक डॉट पेन के अतिरिक्त हमारे पास कोई उपयोगी शस्त्र नहीं था। अतः सातवें बेड़े को डुबाने का प्रोग्राम तो फिलहाल मुल्तवी किया जाना था। यों भी जगजीवन राम से बात किये बगैर सातवाँ बेड़ा डुबा देना मेरे लिए ठीक नहीं रहता, अन्यथा बाद में वे बड़बड़ाते कि शरद, ये क्या मजाक करते हो। कप्तान का कड़ा आग्रह था कि मैं समझदारी से काम करूँ और मैं उसके आग्रह को टाल नहीं सकता था।

तभी 'इण्टरप्राइज' से आवाजें आने लगीं, "आप लोग कौन हैं, किस देश के हैं, यहाँ क्या कर रहे हैं?"

"हम भारतीय हैं, यह हिन्द महासागर हमारा है। हम यहाँ झक मारने आये हैं आपको मतलब?" बन्दे ने जवाब दिया।

धीरे-धीरे नाव 'इण्टरप्राइज' के ऐन नीचे पहुँच चुकी थी।

''हम ऊपर आ रहे हैं, हमारा स्वागत करो।'' मैंने चिल्लाकर कहा। कप्तान ने 'इण्टरप्राइज' से लटकी सीढ़ी से नाव बाँध दी। हम ऊपर चढ़े। कप्तान ने मुझे अक्ल से काम लेने के लिए फिर आगाह किया।

'इण्टरप्राइज' का कप्तान उस समय ह्वाइट हाउस से सीधे सम्पर्क में था। उसे आदेश था कि जैसे ही आसपास कोई इण्डियन मूव हो प्रेसिडेण्ट या किसिंगर को सूचित करें। वह बता रहा था कि एक नाव पर दो भारतीय हैं जो शायद जासूस हों। ह्वाइट हाउस मेरे बारे में और जानना चाहता था।

''मैं शरद जोशी, इण्डियन।'' मैंने परिचय फेंका।

''आप जासूस हैं?'' उसने पूछा।

''नहीं। हमारे देश में जासूसी का काम हर ऐरे-गैरे मूर्खों को नहीं सौंपा जाता। इस विषय में अमरीका और भारत के नियम तथा परम्पराएँ भिन्न हैं।''

''मुझे आप खतरनाक लगते हैं।'' वह घूरता हुआ बोला।

''एक हद तक मैं हूँ भी, मगर साहित्यिक सन्दर्भ में।''

''आप हमें नुकसान पहुँचाने आये हैं!''

''हम बोर करने के अतिरिक्त किसी का खास नुकसान नहीं करते।''

''आप अपना पूरा परिचय दीजिए, ह्वाइट हाउस माँग रहा है।''

''मेरा पूरा परिचय सी. आई. ए. के पास होगा। कभी भारत में 'कूप' कर अपनी कठपुतली हुकूमत कायम की जाए तो कितने इण्टेलेक्च्युएल्स का सफाया किया जाना चाहिए, उसकी सूची में मेरा भी नाम-परिचय होगा।''

'इण्टरप्राइज' के कप्तान ने फिर ह्वाइट हाउस से बात की। उन लोगों ने सी. आई. ए. से, और फिर मेरा परिचय उनकी लिस्ट में मिल गया। गलत था। ह्वाइट हाउस से पूछा गया कि यह लेखक समुद्र में क्या कर रहा है?

''मेरी बात कराओ यार। कौन है किसिंगर या निक्सन।'' मैंने कप्तान से कहा। उसने मुझसे बात करायी।

''हलो जो!'' उधर से आवाज आयी, ''आय एम किसिंगर।''

''जो नहीं, जोशी, शरद जोशी।''

''शारड जोशी।''

''हाँ।''

''तुम सातवाँ बेड़ा डुबाने आये हो?''

''नहीं। वह अपने कर्मों से एक दिन खुद डूबेगा। फिर हमारे पास अभी

डुबाने का सामान भी नहीं है।''

''तुम्हें मदद चाहिए? सामान हम दे सकते हैं।''

''मुझे चलाना नहीं आता। मुझे लिखने के अलावा कुछ नहीं आता।''

''तुम हमें लिखो, हम चलाना सिखाएँगे।''

''ह्वाट?'' मैं समझ नहीं पाया, ''कौन? किसिंगर बा बोल रहे हैं या निक्सन साब?''

''किसिंगर।''

''दिमाग ठीक है तुम्हारा? तुम हमें सामान दे रहे हो ताकि हम तुम्हारा सातवाँ बेड़ा डुबाएँ। हद है! डूब मरो!''

''ओह जो, सॉरी जोशी, प्लीज समझो। हम पर जहाजी कम्पनियों का बड़ा प्रेशर है कि सेवन्थ फ्लीट डुबवाओ ताकि वे यूनाइटेड स्टेट्स सरकार को नये जहाज बेंच सकें। प्लीज हेल्प अस। हिन्द महासागर में हम बड़ी उम्मीद लेकर आये हैं कि आप लोग कुछ करेंगे। आपने 'गाजी' को डुबो दिया। वी आर सो थैंकफुल टु यू!''

कप्तान का शुरू से आग्रह था कि मैं बुद्धि से काम लूँ मगर इस समय मेरी बुद्धि काम नहीं कर रही थी।

''प्लीज जो।'' किसिंगर गिड़गिड़ा रहे थे।

''तुम ऐसा करो यार, सातवाँ बेड़ा पाकिस्तान को दे दो। वह हम पर हमला करेगा, हम डुबो देंगे।'' मैंने सुझाया।

''पाकिस्तान की हम पर बड़ी कृपा है जो, वे हमारा काफी सामान नष्ट करवा देते हैं। मगर सातवाँ बेड़ा हम उन्हें नहीं दे सकते। सीनेट में झगड़ा खड़ा हो जाएगा। यू नो, बड़ी समस्या है जो, सॉरी जोशी। हम चाहते हैं, भारत डायरेक्ट डुबो दे। प्लीज हेल्प अस!''

मुझसे इस नन्ही-सी तूफानी जिन्दगी में कई प्रकार के निवेदन किये गये हैं और मैंने उन्हें स्वीकार कर सामनेवाली पार्टी पर एहसान लादा है, मगर एक समूचे जहाजी बेड़े को डुबोने का निवेदन पहली बार हुआ। अपनी रचनाएँ दे कुछ पत्रिकाएँ डुबोने के अतिरिक्त डुबोने के क्षेत्र में मेरे अनुभव भी ज्यादा नहीं हैं। मैं क्या कर सकता था। मेरी जगह कोई भी भारतवासी होता, तो वह क्या करता?

''देखो किसिंगर बाबू, हमें बेवकूफ बनाने की कोशिश मत करो। तुम चाहते हो कि हम सातवाँ बेड़ा डुबो दें, ताकि तुम रो-रो कर शोर मचाओ कि भारत हमारा शत्रु है और उसका साथी सोवियत रूस हमारा शत्रु है और इस बहाने चीन से समझौता करने का अपना रास्ता साफ करो। तुम स्थानीय जूतों से बचने के लिए यह सब कर रहे हो। हम हिन्दी के साहित्यकार हैं और तुमसे ज्यादा

पॉलिटिक्स जानते हैं। टिसुए बहाकर राजनीति करने के जमाने लद गये जनाब! अब जो करना है खुले दिल से करो। खड़ा खेल फर्रुखाबादी। अबे, हमने सोवियत रूस से सन्धि की तो खुलकर की। तुम्हें चीन से करना है तो करो, इधर-उधर बहाने क्यों तलाशते हो?''

''तुम सातवें बेड़े पर हो। हम तुम्हें अरेस्ट कर सकते हैं।'' किसिंगर ने धमकाया।

''रहने दो प्यारे, ज्यादा रोब मत दिखाओ। हम तुम जो बातें कर रहे हैं ना, वह पत्रकार एण्डरसन सुन रहा है।''

''एण्डरसन!'' किसिंगर ने चीखकर कहा, ''इट इज़ ए ट्रेप, ओह!''

''कल अखबारों में सब आ जाएगा।''

''प्लीज जो, जोशी, शारड जोशी, प्लीज सेव मी। मैं नहीं चाहता, नो मोर एण्डरसन!''

''एक शर्त है।''

''मंजूर है, बोलो।''

''इधर से सातवाँ बेड़ा हटाओ और हम लेखकों को शान्ति से मछलियाँ पकड़ने दो। बड़े दिनों बाद कॉफी हाउस से बाहर आये हैं और कुछ रचनात्मक कार्य करना चाहते हैं। जैसे मछली पकड़ना।''

''आय विश यू सक्सेस। तुम कहो तो कुछ मछली पकड़ने की लेटेस्ट सामग्री...''

''नहीं, बिल्कुल नहीं। हमारे देसी काँटों से आजकल बड़े मगरमच्छ पकड़ में आ रहे हैं। थैंक्यू।'

बात समाप्त हो गयी। कुछ देर बाद ह्वाइट हाउस से दो हुक्म आये। एक यह कि शारड जोशी व उसके साथी कप्तान की खातिर कर विदा कर दिया जाए तथा दूसरा हिन्द महासागर क्षेत्र से सातवाँ बेड़ा हटा लिया जाए।

कप्तान ने मेरी ओर एक 'हॉट डाग' बढ़ाया, जिसे मैंने जबड़े चौड़े कर खा लिया। फिर उसने मुझे कोक की बोतल दी। कप्तान ने, जो मुझे अभी तक समझदारी से चलने की बात कह रहा था, खुद समझदारी का काम किया। उसने दो बोतल 'फॉरेन' की बगल में दाबीं और सीढ़ी से उतर गया।

आप सभी जानते हैं कि सातवाँ बेड़ा धीरे-धीरे हिन्द महासागर से खिसक गया। उस दिन हम कोई मछली नहीं पकड़ सके। यों भी अपना रिकार्ड यही है कि जब गये खाली हाथ लौटे। खुशी थी कि इस बार काँटे में सातवाँ बेड़ा फँसा

और मैं समझदारी का अपवादस्वरूप प्रदर्शन कर सका। श्री जगजीवन राम चाहते तो सातवाँ बेड़ा डुबो सकते थे। कौन जाने किसिंगर ने उनसे भी आवेदन किया हो। मुझे पता नहीं कि उन्होंने क्यों नहीं माना? मेरे साथ जो गुजरा, प्रस्तुत है। मगर अगली बार मुझे सातवाँ बेड़ा नजर आया और मैं बिना श्री जगजीवन राम से पूछे उसे डुबो दूँ तो आश्चर्य नहीं किया जाए और मेरी बुद्धि पर शक नहीं किया जाए। इस निवेदन के साथ जयहिन्द!

भाषण देने की संस्कृति

मित्रो, मुझे आदेश हुआ है कि मैं आपके सामने भारतीय संस्कृति पर दो शब्द कहूँ। मैं बहुत संकोच में हूँ कि इतने महान विषय पर, जिसका नाम भारतीय संस्कृति है, मैं क्या कह सकता हूँ। यह एक ऐसा विषय है जिस पर जितना कहा जाए कम है, फिर भी मैं प्रयत्न करूँगा कि भारतीय संस्कृति, मैं भारतीय इतिहास या भारतीय सभ्यता या धर्मों की बात नहीं कह रहा, मैं भारतीय संस्कृति की बात करूँगा। हालाँकि इसका आपस में सम्बन्ध है। आप चाहें कि भारतीय संस्कृति को अलग कर दें तो यह सम्भव नहीं है। फिर भी हमारा आज का विषय भारतीय संस्कृति है और मैं इसी विषय में कहना चाहूँगा। मित्रो, कि आप जानते हैं कि भारतीय संस्कृति भारतीय संस्कृति है। मैं कोई इतिहासकार तो नहीं, मैं कोई नेता, लीडर या मन्त्री भी नहीं कि भारतीय संस्कृति को लेकर बढ़-चढ़कर बातें करूँ, मैं तो आपकी ही तरह इस देश का एक साधारण-सा नागरिक हूँ जिसने भारतीय संस्कृति को अपने ढंग से देखा, समझा और परखा है बल्कि कहिए महसूस किया है, जाना है, विद्वानों के चरणों में बैठकर अध्ययन किया है। कितने ग्रन्थ हैं जो भारतीय संस्कृति पर प्रकाश डालते हैं। मैं रामायण, महाभारत या गीता की बात नहीं कर रहा, इसके अलावा भी जाने कितने ग्रन्थ हैं, जो भारतीय संस्कृति पर प्रकाश डालते हैं। एक व्यक्ति के लिए उसका अध्ययन करना सम्भव नहीं है। क्योंकि भारतीय संस्कृति तो एक ऐसा विशाल सागर है कि उसकी थाह पाना कठिन है। फिर भी मैं प्रयत्न करूँगा कि जैसा मैंने समझा है, मैं दूसरों की बात नहीं कर रहा, क्योंकि सभी अपने-अपने ढंग से भारतीय संस्कृति का अर्थ लगाते हैं, मैं इस विषय में वाद-विवाद में नहीं पड़ना चाहूँगा क्योंकि उसमें कोई लाभ भी नहीं है। भारतीय संस्कृति भारतीय संस्कृति है और आप कुछ भी कहिए वह भारतीय संस्कृति ही रहेगी। आप उसे बदल नहीं सकते। जिस तरह गंगा की धारा को बदलना कठिन है उसी तरह भारतीय संस्कृति को भी बदलना कठिन है। आप समझते क्या हैं, क्या यह मजाक है भारतीय संस्कृति पर कुछ भी कहना, बक देना, चाहे जो अर्थ देना।

सम्भव नहीं है। भारतीय संस्कृति भारतीय संस्कृति है। जो इस विषय में उलटी-सीधी बातें करते हैं मैं उनसे कहना चाहूँगा कि पहले उसका अध्ययन कीजिए, फिर बातें कीजिए। यह हमारे देश का दुर्भाग्य है कि आज कोई भी व्यक्ति भारतीय संस्कृति का चाहे जो अर्थ दे रहा है। मैं इसी विषय पर कहना चाहूँगा मित्रो कि आज बहुत जरूरी है भारतीय संस्कृति को समझना। उसके रहस्य को समझना, गहराई में जाना, उसमें उतर जाना, पूरी तरह उतर जाना, क्योंकि जैसा कि मैंने कहा है मित्रो, भारतीय संस्कृति भारतीय संस्कृति है। इसका पार पाना कठिन है।

मैं आपसे एक प्रश्न करूँगा कि आखिर क्या बात है, क्या बात है कि आज भी भारतीय संस्कृति भारतीय संस्कृति बनी हुई है। और भी संस्कृतियाँ रही हैं दुनिया में, मगर भारतीय संस्कृति है कि बस है। क्या कारण है इसका। कभी सोचा आपने। इसके लिए इसे बहुत गहरे अध्ययन करना पड़ेगा। आज विदेशों से विद्वान आते हैं और भारतीय संस्कृति का अध्ययन करके चले जाते हैं। वहाँ बड़ी जिज्ञासा है कि भारतीय संस्कृति क्या है। अभी एक विद्वान आये थे। विदेश से। मुझसे मिले। उन्होंने मुझसे पूछा कि भारतीय संस्कृति क्या है? मैंने कहा आप एक ही दिन में भारतीय संस्कृति के विषय में जानना चाहते हैं। उसके लिए आप रुकिए, सारा देश घूमिए, हमारे इतिहास और धर्म का अध्ययन कीजिए और फिर पूछिए कि भारतीय संस्कृति क्या है। इसके लिए तो आपको पूरा जीवन देना होगा तब कहीं आप समझ पाएँगे कि भारतीय संस्कृति क्या है। कहने लगे, मैं केवल दो महीने की छुट्टी लेकर आया हूँ और अभी मुझे इण्डोनेशिया भी जाना है। मैंने कहा कि अगर दो महीने में भारतीय संस्कृति का पता चल जाता तो हमारे यहाँ हर कोई जान लेता। ...कोई...कोई ये पेपरवेट तो नहीं है भारतीय संस्कृति कि मैं आपके हाथ पर रख दूँ कि लीजिए समझ लीजिए। जनाब, पर संस्कृति एक खूबसूरत तह बना देती है। यह सिलसिला अनन्तकाल से कायम है। सचाइयाँ ग्लेमर में लिपटी रहती हैं।

मदर टेरेसा अमेरिका में चल रही भारत महोत्सव नामक सरकारी ऐयाशी से पीड़ित हैं। जब भारत में नंगे-भूखे बच्चों की समस्या हो, ईथोपिया में लोग खाली पेट बैठे हों, राष्ट्रों को यह शोभा नहीं देता कि वे ऐसे महोत्सव करें।

पर यह सांस्कृतिक नीति का प्रश्न है। ढक्कन बहुत जरूरी है। भोपाल जहाँ हजारों लोग गैस दुर्घटना में मरे और आज भी हजारों उसके नाम पर झीख रहे हैं वहाँ ही विराट महोत्सव किये जाना क्यों जरूरी है? पर जरूरी है। जब चन्देलों का शासन था तब भी सत्ताधारी सोचते थे कि खजुराहो की मूर्तियाँ भूख और गरीबी को ढक देंगी। आज नर्तकियों के आयोजन, फिल्म समारोह, कविता

समारोह ढकते हैं। गैस से आप पीड़ित हैं पर जब आप सोते हैं आपके पास सरकार के दिये सपने होने चाहिए। मामला सन्तुलित हो जाता है।

सरकार मदर टेरेसा नहीं होती जो केवल बीमार भूखे बच्चों का ही ध्यान रखे। वह मरनेवालों के सहारे नहीं, जीवित और मजा मारते लोगों के सहारे चलती है। उन्हें नर्तकियों को भी सन्तुष्ट रखना होता है। मोहल्ले में आकर मदारी बन्दरिया नचाता है तब लोग अपने घरों की भूख-गरीबी भूल जाते हैं। बन्दरिया को पैसा देते हैं। सरकार की यही सांस्कृतिक नीति है। मदर टेरेसा यह नहीं समझतीं। हम समझते हैं। मूर्तियों के प्रेमी और सरकार के प्रशंसक। भूख मिटनी चाहिए मगर मॉडलिंग भी जारी रहनी चाहिए। देश के पास बेचने के लिए खजुराहो है, खरीदने को टेकनालाजी है। इसमें भूख, गरीबी, बीमारी की बातें अप्रासंगिक हैं। वे चीखते हैं कि जब तक गंगा में पानी और हिमालय पर बरफ है, भारतीय संस्कृति को भारतीय संस्कृति होने से कोई नहीं रोक सकता।

बरसों गुजर गये। अब हमें लगता है उनके भाषण सुनना ही भारतीय संस्कृति है। इस समय, ठीक इसी समय ताज्जुब नहीं वे मेरे शहर में भाषण दे रहे हैं। मुझे उनके शब्द सुनाई दे रहे हैं।

बन्दरिया नाची पेट के लिए
रतन चमेली नाचे कला के लिए

अभिनेत्री की जात, कब ठुमकने लगेगी आप कह नहीं सकते। वह कभी भी किसी भी क्षण ठुमक सकती है। आपको सावधान रहना पड़ता है। वह किस बात पर मटकने लगेगी, किस जगह से उसकी कमर खम खा जाएगी, अनिश्चित है। इस ठुमके के मूल में कोई तर्क नहीं होता। जो तर्क होता है वह प्रोड्यूसर का निजी होता है। आर्थिक होता है। देखनेवालों को लगता है, और खासकर मुझ जैसों को, कि नृत्य कुछ नहीं है। अभिनेत्री की एक नस है जो रह-रहकर फड़कती है।

एक खलल है दिमाग का कि अच्छी-भली चलती-फिरती औरत, एकाएक बिना आसपास देखे नाच करने लगे। एक मर्ज है, जैसे मिर्गी आती है, वैसे नृत्य आता है। कहानी अटक जाती है, समय रुक जाता है। चाँद सूरज अपने-अपने सेट पर थम जाते हैं, सिर्फ एक चीज घूमती रहती है। और, वह है अभिनेत्री की कमर। वह उसी सिद्धान्त के अन्तर्गत घूमती है, जिस सिद्धान्त के अन्तर्गत यह पूरी पृथ्वी घूम रही है। दिन-रात घूमती है, बारहों माह घूमती है। आदिकाल से घूमती आयी है और डर है कि अनन्त काल तक इसी तरह घूमती रहेगी।

आयी आयी वह आयी

जैसे सूरज की रोशनी से पृथ्वी का हिस्सा प्रकाशित रहता है, उसी तरह दर्शक की आँखों से एक जोत निकलती है, जिससे घूमती हुई नर्तकी के अंग विशेष प्रकाशित होने लगते हैं। जो हिस्सा सामने है वह चमक रहा है। रोशनी से जीवन मिलता है। साँसें चलती रहती हैं। धड़कन कायम रहती है। दर्शक की आँखों की रोशनी से इस समूचे 'कमर व्यवसाय' की धड़कन कायम है, हरियाली बनी हुई है।

उस दिन मैं एक फिल्म देख रहा था। मेरे पास बैठा दर्शक ऊँघ रहा था। रह-रहकर वह झोंका-सा लेता और फिर आँखें फाड़कर 'स्क्रीन' की ओर देखने लगता। कुछ देर बाद उसने मुझसे कहा, "भाई साहब, एक तकलीफ दूँगा।"

"फरमाइए।" मैंने धीरे से झुककर कहा।

"मैं सो रहा हूँ। जब हेलेन डांस करे तब मुझे जगा दीजिएगा।" वह इतना निवेदन कर सो गया।

मैंने बायीं ओर बैठी अपनी जीवनसंगिनी से पूछा, "इन सब एक्ट्रेसों में हेलेन कौन है?"

वह नाराज हुई, फिर हँसने लगी। कैसा हिन्दुस्तानी हूँ, हेलेन को नहीं जानता। फिर उसने बताया कि वह अभी तक नहीं आयी। मुझे ताज्जुब हुआ कि खेल आधा होने को आया और हेलेन अभी तक नहीं आयी। कोई भारतीय दर्शक आखिर कब तक इन्तजार में जागता रहेगा? मगर कुछ देर बाद वह आयी। मैं पहचान गया। वह तो वही थी, जिसे मैं युग-युगों से इसी अवस्था में, इसी प्रकार, इसी जगह देखता रहा हूँ।

मैंने अपने पड़ोसी को हिलाकर उठाया, "भाई साहब उठिए, हेलेनजी आ गयीं।" वह उठा और टकटकी लगाये परदे की ओर देखता रहा। दर्शक की आँखों की रोशनी नर्तकी के अंग-प्रत्यंगों को उजागर करने लगी। हेलेन नाच ली। मेरा पड़ोसी उठा और अँधेरे में द्वार टटोलता, हाल के बाहर निकल गया। तमसो मा ज्योतिर्गमय हो गया मेरा भाई, जिसके अन्दर में उजाला फैल गया हो, वह अब अँधेरे में क्यों ठहरा रहेगा?

कमर थिरकती है। वह हेलेन की व्यावसायिक सजावट के स्तर पर थिरके अथवा किसी सद्यफँसी प्रेमिका के मन की गुदगुदी की फिल्मी अभिव्यक्ति के रूप में थिरके। कुछ है जो फूट-फूट पड़ता है। प्रोड्यूसर का स्वार्थ हो या नायिका की जवानी, बार-बार वातावरण को यहाँ-वहाँ से 'फ्लैश' करती रहती है।

फिल्में देखकर लगता है कि नगर निगम ने ये बाग, लोककर्म विभाग ने ये सड़कें, वन विभाग ने ये पगडण्डियाँ, ग्राम पंचायतों ने गाँव के बीच की खुली जमीन, कृषि विभाग ने बड़े फार्म और रेल विभाग ने लम्बे डिब्बे इसीलिए बनाये हैं कि जब तब हीरोइन वहाँ नाच सके, अकेली या सहेलियों के साथ। ईश्वर ने यह दुनिया इसीलिए बड़ी बनायी है कि नाचनेवाली नाच ले। सहेलियाँ नाचने के लिए होती हैं। वे झुण्ड की झुण्ड कहीं पिकनिक स्पाट पर जाती हैं और वहाँ जाते ही उनके पैरों से गरदन तक नृत्य का मर्ज फैलने लगता है।

वहीं हीरो आता है, नाच देखता है, खुद नाचता है और कहानी अपनी बुनियादी समस्या का हल खोज लेती है। इसके साथ ही प्रोड्यूसर की भी एक

बुनियादी समस्या सुलझ जाती है। जैसे वह दर्शकों को यह सूचित करना चाहता है कि लड़की युवा हो गयी है। अब आप सोचिए कि वह दर्शकों को कैसे बताये? कैमरे के सामने हीरोइन को खड़ा कर दे। लड़की जवान है, मगर यह मोटी बात भारतीय दर्शक को यों समझ नहीं आएगी। वह देखकर कुछ नहीं समझता। नृत्य हीरोइन के व्यक्तित्व का तीसरा आयाम है।

मतलब कमर व छाती से है

कुछ देर बाद हीरोइन एक मिनी साड़ी पहनती है। कैमरे की आँख टहलती हुई टखनों और घूँघट तक जाएगी। उधर से लौटकर हिलती हुई कमर तक आएगी। वहाँ से एक ऊँची चढ़ाई चढ़ेगी। साँसें और धड़कनों की आम जानकारी बटोरी जाएगी। और, उसी के साथ कैमरा झटका खाएगा और पूरी कन्या नृत्य करती दिखेगी।

ऐसा करने से ही भारतीय दर्शक को यह स्पष्ट बोध हो जाएगा कि नायिका युवावस्था का स्पर्श कर चुकी है। इसके अलावा क्या सबूत पेश किया जा सकता है? स्त्री के जवान होने का फिल्मी प्रमाण यह है कि वह गाती है, नाचती है और बार-बार कपड़े बदलती है। इसके अलावा कोई पाँचवाँ प्रमाण अभी तक खोजा नहीं जा सका।

शास्त्रकारों ने कमाल किया जो नृत्य और अभिनय को एक ही सिक्के के भिन्न पहलू के रूप में समीप कर दिया। सभी नर्तकियों को सुविधा हो गयी कि वे अभिनेत्री हो जाएँ। नृत्य की मुद्राओं में वह जो कुछ करती है, वही भारतीय फिल्मों में अभिनय कहलाता है। दक्षिण की नर्तकियाँ ठुमकने की कला में दक्ष होकर अभिनय की सीढ़ियाँ चढ़ गयीं।

धीरे-धीरे अभिनेत्रियाँ लोप हो गयीं, सिर्फ नर्तकियाँ रह गयीं। प्रोड्यूसरों को उनकी ही जरूरत थी। फिल्में क्या हैं, चन्द नाच-गानों का एक रंगीन बण्डल हैं। कहानी क्या है, एक नाच से दूसरे नाच, एक गाने से दूसरे गाने को जोड़ने का एक सिलसिला है। चूँकि कथा बेमतलब है, अत: चरित्र बेमतलब है, अत: अभिनय बेमतलब है। मतलब की बात है, कमर छाती और टखने बेचो। नृत्यकला उसे प्रतिष्ठित करती है। बढ़िया मामला है। कला का विस्तार अन्तत: बाक्स आफिस में सिमटता है। शरीर के फैलाव जेबों में सिमटते हैं। बन्दरिया को चौराहे पर नचा, मदारी एक सवाल करता है। उस बन्दरिया से—'रतन चमेली, तू क्यों नाचती है?' और रतन चमेली जवाब में अपने पेट पर हाथ मारती

है।

मदारी चारों ओर खड़ी पब्लिक की ओर हाथ फैलाकर कहता है, 'पेट के लिए।' वह यथार्थ के करीब है। यदि मदारी हिन्दी फिल्मों का प्रोड्यूसर होता और रतन चमेली एक डांसर होती और फिर प्रश्न किया जाता तो पेट ढककर वह उत्तर देती—कला के लिए।

फिल्म में नृत्य-कला वास्तव में दो दृष्टियों का संयोजन है—दर्शक की वह रोशन निगाह और प्रोड्यूसर की वह निगाह जिसे आप आर्थिक दृष्टि कहते हैं। कला की यह आधारभूमि है। जब तक निगाहों की यह रोशनी कायम है, कला अमर है।

मेरे मित्र सिन्हाजी ने पिछले दिनों फिल्में देखना बन्द कर दिया था। सिनेमा चलते रहते थे मगर वे नहीं जाते। एक दिन मैंने उनसे बातें कीं। पूछा, "क्या बात है प्यारे, वजह क्या है?" बोले, "यार न कहानी होती है न ऐक्टिंग, क्या देखें? सभी फिल्में एक-सी होती हैं।" मगर एक सप्ताह बाद वे मुझे एक पिक्चर में मिल गये। मैंने पूछा कि तुम यहाँ कैसे? सिन्हाजी ने गम्भीरतापूर्वक उत्तर दिया, "यार जब तक मैं कहानी और ऐक्टिंग की दृष्टि से फिल्में देखता था मुझे निराशा होती थी। आजकल मैं डांस की दृष्टि से फिल्में देखता हूँ, और इस तरह अब मैं काफी फिल्में देख लेता हूँ।"

उनकी निगाहों की रोशनी से फिर स्क्रीन चमकने लगी। वे भी तमसो मा ज्योतिर्गमय हो गये। उनका कहना है कि नृत्यों से 'स्क्रीन' एकदम 'सेकरीन' हो जाती है, मीठी लगने लगती है। मुझे नहीं लगता कि वे अपने कथन से वापस लौटेंगे। वे एक आम भारतीय दर्शक की तरह गहरे धँस चुके हैं। रतन चमेली को निराश नहीं होना चाहिए। जो डमरू बजा रहा है, उसका कटोरा खाली नहीं रहेगा!

मनीप्लाण्ट

आज मनीप्लाण्ट की डाल गमले में बोयी है। बहुत दिन से कह रही थी कि ड्राइंग रूम में मनीप्लाण्ट लगाना है। आज लग गया है। वह खुश है। हम अपने अगले कमरे को ड्राइंग रूम कहते हैं। एक तखत बिछा है, दो एक चौकियाँ पड़ी हैं और टेबल पर किताबों पत्रिकाओं का ढेर। दीवारें सब गन्दी हैं। मोहल्ले के बच्चों ने तस्वीरें बना रखी हैं। कभी-कभी जोश आता है तो इस कमरे को सजाने सँवारने की सोचते हैं। तीन-चार दिन तक मूड रहता है। सब किताबें ठीक से रख दी जाती हैं, पर धीरे-धीरे फिर वही सब हो जाता है। मध्यम वर्ग के आदमी की सारी जिन्दगी अपने तीन कमरों की समस्या सुलझाने में गुजरती है। ड्राइंग रूम के लिए कुर्सियाँ खरीदेगा तो रसोईघर में कोयला आटा कम पड़ जाएगा। वह न हुआ तो चादरें कट जाएँगी। चादरें खरीदकर लाया तो बिजली का बिल चुकाना रह गया समझो। हँसी आती है और क्रोध भी। इसलिए अब घर को ड्राइंग रूम, किचन और बेडरूम में बाँटने का विचार छोड़, पूरे घर को घर पुकारने लगा हूँ। यही मुझ जैसे सभी व्यक्ति करते हैं। वे सब जो तुलसी का पौधा बोते हैं, पड़ोसी के घर से फूल चुरा अपने भगवान पूजते हैं, पतलून खूँटी पर टाँगकर अण्डरवियर पहन घूमते हैं और अपने गणित का सारा ज्ञान वेतन का खर्च जमाने में लगाते हैं। वे सब जो सिर्फ वस्त्र कम होने के संकोच में असामाजिक प्राणी हो गये। वे सब जो सड़क से गुजरता जुलूस उत्साह से देखते हैं पर घर पर आया अतिथि टालते हैं। मैं उन सबमें से ही एक हूँ। मनीप्लाण्ट की डाल बोना मेरी हिमाकत है। यह पौधा मेरे यहाँ पनप पाएगा या नहीं इसमें मुझे सन्देह है। पैसे का पौधा हमारे घर क्यों पनपने लगा?

पर अब पौधा लग ही गया है तो इसे बराबर पानी देना होगा। घर में अतिथि आ ही जाए तो खिलाना ही पड़ता है। मैंने सजाकर रख दिया है। इसके पत्ते बड़े चिकने हैं। मुझे कुछ दया आ गयी है। क्या लेता है आखिर? पानी ही तो पीता है मात्र। हम खूब पानी देंगे। इस मामले में तो मैं किसी भी बँगले वाले से होड़ ले सकता हूँ। अगर इस पौधे को बजाय पानी के दूध देना पड़ता तो शायद मैं हार जाता। इसकी वही दुर्दशा होती जो बँगले वाले बच्चों की तुलना

में एक मध्यम वर्गीय बच्चे की होती है। पर पानी पीकर तो मैं पनप गया हूँ, यह भी पनपेगा।

मित्र आते हैं तो मेरे मनीप्लाण्ट को गौर से देखते हैं। कोई तारीफ भी कर बैठता है। यानी रौब पड़ता है। मनी शब्द की ही महिमा है। यहाँ पौधे के आगे ही मनी लगा है तो सब रौब खाते हैं। मेरे पास मनीआर्डर आये तो मेरे ठाठ बढ़ें, पर लगता है इस मनीप्लाण्ट से भी कुछ तो बढ़ ही सकते हैं ठाठ। मैं हँस देता हूँ। पत्ते फूट रहे हैं। कोमल छोटे पत्ते। फूल एक भी नहीं होता। सुगन्ध नाम को भी नहीं। पैसे की भी यही प्रकृति है। सोचता हूँ इस पौधे का बीज भी होता है या नहीं। लोग पौधे की एक डाल काटकर ले जाते हैं और दूसरी जगह बो देते हैं। वहीं पनप जाता है। जैसे बैंक की शाखाएँ खुलें या किसी कम्पनी ने नयी कम्पनी डाली हो। नये सिरे से श्रम नहीं करना पड़ता। अर्थशास्त्र और पौधाशास्त्र के नियमों में मनीप्लाण्ट के मामले में एक ही नियम लगता है। सेठ साहब ने एक धन्धा पनपाया। रुपया पत्तों की तरह फूट घर आया। कई डालियाँ हैं जिन पर पैसा लगा है और वे सब उनके कब्जे में हैं। एक डाल है उनके अपने श्रम की, उनकी पूँजी और सूझ की। मनीप्लाण्ट में नयी जड़ें फूटती हैं। ब्लेक मनी, इनकम टेक्स नहीं चुकाया, बोनस दाब गये, वेतन कम दिया, गलत खाते भरे, नकली खर्चा दिखाया, घाटा शो कर दिया, ओवर इनवाइस, अण्डर इनवाइस, पूँजी बाँट ली, नकली शेयर होल्डर रावण के सिर की तरह बढ़ाये — यह सब एक ही मनीप्लाण्ट की डालें हैं। इन सबमें पत्ते फूटते हैं और मालिक की शोभा और शान बढ़ती है। बची हुई रकम एक और व्यवसाय में डाल दी। मनीप्लाण्ट की डाल यहाँ से वहाँ गयी और पनप उठी। उसे पनपना ही है। बिना बीज के भी वह पनप सकती है। पानीनुमा पसीना खूब-सा मिल जाता है, सस्ते दामों खरीद लो और अपने गमले में, कारखाने में, धन्धे में डालो और सींचो, देखो कैसे पत्ते लहलहाते हैं। अर्थशास्त्र के नियम का प्रकृति से कैसा सम्बन्ध है। हमारी मिट्टी को डालियाँ भी स्वीकार हैं। जहाँ कारखाना डलता है खानदेश से लेकर पंजाब तक का पसीना उसे सींचने और पनपाने आ जाता है। नये पत्ते फूटते हैं। नयी डालियाँ फूटती हैं। एक और कारखाने की भूमिका बनती है। इसी कारण तो अर्थशास्त्री कहते हैं कि हमारी मिट्टी में समाजवाद नहीं पनप सकता है। समझदार लोग हैं वे सब। समाजवाद केक्टस की तरह खड़ा हुआ है। पानी नहीं, सहारा नहीं पर फिर भी खड़ा है। आपकी लापरवाहियों से उसका कुछ बनता-बिगड़ता नहीं। वह हवा से नमी सोख लेता है और जीता है। मुझे तो इस मनीप्लाण्ट का बड़ा ध्यान रखना पड़ता है। दिन में दो बार पानी देता हूँ।

पर मनीप्लाण्ट तो शुद्ध प्राइवेट सेक्टर है। उसका अपना गमला है, पानी पर उसका अधिकार है। जनता को इससे फल-फूल न प्राप्त हों पर उसके अपने

पत्ते तो खूब फूटते हैं। डालियाँ फैलती हैं और जड़ जमती है। कमरे की शोभा इसी में है। इसी में देश की शोभा है। गन्दी झोंपड़ियों से घिरे कारखाने और मशीनें। नेहरू का सारा वक्त भी दोनों गमलों की फिक्र में गुजर जाता है। मिक्स्ड इकानामी का हरियाला वास्तव। व्यक्तिगत स्वाधीनता के गमलों में पनपता पूँजी का वृक्ष और असहयोग के मरुस्थल पर उगता हुआ केक्टस-सा समाजवाद।

मैंने मनीप्लाण्ट को शुद्ध हवा मिल सके इसलिए खिड़की के पास रख दिया है। हवा के झोंकों से पत्ते धीरे-धीरे हिलते हैं जैसे बड़ा अखबार हाथ में लेकर हवा करने से किसी सुन्दरी की लटें हिल रही हैं। केक्टस पर हवा आती है, न भी आती। वह हवा के आश्वासन पर ही जी लेता है। अपनी प्राणशक्ति का भरपूर सदुपयोग करता है और पानी के इन्तजार में वक्त गुजार देता।

मेरा एक मित्र समझा रहा था — केक्टस को पानी नहीं दिया करो ज्यादा, जड़ें सड़ जाएँगी। उनके आसपास सूखी रेत डालो। यह निष्ठुरता मुझसे नहीं होती, मैं रोज केक्टस में पानी देता हूँ। बढ़ रहा है। तेजी से उसकी डालियाँ फूल रही हैं। वह हरा-भरा दिखता है। यद्यपि कँटीला है। मनीप्लाण्ट की वैश्य प्रकृति है। उसमें स्निग्धता है, लोच है, यहाँ वहाँ मुड़ जाने की आदत है, जैसा मौका हो वैसा निभा लेता है बशर्ते उसे बराबर पानी मिले यानी पूँजी का सरकूलेशन बना रहे। कैक्टस को पानी नहीं मिलता तो उसमें लोच नहीं है, वह ऐसे तना खड़ा है, क्रोध में घूरता कि जैसे मजदूरी नहीं मिलने पर बदतमीज कुली तने हुए देखता है। यह आक्रोश, यह काँटे, यह चिड़चिड़ाहट सब स्वाभाविक है पर उसी के कारण बदनाम भी है बेचारा। मेरा मित्र कहता है इसे पानी न दो। पब्लिक सेक्टर में एक कारखाना डालो तो हजार गालियाँ सुनो। नेहरू भी परेशान हैं। मित्र अलग-अलग सलाहें देते हैं। इस कमरे के शुभचिन्तक केक्टस का अशुभ सोचना ही फर्ज मानते हैं। क्या होगा पब्लिक सेक्टर का, क्या होगा समाजवाद?

मैं तो राष्ट्रीय नीति पर चल रहा हूँ। दोनों लगा रखे हैं। मनीप्लाण्ट भी, केक्टस भी। कमरे की शोभा बढ़ रही है। मेरी आर्थिक स्थिति खस्ता भी हो पर कमरा सजा हुआ लगे तो भ्रम बना रहता है। सब समझते हैं सुख से कटती है। मैं समझता हूँ आज मनीप्लाण्ट पनपा है तो कल मनी भी आएगा। कल यह पौधा ही कल्पवृक्ष में बदल जाए। इसमें बजाय हरे पत्तों के नये प्रकार के पत्ते उगने लगें यानी नोट दस-दस के। एक पत्ता तोड़ लूँ और भाजी खरीदने चला जाऊँ। मनीप्लाण्ट नाम सार्थक हो जाएगा। रोज सुबह उठ इसी उम्मीद में पानी डालता हूँ। पर लगता है यहाँ भी निराशा ही हाथ लगेगी। मेरी लाइन ही दूसरी है। यहाँ पानी डालने से भी जड़ सड़ती है। कुछ नहीं मिलता।

मात्र शोभा बढ़ती है, कमरे की, देश की, साहित्य की, संस्कृति की।

क्या लिखें, किस पर लिखें?

कई बार ऐसी स्थिति आ जाती है कि लिखने को कोई विषय नहीं रहते। जो कुछ कहा या लिखा जा सकता था या है वह सब लिखा जा चुका लगता है। मतलब प्रकृति या औरत जैसे विषयों को छोड़कर लिखने लायक कुछ नहीं बचता। ढाक के वही तीन पात की हालत में पहुँचने के लिए एक पूरा साल बीत जाए तो अब क्या कीजिएगा। अब यह लिखा जा चुका कि इमरजेंसी गलत लगी थी और उस पूरे वक्त को नाजायज फायदों के लिए इस्तेमाल किया गया। संजय को जेक लगाकर उठाया गया ताकि वह सबकी खोपड़ी पर चढ़कर अगला प्रधानमन्त्री आसानी से हो सके। जेलों में अत्याचार हुए। गलत सलत तरीके से बेकसूर लोगों को ठूँसा गया। यह भी लिखा जा चुका कि इन्दिरा गाँधी डिक्टेटर थी और प्रजातन्त्र को प्राणहीन करने का षड्यन्त्र किया गया। जनता पार्टी के नेताओं को किस तरीके से पकड़ा गया, जेल में उनके दिन कैसे बीते या वे अण्डरग्राउण्ड कैसे रहे यह भी लिखा जा चुका। सारे नेताओं के फोटो, इण्टरव्यू, जीवन-परिचय और विचार लिखे जा चुके। उनकी आर्थिक और राजनीतिक दृष्टि पर चर्चा हो चुकी। उनके सपने, अनुभव, इरादे सबका बखान किया जा चुका। कांग्रेस के झगड़ों का आन्तरिक विश्लेषण हो चुका। जनता पार्टी के अन्दरूनी झगड़ों का पूरा कच्चा चिट्ठा सबके सामने है। काँग्रेस को गालियाँ दी जा चुकीं और एकता न रखने पर जनता पार्टी को।

उमंग, आशा और आकांक्षा से भरे कुछ माह ऐसे ही बिताने के बाद हम उछलते-उछलते थक गये और यथार्थ की जमीन पर लौटे जब हमने देखा कि जनता पार्टी के कुर्सीधारी कर्णधार भी उस ही चक्कर में फँसे हैं जिसमे काँग्रेस ने तीस साल बर्बाद किये। हमने देखा कि जनता पार्टी के आरम्भिक आदर्शवाद की भाषा धीरे-धीरे तिरोहित होने लगी और उनकी जगह उन ही गोलमाल मुहावरों ने ले ली जिसे काँग्रेस बोलती थी। लोगों की समस्याएँ ज्यों की त्यों बनी रहीं बल्कि समस्याओं ने नये गहरे आयाम ग्रहण कर लिये। यह भी लिखने के विषय थे जिन पर लिखा गया। शुरू-शुरू में जनता पार्टी को चेतावनी देने के

टोन में लिखा गया, बाद में निराशा की टोन में और फिर गालियों से मण्डित उत्तेजना के साथ।

इस तरह लिखते, लिखते-लिखते रहे। सब लिखते रहे। दूसरी आजादी की आरती गाते-गाते उसके दीये बुझने लगे। अब हम फिर वहीं आ गये जहाँ थे। चारणों की तरह जनता पार्टी के सभी क्षेत्र में भीरु नेताओं को उत्तेजित किया और सावधान किया। पर उनकी सारी सावधानी जोखम मोल न लेने की सावधानी है और वे निस्पन्द बैठे हैं। हमने उन्हें अफसरशाही से सावधान किया और बदले में हमने देखा कि वे उसी अफसरशाही के कवच को धार अपने को सुरक्षित महसूस कर रहे हैं। हमने उन्हें दलालों और चमचों से सावधान किया पर अब देख रहे हैं कि वे न केवल पुराने दलालों और चमचों के चक्कर में फँसे हैं पर उन्होंने नये दलालों और चमचों का एक संसार भी विकसित कर लिया है। जो कुछ लिखना था सो लिखा जा चुका। जो कुछ कहना था सो कहा जा चुका। वहीं से चलकर हम जनता पार्टी तक पहुँचे तो लगा कि मानो हल फिर उसी काँग्रेस तक पहुँचे हैं जिससे चले थे। हमने अपने आपको उतना ही उल्लू का पट्ठा महसूस किया जैसा हम पहले महसूस करते थे।

हमने लिखने के मामले में बहुत समझदारी दिखाने की कोशिश की पर जनता पार्टी ने हमें यह महसूस करवाने में देर नहीं की कि हम मूर्ख हैं। शायद सही भी हो कि हम मूर्ख हैं जो भरोसा कर लेते हैं, अपना विश्वास सौंप देते हैं और धोखा खाते हैं। जनता मूर्ख है जो वोट दे देती है, लेखक मूर्ख है जो समर्थन में लिख देता है। अभी भी कहा जाए तो शायद मैं जनता पार्टी को वोट दे आऊँ और उसके समर्थन में लिखूँ, इसलिए कि इन्दिरा द्वारा पाली गई काँग्रेस के प्रति घृणा कम नहीं हो रही है। पर अब एक ऐसी स्थिति आ रही है जब सारे भ्रम टूट रहे हैं। क्या लिखें, किस पर लिखें, क्यों लिखें, किनके लिए लिखें? मार्च-अप्रैल के आस-पास जो सितारे देश के राजनीतिक आकाश पर चमके थे, धीरे-धीरे बुझने लगे हैं, आदर्शों का जो उजाला फैला था अब हल्का होता जा रहा है। अब लिखने के लिए फिर अपना ही दीया जलाना पड़ेगा क्योंकि उजाले के प्रतीक धीरे-धीरे अन्धकार के प्रतीक बन रहे हैं।

बिलकुल वही मनःस्थिति है जो सन् पचास के आस-पास थी। नेताओं का व्यक्तिगत प्रभाव कायम था पर हर बार हम कहते लिखते थे कि नेता भूल कर रहे हैं, काँग्रेस गलती कर रही है वगैरा। हमें सारी भूल गलतियाँ बड़ी मानवीय, स्वाभाविक और अनुभवहीनता का प्रमाण लगती थीं। सारी आलोचनाओं के बावजूद अन्दर से निराशा नहीं थी। यह समझने में हमें बीस साल लगे कि वास्तव में वे बड़ी चतुराई से आदर्शवादिता की खोल में भिन्न स्वार्थी शक्तियों

का बाकायदा प्रतिनिधित्व कर रहे थे और हम चाहे जो समझ रहे हैं। वे जैसा चाहते थे वैसा ही हो रहा था। उन्हें सही समझने में हमें बीस साल लगे। काँग्रेस के खिलाफ वोट देने में तीस साल लगे। अब समय की गति पूर्वापेक्षा तीव्र है। अब सत्ता के खिलाफ खड़े होने में शायद इतने वर्ष नहीं लगेंगे। लोगों की निर्णय लेने की शक्ति बढ़ गयी है। वे अभी पूरी तौर से निराश नहीं हुए हैं पर जनता पार्टी उन्हें पूरी तरह से निराश करने की दिशा में निरन्तर प्रयत्नशील है। अहंग्रस्त मोरारजी, ढुलमुल चन्द्रशेखर, मौकाभाँपू जगजीवन राम, खिखियाते चरणसिंह, उलझा हुआ फर्नेंडिस, सुप्त लिमए और सत्ता में एक और सत्ता स्थापित करने को परेशान नानाजी, अपनी छवि में डूबे अटल बिहारी, अपने तीरों के स्वयं शिकार राजनारायण ने मिलकर जो तम्बू ताना है उसके खूँटे उतने गहरे नहीं है जितना उन्हें भ्रम है।

अब ऐसे में लिखने को विषय नहीं रहता। तम्बू के मालिक से कब तक कहा जाए कि तम्बू कमजोर है और कमजोरी बढ़ रही है क्योंकि तू अपने कर्मों से कमजोरी आमन्त्रित कर रहा है। मौसम विभाग अड़तालीस घण्टे पहले बता दे कि तूफान सम्भावित है उससे न तूफान रुकता है और न बर्बादी में बचत होती है। न हो तो मौसम विभाग का मजाक जरूर बनता है। बेहतर हो हम मजाक के पात्र बनें पर तूफान रुक जाए। जब तक कुछ घटता नहीं या हमारे दिये इशारे थोथे या सही साबित नहीं होते आप बताइए हम या कोई भी, बशर्ते वह चमचा या विरोधी न हों क्या लिख सकता है।

भोपाल में वक्त गुजारने की समस्या

नौकरी का सबसे बड़ा लाभ यह है कि सारा दिन आसानी से गुजर जाता है। रात में सोइए, दिन को झपकी लीजिए और वह भी सरकारी कुर्सी पर। दोस्तों की जेब से पैसे निकलवाकर चाय पीजिए और दूसरे से मिल तीसरे की बुराई कीजिए। वक्त आसानी से बीत जाता है, मर जाता है।

भोपाल में वक्त मारने के कई तरीके हैं। उनमें श्रेष्ठ है सरकारी नौकरी हो जाना। जैसे आप किसी विभाग के डिप्टी डायरेक्टर हो जाइए, वह न जम सके तो आप लोअर डिवीजन क्लर्क हो जाइए। पद और वेतन असली समस्या नहीं है। समस्या है वक्त काटना, उसके टुकड़े-टुकड़े करना और उसे विभिन्न दिशाओं में फेंकना। आपको एक कुर्सी मिल जाएगी और सामने एक टेबल होगी। आप अपनी पीठ टिकाइए, हाथ और पैर लम्बे कीजिए और वक्त को रूई की तरह क्षण-क्षण धुनिए। कमरे के बाहर एक चपरासी बैठा है। यों आप में और उसमें वर्गभेद है पर दोनों की समस्या एक है—वक्त गुजारना। अन्तर यही है कि वह स्टूल पर बैठा वक्त गुजार रहा है, आप कुर्सी पर बैठकर। आपके पास सिर टिकाने को टेबल है उसके पास नहीं है। फिर आप कमरे में हैं। अगर कोई मिलने आएगा तो पहले चपरासी को डिस्टर्ब करेगा, फिर आपको। कोई आ जाए तो उसका स्वागत करिए। वक्त बिताने का एक तरीका यह भी है। सचिवालय में स्लिप भेजने पर अधिकारी महोदय नब्बे प्रतिशत मामलों में आपसे चर्चा करने के लिए तैयार हो जाते हैं। दस प्रतिशत मामलों में नहीं होते। इसका मतलब है वे किसी और तरीके से वक्त बिता रहे हैं। राजधानी में इसे ही व्यस्तता कहते हैं। सब जानते हैं कि कुछ नहीं होना, अत: कुछ नहीं करना। पर नहीं काम करना भी एक किस्म की व्यस्तता है। वक्त ज्यूँ त्यूँ बीत रहा है।

सो भोपाल में समय बिताने का सबसे अच्छा तरीका है कि आप सरकारी नौकर हो जाइए। पर उन लोगों के लिए जो सरकारी नौकरी के सुख से वंचित हैं वे क्या करें। वक्त सिर पर चढ़ने लगता है और उसे पटखनी देने का दाँव खोजना एक समस्या हो जाती है।

एक शगल है पॉलिटिक्स खोजना। आप किसी भी मामले में पॉलिटिक्स खोज सकते हैं। जैसे किसी गुप्ता या शर्मा या श्रीवास्तव का कहीं तबादला हो रहा है तो आप पता लगाइए कि ऐसा क्यों हो रहा है? इसके लिए असली व्यक्ति है मानो वर्मा तो सबसे पहले आप वर्मा को ढूँढ़िए। भोपाल में किसी शख्स से आप तीन जगहों पर मिल सकते हैं—घर, दफ्तर या बस स्टैण्ड। एकाध घण्टा वर्माजी की खोज में बिताइए। दफ्तर में उनके कमरे में तो वे नहीं मिलेंगे क्योंकि हो सकता है वे उस समय बड़े साहब को वक्त गुजारने में सहायता दे रहे हों या कैंटीन में हों। वर्माजी को प्राप्त करने में समय लगेगा। पर मिलने पर वे आपके आभारी होंगे। क्योंकि दफ्तर पाँच बजे बन्द होता है और उन्हें तीन घण्टे समय की चटनी पीसनी है। कुछ देर आप और वर्मा एक दूसरे को देख सिर्फ मुस्कुराते रहिए। बीच में एकाएक कह दीजिए—क्या हाल है तो वे जवाब देंगे कि आप सुनाइए क्या हाल है। फिर बस मुस्कुराने लगिए। वे प्रति मुस्कुराएँगे। जिस तरह पुराने मरीज जब रोज अस्पताल में मिलते हैं तो एक दूसरे को देख मुस्कुरा लेते हैं। कुछ समय जब घायल हो जाए तब आप एकाएक पूछिए कि सुना है गुप्ताजी का रायपुर तबादला हो रहा है, आखिर चक्कर क्या है? चक्कर से आपका मतलब पॉलिटिक्स से है। इसके जवाब में वर्माजी मुस्कुराते रहेंगे। फिर कहेंगे, भई यह तो होना ही था। हमने तो जब मिनिस्ट्री बदली तभी कह दिया था कि गुप्ताजी गये। यह तय था कि नयी मिनिस्ट्री एग्रीकल्चर से रामकिशोर को खींचेगी और गुप्ता बेक टू पेवेलियन होंगे, क्योंकि ये साफ-साफ 'क' के आदमी हैं जिसका 'ख' से छत्तीस का आँकड़ा विन्ध्यप्रदेश के जमाने से चला आ रहा है। और इसी तरह प्याज के छिलके निकालिए और वक्त बिताइए। सन्दर्भ पर सन्दर्भ चलिए, देखिए वक्त कैसे तड़प-तड़प कर समाप्त होता है।

भोपाल में जैसे आप बस स्टैण्ड पर खड़े हैं और बस नहीं आ रही है। कुछ वक्त है जो कटने को आतुर है। आप पास खड़े परिचित से, वह चाहे किसी भी सरकारी विभाग का हो, धीरे-से कहिए—सुना आपके डिपार्टमेण्ट में बड़े तबादले हो रहे हैं। तुरन्त उसके कान खड़े हो जाएँगे और दिल बैठने लगेगा। वह कहेगा, हाँ सुना तो हमने भी है, कुछ प्रपोजल्स गये हैं पर गवर्नमेण्ट क्या करती है पता नहीं। और फिर वह इसी विषय पर तब तक बोलता रहेगा जब तक आपके वक्त को कुचलती मारती बस न आ जाए।

आप अकेले हैं। वक्त आपसे कुश्ती लड़ रहा है। आप परेशान हैं, तब आप धीरे-से हवा में बोलिए —बड़ी धाँधली है, सचमुच आजकल बड़ी धाँधली है। और आप देखेंगे कि पास की झाड़ी से, तालाब के पानी से, गली के नुक्कड़

से कोई व्यक्ति एकाएक प्रकट हो जाएगा और कहेगा कि आप ठीक कह रहे हैं, सचमुच बड़ी धाँधली है। और वह आपको किसी विभाग के किस्से सुनाने लगेगा। कुश्ती लड़ते वक्त को हँफनी आने लगेगी और कुछ देर बाद आप देखेंगे कि वह व्यक्ति धाँधलियों के किस्से सुना रहा है और आपका खाली वक्त चित पड़ा है।

हालाँकि गवर्नमेण्ट कुछ नहीं करती पर आप भोपाल में रहते हैं तो यह मानिए कि गवर्नमेण्ट बहुत कर रही है। वक्त इस बात में बीतता है कि गवर्नमेण्ट क्या कर रही है यह जानिए और क्यों नहीं कर रही यह समझिए। करेगी भी तो क्या कर लेगी, नहीं कर रही है तो भी क्या कर लेगी इस विषय में निश्चिन्त होने के बावजूद यह चिन्ता दुश्मन वक्त की छाती पर मूँग दलने के लिए पर्याप्त है।

वक्त पर गोलियाँ चलाने का एक तरीका यह भी है कि किसी मन्त्री के यहाँ घुस जाइए। इन दिनों भोपाल में मन्त्री समाये नहीं समा रहे। सरकारी तन्त्र पर ओवरलोड हो रहे हैं। आपको वक्त पीटना हो तो किसी मन्त्री के बँगले में घुस जाइए। कह दीजिए, दर्शन करने आये हैं या बधाई देने या निमन्त्रण देने या शिकायत करने। या चाहें तो साफ कह दीजिए कि वक्त गुजारने आये हैं यानी ऐसे ही मिलने चले आये हैं। आपका स्वागत है। उन्हें भी वक्त बिताना है और आपको भी। आप उनसे कोई बात छेड़ दीजिए कि वह एकदम मौलिकता पर उतर आएँगे। वे विभाग तोड़ने से शुरू करेंगे और कर्मचारी बढ़ाने पर अन्त करेंगे। वह खर्च कम करने से शुरू करेंगे और चार नयी योजनाएँ लागू करने पर अन्त करेंगे। आप उन्हें निमन्त्रण दे डालिए। कहिए कि हमने घर के पास एक गड्ढा खोदा है, इच्छा थी एक बार आप देख लेते। इसी बहाने मोहल्ले के लोग भी आपके दर्शन कर लेंगे और अगर आपका आशीष रहा और प्रेरणा मिली तो हम घर-घर गड्ढे खोदने के लिए युवकों का दल बना रहे हैं। और अगर आपकी आज्ञा हो तो हम सड़क के बीच में गड्ढे खोद दें।

यह सुन वह कुछ देर आपकी बात पर मनन करेंगे और फिर कहेंगे —आप तो जानते हैं मैं तो गड्ढों का हमेशा समर्थक रहा हूँ। जब अपोजीशन में था मैंने हर बजट के समय सरकार से माँग की थी कि ज्यादा से ज्यादा गड्ढे खुदवाए जाएँ। सेण्टर अगर मदद करे तो हम तो सारे राज्य को बिना भेदभाव के गड्ढे में उतार दें। पर आप जानते हैं काँग्रेस शासन में जो काम होना था हुआ नहीं और अब समस्या हमारे गले पड़ गयी है। उत्तर प्रदेश में क्या हुआ है? चरणसिंह ने आने के बाद पहला काम यह किया है कि सारे यू. पी. में गड्ढे खुदवाये। सवाल यह है कि जब तक आप गड्ढे नहीं खोदेंगे आपकी अर्थव्यवस्था कैसे

सुधरेगी? इट इज़ ए बर्निंग प्राब्लम। आपने जो सड़क पर गड्ढे खोदने की बात कही ना, हम इस दिशा में विचार कर रहे हैं। मैंने पता लगाया है कि राष्ट्रीय औसत यह है कि सड़क पर हर दस फुट पर एक गड्ढा होना चाहिए। पर मैं कहता हूँ आप दस नहीं बीस फुट पर भी एक गड्ढा खोद लें तो भी यात्रियों को कुछ सुविधा हो जाए। अभी मोटर मालिकों का एक डेलीगेशन हमसे मिला था और मुख्यमन्त्री से भी मिला। उनकी भी यही माँग है। मगर अब क्या कीजिए। संसोपा के हमारे मित्र गड्ढों के सख्त खिलाफ हैं। कहते हैं, सड़क पर गड्ढे नहीं होना चाहिए। स्विटजरलैण्ड और फ्रांस का उदाहरण देते हैं कि वहाँ सरकार ने सड़कों से गड्ढे साफ कर दिये हैं। अब भई विदेश की परिस्थितियाँ भिन्न हैं। भारत की अपनी परम्परा है और दृष्टि है। यहाँ जब जनता गड्ढे चाहती है तो सरकार की दक्षता इसी में है कि गड्ढे ज्यादा से ज्यादा हों। परिणाम यह है कि केबिनेट की मीटिंग में कुछ तय नहीं हो पाया। अब समन्वय समिति के सामने मामला रखेंगे। हमने तो अपने घोषणापत्र में जनता को गड्ढों का आश्वासन दिया है तो हम तो गड्ढे खोदेंगे। अन्यथा त्यागपत्र दे देंगे।

''राजमाताजी के क्या विचार हैं इस विषय में।'' आप प्रश्न कीजिए।

''राजमाताजी से तो चर्चा नहीं हो सकी पर आंग्रेसाहब से एक बार चर्चा हुई थी तो वे कह रहे थे कि ग्वालियर राज्य के समय में सड़कों पर गड्ढे थे और काफी मात्रा में थे पर बाद में काँग्रेस के सगय कम हो गये। तो इस तरफ नये शासन को ध्यान देना होगा। मेरे खयाल से राजमाताजी भी हमारी प्रार्थना स्वीकार करेंगी और सड़क पर जितने गड्ढे हम चाहते हैं संसोपा के विरोध के बावजूद खोद लेंगे।''

देखिए कि वक्त जिसका बीतना एक समस्या थी, अब नहीं रही। वक्त खुद एक गड्ढे में उतर गया। और आपसे निवेदन कर रहा है कि मुझ पर मिट्टी डालो और मेरी कब्र बना दो।

कुछ समय बाद मन्त्री महोदय के अमूल्य भोपाली समय का ध्यान रख आप खड़े हो जाएँ और बँगले से बाहर हो जाएँ और तुरन्त किसी दूसरे में घुस जाएँ। वहाँ पर आप अन्य मन्त्री महोदय से इस विषय पर विचार कर सकते हैं कि प्राथमिक कक्षा के छात्रों को अगर हायर सेकेण्डरी के छात्रों के सिर पर बैठा दिया जाए और इस तरह प्राथमिक का शिक्षक भी हायर सेकेण्डरी के शिक्षक के सिर बैठ कर जाए तो एक ही बिल्डिंग में प्राथमिक और हायर सेकेण्डरी एक समय में साथ-साथ चल सकते हैं। वे आपका सुझाव नोट कर लेंगे और इस प्रश्न पर चर्चा करने लगेंगे कि उसी बिल्डिंग में महाविद्यालयीन कक्षाएँ भी किस प्रकार चल सकती हैं। तब आप द्विस्तरीय कक्षा से त्रिस्तरीय कक्षाओं की

सम्भावना पर विचार व्यक्त कर सकते हैं।

सो आप सरकारी नौकर न भी हों तो भी आप वक्त मजे से गुजार सकते हैं। जैसे आप किसी डायरेक्टर के गले झूम जाइए कि मुझे किकय्यु आदिवासियों की ततैयाँ शाखा के विषय में सामग्री चाहिए और नागपुर में 1937 में जो रिपोर्ट छपी थी उसमें बड़ा वैल्युएबल मटीरियल है तो वह तुरन्त आपके सवालों के जवाब यों देने लगेगा जैसे खुद किकय्यु आदिवासियों में से एक ततैयाँ है। वह सरकार की बुराई करेगा कि रिसर्च सेल की स्कीम पर रुपया नहीं बढ़ाती। और आपसे फील्ड में जाने को कहेगा। आप कहिए कि फील्ड में तो जाकर वक्त बरबाद करेंगे ही, भोपाल में कैसे करें? और वह तुरन्त आपका मददगार होकर किताबें दिखाने लगेगा क्योंकि वक्त की मृत्यु उसके सामने भी उतना ही बड़ा प्रश्नचिह्न है जितना बड़ा आपके सामने।

यों आप पर्यटन विभाग से जाकर यह क्यों नहीं जानने की कोशिश करते कि छोटा नागपुर और बड़ा नागपुर के बीच जो मँझला नागपुर है वहाँ दर्शनीय डाक बँगले कितने हैं और वहाँ से चित्रकूट आने के लिए बस कब कब मिलेगी और अगर बस से नहीं आये तो क्या हर्ज है?

वक्त का आप अचार बना सकते हैं। भोपाल में हैं तो क्या हुआ बहुत तरीके हैं मक्खियाँ मारने के सिवा भी वक्त काटने के। कल आप गये थे यह पता लगाने कि गुप्ताजी के तबादले के पीछे पॉलिटिक्स क्या है? मगर आज कोई कह रहा था कि गुप्ताजी का तबादला रुक रहा है। अब आज फिर पता लगाइए कि तबादला रुकने में पॉलिटिक्स क्या है? वक्त आज भी तो गुजारना है, कल की तरह।

बिरहिन डायरी का गर्म पृष्ठ और पहाड़ों की हवा

सात घोड़ों से खिंचता चला आ रहा हल्का-फुल्का सूरज, जिसकी विमल किरणों पर हम साल भर से सदके जा रहे थे, निजी खिड़कियाँ खोल नयी कविता की टोकरी में जिसकी हर किरण डिपाजिट कर रहे थे, कैलेण्डर का एक पन्ना क्या फटा कि बड़ा जालिम हो गया है। कहते हैं कि वह अब जालिमतर और जालिमतम होता जाएगा। हमारी भली-भली स्नो मली चमड़ी में असली कृष्णत्व उभरेगा। ऐसा कृष्णत्व, जिससे गोपियाँ दूर भागें। अब गज भर छैंया के 'गाछ बिरिछ' के भी भाव बढ़ जाएँगे। ऊपर बादल-विहीन आकाश खाली गोदाम-सा दिखेगा और धरती पर छाते ही छाते होंगे। कुंज-कुंज रुकता, 'खूँदता' आता ठण्डी हवा का वह बिहारीवाला घोड़ा नौ दिन चल ढाई कोस (अनादि-अनन्त-अछेद-अभेद ट्रैफिक पुलिसवाले ने शायद उसकी यही चाल निर्धारित की है) की चाल से आ रहा होगा या किसी अप-टु-डेट दिवाभिसारिका की 'बाल बन कुंज' जाकर हीरो से मिलने की 'ग्रीष्म ऋतु की दोपहरी' की इच्छा को पूरी कर रहा होगा, जिससे अंग से लिपटनेवाली तीछन लुएँ मलय पवन के पुंज अर्थात बण्डल-सी लगने लगें।

ऋतु मनुष्य के मारे नहीं मरती, पर मनुष्य ऋतु के मारे मर जाता है। कल तक जो 'साथ जिएँगे, साथ मरेंगे' का वायदा करती थीं, आज पिया को तज पापा के साथ शिमला-दार्जिलिंग के लिए बिस्तरे कस रही हैं। पुराने साहित्य के पन्नों में पंजीकृत हुई अभिसारिकाओं की सी ईमानदारी इनमें कहाँ? मोमबत्ती के सहारे पनपा प्रेम इतनी जल्दी पिघल जाएगा, यह नहीं पता था। जो ऋतु के कारण आयी मुसीबत में सहारा नहीं दे रहे हैं, संग-साथ छोड़ रहे हैं, समाज त्याग पर्वत भाग रहे हैं, वे उन निष्ठुर आर्थिक-भौतिक मुसीबत में किसके हो सकेंगे, समझ नहीं आता। हम पसीने में तर, अपना पंखा आप घुमा रहे हैं, कुल्फीवालों की चीखें सुन रहे हैं।

औकात से ज्यादा भी कर गये तो दरवाजे से खस की टट्टियाँ लगा लीं। सवा लाख शुक्र उस मुगलई सभ्यता का; शायद ये ठण्डे परदे उन्हीं बहादुरों की देन हैं कि अपने मलमली व्यक्तित्व को समेटे लम्बे-लम्बे लेट जाएँ और खस के मलयानिल को मात करने वाले पालतू झोंकों से प्रेरणाएँ लें। बाहर पानी के थप्पड़

पड़ रहे हैं और अन्दर सन्तोष की थपकियाँ। (एक बेमौसम बात स्वीकार करें तो वह कौन है, जो खस पर पानी फेंक रहा है? वह कौन है, जो धूप में तपकर आपको ठण्डक पहुँचाता है? वह सर्वहारा है। पर इस चर्चा को आप विषयान्तर तथा धोखेबाजी समझेंगे। क्या घिसी-पिटी मार्क्सवादी बातें! अब तो चुनाव भी हो गये। इस कड़ी गर्मी में कड़ा सत्य न कहना ही शराफत है। अतः सर्वहारा को पानी डालने दीजिए और आपके केक्टस रूपी बिरह मन में अंकुर उपजने दीजिए।)

पर अपनी औकात को भूल जब मध्यम वर्ग का आदमी एक ठण्डा भ्रम कमरे में उत्पन्न करता है, तब दूसरी वास्तविकताएँ उसे पंचर कर देती हैं। ठण्डे पानी मात्र की, मगर खैयामी आकार की सुराहियों से आपने एक घूँट पिया कि बच्चे आकर ऊधम मचाने लगे; सो जाने की आपकी आज्ञा को आँखें खुली रखकर मानने लगे। यदि उन्हें सब ऋतुओं का अनुभव लेने, प्रकृति (सुन्दरी) की हर अदा को इस छोटी उमर में अपनी आँखों से देख लेने के खलील जिब्रानी दर्शन के अन्तर्गत कमरे से निष्कासित कर देंगे तो कोई प्रौढ़ पड़ोसी आ जाएँगे 'मुजीबे आराम जानोतन तकिया' ग़ालिब के अन्दाज में बगल में दबाये और आपके कमरे की ठण्डक को दाद देते हुए आपके करीब लेट पिछले वर्ष की बद्रीनाथ यात्रा के संस्मरण सुनाने लगेंगे। हर परिस्थितिजन्य तथ्य को आप पर्दा ओट नहीं कर सकते। इस गर्मी में ठण्डा नाटक नहीं रचा सकते। समाज की दबंग वाणी आपको हूट कर देगी।

तो यहीं क्या, कहीं भी ऋतु मनुष्य के मारे नहीं मरती। सर्वत्र पंखे घूम रहे हैं, बिजली खाकर कूलर खैरख्वाही बता रहे हैं, हाथ कुछ सतत झल रहे हैं, टेबलों पर लस्सी-शरबत या आइसक्रीम सजाया जा रहा है, रेफ्रिजरेटर रह-रहकर मुँह खोल रहा है, बर्फ की शिलाओं का हिमालयी स्वाभिमान पिघल रहा है, कुल्फी के थर्मस लुट रहे हैं, सुराहियाँ-मटके उल्टे जा रहे हैं, फलों का सलादीकरण होता है, चाँदनी पर खटियाएँ बिछती हैं, गर्मी-कांशस मानव ऊँचाइयों पर चढ़ता है, मजबूरी में तन तेनसिंह और हिया हिलेरी बना जाता है, पर गर्मी नहीं मरती; और न आपसे डरती है। आप बन्दर के वंशज, अदन के कुंज से निकाले गये, बया के समान एक घोंसला नहीं बना सकते। सूर्य के उष्ण अहं को गंजा माथा झुका स्वीकार कीजिए और तथ्य और दृष्टि के बीच चश्मा लगाइए और आम के पेड़ से आ रहे काम के तीर, कोयल का मुफ्त रिसायटल बेकाम सिद्ध कीजिए, जब तक कि खुद सूरज अपनी गरमी से परेशान हो भीगे बादलों के परदे अपने आस-पास नहीं टाँग ले। तब हृदय थरमस में छुपाकर रखी बिरहिन डायरी लिये काफी हाउस जाइए, जो मिलनकांक्षियों का पनघट है और पहाड़ से उतरनेवालों की प्रतीक्षा कीजिए। कहाँ रहा वह ठेठ हिन्दी का ठाठ, वह ईमानदारी इन नायिकाओं में! पहाड़ से जब आएँगी, बिरह में इतनी स्वस्थ होकर आएँगी कि आप पहचान नहीं सकेंगे!

अगस्त-अनुभूति

अगस्त बादल, पानी और कीचड़ का मिला-जुला महीना है। एक भारतीय व्यक्ति अत्यन्त भारतीय अनुभवों से गुजरता है इस माह में। अगस्त हमें याद दिलाता है कि यह भारत है और निरन्तर छोटे-बड़े कष्टों से गुजरने का नाम भारत है। आप केवल अगस्त माह के अखबार पढ़ लीजिए तो आप इस देश का बरस भर का सुख-दुख पढ़ सकते हैं। अगस्त में भारत एकदम महाभारत लगता है। भारत के अधिकांश महापुरुष वर्ष के इसी माह पैदा हुए। अन्य महीनों में पीड़ा की गर्व की अनुभूतियाँ इतनी तीव्र नहीं होतीं। महापुरुष ने जन्म से कष्ट सहा, आदत पड़ी और जिसे कहते हैं मुश्किलें इतनी पड़ीं कि आसाँ हो गयीं। एक दिन हो गये बड़े आदमी।

माह शुरू होता है और अखबारों से अति वर्षा और बाढ़ की खबरें रिसने लगती हैं। झोपड़े बहते हैं, मवेशी डूबते हैं और मोटर, बसें पुल से फिसलती हैं। ट्रक उलटते हैं, लोग मरते हैं और बड़े शहरों के बड़े मकान ढहते हैं। खबरें पढ़कर तथाकथित समाजसेवी संस्थाओं के तथाकथित दिल पिघलने लगते हैं और वे रसीद कट्टा ले चन्दा लेने निकल पड़ते हैं। बाढ़-पीड़ितों के लिए चन्दे का मौसम है अगस्त। बरसात के बादलों में यह एक चन्दा है जो जमीन पर उगता है। इन चन्दा लेनेवालों को वे चन्दा लेनेवाले मिल जाते हैं जो अपनी कालोनी में प्रति वर्षानुसार इस वर्ष भी पन्द्रह अगस्त धूमधाम से मनाना चाहते हैं और इस बहाने भीगे बादलों के मौसम में कुछ रुपये दारू की बोतल के लिए निकालना चाहते हैं। पन्द्रह अगस्त के नाम पर सीना फूलता है। बाढ़ की खबर भारतीय यथार्थ से साक्षात्कार कराती है। मिली-जुली अनुभूतियों का महीना है अगस्त। सिन्धी और वृद्ध और वृद्धाओं का जमाना याद आता है। फलानेवालान में उनके खेत, उनके मकान और कपड़े की दुकान याद आती है।

अगस्त के महीने में बाबू दफ्तर में देर से पहुँचता है। उसे कोई कुछ नहीं कहता क्योंकि साहब उससे देर से पहुँचता है। सब बरसात, भीड़, कीचड़ और सड़क के गड्ढों को कोसते अपना छाता बन्द करते हैं, रेनकोट उतारते हैं। अगस्त

में नगरपालिका और नगर निगम का अध्यक्ष दुनिया का सबसे बेशर्म व्यक्ति लगता है। पूरा शहर उसे गालियाँ देता है मगर उस पर कोई असर नहीं होता। चूँकि समस्याओं का घटाटोप बढ़ जाता है अतः मुख्यमन्त्री केन्द्र की ओर ताकने या कोसने लगते हैं। कीचड़ और पानी के कारण जनसम्पर्क हो नहीं पाता इसलिए अगस्त में विरोधी नेता परस्पर दोस्ती गाँठते हैं, आगे के प्रोग्राम बनाते हैं।

टेलीफोन लगते नहीं, तार की लाइन खराब होती है, चिट्ठियाँ आती नहीं, बिजली फेल हो जाती है, रेलें लेट होती हैं, टायर पंचर हो जाने से बसें देर से आती हैं। अगस्त का महीना हमारे तकनीकी विकास की पोल खोल देता है। जो बाहर होते हैं वे घर लौटना चाहते हैं। जो घर में होते हैं वे बाहर जाना चाहते हैं। हर कार जो गुजरती है वह सड़क चलनेवालों के कपड़े खराब कर उन्हें हीनभाव से ग्रस्त कर देती है। छतें टपकती हैं। पूरे देश के किरायेदार अगस्त में अपने मकानमालिकों को गाली देते हैं। सड़क और कालोनियाँ बनानेवाले ठेकेदारों और इंजीनियरों की बेशरमी इसी महीने सर्वाधिक उभरती है। सीमेण्ट में रेत का प्रतिशत कितना था और सड़क को मजबूत बनाने में क्या घपला हुआ, इसका पता अगस्त में चलता है।

इन सारे कष्टों के बावजूद पेड़ों पर झूले डलते हैं। गीले ग्राउण्ड पर भीगते हुए लड़के फुटबाल खेलते हैं। कुत्ते मौज में आ जाते हैं, कवि लम्बी कविताएँ लिखते हैं। काले अथवा रंगीन छातों के आभामण्डल में लड़कियों के चेहरे और सुन्दर लगने लगते हैं। वे निरन्तर देखने लायक हो जाती हैं। अगस्त में पानी और कीचड़ उनकी सैण्डिलों को नरम कर देते हैं। घूरनेवाले लड़कों के सामने अगस्त में वे अनुपयोगी हो जाती हैं। कमाल है इस माह का।

इस माह देवता सोते रहते हैं। किसान रह-रहकर जाग उठता है। सोचता है बारिश थमे तो बीज बोऊँ। गोदामों में पानी भरता है, जमा अनाज सड़ने और जमा बीज अंकुरित होने लगता है। अगस्त को गालियाँ देने का दिल करता है। अगस्त का अभिनन्दन करने का दिल करता है, अगस्त एक महीना है, एक काल है, मगर देश लगता है।

कितना विश्व, कैसा विद्यालय

विश्वविद्यालय शब्द पर पुनर्विचार करने का समय आ गया है। न करो बात दूसरी है। ऐसी कई बातें हैं जो की जानी चाहिए और हम नहीं करते।

यह 'विश्व' उस 'यूनिवर्स' के लिए है जो यूनिवर्सिटी में लगा रहता है। पर जिस किस्म के महाप्रान्तीय और स्थानीय विश्वविद्यालय प्रति पौने दो सौ किलोमीटर पर खुल रहे हैं क्या उसके आगे विश्व लगाना ठीक होगा? उसके आगे घासीराम या जीवाजीराव लगाने का औचित्य है। आगरा या पटना लगाना भी गलत नहीं है पर विश्व शब्द पर पुनः विचार जरूरी है। उसमें कोई ऐसा गुण नहीं कि आप उसे विश्वस्तरीय संस्थान कहें। जमाने भर की बुराइयों के अतिरिक्त उसमें ऐसा कुछ भी नहीं जो जमाने भर का हो।

विश्व शब्दांश यदि विश्वसनीयता के अर्थ में लिया जाए तो अधिकांश विश्वविद्यालय उसे खो चुके और बहुतेरों ने कभी अर्जित ही नहीं की।

कुल मिलाकर स्थिति यह है कि हमें विश्वविद्यालयों के लिए विश्वविद्यालय के अतिरिक्त कोई शब्द खोजना या बनाना चाहिए। सुझाव आमन्त्रित किये जाएँ। जब शब्द अपना अर्थ खो दे तब अर्थ के हिसाब से प्रयोग के लिए नया शब्द बना लेना हितकर होता है।

विश्व हटा देने के बाद केवल विद्यालय बच रहता है। समस्या यह है विद्यालय ही कितने विद्यालय हैं जो यह होगा। मतलब यह कि बहस इस शब्द के हर हिस्से पर की जा सकती है।

पहले यह होता था कि भारत के विश्वविद्यालय से एक छात्र डिग्री लेता था और उसके सहारे उसे भारत के कई भागों में नौकरी न मिले मगर विश्व के अन्य देशों में मिल जाती थी। इसलिए कि विश्वविद्यालय का अर्थ विश्वविद्यालय होता था और उनसे प्राप्त डिग्री की विश्व-भर में साख होती थी। फिर देश आजाद हुआ और सवाल आया कि शिक्षा के क्षेत्र में भारत कैसे प्रगति करे। और विश्वविद्यालय खुले, नकल करने की सुविधाएँ बढ़ीं, मार्क्स बढ़ाकर फेल को पास और पास को फर्स्ट क्लास किया जाने लगा। डाक्टरेट खैरात की तरह बँटने

लगी। देश शिक्षा के क्षेत्र में आगे बढ़ा।

अब शिक्षा में प्रगति का यह रहस्य विश्वविद्यालय के अन्दर ही बना रहता तो ठीक था। बाहर भी निकलता तो कम से कम देश के बाहर तो न जाता। मगर जाने कैसे देशद्रोहियों ने यह समाचार विदेश में फैला दिये कि हमारे यहाँ एम.ए., बी.ए. या डाक्टरेट किस सरलता से प्राप्त होती है। विदेश के मूढ़ छात्र डिग्री लेने के लिए भारत की ओर आकृष्ट होने लगे। भारत के पुनः जगतगुरु होने की सम्भावनाएँ लौट आयीं। चूँकि विदेशी छात्रों से विदेशी मुद्रा मिल सकती थी इसलिए सरकार ने भी रुपया लेकर डिग्री दिलाने का भरोसा दिलानेवाले महाविद्यालयों को बढ़ावा दिया।

विदेशियों ने जब देखा कि उनके यहाँ के मूढ़ भारत जाकर डिग्री लेकर लौट रहे हैं तो उन्हें भारत के डिग्रीधारियों की वास्तविकता समझते देर न लगी। मतलब यह कि भारतीय विश्वविद्यालयों की पोल विश्व-भर में फैल गयी। सबको यह पता लगते भी देर न लगी कि खुद भारत के संस्थान इन विश्वविद्यालयों के स्नातकों पर भरोसा नहीं करते। वे अपनी जरूरतों के लिए अपनी अलग परीक्षाएँ लेते हैं।

अमेरिका, जर्मनी, कनाडा, इंग्लैण्ड जैसे पढ़े-लिखे उन्नत देशों में भारतीय डिग्रीधारियों की वह इज्जत नहीं होती जो कभी होती थी। कदर मोरी ना जानी रे का हीनभाव लिये वे वहाँ से उखड़ रहे हैं। राष्ट्र की सेवा करने के अलावा कोई विकल्प नहीं रह गया है। भारतीय डिग्री और प्रमाणपत्रों का महत्त्व समझाने पर भी कोई समझ नहीं रहा है।

पर इसके बावजूद भारत के विश्वविद्यालय निराश नहीं हैं और न सुधार के पक्ष में हैं। वे जानते हैं कि भविष्य की नौकरियाँ खाड़ी के देशों में हैं। पैसा वहीं है। हमारे छात्र तथाकथित डिग्रियाँ ले आगामी कई वर्षों तक उन पिछड़े अविकसित देशों में बौद्धिक बादशाही कर रुपया कमा सकते हैं। विश्व में वे जगहें शेष हैं जहाँ भारतीय विश्वविद्यालयों की विश्वसनीयता बकाया है। अर्थात सही खबर अभी वहाँ पहुँची नहीं है।

इसलिए हमारे शिक्षाशास्त्रियों का ख्याल है कि बीस-पच्चीस वर्ष और हम अपनी इन संस्थाओं को विश्वविद्यालय कहते रहें तो हर्ज नहीं है।

दूर के स्कूल सुहाने

कुछ बरस पहले तक कहते हैं ईथोपिया की यह हालत थी कि छठी पास अपने को इस काबिल समझता था कि उसे केबिनेट में जगह दी जाए। या देश की व्यवस्था का कोई ऊँचा अफसर बनाया जाए। मैट्रिक पास व्यक्ति वहाँ के जंगलों में टार्च लेकर ढूँढ़े से नहीं मिलता था। जो थोड़ा-सा भी पढ़ लेता उसकी नाक राष्ट्रीय गर्व से ऊँची हो जाती थी। हालत इस हद तक प्रागैतिहासिक थी कि स्कूल नामक कोई जाने लायक जगह है यह उस आदिवासी माहौल में चौंकानेवाली सूचना थी। अच्छा-खासा पुराना बस्तर जिला था तब का ईथोपिया। उस जमाने में अँग्रेजी पढ़ानेवाले मास्टर और हेडमास्टर भारत से आयात किये जाते थे। मुदर्रिसी के मामले में भारतीय अनुभव की बड़ी पूछ परख थी वहाँ। उन दिनों भारत में विदेश जाकर नौकरी करने की चाह जैसी आजकल लोगों को है इतनी न थी। फिर भी कुछ लोग अप्लीकेशन ठोंक देते थे और जिनकी लगनी होती थी लग जाती थी।

जो भी हो वहाँ भारतीय मास्टरों की साख जमी हुई है। आज भी कम कदर नहीं है। इसलिए यह खबर पढ़ ताज्जुब क्यों करें कि ईथोपिया की राजधानी में जो दो भारतीय स्कूल के. जी. से मैट्रिक तक ज्ञान देने के लिए चलाये हैं वहाँ एडमिशन के लिए मारामारी है। जो घुस गये सो किस्मतवाले बाकी वेटिंग लिस्ट में लटके हुए हैं। दोनों स्कूलों के चलते हुए कोई दस आठ साल हो गये हैं। शिक्षा की जैसी हालत है हमारे दो स्कूल वहाँ अन्धों में काना राजत्व प्राप्त किये हैं। एक स्कूल के अध्यक्ष तो भारतीय राजदूत हैं।

जरा गहरे उतर के सोचो तो—देख कबीरा रोया वाली स्थिति है। माना कि ईथोपिया पिछड़ा हुआ है मगर भारत में भी ऐसे कई हैं जो अपने आप में कोई कम ईथोपिया नहीं हैं। स्कूल वहाँ है भी तो मास्टरों की जाने में नानी मरती है। प्राचीन भारत में पशुशालाएँ इन वर्तमान शालाओं की अपेक्षा सुन्दर होती थीं। ईथोपिया में तो भारतीय राजदूत को इतनी फुरसत है कि वह इन शालाओं की अध्यक्षता और देखभाल कर लेता है। पर भारत के इन पिछड़े दूरस्थ ईथोपियाओं

में कलेक्टर छोड़ तहसीलदार के पास इतना समय नहीं है कि वह जरा झाँक तो ले स्कूल में कि भारत के भविष्य के अण्डे बच्चों पर क्या गुजर रही है। शाम हुई कि स्कूल के बरामदों में विसराम के लिए गाय-ढोर आ जाते हैं। फिर आते हैं और सुबह काफी गोबर करने के बाद हरा-भरा चरने निकल जाते हैं। फिर आते हैं बच्चे और उनके पढ़ानेवाले। इनके दिमाग भी कोई कम गोबर नहीं होता। स्कूल की सबसे कीमती वस्तु पीतल का घण्टा होती है। बैठने के लिए टाटपट्टियाँ नियामत समझो। चाक का डिब्बा अलमारी में बन्द रहता है। उसके उपयोग में किफायत बरती जाती है। किताबें होती नहीं, पढ़ाई नियम नहीं अपवाद है। बड़े बच्चे बड़ी कक्षा में होते हैं, छोटे छोटी कक्षा में, ऊपर के हिसाब से। पास होने का कोई फायदा नहीं। फेल हो जाने से नाक नहीं कटती। स्कूल जाओ या मत जाओ फर्क नहीं पड़ता। इंस्पेक्टर साल-भर में कभी आया तो आया। आगमन की खुशी में छुट्टी कर दी जाती है। बोलो बच्चो जयहिन्द।

मतलब, क्षेत्र की दशा तो ईथोपिया है ही, स्कूलों की हालत ईथोपिया के स्कूलों से गयी-बीती है। भारतीय मुदर्रिसी की जो शान और साख बाहर जनमी है, वैसी तो अपने मुलक में नहीं जमी। क्यों साहब? यहाँ के पिछड़े क्षेत्रों के पिछड़ेपन को देखकर वैसी करुणा क्यों नहीं जागती जैसी इथोपिया में जगती है। एक अच्छी भली इमारत स्कूल के लिए और मास्टरों के लिए ठीक-ठाक रहने लायक मकान नहीं बन सकते। अच्छा स्कूल मिशनरी खोलेंगे। प्रशासन इतना नंगा-भूखा है कि बच्चों को पिछड़े जिलों में दो-चार अच्छे हाई स्कूल नहीं दे सकता। हम ईथोपिया से गये बीते हैं और रहेंगे। दिल्ली के स्कूल इंग्लैण्ड अमेरिका की तरह और आदिवासी क्षेत्रों के ईथोपिया की तरह भी नहीं। दूर के स्कूल सुहाने और पास के अपने देश के स्कूल कचरा-पेटी। बरसों पहले मोहनदास करमचन्द गाँधी को अपने लिए जैसा स्कूल बचपन में पढ़ाने को मिला वैसा स्कूल आजादी के इतने साल बाद भारत के अधनंगे गरीब छात्रों को मिलने का हक बनता है कि नहीं बनता?

बस गर्व कर लो। अदिस अवावा में दो भारतीय स्कूल बहुत अच्छे चल रहे हैं। एडमिशन की मारामारी है। आदिवासी भाइयों से निवेदन है, वे भी अपने बच्चों को वहीं पढ़ने भेजें।

'अभिनेत्रियम्' काव्य के कुछ सरस पद्यार्थ

(1)

सखि, उठ, शूटिंग की वेला आ गयी। प्रोड्यूसर का चमचा टैक्सी लिये बाहर आ कर बैठ गया है।

हाय! अभी तो नाइट शिफ्ट की उनींदी आँखें लग ही नहीं पायी थीं। व्हिस्की का शेष घूँट कण्ठ में जाने को शेष ही था। अभी-अभी तो स्टूडियो का मेकअप पोंछ तन को डनलपिलो के सुखद पाश में सौंपा था कि दूसरे प्रोड्यूसर के आदमी ने घण्टी बजायी।

कवि कहता है, जब से हमारे गीतों की नायिका और हिन्दी फिल्मों की मशहूर अभिनेत्री की सेक्स अपील का ढोल डिस्ट्रीब्यूटरों की मण्डी में पिटा है, लम्बी टाँगों वाली इस कोमलतन सुन्दरी का टाँगें लम्बी करना कठिन हो गया है।

(2)

सखि, वह चतुर प्रोड्यूसर आज फिर मुझसे मिलने को आया। मैं तन को पाउडर लगा नाना रत्न-जड़ित नकली आभूषणों से स्वयं को सँवार ही रही थी कि उस लम्पट ने कालबेल बजायी। मैंने उससे द्वार पर ही बातें कर विदा कर दिया।

मुझे लेकर प्रथम चित्र बना अपनी सफलता के नशे में पागल इस अवसरवादी ने सेंसर के बाद मुझे घूमकर भी नहीं देखा। वह उन रात्रियों को भी भूल गया, जो संघर्ष के आरम्भ काल में मैंने इसके साथ बितायी थीं। अब दो पिक्चरें पिटने पर इसे फिर मेरी याद आयी!

काले दाँतों से पान चबाता, इम्पोर्टेड वस्त्रों में खड़ा, फाइव फाइव का पैकेट हाथ में ले आज अपनी सड़ी मुस्कान से मुझे प्रभावित करने की चेष्टा कर रहा था, ताकि मैं सस्ते में राजी हो जाऊँ!

कवि कहता है कि जब से हीरजी पीरजी ने तीन पिक्चरों के लिए साइन

किया है, हमारे फिल्मी गीतों की नायिका भाव खाने लगी है और उसके चक्कर काटते नये पुराने प्रोड्यूसरों से वह बड़ी-बड़ी नकली पलकों वाली सीधे मुँह बात नहीं करती।

(3)

ओ कज्जल मलिन नयनों वाली, उठ! इस फिल्लम का आखिरी शाट लिया जा चुका। पैसे के पंछी पैकप में लगे हैं। फिर से शालीन वस्त्र पहन ले और अपने द्वार को खुला रख। इस धन्धे में प्रेमी और प्रोड्यूसर का ठिकाना नहीं, वे कब आ जाएँ!

वसन्त में जब आम्रवनों में कोयल कूकेगी, रेडियो से तेरी फिल्म के गीत आने लगेंगे, मकरन्द का लोभी भ्रमर चक्कर काटेगा और तेरे नंगे बदन वाली फिल्म रिलीज हो जाएगी।

कवि कहता है, मूर्ख फायनेंसर के कक्ष में बुलबुल-सी चहचहाने वाली रूप और अभिनय की यह चिड़िया जाने क्यों समझदार पत्रकारों से बात करने में कतराती है। जिसके उभरे वक्ष से सारे प्रश्नों के उत्तर स्पष्ट हों उससे प्रश्न कर ये पत्रकार उस सुन्दरी को दिक करने में खूब रस लेते हैं।

(4)

अरी, तेरे पोस्टर लग गये। पथ पर, गलिन में, प्लेटफॉर्म पर, नाज में, ताज में, मूत्रालयों, महाविद्यालयों, बिजली के ख भों पर तेरे यौवन के चित्र टँगे हैं। रिलीज का प्रसंग रुपया कमानेवाली अभिनेत्री के लिए कितना सुहाना है। लोग फटी-फटी आँखों से तुझे निहारते सिनेमा में घुस भरपूर देखने का इरादा बाँध रहे हैं। जिस प्रकार रेपर से बोतल के तत्त्वों का पूर्ण ज्ञान नहीं होता, उस प्रकार मात्र पोस्टर से अभिनेत्री के तन प्रदेश की चौंसठ कला का पता नहीं लगता, जब तक रसिकजन फिल्म न देख लें।

कवि कहता है, चतुर प्रोड्यूसर मात्र फिल्म देख ही सन्तुष्ट नहीं होता दर्शकों की भाँति। वह जब तक स्वयं फिल्म बना हमारे गीतों की नायिका को हीरोइन बना उसके कोमल तन की अपरिमित सम्भावनाओं की स्वयं शोध नहीं करता, उस लम्पट का मन नहीं मानता। भारी तन में पतली लगनेवाली हमारी सुन्दरी के द्वार ऐसे जन के लिए खुले हैं। दिन को नयी फिल्म साइन किये बिना उस बावरी को आजकल रात को नींद नहीं आ रही है।

(5)

रसगन्धहीन पुष्प के समान कुम्हलाये हुए क्यों लग रहे हैं, मित्र? क्या तुम्हारे लाखों रुपयों की आहुति करनेवाली फिल्म एक सप्ताह में उतर गयी! फाइट, कैबरे, मेलोड्रामा, बदलते वस्त्र, मुजरा, टाँगें, कमर, डायलाग, साँप, रेप से सज्जित उस फिल्म का इतनी जल्दी उतर जाना वास्तव में आश्चर्य है! सब कुछ उतारने के बाद भी अभिनेत्री न चढ़ सके तो उतरी फिल्म का चढ़े मुँह वाला प्रोड्यूसर अपने भाग्य के अतिरिक्त किसे रोये? फाइव फाइव फाइव से बीड़ी और व्हिस्की से बेवड़े पर रातोंरात में आ जानेवाले इस नायक को क्या कहा जाए जो एक और बाबी बनाने चला था और आज बाजार में बाबा बना खड़ा है!

कवि कहता है, कमर में आत्मा अटकाये घूमनेवाली हमारे गीतों की नायिका फिल्म पिट जाने पर भी उदास नहीं है। वह सुबह से पुराने परिचितों को फोन लगाती नये सहारे तलाशने में व्यस्त है। सच है, रूप की गैया अधिक वर्ष नहीं दुही जाती। आज जो बने कर लेना चाहिए।

(6)

आज वह निर्निमेष दृष्टि से रंगीन चित्र लेनेवाले फोटोग्राफर को देख रही है। वही उसका भाग्य रचेगा। पत्रिकाओं में चित्र छपें तो फिर बाजार में चर्चा चले।

जैसा वह नचा रहा है, वैसा नाच रही है। जैसा घुमा रहा है घूम रही है। चित्र लेनेवाले की क्षण-क्षण परिवर्तित मति और नायिका के लचीले तन में भिन्न पोज ग्रहण करने की मानो प्रतियोगिता-सी हो रही है, नायिका के कक्ष में जहाँ कोई तीसरा नहीं है।

उसने बाल फैलाये, तौलिया तन में लपेटा, फ्राक पहन पुस्तकें ले छात्रा हो गयी, पलंग पर अंग फैलाये लेट आमन्त्रण-सा देने लगी, बाग से पुष्प तोड़े, आँसू बहाये। इतने कम समय में वह इतने रस से गुजरी जितनी उस पेशेवर फोटोग्राफर के कैमरे में रील थी। कोमल तन पर कैसा भार! फिल्म का जीवन जो न करवाये।

कवि कहता है आज उस मानिनी ने मुझ कवि को भी पत्रकार समझ हँस-हँस कर बात की।

(7)

सखि, अब यह नया प्रोड्यूसर ही मेरे ताप हरेगा। धूर्तों में परम धूर्त, चमचों से नियमित घिरा, अन्य सबसे श्रेष्ठ फिल्म बनाने की डींग भरनेवाला यह ब्लैक

मनी का धनी ही जीवन में सनसनी लाएगा। उस दिन फ्लैट का किराया चुकाने की समस्या से ग्रस्त मैं घिरती बदरिया देखती खड़ी थी, तभी वह मुझे साइन कराने आया। मेरे भाग, सखि, मैंने फिर रोल पाया! ठगी-सी खड़ी उसे देखती मैं सोच भी नहीं पायी कि ठण्डा मँगाऊँ या गरम?

अब वही आउटडोर, वही इनडोर और इनसे बँधी जीवन की डोर। मेघ छँटते ही एक गाना मुझ पर टेक होगा।

कवि कहता है, मेरे गीतों की नायिका की यही टेक है कि अधिकाधिक टेक हों। मेकअप में शरमाये खड़ी जिसे देख लगता है उसका अतीत नहीं केवल भविष्य ही प्रमुख है, मैं उसी बड़ी-बड़ी आँखोंवाली का पुजारी हूँ!

अक्खा हाल खाली पड़ेला छे!

मैनेजर ने हाल में झाँका और देखा कि कुल जमा पाँच दर्शक हैं। एक ज्यादा नहीं। एक कम नहीं। इतने ही टिकट बिके थे। उसका चेहरा उदासी में अजीब लम्बूतरा हो गया। वह अपने ऑफिस में आया, फिर हाल के बाहर खड़ा हो गया, फिर कुछ तेज चलता ऑफिस तक गया और फोन पर एक नम्बर लगाने लगा। वह किसी को गालियाँ देना चाहता था, मगर वह नहीं मिला। घण्टी बजती रही, किसी ने नहीं उठाया। वह आफिस से बाहर आया। उसने देखा सामने ऑपरेटर खड़ा है।

''सायबजी, आक्खा हाल खाली पड़ेला छे! कायकू मसीन चलवाता है, किसकू दिखाना है?'' वह बोला।

मैनेजर एक क्षण चुप रहा। फिर उसने उत्तर दिया, ''टेम से चालू कर दो। सायद चालू होते पाँच-दस मानुस और आ जाएगा।''

''किदर से आएँगा, कैसे आएँगा सायब? कोई नहीं आएँगा। जितने का टिकट बिकेला है उससे ज्यादा का कारबन जल जाएँगा। हम आपकू ट्रायल के बखत बोला था—एकदम थर्ड क्लास पिक्चर है सायब, मत लगाओ!''

''हमको विश्वास नई था भाय, आक्खा मुलक का अखबार में तारीफ छपेला है। बोलता, एकदम ग्रेट पिक्चर है। इण्टरनेशनल बोलताय। क्या मालम क्या घपला है। साला, जितना पब्लिसिटी मारा सब बेकार गिया!'' मैनेजर जोर-जोर से चिल्लाने लगा।

''सेनुमा बनानेवाले ने फक्त स्क्रीन तो नई बनाया, हाल भी बनाया है। उसकू भी भरना माँगता।'' ऑपरेटर बोला, ''सायबजी, आप सबका पईसा वापिस करो। बोलो माफ करना, इदर पिक्चर नई होएँगा। आज अबी टेम है। सेठ लोग को दूसरा पिक्चर मिल जाएँगा।''

मैनेजर को ऑपरेटर की बात में दम नजर आया। वह हाल के अन्दर गया। वे पाँच दर्शक स्क्रीन से एकदम विपरीत दिशा में मुँह किये दरवाजे की ओर देख रहे थे यह पता लगाने कि आखिर शुरू होगा या नहीं? मैनेजर ने उन सबको

विनम्र इशारा करते हुए बाहर बुलाया और ऑपरेटर को आदेश देते कहने लगा, ''जाओ, जरा पाँच-छह चाय का बोलो।''

''क्या बात है?'' एक दर्शक ने पूछा।

''माफ करना, आप लोग को तकलीफ हुआ, आज मैं पिक्चर लगाने नई सकता। आप लोग अपना पैसा ले लो। बाजू का टाकीज में बढ़िया पिक्चर लगेला है, धरमेंदर, हेमामालिनी, माँगता तो उसकू देख लो।'' मैनेजर ने कहा।

''यह पिक्चर क्यों नहीं हो रही?'' दर्शक ने पूछा।

''सिर्फ पाँच लोक का वास्ते पूरा शो करेंगा तो हम नुकसान खा जाएँगा। साब, इसके वास्ते आपसे रिक्वस्ट किया। हम आज इसको उतार देंगा और नया पिक्चर लगाएँगा कल से। आप बोलेंगे तो आज का टिकिट कल अलाऊ कर देंगा।'' मैनेजर समझाने लगा।

''कैसे नहीं दिखाएँगे फिल्म? आपको दिखाना होगा।'' लम्बे कद के और बड़े-बड़े बालोंवाले एक दर्शक ने मैनेज़र की तरफ बढ़ते हुए कहा। वह कमर पर हाथ रखे बहस करने और लड़ने की मुद्रा में आ गया था।

''जरा बिचार करो ना, पाँच आदमी क्या देखेंगा फिल्म? फिल्म भी कोई ठीक नहीं? खाली-पीली कायकू टेम खराब करता अपना?'' मैनेजर शान्ति से समझाने लगा।

एक दर्शक ने स्थिति समझते हुए अपनी दिक्कत पेश की, ''अब देर हो गया। दूसरे किस टाकीज में टिकिट मिलेगा?''

''बाजू का टाकीज में अब्बी इन्तजाम करता हूँ। मैं आपके साथ चलता हूँ। उदर उसका फिकर आप हम पर छोड़ दो।'' मैनेजर ने उत्तर दिया।

मगर तभी वह बड़े-बड़े बालों वाला शख्स जोर से चिल्लाया, ''आपने इस पिक्चर का टिकिट बेचा है, हम ये ही देखेगा, दूसरा नहीं देखेगा!''

''मैं वो दिखाने की पोजीशन में नहीं हूँ।''

''कैसे नहीं हो? आपने टिकिट बेचा है। आपको पिक्चर दिखाना पड़ेगा। मैं कोर्ट में जाऊँगा इस मामले में समझे आप। आडियंस थोड़ा है इसका ये मतलब नहीं कि जो देखना माँगता वो भी नहीं देखेगा।'' वह शख्स बोला।

''बाजू वाले में देखो ना, धरमेंदर-हेमा मालिनी!''

''नहीं देखेंगा, नहीं देखेंगा। तुम फोर्स नहीं कर सकते। कल तुमको नोटिस मिल जाएगा वकील का। कोर्ट में बताना धरमेंदर-हेमा मालिनी। यह प्रिंसिपल का सवाल है।''

बार-बार वकील और कोर्ट सुनकर मैनेजर घबरा गया। वह इन सब लफड़ों में फँसना नहीं चाहता था। उसने कातर दृष्टि से अन्य दर्शकों की ओर तथा फिर

ऑपरेटर की ओर देखा जो सबको चाय का कप दे रहा था। वातावरण में चुप्पी थी। स्पष्ट था पैसा व्यर्थ गया चाय का। तभी एक दर्शक ने उस बड़े बाल वाले व्यक्ति से कहा, ''अजी छोड़िए भी, कोई दूसरा देख लेते हैं।''

''आप देखिए। मैं यही देखूँगा। आज और अभी देखूँगा। देखें ये कैसे नहीं बताते हैं? टिकिट बेचा है, प्रिंसिपल का सवाल है।'' उसने उत्तर दिया।

''दिखा दीजिए, सायबजी, छुट्टी करो। क्या रखा है! होने दो बोर, अपुन को क्या करना पचास सौ रुपये का लास होएँगा ना, समझ लेना सायब, किस्मत में नहीं था।'' ऑपरेटर ने मैनेजर से कहा।

मैनेजर कुछ देर सोचता रहा। फिर मुँह बिचकाकर ऑपरेटर से बोला, ''चालू करो साला क्या करना? हम दूसरे के वास्ते बोलते, नहीं सुनता तो जाने दो।''

ऑपरेटर दर्शकों की ओर हिकारत भरी नजर से देखता ऊपर केबिन में चला गया।

पाँचों दर्शक हाल में घुसने लगे। सबसे आगे वह बड़े-बड़े बालों वाला व्यक्ति था। वह रौब से जा रहा था जो ऐसी नैतिक विजय के उपरान्त स्वाभाविक ही था।

फिल्म चली। लोगों ने अपने पैर इत्मीनान से सामने की सीट पर फैला दिये। कानखाऊ संगीत के साथ व्यस्त औद्योगिक जीवन की पृष्ठभूमि में नायक-नायिका मिलने लगे और कुछ देर बाद ही तालाब में पत्थर फेंकते हँसते-खिलखिलाते नजर आये। भिन्न पृष्ठभूमि में प्रेम रेंग रहा था। डायलॉग बह रहे थे। संकेत और निरुत्तरता की बैसाखियों के सहारे एक ठहरा हुआ-सा कथानक क्लाइमेक्स टटोलता बढ़ रहा था जिसे दर्शक पहले ही पहचान गये थे और ऊब रहे थे। सड़क, नदी, नालियाँ, कीचड़, गुलाब का फूल, छाता, घड़ी, घड़ा, अँगोछा, खाना बनाने के बर्तन, डोरी पर सूखते कपड़े, बादल, बस और बायसिकल आदि के सहारे काफी परिमाण में यथार्थ निस्सारित किया गया था। एक लम्बा गलियारा और चक्करदार सीढ़ी बार-बार आती थी। झाड़फानूस, शेर का मुँह और सोफे के सहारे अमीरी; और चटाई, छोटा आईना तथा चूल्हे के सहारे गरीबी बतायी गयी फिल्म थी। वास्तव में वह फिल्म हो जाने की कोशिश में एक फिल्म थी।

भारी बोझ जी लेने के बाद हल्का महसूस करते हुए जब दर्शक बाहर निकले तब मैनेजर अपने कमरे का ताला लगा बाहर जा चुका था। दर्शक धीरे-धीरे बाहर आ गये। अब वे सड़क पर खड़े थे और जीवन की सार्थकता को नये सिरे से परिभाषित कर रहे थे। इसी सिलसिले में दो-तीन दर्शक पान की दूकान

पर खड़े हुए जिससे सामान्य व्यक्ति होने का बोध लौट आये। वहीं वह बड़े बालों वाला व्यक्ति अपने लिए पान बँधवा रहा था।

''आखिर लड़-झगड़कर आपने पिक्चर दिखवा ही दिया।'' एक दर्शक ने बड़े बाल वाले से कहा।

वह जवाब में एक नम्र मुस्कान दे कुछ न बोला।

''आपकी तारीफ?''

बड़े बाल वाले ने अपना नाम बताया।

''यह तो नाम सुना हुआ है।'' दर्शक ने कहा, फिर सहसा याद करते हुए बोला, ''आप तो फिल्म डायरेक्टर हैं। यह फिल्म...?''

''जी, मैंने ही डायरेक्ट की।'' उसने कहा।

एकाएक वे दर्शक हो-हो करके हँसने लगे। फिर चुप हो गये। लगा बदतमीजी हो रही है हमसे। मगर तब तक वह बड़े बालों वाला व्यक्ति आगे बढ़ चुका था। अपनी फिल्म का पहला और अन्तिम शो सफलतापूर्वक चलवा देने का एक तृप्त गर्व उसके चेहरे पर था।

न सही इश्क, मुसीबत ही सही

जूतों का पालिश फिर धोखा दे गया और आईने में देखा तो क्षण भर को शक्ल परायी लगी। कल रात बारह बजे तक पुलिया पर बैठे रहे थे। जलसे से लौटेंगी तो एक सीटी बजा लेंगे। उनके पाउडर का सुगन्धित भभका सूँघ लेंगे तो आत्मा तृप्त हो जाएगी। पर उफ! इस संसार में सलीके और सभ्यता से प्रेम भी कठिन है; किसी ने अपनी कार का द्वार उनके लिए खोल दिया कि वे आपके कूचे से गुजरीं तो, पर जेट की चाल से! आहों में पेट्रोल का धुआँ घुलकर रह गया।

रात को बड़ी देर तक करवट बदली। प्रेम की ताजगी बनाये रखने के लिए यही कसरत डाक्टरों ने बतायी है। नींद पहले उनके यहाँ जाती है, फिर यहाँ आती है...या कि उनके यहाँ जाकर कौन आता है? सुबह उठे तो सूरज सिर चढ़े जाता दिखा। खैर, वह तो पराया है, कोसों दूर का वासी, पर घर की घड़ी भी साढ़े दस बजा रही थी। अब क्या करेंगे! वो सज रही होंगी और आप उजड़े हुए पड़े हैं। वह बाल सँवार चुकी होंगी और यहाँ शेव नहीं हुआ। चेहरे पर चींटियाँ-सी जमा हो गयी हैं। यह प्रेम नाई बनाता है, कि सुबह से उस्तरा लेकर भिड़े हैं। यह प्रेम चमार बनाता है कि पॉलिश कर रहे हैं और यह प्रेम धोबी किये है कि लोहा फेर रहे हैं।

मुँह धोने गये तो समन्दर छोटा लगने लगा। पानी बहता जाता था, पर विश्वास नहीं आता था कि सचमुच धुल चुके हैं। रोज लगता है कि चेहरे से हीरो गायब हो रहा है और सिर्फ विज्ञापन बकाया है। उनकी गली में पोस्टर बने लटके हैं। ईश्वर से मनाते हैं कि गन्दे न हो जाएँ, नहीं तो उनके भूदानी हाथ फाड़कर दम लेंगे। आँखों पर थोड़ा पानी डाला कि रोशनी भी बनी रहे और उनका अक्स भी न धुले। दाँतों को बार-बार रगड़ा कि कभी अगर मुस्कराहट का मौका मिल गया तो उन्हें पता तो लग जाएगा कि अनार के चार दाने ये भी रखते हैं। फूलों को कुचलकर निकाला गया तेल सिर में डाला कि जैसे बालों में बगीचे की आत्मा समा गयी। बालों को रह-रहकर सँवारा और सँवार-सँवारकर रह गये। छल्ले बनते और फिर मचलकर लम्बे हो जाते। फिर स्नो की

सतहें बनायीं और चेहरे को खूब मला।

पर अभी क्या हुआ था! अभी तो तैयारियाँ गर्दन से नीचे नहीं उतरी थीं। धुली हुई कमीज और क्रीजवाला पैण्ट। भारी तपस्या के बाद यदि देवता प्रसन्न हों तो इक्कीस वर्ष का युवक यही माँगे कि हे नाथ मेरे पैण्ट की क्रीज स्थायी कर दो और मेरी कमीज सदैव धुली रहे, ऐसा वरदान दो। कोई भी देवता तथास्तु कहने में संकोच करेगा, क्योंकि ऐसा करना अपनी उर्वशियाँ अपने हाथों खोना है। इसी कारण धोबी से बढ़कर प्रेमी का सखा कोई नहीं। इस कण्टकमय पथ पर दायें-बायें लाण्ड्रियाँ होनी चाहिए। पुराने प्रेमियों ने दामन फाड़े थे, नये प्रेमियों ने फटे दामन रफू कराये हैं। पुराने प्रेमी गर्द में लोट-लोट कर गधों के समान अपनी भावनाएँ व्यक्त करते रहे और नया प्रेमी धूल झटककर खड़ा हो गया है। वह प्रतीक्षा में थककर बैठता भी है तो पहले सीट पोंछ लेता है; क्रीज कुशल तो प्रीत अनेक! फिर जूतों पर चमक लायी गयी, इतनी कि अपने ही चेहरे के भाव उसमें पढ़े जा सकें। वीर बाहर निकला। मन्त्रपाठ की तरह उसने सिनेमा का गीत गाया और शंखनाद के बजाय सीटी बजायी—लो मैं आ रहा हूँ, सँभलो कि मैं आ रहा हूँ।

खुद अपने सारथी बने साइकिल पर बैठ रणक्षेत्र को चल दिये। पान की दुकान के आईने चौंक पड़े, ''अरे वाह, आज कहाँ बिजलियाँ गिराएँगे जनाब?''

''बिजलीघर पर।'' प्रेमी ने हीरोइन के मकान की ओर इंगित करते हुए उत्तर दिया।

बीत गया वह युग, जब घड़ियों का आविष्कार नहीं हुआ था और आधी रात को वे आएँगी, इसकी प्रतीक्षा दोपहर से करनी पड़ती थी। अब आप जानते हैं कि वे ग्यारह के पीरियड के लिए पौने ग्यारह को आती हैं। पाँच मिनट पूर्व पहुँच जाइए और सौ तक गिनती बोलिए कि वे प्रकट हो जाएँगी। वे इधर-उधर देखती चलती हैं और देखिए कि वे आपको देख चुकी हैं। वे देख चुकी हैं कि आप उन्हें देख रहे हैं। बस, अब सहज हो जाइए। यह भी योग की एक मुद्रा है। ऐसे बन जाइए, जैसे आप किसी और सिलसिले में खड़े हैं।

फिर एकाएक उसी दिशा में, जिधर की हवा है, ऐसे चल पड़िए कि आपको कहीं जाना है। वे आगे जा रही हैं, आप पीछे हैं। वे लीडर हैं, आप फॉलोअर। वे मार्ग दिखा रही हैं और आप मार्गदर्शक देखने में लगे हैं। इन क्षणों में आपके आत्मबल की परीक्षा होगी। अपनी आँखें उनकी पीठ से गड़ाये रखिए, यहाँ तक कि वे अपनी पीठ में गुदगुदी अनुभव करने लगें। जिधर वे मुड़ें, वहाँ मुड़ जाइए, जहाँ वे कूदें, आप डूब जाइए। आपकी यही गति है, इसी में मोक्ष है और प्रभु मिलने की पॉसिबिलिटी है। उनके अर्गवानी रिबिन में अपना भविष्य

बाँधते हुए बढ़े जाइए; यह पथ ससुराल न भी गया तो कोतवाली अवश्य जाएगा।

और एक दिन आप उनसे परिचय पा लेते हैं। उनका नाम तो पिछले एक हजार वर्ष से आपको याद है, पर एक क्षण ऐसा भी आता है कि आपका नाम वे जान लेती हैं। आपको लगता है मंजिल आ गयी, पर नहीं, अभी हातिमों को सवाल सुलझाने हैं और आपको मुनीरशामी का जीवन जीना है। अभी और स्नो की शीशियाँ लुटेंगी। अभी और पैण्टों की क्रीजें बिगड़ेंगी। अभी तो आपकी परीक्षा आरम्भ हुई है। कब वे शेर के पिंजड़े में रूमाल डालकर आपको निकालने की आज्ञा देंगी, कहा नहीं जा सकता। वे आपसे परीक्षा के नोट्स और गाइड माँगेंगी और आपको उनकी देहरी पर सारे प्रकाशन समर्पित करने होंगे। वे आपसे प्रश्नपत्र चाहेंगी और आप प्रोफेसर के यहाँ सेंध लगाएँगे। वे रिज़ल्ट पूछेंगी और आप प्रेस की चारदीवारी कूद जाएँगे। उनका जन्मदिन आएगा और आपका बैंक अकाउण्ट समाप्त हो चलेगा। आप चाय पर बुलाएँगे और वे लंच पर आएँगी। ...और जब आप समूचे लुट जाएँगे तो वे जाने क्यों, जानें कैसे रूठ जाएँगी। नाराजी में उनका सौन्दर्य बढ़ जाता है, ऐसा उनका खयाल है।

अब क्या कीजिएगा? शायरी! दाढ़ी बढ़ाइएगा, धोबी से झगड़िएगा, पैण्ट पहन सो जाइएगा, मुँह न धोइएगा, स्नो फेंक मारिएगा, बाल ना सँवारिएगा, आईना न देखिएगा, यूँ ही गुजर जाइएगा, ठण्डी मौत मर जाइएगा? आख़िर क्या कीजिएगा? जिस दफ्तर से आपका आवेदन रिजेक्टेड है, वहाँ तो क्यू में खड़े रहना व्यर्थ है! तब ग़ालिब का दीवान पढ़िए, मिलिट्री में भरती के विज्ञापन देखिए, आपको प्रेरणाएँ मिलेंगी। आप फिर जूतों पर पालिश, मुँह पर स्नो और कपड़ों पर लोहा करने लगेंगे। कवच धारकर घर से निकलिए और किसी भी दिशा में जाकर इन्तजार कीजिए कि कोई आएगा, जिसे देख आपकी सीटी बजाने और गीत गुनगुनाने की इच्छा होगी।

—न सही इश्क, मुसीबत ही सही।

बेकारी बोध

आजकल अपन खाली हैं। खाली हैं यानी अन्दर कुछ खटकता नहीं और ऊपर से खूब बजते हैं। दस बजे दफ्तर का भय नहीं खटकता। घर के सामने से लदी-फदी बसें गुजर जाती हैं, जिसमें कर्मचारी लटके नजर आते हैं, तो मन को सुख मिलता है कि अपनी काया मायाजाल से मुक्त है। कई बार अनुभव करते हैं कि हम एक कछुआ हैं, जो रेत में धूप खाते पड़े हैं और किसी के बाप से नहीं डरते, क्योंकि हमें खोल में हाथ-पैर समेटने की कला आती है।

कई बार सोचते हैं कि हम साँड़ हैं और गली के अन्दर मन्दिर की छाँह में खड़े किसी अनजान गैया के आगमन की कल्पना से प्रसन्न हैं। यह गैया कामधेनु है। अभी पता नहीं कहाँ किसके पास है, पर कुछ देर बाद जरूर बन्दे के चरणों में लौटेगी।

इस संसार में कुछ न करने से बढ़कर कोई सुख नहीं। सब कर रहे हैं और हम सबको व्यस्त देखकर भी कुछ नहीं कर रहे, आहा, इससे अधिक आनन्द और क्या है। संन्यासी हैं और संन्यासी बनने का प्रोग्राम भरी जवानी में किया है, तो सारे बुरे इरादों को अलग-अलग आइटम के रूप में शुमार कर लिया है। दूसरों से खाना, ब्रेकफास्ट से लेकर डिनर तक परावलम्बन।

सिनेमा किसी के आग्रह पर देखना, बल्कि बातचीत में कुछ ऐसा वातावरण बनाना कि वह आग्रह करे। किताबें माँग कर पढ़ना और अखबार पड़ोसी से ले आना आदि कुछ छोटी-मोटी बातें भी इसमें शुमार हैं। उधार लेना और न लौटाने का जो जन्मजात गुण है, उसे परिष्कृत कर अधिक व्यावहारिक स्तर पर लागू करने का इरादा है।

घूमने के लिए दोपहर का समय श्रेष्ठ जान पड़ता है। उस समय पतिगण अनुपस्थित रहते हैं और माता-बहनें अपने आँगनों में पापड़ सुखातीं, पड़ोसनों से लड़ती-बतियातीं, चूड़ी-वाले से हँसी-मजाक करतीं, कपड़े सुखातीं, मासिक पत्रिका पढ़तीं, मन में बुरे विचार उठातीं, ज्यादा तेल डाल कंघियाँ करतीं, झरोखों से ताकतीं, लाल डिब्बे में प्रेमपत्र डालतीं, ट्रंक खोल पुराने फोटो देखतीं, ब्लाउज

सीतीं, पति के फोटो से धूल पोंछती, यहाँ-वहाँ शरीर सहलातीं आदि अनिवार्य सात्विक कर्मों में व्यस्त रह भारतीय जीवन की अन्तरंग झाँकी प्रस्तुत करती हैं। घूमने के लिए दोपहर श्रेष्ठ समय है, जिसमें आवारागर्दी की अर्थहीनता खुद समझ में आती है और उससे सन्तोष मिलता है। थककर किसी चायघर में रुक जाने पर घण्टों बैठने की सुविधा रहती है। कोई परेशान नहीं करता, यहाँ तक कि वेटर भी परेशान नहीं करता।

चूँकि किसी किस्म की सेवा या नौकरी या जरा भी कारण अकारण खुद को व्यस्त रखने का कौड़ी भर इरादा नहीं है, अतः प्रेम करने का भी सवाल नहीं उठता। सरकारी गुलामी से लेकर नजरों की गुलामी तक आजाद होकर खुद में एक निस्पृह भाव उत्पन्न कर नये सिरे से रस लेना शुरू करेंगे। शक्कर से अरुचि उत्पन्न कर मिठाई खाने की महत्ता अलग है। कहीं न जाने की इच्छा से किसी भी वाहन में बैठ जाने का मजा अलग है।

यह नया बोध है—बेकारी बोध। हम कुछ नहीं करेंगे, हमें कुछ नहीं करना है, हमें अपने को किसी का उपयोगी होने से बचाना है। हम अनुपयोगी हैं और यह कितना अच्छा है। इसमें भय नहीं है, पीड़ा नहीं है, पर अकर्मण्यता की सुखद अनुभूति को पाना है। श्रम से शरीर की रक्षा करने की लुकाछिपी में अपनी प्रतिभा का सदुपयोग करने से प्राप्त सफलता में एक सुख है। निष्क्रियता के माध्यम से विराट से साक्षात्कार कर इस अनन्त खालीपन को खुद में भर कर्मपाश से मुक्त होने की स्थिति का बोध, बेकारी बोध है। यह बेरोगजारी का बोध नहीं, जिसमें सारा समय रोजगार दफ्तर और ऊँची इमारत वालों को गाली देते बीतता है। यह बोध है, जो प्राचीन काल में पाँच वर्ष जंगल में बिताने पर दढ़ियल साधु पाते थे और घबराकर पुनः राजा को दर्शन देने या राजा द्वारा पब्लिक सेक्टर की राशि से आयोजित किसी यज्ञ में भाग लेने के काम से शहर आ जाते थे। पर आज इसके लिए जंगल जाना जरूरी नहीं। शहर जंगल से क्या कम है! बल्कि कुछ अधिक मोहक और भयानक है।

बेकारी बोध सिर्फ मुझे ही नहीं बहुतों को है। उन्हें भी जो दफ्तर में बैठे टेबल से सिर टिकाये सो रहे हैं, जो दौरे पर गये और डाक बँगले में दोपहर को पड़े पंखा धीरे चलने की शिकायत कर रहे हैं। पर उनके लिए यह क्षणिक है और कष्टसाध्य है। मेरे लिए नहीं, क्योंकि मैं उसमें सुखी जीवन का रहस्य देखता हूँ।

मैं इस समय एक डिब्बे की तरह खाली हूँ, किसी गुब्बारे की तरह हल्का हूँ। मैं हूँ और खुद का हूँ। अपनी खुदी को अभी इतना बुलन्द तो नहीं किया कि खुदा बन्दे से मंजूरी प्राप्त करे, पर हाँ इतना कर लिया कि कहीं आवेदन करने

की जरूरत नहीं पड़ती। अपनी गमक से खुद मजे में हूँ। अपने जमजमे खुद सुनता हूँ, खुद फड़कता हूँ। नाभि में जो कस्तूरी बसी है उसका ढक्कन खोल यहाँ-वहाँ चौकड़ी भर रहा हूँ।

मैं बेकार हूँ और अपने आसपास लक्ष्मण-रेखा खींचे बैठा हूँ। मुझे नौकरी देने के चक्कर में जो आएगा स्वतः भस्म हो जाएगा। मुझसे नौकरी करवा तड़प-तड़पकर मरने से उसके लिए यह अच्छा होगा कि वह एकदम मर जाए। कृपया मेरे प्रति वही सम्मान भाव रखें, जो अनन्त काल से भारत में साधु-संन्यासियों के प्रति मेहनती गृहस्थों का रहा है।

शरद जोशी राष्ट्रपति पद के लिए क्यों खड़े नहीं हुए?

मैं राष्ट्रपति पद के लिए क्यों नहीं खड़ा हुआ? इधर पिछले दिनों से यह सवाल बहुत तेजी से मेरे दिमाग में चक्कर काट रहा है। सवालों का स्वभाव तो आप जानते हैं कि वे उठ खड़े होते हैं वैसे ही जैसे किसी बड़े नेता के आने पर पब्लिक उठ खड़ी होती है, चाहे नाराजी से उठे पर खड़ी जरूर होती है। कुछ उसी अन्दाज से सवाल भी उठ खड़े होते हैं और एक बार खड़े हुए तो जब तक माकूल जवाब नहीं मिले कम्बख्त बैठने को राजी नहीं होते। अगर वह किसी फकीर का सवाल हो या देश का सवाल हो, कोई नैतिक सवाल हो तो एक बार आप आसानी से मुँह बिचकाकर आगे बढ़ सकते हैं, सवाल को वहीं खड़ा छोड़कर। पर यदि वह आपका कोई व्यक्तिगत सवाल हो जो आपके ही दिमाग में उठकर खड़ा हो गया हो और जो आपके ही द्वारा किसी माकूल जवाब मिले बिना बैठने को राजी न हो तो आप क्या करेंगे? मुँह बिचकाकर कहाँ जाएँगे? आप जहाँ जाएँगे 'मेरा साया साथ होगा' की अदा से सवाल पालतू कुत्ते की तरह आपके पीछे लग लेगा। जैसे मेरे पीछे लगा है। सवाल है कि मैं राष्ट्रपति पद के लिए क्यों नहीं खड़ा हुआ? अगर मैं खड़ा हो जाता तो यह सवाल ही खड़ा न होता और अब सवाल खड़ा हो गया है कि मैं क्यों नहीं खड़ा हुआ। दोनों एक साथ नहीं खड़े हैं मगर दोनों में से एक का खड़ा हो जाना लाजमी है।

जबसे राष्ट्रपति की कुर्सी खाली हुई, मेरी नजर उस पर गयी। इधर कुछ ऐसा स्वभाव बन गया है कि हर खाली कुर्सी पर नजर जाती है। कुछ इसलिए कि कुर्सी खाली है और कुछ इसलिए कि अपन भी खाली हैं। एक खालीपन दूसरे खालीपन को खींचता है। नियम की बात है कि कुर्सी खाली देखो तो बैठ जाओ। मैंने सोचा कि बैठ जाऊँ मगर रुक गया। राष्ट्रपति की कुर्सी है ना! जमीन से थोड़ा ऊपर रहती है। उचकना पड़ता है। मैं नहीं उचका। उचकता तो बैठ भी जाता। शायद बैठ जाता। मगर नहीं उचका।

मैं राष्ट्रपति बन सकता हूँ। 26 जनवरी को तीन घण्टे तक उधर दिल्ली में फौज का सेलूट लेना पड़ता है तो मैं सीधा तीन घण्टे तक हाथ ऊपर-का-

ऊपर रख सेलूट ले सकता हूँ। हाथ मिला सकता हूँ, 'स्माइल' दे सकता हूँ। कोई जो चाय पीना चाहे गेस्ट के साथ में तो चाय पी सकता हूँ, उसको रिसीव कर सकता हूँ, उसके साथ सोफे पर बैठ सकता हूँ, डिनर वगैरा जो कुछ खाने को हो सो साथ-साथ खा सकता हूँ। जो कोई नहीं हो तो अकेला भी खा सकता हूँ, बोल सकता हूँ, चुप रह सकता हूँ, दस्तखत वगैरह करना हो तो कर सकता हूँ, किसी की मौत-वौत हो जाए तो अफसोस कर सकता हूँ, कोई खुशी की बात हो तो खुश भी हो सकता हूँ, सन्देशा वगैरह माँगो तो दे सकता हूँ, बच्चा लोग से खुशदिल बात कर सकता हूँ, किसी को जो मेडल-बिल्ला टाँकना हो, इनाम वगैरह बाँटना हो तो बाँट सकता हूँ। नाटक-सिनेमा देख सकता हूँ, पक्का गाना सुन सकता हूँ और जो बोलो, मेरा मतलब जो गवर्नमेण्ट बोले, जैसा बोले, सब कर सकता हूँ। अपने को जो 'फारेन' जाने को बोले तो वहाँ भी जा सकता हूँ। और जो फारेन का नहीं सिरफ एयरोड्रम तक जाने को बोले तो उधर भी जा सकता हूँ और जो गेस्ट-वेस्ट को रिसीव करके लाने को बोले तो ला सकता हूँ। मतलब यह कि अपने में कोई डिफेक्ट 'एज सच' नहीं है कि राष्ट्रपति नहीं बन सकता। मगर फिर भी नहीं बना। और सवाल यही है कि जब मैं बन सकता था तो क्यों नहीं बना? खड़ा हो सकता था तो क्यों नहीं हुआ?

पहले लगा कि इस देश में अभी बहुत लोग राष्ट्रपति बनने को पड़े हैं, अपना नम्बर तो बहुत बाद में आएगा। फिर सोचा कि कभी नम्बर आएगा भी कि नहीं। यह तो चांस की बात है। आज चांस मिल गया है, कुर्सी खाली है, थोड़ा कोशिश करके जमा लो नहीं तो ऐसा चांस बार-बार तो नहीं आएगा। कल का किसे पता! कोई दूसरा राष्ट्रपति आ जाए और वो हटे ही नहीं और जो हटे भी तो अपना उस समय क्या हालत रहे, मूड हो न हो। इस वक्त मौका, बन लो। फिर सोचा छोड़ो, रहने दो, क्या है! फिर सोचा बन जाओ, एक बार दिमाग में बात आ गयी है तो बन ही जाओ। मगर इसी बीच जगजीवनराम जी का भी नाम आ गया। मैंने सोचा वह खड़े हो रहे हैं तो फिर वही राष्ट्रपति बन जाएँ। हरिजन हैं, वसिष्ठ हैं, उन्हें मौका मिल जाना चाहिए। और लोगों ने भी यही सोचा कि उन्हें बन जाना चाहिए क्योंकि वह हरिजन हैं और पद भी राष्ट्रपति का है, सो कोई हर्ज नहीं। मगर कुछ दिनों बाद जगजीवनराम जी नाराज हो गये। बोले कि अगर मुझे योग्य व्यक्ति समझकर राष्ट्रपति बनने के लिए कहो तो मैं विचार कर सकता हूँ पर मुझे अगर हरिजन समझकर बनाओगे तो मैं राजी नहीं। अब? अब सब चुप। जगजीवनराम जी नाराज हो गये। इसमें नाराज होने की कोई बात नहीं थी। इस देश में तो ऐसा होता ही है। जाकिर हुसैन साहब राष्ट्रपति बन गये, कितने भी ऊँचे पद पर पहुँच गये पर लोगों ने कहा कि मुसलमान हैं। जगजीवनराम जी राष्ट्रपति बन जाएँ, लोग बराबर कहेंगे कि हरिजन हैं। फिर भी

वे नाराज हो गये। बड़े आदमी हैं नाराज हो सकते हैं। कोई छोटा-मोटा हरिजन तो इस बात पर नाराज नहीं होता। सभी जगह पर, हरिजनों के लिए पद सुरक्षित रहते हैं और हरिजन उस पदों पर जाते हैं। अब यदि कोई हरिजन अपने अफसर से यह कहे कि साहब आप मुझे योग्य समझते हो तो लो और जो हरिजन समझकर नियुक्त कर रहे हो तो मैं तैयार नहीं। इस पर नियुक्त करनेवाला अफसर बेचारा क्या जवाब दे! अफसर कहेगा—अगर तुम हरिजन हो तो लेता हूँ और हरिजन नहीं हो तो नहीं लेता। हरिजन कहेगा कि मैं हरिजन हूँ, मगर आप मुझे हरिजन समझो मत। अब ऐसे में कैसे क्या करना। इस देश में पॉसिबल नहीं है।

मैंने सोचा दिल्ली जाऊँ और जगजीवनराम जी से बात करूँ कि आप खड़े हो रहे हैं तो हो जाइए और जो नहीं खड़े हो रहे हैं तो फिर मैं खड़ा होऊँ। फिर सोचा, क्या करना दिल्ली जाकर। अपन तो इकट्ठे ही दिल्ली जाएँगे राष्ट्रपति बनने के बाद। उन्हें भी खड़ा होने दो, हम भी हो जाते हैं। फेअर कम्पीटिशन। जो जीते वह राष्ट्रपति। और हार ही गये तो कौन-सी चूड़ी फूट जाएगी! राष्ट्रपति पद ही ले जाएगा, कोई किस्मत तो नहीं ले जाएगा।

मगर नहीं खड़े हुए। कई बातें थीं। एक तो हमारी उम्र उस पद के लिए अभी कम है और दूसरे योग्यता भी नहीं है। उम्र का मामला तो खैर एक बार चल सकता है, जाली सर्टिफिकेट दे सकते हैं, (भारत में राष्ट्रपति थोड़ा वृद्ध होना चाहिए) मगर योग्यता नहीं है। किसी क्षेत्र में अनुभव हो जाए तो राष्ट्रपति का पद सँभालना सरल पड़ता है। जैसे आप शिक्षक ही हो जाएँ कहीं किसी स्कूल में। या शिक्षक की नौकरी नहीं मिले तो आप शिक्षाशास्त्री हो जाएँ। कहने को हो जाता है कि भई हमारे राष्ट्रपति पहले शिक्षक थे या शिक्षाशास्त्री थे। बेकार नहीं थे, रोजगार से लगे थे। मेरे बारे में क्या कहेंगे? हमारे राष्ट्रपति पहले लेखक थे। या सम्मान करने के मूड में हों तो कहेंगे हमारे राष्ट्रपति पहले बहुत अच्छे लेखक थे। सवाल उठेगा कि जब अच्छे लेखक थे तो राष्ट्रपति क्यों बने? इसका मेरे पास जवाब है। लेखकी में मिलता क्या है? सभी लेखक इधर-उधर नौकरी तलाशते हैं।

मैंने सोचा—छोड़ो। वक्त भी कम रह गया है। कब फार्म भरो, कब प्रचार आरम्भ करो, यहाँ वहाँ भटको। अपने पास इतना पैसा भी नहीं। पैसा हो तो इन्सान कुछ खटपट करे। विधायकों को तो आप जानते हैं, बिना सौदा किये मुख्यमन्त्री तक नहीं चुनते, राष्ट्रपति तो बड़ा पद है। यही सब बातें सोच मैं राष्ट्रपति बनने के लिए खड़ा नहीं हुआ।

पर 'बाइ दि वे' राष्ट्रपति पद के अलावा कोई छोटी-मोटी नौकरी इस देश में खाली हो तो मैं उत्सुक हूँ। आपकी नजर में आये तो मुझे बताएँ।

मातमपुर्सी के क्षणों में

क्या हवा बदली है! कल तक जो अ-पोजीशन में पड़े तबला बजाते थे, आज पोजीशन में बैठे विलासखानी तोड़ी का ख्याल तोड़ रहे हैं। आज विलम्बित में शपथ ली है, कल द्रुत में लाभ पहुँचाएँगे। नियम की बात है कि हर तपस्या कुछ दिन बाद मजे देती है। अभी केन्द्र के इन्द्र का सिंहासन हिला नहीं है, पर राज्यों में मेनकाएँ और उर्वशियाँ टोला बनाकर राजनीति के भूखे ऋषियों के सामने नृत्य करने पहुँच गयी हैं। ऋषि ने एक आँख खोली और माजरा भाँप लिया है। समझ गये कि गवर्नर की भेजी सरकार कच्चे धागे से खिंची हुई आयी है। वे कमण्डल उठा राजभवन की गैल पूछने लगे। हाल में विधवा हुई अफसरशाही को नया ताजा सुहाग मिला। विश्वामित्र मेनकामित्र हो गये, अब विकास की शकुन्तलाएँ जन्म लेंगी। क्या हवा बदली है! चक्कर लगानेवाले वही हैं, बँगले वही हैं, पर माशूक बदल गया। पुराने दाँवों से नया रोमांस शुरू हो गया है। नेताप्रसूता भारतभूमि तेरी बलिहारी है।

और किस्मत की बात देखिए कि हमने जिसे वोट दिया था, उसकी जमानत जब्त हो गयी। सोचते थे जीत जाएगा, तो डिप्टी मिनिस्टर बनेगा और यहाँ-वहाँ यारों के तबादले करवाने में काम आएगा। मौन रहेंगे, तो 'लोन' मिलेगा, कारखाना डाल देंगे, तो पीढ़ियाँ तर जाएँगी। मगर कम्बख्त हार गया। रास्ते में मिल जाता है कभी, तो गाँठ से चाय पिलानी पड़ती है और बड़े राजनीतिक विश्लेषण के अन्दाज में मातमपुर्सी करनी पड़ती है। अब तो सध गया है और पोलिटिकल मातमपुर्सी बड़े मजे से कर देते हैं। भारत में हारनेवाले हर व्यक्ति को यह कहकर आश्वासन दिया जा सकता है कि आपकी नैतिक विजय हुई है। यानी एक की राजनीतिक विजय, दूसरे की नैतिक विजय। दोनों खुश। जो जीते उसपर आरोप लगा दो कि उसने बड़ा रुपया खर्च किया। खर्च हालाँकि हारनेवाले ने भी उतना ही किया था, पर मातमपुर्सी के वक्त कह दो, "अजी, वह क्या जीता, उसका रुपया जीता है। अब आप तो उतना रुपया खर्च करेंगे नहीं, क्योंकि आप सिद्धान्तवादी ठहरे और आपके पास चोरी की कमाई तो है

नहीं।''

अपना मोहरा पिट गया, इसलिए बन्दा इन दिनों जरा नरम है। सिर्फ चाहने से कोई व्यक्ति भ्रष्टाचार नहीं कर सकता। उसके लिए निरन्तर प्रयत्न, परिश्रम और लगन की आवश्यकता है, धैर्य भी चाहिए। मुझमें धैर्य है और जब अवसर की खिड़की खुलेगी, कूद जाऊँगा। मैं जनता हूँ और हारता उम्मीदवार है। उसके वोटर नहीं हारते। जनता नहीं हारती। मैं समाजवाद का नारा लगाकर अनेक लाइसेंस प्राप्त कर सकता हूँ और प्राइवेट पूँजी का पक्का समर्थक हो रूस जा सकता हूँ। इस भारत में सब सम्भव है। मेरा उम्मीदवार हार गया, मगर मैंने आस्था नहीं छोड़ी है।

हवा बदली है, पर हम पीठ फेरना भी जानते हैं। मनुष्य एक प्राणी है और कब कहाँ दुम हिलाने लगे, निश्चित नहीं। वे भी तेरी सेवा में हैं, जो खड़े हैं और प्रतीक्षा कर रहे हैं। अवसरवादी भी राष्ट्र के सेवक हैं। कालाबाजारी करने और कमाई बिहार सहायता कोष में भेजने से व्यक्तित्व का सन्तुलन बना रहता है। और सन्तुलित व्यक्तित्व के जानवर ही तेजी से दौड़ते हैं।

हीरा बिन अकेली

ज्योतिषी ने साफ-साफ कह दिया है कि जब तक्र हीरे की अँगूठी नहीं पहनोगे तब तक तुम्हारा भविष्य और वर्तमान उतने ही अन्धकार में रहेंगे, जितना अतीत था। तभी से मुझे एक हीरे की सख्त तलाश है। ज्योतिषी को बात कहे कोई बीस वर्ष बीत गये। हीरे की तलाश जारी है। उसने वह उँगली भी बतायी, जिसमें हीरे की अँगूठी पहननी चाहिए। वह उँगली भी बीस वर्ष से ज्यों की त्यों है। हीरे के इन्तजार में दुबली हो गयी है। मैंने इतने वर्षों तक हीरे का इन्तजार करती किसी उँगली को नहीं देखा। ज्योतिषी का कहना था कि यदि मैं हीरे की अँगूठी पहन लूँ तो मैं टाटा, बिड़ला भी हो सकता हूँ। प्रधानमन्त्री भी हो सकता हूँ। मुझे डर है कि हीरा पहनकर कहीं मैं एक साथ दोनों न हो जाऊँ। यह तो भारतीय पूँजीवाद के विकास का उच्चतम प्रहर होगा जब कोई टाटा, बिड़ला किस्म का आदमी प्रधानमन्त्री हो जाए। उलटा भी हो सकता है अँगूठी पहनने के बाद। मैं पहले प्रधानमन्त्री बन जाऊँ, फिर टाटा, बिड़ला बनूँ। अपना कान्तिभाई मैं खुद हो जाऊँ पद पाने के बाद। यह प्रजातन्त्र की नीचतम स्थिति है। अर्थात मेरे हीरे की अँगूठी पहनने के बाद दो खतरे साफ थे। पूँजीवाद अपने उच्चतम बिन्दु का स्पर्श कर ले अथवा प्रजातन्त्र अपनी नीचतम दशा में आ जाए। उन दिनों मेरी उमर कम थी, मगर मुझमें समाजवाद ज्यादा था। मैं हीरे की अँगूठी पहनने की जोखिम मोल नहीं लेना चाहता था। समाजवाद कुछ इतना ज्यादा था कि जोखिम छोड़ अँगूठी भी मोल नहीं ले सकता था।

मैंने हीरे की अँगूठी नहीं पहनी, मगर देश का जो होना था सो हुआ। पूँजीवाद अपने उच्चतम बिन्दु पर पहुँचा और प्रजातन्त्र अपनी टुच्चीतम हालतों पर। मैं हीरा पहन लेता तो शायद इतना न होता, इससे कहीं अधिक होता। उँगली में हीरा पहन लेता तो देश को गोवर्धन पर्वत उठाने के अन्दाज में उठा लेता और अपने बन्धुबान्धवों को कहता—''आ जाओ, इसके नीचे सुरक्षित आ जाओ।'' पर मैंने नहीं पहना। इसकी एक ही सैद्धान्तिक और दार्शनिक वजह थी कि अच्छा हीरा पाँच हजार से कम नहीं आता और मैंने एक साथ पाँच हजार रुपये जीवन में केवल एक बार ही देखे थे, मगर वे दूसरे के पास थे।

ज्योतिषी का कहना था कि मैं हीरा खरीद लूँ तो मेरे पास काफी रुपया आने लगेगा। मैं इस परेशानी में हूँ कि रुपया आ जाए तो हीरा खरीद लूँ। रुपया तब तक आएगा नहीं, जब तक मैं हीरा पहनूँगा नहीं। और रुपया नहीं आएगा तो मैं हीरा पहनूँगा कैसे? यानी जिसे कहते हैं, यह एक परस्पर अन्योन्याश्रित समस्या है। हीरा पहनने के बाद अच्छे दिन आएँगे और अच्छे दिन वे होंगे जब मैं हीरा खरीद सकूँगा।

पहले मेरे दिन ज्यादा खराब थे, तब हीरा कोई हजार डेढ़ हजार में मिल जाता था। दिन कुछ अच्छे आये यानी मैं हजार का हीरा खरीदने में समर्थ हुआ, तो हीरे की कीमत बढ़ गयी। हमारी कड़की का एक बुरा परिणाम तो यह हुआ मित्रो, कि हैदराबाद के निजाम के जेवरात बिक गये और हम खरीद नहीं पाये। उसमें कुछ बहुत अच्छे हीरे थे। अगर वे मेरे पास होते तो मेरी आर्थिक स्थिति उन हीरों के प्रभाव से इतनी अच्छी हो जाती कि मैं उन हीरों को यों ही सस्ते में बिक जाने थोड़े देता। खुद खरीद लेता। मगर निजाम के हीरे पास न होने के कारण मैं निजाम के हीरे नहीं खरीद पाया। क्या ट्रेजेडी है! नीच! अन्योन्याश्रित!

यह नहीं कि पिछले बीस वर्षों में मैंने प्रयत्न नहीं किया। क्यों नहीं करता? जब टाटा, बिड़ला और मोरारजी भाई अपने प्रयत्न करते रहे, तो मैं क्यों नहीं करता? मैं लगातार हीरे की अँगूठी की तलाश में रहा। हीरे के श्रेष्ठ व्यापारी से मिला कि भई, एक बढ़िया नग दिखाओ। उसने दिखाया। उसका यह काम था। हीरा पसन्द करने के बाद मैंने प्रस्ताव रखा कि तुम मुझे यह फिलहाल किराये पर उठा दो। जैसे ही हीरे के प्रभाव से रुपया आएगा, मैं इसे खरीद लूँगा। वह नहीं माना। सराफे में इसकी न कोई परम्परा थी और न रिवाज, मध्यम वर्ग के हित में कोई क्रान्तिकारी छूट देने के वह मूड में नहीं था। बात टूट गयी। उँगली इन्तजार में और दुबली होने लगी।

तब मैंने एक बैंक के मैनेजर से चर्चा की। मैंने कहा, ''मैं कर्ज लेना चाहता हूँ।'' ''किस वास्ते?'' उसने पूछा। ''हीरे की अँगूठी खरीदना है'', मैंने कहा। फिर मैंने उसे विस्तार से समझाया कि कैसे हीरे के प्रभाव से रुपया आएगा और मैं कर्ज वापस कर दूँगा। उसने इनकार कर दिया। मैंने ज्योतिषी की राय का हवाला भी दिया, पर उसने साफ कह दिया कि ऐसी कोई स्कीम नहीं है।

मेरी उँगली इन्तजार कर रही है। मैं इस हीरा-विहीन उँगली को उठा नेतृत्व को कोसता हूँ कि यह देश जो मुझे एक हीरे की अँगूठी नहीं दे पाया वहाँ क्या गरीबी दूर होगी और क्या बेकारी मिटेगी!

सोच रहा हूँ, हीरे की खदान के आसपास जमीन का एक टुकड़ा ले लूँ। खुद खोदकर देखूँ, मिलता है कि नहीं? वर्तमान की ऐसी-तैसी किये बिना भविष्य बनता नहीं। तब तक हीरा बिन अकेली उँगलिया मोर!

टूटता हुआ अकेलापन

मैं बस स्टैण्ड पर खड़ा हूँ और सोच रहा हूँ कि अगर मनुष्य आशावादी नहीं होता तो सड़क के किनारे यह बस स्टैण्ड नहीं होते। मनुष्य बुनियादी रूप से उम्मीदें रखनेवाला प्राणी है और इसीलिए वह आगे नहीं बढ़ता, वहीं खड़ा रहता है और बस का इन्तजार करता है। मैं खड़ा हूँ और सोच रहा हूँ कि उम्र बहुत छोटी है, नहीं सारी लड़कियों की प्रतीक्षा की जा सकती थी। यह लड़की जो बस स्टैण्ड पर बिलकुल मेरे पास खड़ी है और रोज मेरे साथ ही बस पर चढ़ती है और जिस स्टाप पर मैं उतरता हूँ उससे एक स्टाप पूर्व उतर जाती है—इसकी भी मैं प्रतीक्षा कर सकता था। मैं क्यों नहीं करता और उम्मीद छोड़ देता हूँ। मैं यह मानकर चला हूँ कि इस लड़की से मेरा कोई लेना-देना नहीं है और इसका कोई जरूर प्रेमी होगा, न होगा तो जल्दी हो जाएगा और इसकी एक अलग राह है। इसलिए रोज इसे देखने, इसके कसे हुए शरीर की मन ही मन में प्रशंसा करने के बावजूद मैं इसके लिए जरा कोशिश नहीं करता। इसमें मैं अपने को शरीफ भी माने लेता हूँ।

शराफत भी एक पैंतरा है। खामोश खड़े रहना और लड़कियों पर ध्यान नहीं देना भी लड़कियों में डूबे रहने का एक तरीका है। लड़कियाँ शरीफ आदमी की तलाश में रहती हैं—कोई ऐसा आदमी जो उस पर तो ध्यान दे पर फिर और कहीं न दे। सिलसिलेवार बच्चे पैदा करे और बाप कहाने में गर्व अनुभव करे। एक ऐसा आदमी जिससे लिपटकर सो जाना इंशुरेंस कराने की तरह लाभदायक हरकत हो। लोग शरीफ बन जाते हैं क्योंकि उनमें आत्मविश्वास की कमी होती है और उन्हें यह डर रहता है कि अगर हम शरीफ न बने रहे तो हमें एकाध लड़की जो मिल सकती है वह भी नहीं मिलेगी। जब स्टैण्ड पर भीड़ नहीं रहती और जो बस आती है खाली आती है तब लोग कितने धीरे-धीरे एक-दूसरे की इज्जत करते हुए बस में चढ़ते हैं और सीट पर जा बैठते हैं और अगर बस में भीड़ हुई तो वे ही लोग एक-दूसरे को धक्के देने लगते हैं। वे प्राप्त करना चाहते हैं और उसके लिए जो स्वरूप आवश्यक हो अपना लेते हैं। जैसे कुछ

लड़कियाँ तब तक ध्यान नहीं देतीं जब तक कि आप बिलकुल खिदमदगार की तरह उस पर अपने को मिटा देने के लिए तैयार न हों। लिहाजा आपकी मजबूरी हो जाती है कि आप एक निश्चित समय पर उठें, तैयार हों और एक खास जगह पर जाकर खड़े हो जाएँ जहाँ से वह लड़की गुजरने वाली हो या आनेवाली हो। अगर आप सुबह नौ बजे से पहले बाहर नहीं निकलते तो आप नौ बजे से पहले वाली सब लड़कियों को अपनी जिन्दगी से अलग कर देते हैं।

मैं बस स्टैण्ड पर ग्यारह बजे पहुँचता हूँ और तब सिर्फ यही लड़की खड़ी रहती है। मैं अक्सर सोचता हूँ कि इस लड़की से मुझे पहचान कर लेना चाहिए, जिससे यह रोज बस स्टैण्ड पर आना, खड़े रहकर बस का इन्तजार करना और यहाँ से अपने दफ्तर तक जाना सबको एक अर्थ मिल जाए। इस बोर-सी बात में एक लड़की के जुड़ जाने से शायद सब अच्छा लगने लगेगा। दूसरे दिन मैं यह इरादा करके आया था कि आज किसी बहाने लड़की से बात करूँगा। पर मैं कर नहीं सका। मेरे हाथ में एक अँग्रेजी कविताओं की पुस्तक थी जिसे मैं सुबह से पढ़ रहा था। एक शख्स जो सुबह से विदेशी कविताएँ पढ़ रहा हो और उसके हाथों में वह किताब हो भी यह अपने में इतना गम्भीर हो जाता है कि वह किसी लड़की को पटाने की साधारण-सी हरकत नहीं कर पाता। मैं कविता-संग्रह हाथ में ले खामोश खड़ा रहा। मैं चाहता था कि वह मेरे हाथ का कविता-संग्रह देख ले और मेरी मजबूरी समझ जाए कि मैं उससे क्यों नहीं बोल पा रहा हूँ। वह देख नहीं पायी क्योंकि वह जब नजर उठाती थी उस लम्बी सड़क की तरफ देख कर रह जाती थी जिससे बस आने की उम्मीद थी। मैं अक्सर सोचता था कि इस लड़की के दिल में बस आने की उम्मीद के अलावा भी कोई उम्मीद है या नहीं।

कभी मैं इस लड़की से यह सवाल जरूर पूछूँगा कि हम लोग सिर्फ बसों का इन्तजार क्यों करते हैं। हम शाम का इन्तजार क्यों नहीं करते या हम एक-दूसरे का इन्तजार क्यों नहीं करते। जब बसें नहीं थीं और पुराने दिन थे लड़कियाँ कहीं नहीं जाती थीं, वे सिर्फ इन्तजार करती थीं। पूरे हरम में बैठी आठ-दस बेगमें एक साथ इन्तजार करती थीं। मैं सोचने लगा कि यह बस स्टैण्ड पुराने हरम हैं जो वक्त पाकर खुल गये हैं और सड़क के किनारे आ गये हैं।

यह कल्पना कोई खास नहीं थी पर इसमें एक बार हँसी की गुंजाइश थी। अगर मैं किसी से बातचीत करते हुए ऐसी कोई बात कहता तो शायद वह या मैं ही अकेला इसी बस स्टैण्ड पर जोर से हँस सकता था। मगर अकेले में यह भी तो नहीं किया जा सकता। यह हरमवाली बात इतनी हलकी थी कि इस लड़की से भी नहीं की जा सकती थी। खासकर ऐसे आदमी के मुँह से यह शोभा

नहीं देती जो बस स्टैण्ड पर अँग्रेजी कविताओं का संकलन लेकर आया हो। मुझे अपने शरीफ होने पर फिर से अफसोस होने लगा।

यह बस स्टैण्ड निर्जन होता तो मैं ठहाका लगाता, पर यह निर्जन नहीं और ऐसा भी नहीं कि जिससे बात की जाए। अगर ऐसा हो कि मैं बिला वजह ठहाका लगा दूँ। मुझे अपनी हरकत मेरे जागीरदार दोस्त के चौकीदार की तरह लगी जिसने एक दोपहर अकारण बन्दूक छोड़ दी थी। हम लोग खाना खाने के बाद सोफे पर लेटे-अधलेटे से कुछ पुरानी बातों का मजा ले रहे थे कि एकाएक बन्दूक छूटने की आवाज सुनाई दी। तेजी से दरवाजे पर भागे तो देखा कि चौकीदार बन्दूक आकाश में चलाने के बाद अब चुपचाप खड़ा है। उससे पूछा कि उसने बन्दूक क्यों चलायी और किस पर चलायी तो वह जवाब नहीं दे सका। बाद में, बहुत बाद में, उसने बताया कि वह पन्द्रह वर्ष से चौकीदार है और इसी तरह जागीरदार साहब के दरवाजे पर बन्दूक लेकर खड़ा है। कभी कोई घटना नहीं होती कि बन्दूक चलाना पड़े। वह पन्द्रह वर्ष से दरवाजे पर इस इन्तजार में खड़ा है कि कभी मौका आएगा और वह बन्दूक चलाएगा। मगर ऐसा नहीं होता। उससे रहा नहीं गया और उसने बन्दूक छोड़ दी। अकारण ही आसमान में एक फायर कर दिया। अपने अन्दर जो कुछ बरसों से घुट रहा था उसने बाहर कर दिया। मुझे लगा कि अगर वह चौकीदार आसमान में फायर नहीं करता तो वह खुद को गोली से उड़ा देता। एक रुके हुए झरने की तरह वह पत्थर तोड़कर फूट पड़ा था।

इस बस स्टैण्ड पर अकेले ठहाका लगाकर मैं उस बन्दूक को आसमान में फायर करना चाहता हूँ। मुझे लोग और यह लड़की भी सिरफिरा कह दे पर मैं ऐसा करना चाहता हूँ। हाथ में अँग्रेजी कविताओं के संकलन के बावजूद मैं यह कर दूँगा। मैं बस स्टैण्ड की यह खामोशी सहन नहीं कर सकता। मैं इस लड़की से बात करना चाहता हूँ।

वह सफेद कपड़ों में है। वह अक्सर ही सफेद कपड़ों में रहती है। खूब धुले हुए और कलफ किये हुए कपड़े उसे पसन्द हैं। किसी गहरे रंग के ब्लाउज के साथ उसे सफेद साड़ी पहनना अच्छा लगता है। मुझे यह रंग बस स्टैण्ड पर एक खामोश खड़ी हुई लड़की के सन्दर्भ में अच्छा लगता है। जैसे गहरे घने जंगल में पहाड़ से टूटता हुआ सफेद झरना अच्छा लगता है। यह लड़की भी जंगल के झरने की तरह है जो बिलकुल एकसाँ है, निरन्तर है। झरने की उपमा सोचने के बाद मैं खुद को बहुत प्यासा अनुभव करने लगा और उसकी ओर देखने लगा। यह झरने की तरह बोलती क्यों नहीं और मैं सिर्फ प्यासा क्यों खड़ा रहता हूँ और अगर यही होना है तो बस क्यों नहीं आती?

बस नहीं आती। पर बस जरूर आएगी। हम खड़े हैं यही इस बात का

सबूत है कि बस आएगी। अकारण ही एक तार्किक सम्बन्ध इन दो अलग बातों में कायम हो जाता है। बस आनेवाली है इसीलिए हम चुप हैं, इन्तजार कर रहे हैं। अगर बस न आती तो हम एक-दूसरे के पास आ जाते। हम एक-दूसरे से बस की शिकायत करते हुए करीब आ जाते। मुझे बस का आना गलत लगने लगा। बस न आये तो हम एक-दूसरे के समीप आ जाएँ। बस की उम्मीद ने हमें अकेला कर रखा है। मुझे यह सोचकर हँसी आने लगी कि हम निराशा के कारण नहीं, अपनी-अपनी आशाओं के कारण अकेले हैं। मैं यह निर्णय नहीं कर पा रहा हूँ कि निराशा की स्थिति बेहतर है या अकेलेपन की। फिर मैं इस बात को विचार करते हुए मन ही मन हँसने लगा।

मुझे डर है कि कहीं बस न आ जाए। ज्यों-ज्यों समय बीतता जाएगा बस पास आती जाएगी। इस लम्बी राह के किसी दूर वाले हिस्से पर बस चल रही है। वह तेजी से हमारी तरफ दौड़ रही है। जल्दी ही वह नजर भी आने लगेगी। वह एकदम सामने आकर खड़ी हो जाएगी और एक-दूसरे के समीप आने के क्षण में बाधा बनके खड़ी हो जाएगी। वह रोज ही बाधा बनकर आ जाती है। मैं उसके आने के पहले बल्कि यह मानकर कि वह नहीं आएगी, इस दम घोंटनेवाले अकेलेपन को तोड़ देना चाहता हूँ। आज हम अपना-अपना अकेलापन लिये बस पर नहीं चढ़ेंगे। मैं उसकी तरफ देखता हूँ कि बात करूँ।

''नौ नम्बर बस अभी तक नहीं आयी!'' वह एकाएक मुझसे पूछ बैठती है।

मैं आश्चर्य से उसकी तरफ देखता रह जाता हूँ। बिलकुल इसी क्षण यही वाक्य मैं उससे कहने जा रहा था। उसके एकाएक बोल देने के कारण हुई मेरी परेशानी को वह पहचान गयी और मुस्कुरा दी। उसे इस बात का अहसास था कि वह पहली बार बोल रही है। वह मुझसे बोल रही है जिससे वह इतने दिनों पास खड़े रहने के बावजूद नहीं बोली।

''हाँ, पन्द्रह मिनट ऊपर हो गये, पता ही नहीं है। इन बसों का भी अजब होता है, कभी टाइम से आती हैं कभी नहीं आतीं।'' मैं कहता हूँ।

हम एक-दूसरे को भरपूर देखते हैं। उसकी आँखों में विजय का भाव है जैसे कह रही हो, देखो मैं ही आखिर बोली, तुमसे नहीं बोला गया।

हम सब खामोशी की बन्दूकें लेकर अपने संस्कारों के पुराने जागीरदार के दरवाजे पर चौकीदार बने खड़े हैं। हमें आसमान में फायर करना चाहिए। उस लड़की को देखते हुए और उससे बातें करते हुए मैं यह सोच रहा हूँ यह लड़की और मैं उस चौकीदार की तरह सिरफिरे हैं, पागल हैं, पर यह कितनी अच्छी बात है।

आपका बन्दा : हॉकी कोच की मुद्रा में

मैं तो कर्मण्येवाधिकारस्ते के चक्कर में फँस गया। जब राष्ट्र आवाहन करे, और खास तौर से राष्ट्र की सरकार और उसके अफसर, फिर राष्ट्र भी अपना हो तो मानना पड़ता है। मेरा रिकार्ड है कि कर्तव्य के किसी छोटे-छोटे मोर्चे से कभी पीछे नहीं हटा। यह बात दूसरी है कि परिणामों से असन्तुष्ट हो मुझे हटा दिया गया हो या मेरी बदली कर दी गयी हो। मगर मैं नहीं हटा। इसी आदतवश जब मुझे कहा गया कि 'हॉकी का कोच आपको बनना है' तो मैंने कहा—'मंजूर है।'

भारतीय हॉकी का तेजी से पतन हो रहा है और वह मेरे स्तर तक आ गयी है। साहित्य के क्षेत्र में कांस्यपदक-भर पा लेने के लिए मैं बरसों से हालैण्ड की तरह हाथ-पैर फेंक रहा हूँ और लगभग ऐसी ही मन:स्थिति में आज देश की टीम है, जहाँ यह भय समा गया है कि अगर इसी प्रकार गेंदें आउट में जाती रहीं, तो यह कांस्यपदक भी कब तक रहेगा? मैंने कहा, ''बच्चो, जब गेंदें अपना भारतीय स्वभाव नहीं छोड़तीं और आउट में चली जाती हैं, तो तुम क्यों छोड़ते हो? मारते रहो।'' मैंने निश्चय किया कि जिस तरह पुराने जमाने के प्रोफेसर कक्षा में पढ़ाने के पूर्व घर से अध्ययन कर के जाते थे, उसी तरह मैं भी घर से हॉकी का अध्ययन करके जाऊँगा और तब कोचिंग करूँगा।

मैंने उन सबको लाइन से खड़ा किया और कहा, ''मेरे मित्रो, अभी तक हमारे देश की हॉकी में राजनीति घुसी हुई थी, जिसके बड़े कुपरिणाम हुए और देश की किस्मत में लिखा एक अदद गोल्ड मेडल भी हमसे छिन गया। कहाँ हम भारतवासी यह आशा लगाये थे कि हॉकियाँ राजनीति में घुसेंगी और खोपड़ियाँ फूटेंगी, मगर हो गया उल्टा। खैर गुजर गये वे दिन। अब साहित्य घुसा है हॉकी के क्षेत्र में। मुझे कोच नियुक्त किया गया है और यह शाश्वत नियम है कि नियुक्त करनेवाले मूर्ख नहीं होते। मैं आपको बता दूँ कि अपने समस्त आन्तरिक टुच्चेपन के बावजूद साहित्य प्रेरणा देता है और ताज्जुब नहीं कि इसके संसर्ग

से भारतीय हॉकी में जान आ जाए। एक पद या स्थिति पर बैठ उदीयमानों को उचका-उचका कर पीढ़ी तैयार करने का काम पिछले दशक में साहित्य के क्षेत्र में काफी हुआ है। गलत लोग फारवर्ड खेल गये। मैं हॉकी के क्षेत्र में एक पीढ़ी का निर्माण करूँगा। कृपया ध्यान रखें और इस बात को बार-बार घोषित करें कि आप सब युवा हैं।''

कुछ वास्तव में युवा थे और कुछ के पास प्रमाणपत्र थे कि वे युवा हैं। आधार मजबूत था। मैंने एक प्रश्न किया, ''हॉकी पर कब्जा जमाये रखने का रहस्य क्या है?''

''गुटबन्दी'', सब चिल्लाये।

मुझे भारतीय हॉकी का भविष्य हिन्दी साहित्य की तरह उज्ज्वल नजर आने लगा।

''गोल कैसे होता है?''

''पेनाल्टी कार्नर से।'' जवाब मिला।

''शाबाश! मैंने भी आज यही अध्ययन किया। इस समय देश को एक पेनाल्टी कार्नर एक्सपर्ट की आवश्यकता है। बोलो, सम्मान का यह घण्टा कौन अपने गले लटकाएगा?''

''मैं!'' युवानुमा एक प्रौढ़ लड़का आगे आया।

''चलो, इसे पेनाल्टी कार्नर की प्रैक्टिस कराएँ।''

''उसके बाद से हम उस महान कार्य में जुट गये। एक माह प्रैक्टिस करने के बाद औसत यह रहा कि अगर एक मैच में विरोधियों के विरुद्ध चालीस पेनाल्टी कार्नर मिलें, तो हमारा एक्सपर्ट एक गोल जरूर कर देता था। मैंने टीम के सम्मुख लक्ष्य तय किया कि हमें किसी तरह चालीस पेनाल्टी कार्नर प्राप्त करने होंगे कि जीत सकें और काम चालू कर दिया।

नियुक्त करने के पूर्व अफसरों ने मुझे नीति स्पष्ट कर दी थी कि हमारे देश की हॉकी टीम भारतीय जनता का नहीं, बल्कि भारत के बड़े सरकारी विभागों का प्रतिनिधित्व करती है। अर्थात सेना, रेलवे, पुलिस आदि हॉकी के माध्यम से ये विभाग सिद्ध करते हैं कि राष्ट्र के जीवन में उनकी कितनी महान भूमिका है तथा विभागों में परस्पर समन्वय साल-भर के प्रशिक्षण से सम्भव है। अफसरों ने बताया कि उनके प्रिय चमचे कौन हैं, जिन्हें ओलम्पिक भेजना और खेलने का मौका देना आवश्यक है। राष्ट्र में तीन तरह के खिलाड़ी होते हैं। एक वे, जो ओलिम्पिक जाते हैं और उन्हें वहाँ खेलने का अवसर दिया जाता है। दूसरे वे,

जो ओलिम्पिक जाते हैं, मगर वहाँ इस बात का सख्ती से ध्यान रखा जाता है कि वे खेलने न पाएँ। तीसरे वे, जो योग्य खिलाड़ी हैं, मगर ओलिम्पिक के काबिल नहीं समझे गये। पहली श्रेणी, अर्थात ओलिम्पिक जाकर खेलनेवालों की, में दो भाग हैं, एक जो खेलना जानते हैं, दूसरे जो नहीं जानते। दूसरी श्रेणी में अधिक लोग हैं। इसके अतिरिक्त एक श्रेणी और है, जो वास्तव में प्रथम से भी ऊपर है, जिसमें मुझ जैसे महापुरुष हैं, जो हॉकी के विषय में कुछ नहीं जानने के बावजूद ठुँसे हुए हैं इस क्षेत्र में। भावना है, महसूस करते हैं, अपनी पसन्द-नापसन्द रखते हैं सो भाग्य विधाता हैं। हॉकी जानना ही सब-कुछ नहीं होता।

मैंने लड़कों की दो टीमें बनायीं। एक टीम अच्छे हॉकी खिलाड़ियों की और दूसरी ओलिम्पिक जानेवाले खिलाड़ियों की। मेरा कार्यक्रम यह था कि जब ओलिम्पिकोन्मुखी खिलाड़ी हमारे देश के अच्छे हॉकी खिलाड़ियों से खेलने की प्रैक्टिस कर लेंगे, तो उन्हें संसार की श्रेष्ठ हॉकी टीम से खेलने की प्रैक्टिस हो जाएगी और उस अनुभव के साथ जब वे ओलिम्पिक जाएँगे, तो स्वर्णपदक का लक्ष्य रखेंगे, रजत के लिए संघर्ष करेंगे तथा भाग्य, मौसम, रेफरी तथा विरोधी की कमजोरियों ने साथ दिया, तो कांस्य प्राप्त कर ही लेंगे, क्या खयाल है?

कर्मण्येवाधिकारस्ते, जो हो, सो हो, कोचिंग का एलाउंस बुरा नहीं है, मैं टीम में जुट गया। एक राइट-इन को लेफ्ट-इन पर ट्राई किया, क्योंकि अफसरों का कहना था कि डण्डास्वामी जरूर जाएगा और वह राइट-इन खेलना चाहता था। एक फारवर्ड को राइट-आउट कर दिया, क्योंकि दूसरा फारवर्ड उसे पसन्द नहीं करता था। गोलकीपर को गोल रोकने की इतनी प्रैक्टिस करायी कि गोल खाना उसका स्वभाव हो गया और वह ऐसी हर स्थिति में मुस्कराने लगा। बजाय गोलकीपर के वह मुझे कवि-सम्मेलनी कवि लगने लगा, जो किसी भी अशोभनीय अथवा अपमानजनक स्थिति में धैर्य नहीं खोता। तय रहा कि हमारे खिलाड़ी गेंद को जैसे-तैसे विरोधी के डी में ले जाएँगे और वहाँ चूँकि गोल तो कर नहीं सकते, मगर विरोधी से फाउल करवा लेंगे, सो पेनाल्टी कार्नर मिल जाएगा और उससे गोल होगा। इधर लगातार प्रैक्टिस के कारण हमारा पेनाल्टी कार्नर एक्सपर्ट छत्तीस पर एक का औसत दे रहा था। अर्थात छत्तीस पेनाल्टी कार्नर मिलने पर एक गोल मार देता था।

मगर देश का दुर्भाग्य! एक दिन मैंने देखा कि मैदान के किनारे खड़े दो विदेशी व्यक्ति मुग्ध भाव से मेरा कोचिंग देख रहे थे। बाद में मिले और प्रस्ताव किया कि मैं चलकर उनके देश में हॉकी टीम को कोच करूँ। बड़ा वेतन,

किराया, सुविधा, भोजन। साहित्यकार को और क्या चाहिए? उन लोगों का कहना था कि हम भारतीय कोच चाहते हैं, क्योंकि यहाँ वाले को नाकाबिल टीम को कोच करने का अच्छा अनुभव होता है, जैसी कि उस देश की टीम वर्तमान में है तथा चूँकि कोच खुद नाकाबिल होता है अत: सारे नाकाबिल खिलाड़ियों से उसको हार्दिक सहानुभूति होती है। मैंने कहा, ''जैसा आप फरमाएँ, जिसे कहेंगे उसे खिलाड़ी बना ओलिम्पिक की बाजू फेंक दूँगा। चूँकि भारतीय टीम कमजोर जाएगी, अत: इस स्तर की तो बना ही दूँगा।''

अत: मित्रो, शरद जोशी जाते हैं और एक जगह खाली होती है। दौड़ पड़ने का यह सुअवसर आपके सामने है। जमाओ। मेरे मन में बड़ी इच्छा थी कि एक बार लेखक होने के नाते विदेश जाने का अवसर मिले। मैं भी बड़ा-सा गरम कोट पहन फोटू खिंचवाऊँ। मैं भी देशवासियों को आकर बताऊँ कि विदेश में छतों पर बर्फ गिरती है, लड़की शराब पीती हैं। यहाँ मुझे कोई न पूछे, मगर वहाँ एक ने अपने कमरे पर बुलाया था। कुण्ठा-सी थी मन में, मगर जय हो हॉकी की, मैं तो चला। आप अपनी सोचो। यह गलियारा भी वहीं जाता है। अयोग्यता यहाँ भी आड़े नहीं आती।

क्षणभंगुर है मानव जीवन
इसे व्यतीत कर
नित नव अवसर पाने में!

अलविदा!

रिकॉर्ड मैंने नहीं तोड़ा

जिन क्षणों में गावस्कर ने ब्रैडमैन का रिकॉर्ड स्पर्श किया, देश के बहुत-से भूतपूर्व और अभूतपूर्व क्रिकेट खिलाड़ियों ने स्वयं से प्रश्न किया होगा कि यह काम मैंने क्यों नहीं किया? मैंने क्यों नहीं तोड़ा ब्रैडमैन का रिकॉर्ड? इस तरह अपने-आप से प्रश्न करनेवालों में एक मैं भी हूँ। जो काम गावस्कर ने किया, वह 'शरद' तुमने क्यों नहीं किया?

कारण व्यक्तिगत हैं और दार्शनिक। मैं इसके लिए निष्ठुर समाज और आड़े आनेवाली परिस्थितियों को दोष नहीं दूँगा, जैसा कि रिवाज है। मैं स्वयं को भी दोष नहीं दूँगा, क्योंकि पिच पर बल्ला लेकर खड़े चिन्तन की जिन गहराइयों में मैं डूब जाता था, उस स्थिति को कोई अर्जुन या हैमलेट ही समझ सकता है। हैमलेट के आसपास कोई कृष्ण नहीं था और अर्जुन कृष्ण से संवाद करने के पूर्व लगभग एक निर्णय तक पहुँच चुका था। मेरी गुत्थी या गुत्थी खड़ा करने का अन्दाज इन दोनों से भिन्न था। प्रायः एक-दो रन बनाने के बाद मन में प्रश्न खड़े होते थे कि शरद तुम कहाँ हो, क्या कर रहे हो? कौन इनमें तुम्हारा और कौन पराया है?

खेल हो या युद्ध, विरोधी आपके सामने समान वजन और क्षमता का शस्त्र लिये खड़ा होता है। क्रिकेट के मैदान पर मुझे विश्वास नहीं होता कि जो विपरीत सिरे पर बल्ला लिये खड़ा है, वह तो मेरा साथी है और मेरे ठीक पीछे नम्र मुद्रा में झुका हुआ जो विकेटकीपर है वह मेरा प्राणघाती है, शत्रु है। मतलब, जो आपका दोस्त है, वह तो आपके सामने तन कर खड़ा है और जो पीछे खड़ा सहारा देता-सा प्रतीत होता है, वह आपका विरोधी है। यह समस्या दो-चार रन बना लेने के बाद खड़ी होती। मैं उससे अधिक रन बनाने के जतन में रन आउट हो जाता।

जाने क्यों फील्डर्स मुझे मेरे प्रशंसक लगते। उनके चेहरों पर एक अपेक्षा का भाव होता कि मैं गेंद को हिट करूँगा। यह भाव मुझे कर्म की प्रेरणा देता और मैं उनकी अपेक्षा की पूर्ति करने में एकाध ऐसी गेंद हिट कर देता, जिसे

वे सरलता से झेल लेते। पूरी नम्रता से कैच के लिए हाथ जोड़े फील्डर्स और धेनुमुद्रा में खड़ा विकेटकीपर मुझे अपने लगते, पराये नहीं। अकसर गेंद को हिट करने के बाद मैं दौड़ता नहीं था। मुझे अपनी पीटी गेंद को दूर तक जाते देखना बहुत अच्छा लगता था। ऐसे सुन्दर क्षण और सुहाने दृश्य को विकेट के बीच दौड़कर गँवाना मुझे ठीक नहीं लगता था। दूसरा बल्लेबाज चिल्लाता, ''रन, रन यू फूल'', मगर एक सुन्दर गेंद का दूरी तक जाना देखना कितना सुखद होता है, यह तो मुझ-जैसा व्यक्ति ही समझ सकता है, जो बल्लेबाज होने के साथ एक अच्छा दर्शक भी था।

वे धुआंधार क्रिकेट के दिन थे। सुबह जब हम खेलने उतरते, कोई नहीं जानता था कि क्या होगा। किसकी खिड़की का काँच फूटेगा, किसके कन्धे पर गेंद लगेगी! क्रिकेट की इस अनिश्चितता से सारा मोहल्ला डरता था। एक अच्छे क्रिकेट के लिए सड़कें जितनी चौड़ी होनी चाहिए, उतनी नहीं थीं। उसका लाभ भी था कि सीमा छोटी थी। गावस्कर जितनी दूरी तक गेंद फेंककर एक रन बटोर पाता है, उतने में हम चार बना लेते थे। विकेट के बीच की दूरी भी कम थी, क्योंकि आखिर विकेटकीपर के लिए जगह निकालनी होती थी। वो क्या पीछे नाली में खड़ा रहता?

ब्रैडगैन का रिकॉर्ड मेरे द्वारा तोड़े जाने का सवाल ही नहीं था। एक तो हमारे मोहल्ले की टीम में या स्कूल की टीम में स्कोर याद रखने का रिवाज ही नहीं था। मुझे ही याद रखना पड़ता था कि मैंने सोमवार को कितने रन बनाये और गुरुवार को कितने बनाये। आँकड़ों की डींग हाँकने का प्रयत्न करता तो कोई सुनता नहीं, या वे जवाब में अपने सुनाने लगते। अगर मैं सौ रन भी बना लूँ तो एक माह बाद गवाह ढूँढ़ना मुश्किल पड़ जाता कि मैंने बनाये थे। आरम्भिक संघर्ष के दिन थे। मेरे लिए तो वे ही अन्तिम सिद्ध हुए।

कारण दार्शनिक थे। जरा सोचिए, कि अम्पायर जो न्याय का प्रतीक है, उस तरफ खड़ा है, जिधर से आप पर प्रहार के लिए गेंद आ रही है। आपका साथी कहलानेवाला बल्लेबाज भी पास ही वहीं तटस्थ है। बल्ला हाथ में लिये सामने की ओर देखता मैं, जब मित्र, शत्रु और न्यायाधीश तीनों को अपने सामने पाता तो सोचता रह जाता। सारी सम्भावाएँ क्षीण होने लगतीं। मुझे अम्पायर पर क्रोध आने लगता। यह शख्स निरन्तर उस क्षण की प्रतीक्षा में है, जब मैं आउट होऊँ और वह निर्णायक उँगली उठाये। वह बॉलर को उकसा रहा है। क्या यह कभी भी मेरी ओर से नहीं सोचेगा? बॉलर से कभी नहीं कहेगा कि टाइट गेंदें न फेंके, ताकि मैं एक-दो रन बना सकूँ। बीस-तीस मिनट में मैं सुरक्षात्मक खेल खेल कर अपना शरीर बचा रहा हूँ। यह कब तक चलेगा? यदि मुझे रन नहीं बनाने

दिये जाने थे, तो मुझे यहाँ बुलाया क्यों गया? मुझे समूची व्यवस्था अपने विरुद्ध खड़ी जान पड़ती थी। मैं बल्ला हाथ में लिये तन्त्र के सामने स्वयं को अकेला और असहाय अनुभव करता था।

अपनी निगाह में मैं एक अच्छा ओपनर था। पर, अपने विषय में इस तरह की निगाह रखनेवाले हमारी टीम में लगभग सभी खिलाड़ी थे। सभी अपने आपको एक श्रेष्ठ ओपनर मानते थे। जब तक यह तय नहीं होता कि ओपन कौन करेगा, खेल शुरू नहीं हो पाता था। मेरी विशेषता यह थी कि रन चाहे न बनाऊँ, मगर एक बार ओपनर हो जाने के बाद मुझे क्लोज करना मुश्किल हो जाता था। क्रिकेट की भाषा में जिसे कहते हैं, एक छोर पर जमे रहना। मैं दोनों छोर पर जमा रहता। सामनेवाले बल्लेबाज के सिंगल बन जाने के कारण मुझे छोर बदलना पड़ता था।

जीवन की ऊब तोड़ने के लिए क्रिकेट खेलता था, पर मैं वहाँ स्वयं को नयी ऊब से घिरा पाता था। लोगों का कहना था कि उस ऊब का कारण मैं स्वयं हूँ। हमारे एक क्रिकेट प्रशिक्षक थे, जो क्रिकेट के भविष्य और खासकर भारतीय क्रिकेट के भविष्य को लेकर बहुत चिन्तित रहते थे। एकान्त में और प्रायः सरेआम वे मुझे सलाह देते थे कि मुझे क्रिकेट खेलना छोड़ देना चाहिए, इसमें भारतीय क्रिकेट का हित तो है ही, मेरा भी हित है। उन्हें यह डर बहुत सताता था कि किसी दिन मेरे हाथ-पैर न टूट जाएँ। यह डर बल्ला हाथ में होने के बावजूद मुझे भी कम नहीं सताता था। वे मुझे सलाह देते थे कि मुझे शतरंज खेलना चाहिए। समस्या सामने आने पर अगली चाल सोचने के लिए शतरंज में काफी समय मिलता है। क्रिकेट में बॉल सामने आने पर उतना समय नीति निर्णय करने और बल्ला मारने के लिए नहीं मिलता, जिसकी मुझे दरकार होती थी। मैं शतरंज का खिलाड़ी भी न हो सका, पर वह अलग लेख का विषय है, जिसमें मैं प्रेमचन्द की एक कहानी को दोषी पाता हूँ। फिलहाल प्रश्न यह है कि क्रिकेट में मैंने ब्रैडमैन का रिकॉर्ड क्यों नहीं तोड़ा?

सच यह है कि ब्रैडमैन ने कोई रिकॉर्ड बनाया है, इसकी जानकारी भी मुझे तभी हुई, जब गावस्कर उसे तोड़ने के करीब पहुँचा। ब्रैडमैन ने जितनी इनिंग्स में वह रिकॉर्ड बनाया, उससे बहुत अधिक इंनिंग्स में गावस्कर ने वह रिकॉर्ड बनाया। यह जानकारी भी मुझे गावस्कर के बयान से ही मिली। यदि मैं ब्रैडमैन का रिकॉर्ड तोड़ने जाता, तो मुझे टेस्ट मैचों की कोई तीन सौ इनिंग्स खेलनी पड़तीं। कुल मिलाकर जो मैंने खेला है, वह नेट प्रैक्टिस है, टेस्ट मैच नहीं। मैं सदा नेट प्रैक्टिस ही करता रहा, टैस्ट मैच नहीं खेला। यदि खेलता, तो वहाँ भी नेट प्रैक्टिस देता।

यह ठीक ही हुआ कि मैंने ब्रैडमैन का रिकॉर्ड तोड़ने का प्रयास नहीं किया। पहले तो वह टूटता नहीं और टूट जाता तो गावस्कर क्या करता? मेरी अनुपस्थिति में उसे जीवन का लक्ष्य मिल गया। यों भी मुझमें और गावस्कर में खिलाड़ी होने में बड़ा फर्क है। वह नयी बॉल पर आउट होता है, मैं पुरानी पर ही हो जाता हूँ। कई बार वह नयी पर भी नहीं होता। मैंने नयी बॉल ओपनर होने के बावजूद नहीं देखी। हमारे पास एक ही बॉल थी, जिसे हम अपनी निकरों पर निरन्तर कई महीनों तक घिस चमक बनाये रखते थे। जब एक गेंद खो जाती तब खेल दस-बारह दिनों के लिए रुक जाता, क्योंकि नयी गेंद के लिए चन्दा करने में वक्त लगता था। परिस्थितियाँ कठिन थीं। ब्रैडमैन का रिकॉर्ड तोड़ने जाता, तो पता नहीं खुद कितनी जगह से टूटता। पर, मैं परिस्थितियों को दोष नहीं दूँगा। कारण निजी थे और प्रायः दार्शनिक।

आज जो भी खिलाड़ी या गैरखिलाड़ी स्वयं से प्रश्न कर रहा होगा कि उसने ब्रैडमैन का रिकॉर्ड क्यों नहीं छुआ, तो उसके उत्तर मेरे उत्तरों से मिलते-जुलते होंगे। हम उसी लुगदी के बने हैं, जिस पर कविता-संकलनों की छपाई होती है। गेंद पीटने के लिए अधिक दम की जरूरत होती है। वह होता, तो भारतीय क्रिकेट क्या भारतीय प्रजातन्त्र की भी अनेक समस्याएँ सुलझतीं, कई रिकॉर्ड टूटते।

क्रिकेट विशेषांकों का भविष्य

क्रिकेट का जो भी हो, मुझे इस देश में क्रिकेट विशेषांकों का भविष्य उज्ज्वल दिखाई दे रहा है। आज से बीस साल पहले यह बात नहीं कही जा सकती थी। तब क्रिकेट था, उसकी कमेण्ट्री थी, हार-जीत की जिज्ञासा और सुख-दुःख थे। तब ट्रांसपेरेंसीज नहीं थीं, जिस पर खिलाड़ियों के विभिन्न पोज और थोबड़े लिये जाएँ। कमेण्ट्री के श्रोताओं को यह न पता था और न इस बात का अहसास कि क्रिकेट खिलाड़ी हसीन भी हो सकता है अथवा उसे होना चाहिए। खिलाड़ी से अदब और सलीकों की आशा की जाती थी क्योंकि क्रिकेट अदब और सलीकों का खेल है। खिलाड़ियों की तस्वीर क्रिकेट मासिकों के मुखपृष्ठ के अतिरिक्त कहीं नहीं छपती थी। खिलाड़ी सही मानों में हीरो नहीं हुए थे।

मामला बिगड़ना तब से शुरू हुआ जब शर्मिला टैगोर ने नवाब पटौदी से शादी की। क्रिकेट एकाएक फिल्म पत्रिकाओं की ग्लेमरवाली दुनिया में घुस गया और उसकी रंगीन रोशनी में नहाने लगा। आज हालत यह है कि टेस्ट में पहला छक्का लगाते ही खिलाड़ी सोचता है कि बोलो किससे शादी करूँ? जीनत अमान ठीक रहेगी या रीनाराय। गावस्कर खिलाड़ी के रूप में उभरे। खेलते तो ठीक ही थे, नाक-नक्शा भी पत्रिकाओं के मुखपृष्ठ के अनुकूल था। मराठी नाटकों के रूमानी हीरो की तरह जुल्फें। मन ही मन एक्टर बनने की सुप्त इच्छा के कारण फोटोग्राफरों को पोज देना जानते थे। क्रिकेट विशेषांक निकालने वाली पत्रिकाएँ उन पर भरोसा कर सकती थीं। उन्होंने किया और स्थिति यह हो गयी कि गावस्कर के फोटो और बयान छापो और बेच लो लाख-दो लाख प्रतियाँ। मुझे सन्देह तब हुआ जब गावस्कर ढीले पड़ने लगे। फिकर यह पड़ी कि क्रिकेट विशेषांकों का क्या होगा? गावस्कर क्रिकेट का सितारा है। वह मन्दा पड़ गया तो पूरे क्रिकेट में मन्दी आ जाएगी। यों भी इन विशेषांकों को अपनी खैर इसी में लगती थी कि टेस्ट शुरू होने के पहले छापकर बेच लो। पता नहीं खेल शुरू होने के बाद भारतीय टीम की क्या दुर्गत बने।

बयानबाजी, विजय की सम्भावना से उपजा आशावाद, टीम की क्षमताओं

का बड़बोला विवेचन, अतीत की सफलताओं की गर्वभरी यादों और विरोधी टीम से उत्पन्न होने वाले संकटों की क्षीण आशंकाओं के सहारे विशेषांकों की रूपरेखा तैयार की जाती और पहला टेस्ट ड्रा कराने के भारतीय गुणों के प्रदर्शन के पूर्व वे विशेषांक बेच दिये जाते। गावस्कर और विश्वनाथ की बल्लेबाजी जब पिलपिली होने लगती, मुझे डर लगा कि अब देश में क्रिकेट विशेषांक का भविष्य अन्धकार में है। पर विश्व कप में भारतीय टीम की विजय ने स्थिति बदल दी है। क्रिकेट से खीझा हुआ ग्राहक फिर मुस्कराने लगा है। प्रेस-मालिकों और सम्पादकों को कपिलदेव का आभार मानना चाहिए।

बिना सितारों के न तो क्रिकेट टीम बनती है और न क्रिकेट विशेषांक तैयार होते हैं। कपिलदेव के व्यक्तित्व में गावस्कर और रवि शास्त्री का सलोनापन नहीं है। उसमें एक किस्म का खुरदुरापन है जो पीढ़ी को आकर्षित करता है। कपिलदेव में नवाब पटौदी की नसाफत नहीं, न गावस्कर की तरह चेहरे पर डिप्लोमेटिक भाव नजर आते हैं। कपिल एक जिद्दी और मेहनती खिलाड़ी की छवि देता है। वह ईमानदार लगता है और आजकल बहुत कम लोग ऐसे लगते हैं। वह जली-जली आँखों से किसी को घूरता-सा लगता है। मानो अभी हाथ छोड़ेगा और किसी को दो झापड़ रसीद कर देगा। उसके बड़े दाँत, जो रह-रहकर नजर आते हैं, उसके मन में चलते विचारों को उजागर कर देते हैं। वह जाट लगता है, गँवार लगता है और इस कारण वह हमें सच्चा भारतवासी और बड़ा प्यारा लगता है। आप उससे उम्मीद कर सकते हैं कि उसकी बुद्धि उसे जितनी मदद करेगी, वह श्रेष्ठ खेलेगा। पूरे अक्खड़पन के बावजूद वह इस नफासत वाले खेल का सितारा बन रहा है, यह कई लोगों के लिए एक दिलचस्प ताज्जुब है। गावस्करोत्तर काल के क्रिकेट विशेषांकों का सौन्दर्य अक्खड़ होगा। लोगों को तो आजकल किरमानी का गंजा सिर भी सुन्दर लगने लगा है।

मुझे पता नहीं, पाकिस्तान में क्रिकेट विशेषांकों की बिक्री कैसी है। वहाँ तो सभी क्रिकेट खिलाड़ी क्रिकेट के सितारे हैं। और वे भी अन्तर्राष्ट्रीय स्तर के। चेहरे मोहरों से वे पाकिस्तानी कम और अंग्रेज के बच्चे ज्यादा लगते हैं। सौभाग्य से हमारे खिलाड़ी भारतवासी लगते हैं। उस हद तक के हीरो नहीं हैं। क्रिकेट विशेषांक की सौ पचास प्रतियाँ कम बिकें, कोई हर्ज नहीं, मगर टीम तो भारतीय लगनी चाहिए।

हथेली पर सूरज

परसों एक कविता में पढ़ा—'हथेली पर सूरज', तो चौंक गया। सूरज हथेली पर कैसे हो सकता है? मुझे पढ़कर हँसी आ गयी मगर फिर एकाएक गम्भीर हो गया। मित्र कहते हैं तुम्हें कविता की समझ नहीं है। तुम बात को गहरे समझने की कोशिश ही नहीं करते। मैंने समझने की कोशिश की। हथेली पर सूरज यानी यह जो सूरज सुबह उगता और शाम को डूबता है, बन्दे की हथेली पर। सिर्फ इतना अर्थ निकालते ही मेरी हथेलियों में जलन होने लगी। मांस जलने लगा।

छोटा था तब भँवरा घुमाकर हाथ पर ले लेता था। इसके दो-तीन तरीके थे। एक तो सीधे जमीन पर से हथेली पर ले लिया। दूसरा डोरी के सहारे ऊपर उठा हाथ पर ले लिया। और तीसरा तरीका था सीधे डोरी से छोड़ झटके से हाथ में ले लेना। कुछ इस तरह की वह जमीन छुए ही नहीं। इसके लिए कुछ साधना करनी पड़ी थी। हथेली पर तेजी से घूमता भँवरा रख लेना और उसे देखना बड़ा अच्छा लगता था। अब अगर सूरज भी पॉलिश की डिबिया इतना बड़ा हो तो मैं उसे हाथों पर रख लूँ यद्यपि तब भी वह इतना गरम होगा कि यह हथेली क्षण-भर में सूरज उठाने का सारा शौक भूल जाएगी।

कुछ वर्ष पूर्व गोगोल की एक कहानी पढ़ी थी जिसमें शैतान आकाश में उड़ते हुए चाँद को अपनी जेब में रख लेता है और कुछ सितारे भी दूसरी जेबों में जल्दी-जल्दी ठूँस लेता है जिससे नगर पर अन्धकार छा जाता है। मुझे इस दृश्य की कल्पना कर आनन्द आया कि कोई चाँद को जेब में रख ले। खैर चाँद ठण्डा होता है और एक बार जेब में रखने की कल्पना की जा सकती है। कोट फटने का ही खतरा है, कोट जलने का तो नहीं। पर हथेली पर सूरज की तो कल्पना से ही मुझे पीड़ा होने लगती है।

फिर भी कवि है, वह कुछ भी कह सकता है। यूँ ही वह सारी दुनिया के गोले को सिर पर रख नाचता है, जहाँ रवि नहीं होता इफरात से पाया जाता है, वसन्त को दुपट्टे की तरह गले में लटकाये घूमता है, हरी घास बिना चरे सिर्फ निहारता रहता है, बादलों की गड़गड़ाहट से संगीत सम्मेलन में मजे लूटता है,

नदियों की कल-कल, कुल-कुल सुन अजब टेलिग्राफिक भाषा में वार्तालाप करता है और इसी तरह की अनेक हरकतें जो आदमी से नहीं सधतीं कवि से सध जाती हैं। बिना कोशिश किये तो हाथ पर भँवरा साधना ही आदमी को कठिन पड़ता है पर मेरे यार कवि सूरज साधते हैं और वह भी हथेली पर!

इधर सूर्य का कविता में बड़ा हल्ला है। सारे कवि अपने को सूर्यवंशी घोषित कर रहे हैं। प्रगतिवाद के जमाने में (हाय वे भी क्या दिन थे!) सूरज से अक्सर बात टूटती थी। यानी कैसी ही समस्या खड़ी हो, एकाध पात्र कह देता था कि—'नहीं, अन्धकार छँटेगा और सूरज उगेगा, नयी किरन आएगी।' कई बार रचना के अन्त में सचमुच सूरज उग भी जाता था। तब कई बार अपनी शरारती प्रकृति के कारण समझिये या साहित्य में अपनी उदीयमान स्थिति के कारण, यह साफ-साफ पूछने की इच्छा होती थी कि भाई साहब आप जिस सूरज के उगने का जिक्र कर रहे हैं वह तो उसी शाम फिर डूबेगा। मगर हमारी नम्रता थी कि चुप रह जाते। उन दिनों में ही एक और जुमला उपयोग होता था जो अभी भी चल जाता है कि—'नया सूरज उगेगा।' अब मुझे यह बात भी नहीं पटती कि सूरज नया कैसे हो सकता है। वही कल वाला सूरज आज भी है। और कल का भी क्यों, बरसों पुराना, आदमी से भी पुराना। सूरज के सामने 'नया' शब्द लगाना, विशेषण का दुरुपयोग है। कविता के सामने या बाजार में आयी सब्जी के सामने भी यह शब्द मुझे ठीक लगता है पर सूरज जैसी घिसी-पिटी चीज को नये का विशेषण देना अजीब है।

'जहाँ न पहुँचे रवि वहाँ पहुँचे कवि' का मैं मतलब लेता था रजाई में कवि का घुसकर सोना क्योंकि वहाँ सूरज नहीं पहुँच सकता। पर नया कवि रजाई से बाहर आ गया है, वह सूर्य को स्वीकार कर रहा है। बिल्कुल सूर्योदयी मूड में है। यहाँ तक भी ठीक है। मगर यह हथेली पर सूरज! उफ् मेरी तो सोचकर ही हथेली जलती है।

ऋग्वेद का कवि सूर्य की वन्दना करता था। डरता था तो वन्दना करता था। साथ में सूर्य को एकाध लोटा पानी भी डालता था। अर्थ यही होगा कि शायद पानी डालने से सूरज थोड़ा ठण्डा हो जाए। अब लोटा-भर पानी से सूरज तो ठण्डा होने से रहा पर हिसाब यों होगा कि अगर एक-एक लोटा पानी हर आदमी सूरज के नाम से डाले (वन्दना के इन स्वरों में एक स्वर मेरा मिला लो के अन्दाज से) तो सूरज पर कुछ असर जरूर पड़ सकता था। पता नहीं सूरज पर पानी फेंकने की इस 'फायर-ब्रिगेडी' प्रवृत्ति के अलावा भी कोई कारण रहा होगा। सूर्य की पूजा करने और पानी चढ़ाने की जिद से सूर्य हथेली पर रखने के इस कवितामय वर्तमान के बीच कभी कोई ऐसा भी वक्त रहा होगा क्या, जब

सूरज सिर्फ सूरज हो। यानी न वह हमारा पिता हो, न हमारा यार हो और न उसकी बेटी किरन पड़ोसी की लड़की की तरह सुबह-सुबह जगाने वाली माशूका हो। न खुद सूरज उगने के पहले उषा से और डूबने के पहले सन्ध्या से रोमांस कर बदनामी कराने का इच्छुक हो। वह सिर्फ सूरज हो, शुद्ध सूरज, आग का गोला, ब्रह्माण्ड का एक पिण्ड जिसके आसपास पृथ्वी नाचती घूमती साल के तीन सौ पैंसठ दिन प्रोग्राम देती है। वह जहाँ है वहाँ स्थित हो, जो कर रहा है वही करता माना जाए। सूर्य के प्रति यह अतिरिक्त वफादारी आदमी की पुरानी बीमारी है जिसे आदमी छोड़ भी दे पर ये कवि नहीं छोड़ते। हथेली पर सूरज लेने की बात करते हैं।

हथेली पर एक 'सन लाइन' होती है। यह सूर्य रेखा कहते हैं यश बताती है कि कितना होगा। मेरे हाथ में है पर साली कई जगह से कटी-पिटी है। यानी यश मिलता है और फिर कोई फच्चर फँस जाता है तो बदनामी होने लगती है। अक्सर ऐसा होता है कि कल तक जो आदमी मेरे नाम का कीर्तन करता था बाद में गाली देने लगता है। उस बेचारे का दोष नहीं, अपनी ही 'सन लाइन' जगह-जगह से कटी हुई है। खैर मेरी छोड़ो, बात उनकी चल रही थी जो हथेली पर सूरज को क्रिकेट की गेंद पकड़ने के अन्दाज से लिये हैं। किसान अलाव में से जलता कोयला चिलम पर रखने के लिए उठाता है तो उसे दस बार एक हाथ से दूसरे हाथ में ले उछालता है तब कहीं चिलम तक पहुँचा पाता है मगर यार लोग निहायत इत्मीनान से सूरज हाथ में लेने की बात करते हैं। अगर सूरज से उनका तात्पर्य सन लाइन वाले सूरज से हो या उस 'माउण्ट आफ सन' से हो जो स्थायी रूप से हथेली पर ही रहता है तो बात मानी जा सकती है। सारा सम्भावित यश अपनी हथेली में बन्द हो यह आकांक्षा उन कवियों की भी हो सकती है जो कवि सम्मेलन में नहीं जाते और जिनका गला सारंगी से प्रतियोगिता करने का दम नहीं भरता। यश का चमकीला, नीम गरम, आँखें पकड़ने वाला बजरबट्टू अपने हाथ में रहे यह कोशिश जायज है और भारतीय संविधान में आदमी को मशहूर होने की स्वतन्त्रता है। कवियों के मामले में स्थिति स्पष्ट है कि मशहूर न हुए तो क्या कवि हुए। (लेखकों की जिद अलग है कि बदनाम न हुए तो क्या लेखक हुए।) हथेली पर सूरज रखने की इच्छा यश की आकांक्षा के कारण हो तो बात पटती है।

पर नया कवि (या पुराना भी) प्रकट रूप से ज्योतिष को, हाथ की रेखाओं को कैसे मानेगा? वह सूरज के इस अर्थ से साफ इनकार कर देगा और वही आरोप दोहराएगा कि तुम्हें कविता की समझ नहीं है। माना नहीं है। आपको भी कम से कम सूरज और हथेली की समझ नहीं है। यह समझ हममें है कि हथेली

पर सूरज रखने से हाथ जल उठता है।

हथेली पर सूरज के बजाए होना चाहिए, हथेली पर रुपया! गोल होता है, चमकीला होता है, गरम रहता है और दिल को ठण्डक पहुँचाता है। यानी होता गरम है पर उसकी तासीर ठण्डी रहती है। हथेली पर एक ही नहीं इस साइज और प्रकार के अनेक सूरज आ सकते हैं। ज्यादा हों तो जेब में आ सकते हैं। सूर्य जिन पर गवर्नमेण्ट आफ इण्डिया की मुहर हो और जो अँधेरे में भी चल सकते हैं।

इसी सूर्य के लिए हजारों लाखों हाथ फैले हैं। हथेली पर इसी सूरज की प्रतीक्षा में लोग क्या नहीं करते। वन्दना से चोरबाजारी तक अनेक क्रियाएँ एक साथ दुनिया-भर में चलती रहती हैं। रुपयों का सूरज चमकता है और करोड़ों लोग वैदिक काल के ऋषियों के अन्दाज में हाथ फैलाये खड़े रहते हैं। वे सब हथेली पर सूरज चाहते हैं।

मित्र ठीक कहते हैं कि मैं बात को गम्भीरतापूर्वक नहीं सोचता। मैं रुपये की चर्चा छेड़ बैठा। यह तो मानव मात्र का वीक प्वाइण्ट है। मैं सोचता हूँ मैं जरा-सी बात पर कुछ जरूरत से ज्यादा बहक रहा हूँ। सूर्य से अर्थ लेंगे तपिश और फिर आगे यह कि सारा दर्द, सारी पीड़ा, व्यथा और इस तरह के शब्द जो काव्य चर्चा में इफरात से आते हैं! चलिये यों ही सही तो ऐसा सूरज हथेली पर क्यों? बन्द मुट्ठी (लाख की) या दिल में क्यों नहीं। सारी चेतना में भरपूर प्रकाश क्यों नहीं। हथेली पर रखी वस्तु प्रदर्शन के लिए होती है। सब देखें कि देखो इस व्यक्ति ने हाथ में यह रखा है। प्रदर्शन भी तो मनुष्य की कमजोरी है।

छोड़िए! मैं बात को गहराई से समझ नहीं पाता। मेरे अर्थों से मित्र सहमत नहीं होंगे।

पुस्तकों के सरकारी गोदाम

एक समय था जब हर नगर या कस्बे का पढ़ा-लिखा व्यक्ति स्वयं को वहाँ के पुस्तकालय से जोड़े रहता था। पिछले पच्चीस सालों में वह पुस्तकालय से छिटककर दूर खड़ा हो गया है। अब वह जगह बौद्धिक प्रेरणा का संचार केन्द्र नहीं रही और न ही पुस्तकालय निर्माण किसी सामाजिक अथवा सांस्कृतिक आन्दोलन का हिस्सा। भ्रष्टाचार, पक्षपात और अव्यवस्था का जो जहर देश की सभी गतिविधियों में फैला है उसने पुस्तकालय को भी नहीं छोड़ा। अब पाठक और उसकी जरूरतें गौण हो गयी हैं। पुस्तकों का निर्णय लेखक, विषयवस्तु अथवा रुचि के आधार पर नहीं होता वरन् खरीदने वाले अफसर और किताब बेचने वाले प्रकाशक के आध्यात्मिक अथवा आर्थिक रिश्तों पर तय होता है। कुल मिलाकर सारे पुस्तकालय देश की अनगिनत कचरापेटियों में बदलते जा रहे हैं जिसमें प्रकाशक अपना कूड़ा फेंक जाता है और चेक उठा ले जाता है। जहाँ पढ़ने को कुछ नहीं मिलता, वहाँ लोग इसी कचरे के ढेर से कुछ बीनने की कोशिश करते हैं। मजबूरी है। इस देश में जहाँ चारों ओर किताब की दुकानों पर सस्ती, गन्दी-किताबें लटक गयी हों और पुस्तकालय भ्रष्ट धन्धेबाजों के गढ़ बनते जा रहे हों वहाँ ताज्जुब नहीं कि पाठक और सही लेखन के बीच ऊँची दीवार खड़ी हो गयी है। जहाँ पुस्तकालयों के लिए पिछले बरसों में लाखों रुपयों की सरकारी ग्राण्ट बरबाद हुई हो, वहाँ आज भी अच्छी पुस्तक का हजार दो हजार का संस्करण बरसों तक खत्म न हो पाये, इससे बढ़कर दुर्भाग्य क्या हो सकता है?

पुस्तकालयों के लिए सरकारी खरीद उस अँग्रेजीपरस्त अफसरशाही के हाथ है जिसके मन में हिन्दी लेखन के प्रति घोर पूर्वाग्रह है और जो हिन्दी से अपना अपरिचय व्यक्त करने में फख्र समझती है। न उनकी कोई पसन्द है और न कोई नापसन्द। इस मामले में भी उनकी समझ का संसार यहीं तक सीमित रहता है कि खरीदी की कार्रवाई खरीदी के सरकारी नियमों की खानापूर्ति के मुताबिक चल रही है या नहीं, और मार्च खत्म होने के पहले यह आबंटित रकम हम खत्म कर लेंगे या नहीं? पाठकों को कैसी किताबें मिल रही हैं यह कभी प्राथमिक समस्या नहीं मानी गयी। पिछले कई वर्षों यह होता रहा है कि दिल्ली

या इलाहाबाद से कोई नियमित बोर किताबें लिखने या छपाने का धन्धा करनेवाला लेखक किसी मन्त्री या अफसर के बँगले पर ठहर जाता है। बोर न भी हो मगर वह अपने प्रभाव से दुर्व्यवस्था उत्पन्न करने आता है। वह एक सेट उस मन्त्री या अफसर को भेंट करता है, अपनी आर्थिक परेशानियों और संघर्ष की करुण कथा सुनाता है, जो कमोबेशी प्रायः इस देश के साहित्यकार के साथ है, और उम्मीद करता है कि राज्य सरकार द्वारा उसकी किताबें खरीद ली जाएँगी। यह स्थिति किसी मन्त्री या अफसर को अभिभूत करने के लिए काफी है और वह आदेश दे देता है कि मेरे बँगले में ठहरे महान लेखक की किताबें खरीदी जाएँ। वह नहीं जानता कि इस पक्षपात द्वारा वह कितने अन्य लेखकों के साथ अन्याय कर रहा है और उन पाठकों के साथ भी जिन्हें कभी सरकारी पुस्तकालय से देश की अच्छी किताबें नहीं मिलीं। राज्य-बाहर के नामधारी लेखकों की आँख मध्यप्रदेश के पुस्तकालयों के सरकारी बजट पर लगी रहती हैं और वे प्रति वर्ष अपना कचरा यहाँ सौंप रकम बनाकर चल देते हैं। मध्यप्रदेश की सरकार तथा पाठकों ने इस सौजन्य और सज्जनता का लगातार दण्ड भुगता है। अलमारियाँ गाँधी साहित्य, विनोबा साहित्य से भरी पड़ी हैं जो शायद ही कोई पढ़ता हो और पाठक और पुस्तकालय के सम्बन्ध टूट गये हैं अथवा क्षीण हैं।

मध्यप्रदेश की सांस्कृतिक जागृति में दूर-दूर तक फैले पुस्तकालयों के महत्त्व को समझते हुए सरकारी अफसरों और नेताओं को अपना रवैया बदलना होगा। भोपाल में ब्रिटिश कौंसिल द्वारा एक पुस्तकालय चलाया जा रहा है जो नगर के बुद्धिजीवियों की जरूरत बड़ी हद तक पूरी कर रहा है। कई आई. ए. एस. अफसर इस पुस्तकालय में आते हैं मगर आज तक कभी किसी अफसर को यह ख्याल नहीं आया कि मध्यप्रदेश सरकार हिन्दी का भी एक ऐसा ही पुस्तकालय भोपाल में तथा अन्य नगरों में आरम्भ कर सकती है, जहाँ किताबें अलमारी में बन्द न हों, वे खुली रहें, बैठने पढ़ने की सुविधा हो और ब्रिटिश कौंसिल की तरह मात्र दस रुपया साल में चार किताबें (जो दस रुपये से कहीं ज्यादा कीमत रखती हैं) तथा चार मेगज़ीन वहाँ से हर बार प्राप्त किये जा सकें। सरकारी पुस्तकालयों की बन्द अलमारियाँ और लायब्रेरियनों की केवल एक स्टोरकीपर की तरह उन्हें सिर्फ सँभालकर रखने में रुचि, और इस सबके बावजूद जो किताबें हैं वे भी रूखी, व्यर्थ, अनुपयोगी, प्रकाशकों से प्रकट-अप्रकट कमीशन से खरीदी गयीं। पुस्तकालय के क्लर्क को आदेश मिलते हैं कि वह अमुक पाठ्यक्रम की पूरी किताबें खरीद ले, और वे किताबें अफसर या नेता महोदय अपने नाम इशु करा अपने लड़के या लड़की को दे देते हैं ताकि वह पाठ्यक्रम पूरा करे। बाद में किताबें दो वर्ष बाद लौटा दी जाती हैं और खोयी हुई किताबें राइट ऑफ करवा दी जाती हैं। पुस्तकालय का छोटा-सा बजट जो

हर संकटकाल में कम या समाप्त हो जाता है, इसी तरह पूरा हो जाता है।

जब तक पुस्तक खरीदी में ऊपरी दबाव की राजनीति चलती रहेगी, पुस्तकालयों की यही हालत बनी रहेगी। जबलपुर के एक मित्र बता रहे थे कि अभी जब श्री रामानुजलाल श्रीवास्तव को आर्थिक सहायता प्रदान करने हमारे मुख्यमन्त्री श्री प्रकाशचन्द सेठी जबलपुर गये तो उनसे बड़ा आग्रह किया गया कि सेठ गोविन्ददास पर लिखी पुस्तकों का सेट राज्य शासन खरीदे। माँग यह थी कि पचास हजार रुपये (या शायद एक लाख) की वे किताबें खरीदी जाएँ। श्री सेठी आश्वासन देकर चले आये। किताबें (जैसा मेरे मित्र बता रहे थे) हैं— सेठ गोविन्ददास कवि के रूप में, सेठ गोविन्ददास उपन्यासकार के रूप में आदि। मैंने जब सुना तो मुझे हँसी आयी कि यदि शासन उसे खरीदता है, तो श्री रामानुज बाबू को सहायता देने से बढ़कर बड़ी रकम वह जबलपुर में सेठ गोविन्ददास को दे रहा है। और जो किताबें बदले में प्राप्त होंगी उसे कोई नहीं पढ़ेगा, वे पुस्तकालयों में बरसों तक जगह घेरती रहेंगी और पुस्तकालय के कर्मचारी उसकी धूल साफ करते रहेंगे।

स्वार्थी प्रकाशकों, भ्रष्ट अफसरों, और बाबुओं पर प्रेशर डालकर किताबें खपवा कर बजट साफ कर जानेवाले स्वनामधन्य साहित्यकारों के असर से कैसे पुस्तकालयों को मुक्त रखा जाए? किस तरह पाठक और साहित्य के रिश्ते की प्रमुख कड़ी के रूप में पुस्तकालयों को नया जीवन दिया जाए? ये सवाल इस राज्य की बौद्धिक और सांस्कृतिक चेतना से गहरे जुड़े हैं। पुस्तक चयन करने के लिए जो लोग बैठते हैं उनमें एकाधिक व्यक्ति ही समकालीन लेखन से परिचित होंगे और अपने निजी जीवन में भी उन्हें किताबें खरीदने पढ़ने का शौक होगा। टाटपट्टी काण्ड के बाद केन्द्रीय खरीदी लगभग समाप्त है, और शासन और उसके अधिकारी इतना समय नहीं जुटा पाते कि सारी पुस्तकें पढ़ें। चयन की पूरी प्रक्रिया अफसरी है और प्रबुद्ध पाठक की उसमें कोई हिस्सेदारी नहीं। पुस्तकालय पुस्तकों के गोदाम बनकर रह गये हैं।

शासन जनता के साधारण अशासकीय वर्ग की आलोचना या सुझाव पर एकदम तुनकमिजाज रुख अख्तियार कर वास्तविकताओं को भ्रामक बताते हुए प्रतिवाद करने लगता है। नतीजा यह है कि किसी भी शासन-संचालित साहित्यिक या सांस्कृतिक गतिविधि में जनता की हिस्सेदारी लगभग समाप्त है। यदि किसी गाँव या कस्बे के लोग अपने पुस्तकालय को ठीक बनाना भी चाहें तो वे बेचारे क्या कर सकते हैं? जो हैं उन्हें पढ़ना है। जिस तरह खराब सिक्का अच्छे सिक्के को बाजार से गायब कर देता है उसी तरह बेकार किताबें अच्छी किताबों को हटा देती हैं। आज यही हो रहा है। खेद यह है कि ऐसी अपठनीय किताबों की वृद्धि में शासकीय विभागों का सबसे बड़ा हाथ है।

जिसका नाम है ग़ालिब

ग़ालिब को गुज़रे सौ साल से ज्यादा हो गये हैं। अभी भी वह ताजा है और दिल पर यों असर करता है जैसे कल का प्रतिभाशाली शायर। अब्दुर्रहमान बिजनौरी ने, जो खुद बड़े अदीब और नक्काद यानी आलोचक थे, ग़ालिब के बारे में लिखा है कि हिन्दुस्तान में दो ही इल्हामी किताबें हैं—एक वेद और दूसरी दीवाने-ग़ालिब। मेरे ख्याल से वेद अगर आसमान से उतर जमीन पर आया है तो ग़ालिब का दीवान जमीन से उठकर आसमान तक पहुँचा है। और महान ग्रन्थ वे ही होते हैं जो अदना कवि या शायर के लिखे हों और दुनिया जीत लें जैसे शेक्सपियर, कालिदास, ख़य्याम या ग़ालिब। महान साहित्यकार अपने वक्त में तो चमकता ही है पर बाद में भी उसकी रोशनी और सुगन्ध कम नहीं होती। इस नज़र से ग़ालिब बीसवीं सदी का माडर्न अपटूडेट शायर है। इसके सबूत में मैं ग़ालिब के सैकड़ों शेर दे सकता हूँ पर मैं ऐसा नहीं करूँगा। उसके बदले मैं किसी माडर्न शायर से यह सवाल पूछना चाहूँगा कि वह ग़ालिब का कोई ऐसा शेर सुनाए जो आज भाव की दृष्टि से पुराना लगे। मैंने ग़ालिब को हिन्दी में पढ़ा है और जो उसने फारसी में लिखा है मैं फारसी न जानने की मजबूरी से समझ नहीं सका। पर जो उसने उर्दू में कहा है वह पढ़कर मैं बहुत झूमा। अगर हिन्दी वालों में डकैती और चोरी के जरा भी गुण हैं तो उन्हें चाहिए कि वे ग़ालिब को उर्दू से चुरा लाएँ। और अगर न चुराया जा सके तो सारी उर्दू जुबान चुरा लाएँ। शेक्सपियर, मिल्टन और शॉ की खातिर अँग्रेजी के सभी नाज नखरे और ठसक बर्दाश्त की है, रवीन्द्र और शरतचन्द्र की खातिर बांग्ला की की है तो ग़ालिब की खातिर उर्दू की सही। फिर उर्दू तो एक तरह से हिन्दी ही है। वे लोग जहाजों में कूच कर गये जो दोनों को अलग रखने में बड़ी होशियारी बरतते थे।

मैं जब उर्दू और हिन्दी को एक कहता हूँ तो मैं जानता हूँ कि यह जुमला किस तरह करण्ट मारता है बाज लोगों को। मगर मैं कहता हूँ क्योंकि मेरी जुबान न संस्कृत से लदी है न फारसी से। भाषा जिसका एक छोर फारसी अरबी को छुए, दूसरा छोर संस्कृत को एक ही है जिसे चाहें आप हिन्दी कहिए या उर्दू।

उर्दू तब कहते जब उसकी लिपि देवनागरी से बदल जाती है और फारसी हो जाती है। मैं देवनागरी लिपि जानता हूँ इस वजह से हिन्दी का लेखक हूँ अगर यही जुबान उर्दू में लिखता तो उर्दू का होता। जैसे प्रेमचन्द एक ही बात लिखकर दो भाषाओं के लेखक कहे जाते हैं और कृष्णचन्द्र की बाँसुरी हिन्दी में चैन से बजती है। मैंने अमीर खुसरो, मीर, सौदा, ज़ौक, ग़ालिब, अमीर मीनाई, दाग, हाली, अकबर, जिगर, जोश, फ़िराक़, साहिर और मजाज़ को हिन्दी में पढ़ा है। देवनागरी लिपि में। मैंने अजीमबेग़ चुग़ताई, रतनलाल सरशार, शफ़ीकुर्रहमान, शौकत थानवी, कृष्णचन्द्र, अहमद नदीम कासमी, इस्मत चुग़ताई को हिन्दी में पढ़ा है। कहे कोई साला कि नहीं पढ़ा है! कुछ लफ़्ज मैं नहीं समझा हूँ तो भाई कुछ लफ़्ज तो मैं सूर तुलसी बिहारी के भी नहीं समझा। अगर मैं चाहूँ तो अपनी नासमझी के कारण इन्हें दो जुबान मान लूँ। मैं जितना उर्दू के करीब आता हूँ मैं उसे अपनी जुबान पाता हूँ। जैसे मैं अपने ही घर के एक ऐसे कमरे में आ गया जहाँ कम आया करता था। नहीं समझता हूँ तो यों कि पाँचवीं क्लास के लड़के नवीं की किताब नहीं समझते और समझ भी लेते हैं अक्सर उसका कुछ हिस्सा। उसी तरह मैंने उर्दू को समझा, परायी जुबान नहीं अपनी जुबान समझकर। जो नहीं समझ पाया वह समझने की कोशिश जारी है। ग़ालिब इस तरह से मुझे एक शानदार दरवाजे की तरह लगता है जो मुझे खींच कर एक बाग में ले जाता है जहाँ बहुत फूल हैं और बहुत रंग। हिन्दी के दोस्तों को इस बाग की जानकारी नहीं होती। मीर की तरह खिड़कियाँ बन्द किये बैठे हैं और पूछने पर कि आप यह बाग वाली खिड़की क्यों नहीं खोलते तो आश्चर्य में कहते हैं कि—हाँअ! क्या इधर बाग भी है।

ग़ालिब को मैं कवि के नाते ही नहीं एक गद्य लेखक के नाते भी महान मानता हूँ। मैंने ग़ालिब के पत्र हिन्दी में पढ़े हैं और मैं समझता हूँ कि वे हर लेखक को जो यह सीखना चाहता हो कि जिन्दगी कैसे लिखी जाती है, वे पत्र पढ़ना चाहिए। जैसे यह टुकड़ा—

'मियाँ, बड़ी मुसीबत में हूँ। महलसरा की दीवारें गिर गयी हैं। तुम्हारी फूफी कहती है कि हाय दबी, हाय मरी। दीवानखाने का हाल महलसरा से बदतर है। मैं मरने से नहीं डरता। फक्रदाने राहत से घबरा गया हूँ। छत छनती है। अब्र दो घण्टे बरसे तो छत चार घण्टे बरसती है। मालिक अगर चाहे कि मरम्मत करे तो क्योंकर करे; मेह खुले तो सब-कुछ हो और फिर असनाए मरम्मत मैं बैठा किस तरह रहूँ।'

बहुत मीठी और प्रवाहपूर्ण भाषा जो रोजमर्रा की जिन्दगी से उठती है और कवि की पूरी जिन्दगी का आइना बन जाती है। महीन से महीन तरंग को वे

अपने चुस्त जुमलों में समेट लेते थे। गदर के बाद दिल्ली के हाल बयान करते हुए जो खत उन्होंने लिखे थे वे हमारे इतिहास की सम्पत्ति हैं। सारे खत उनकी जिन्दगी की कहानी कहते हैं। वे खत जो तब उन्होंने अपने किसी दोस्त या एक शागिर्द को लिखे थे अब ऐसा लगता है कि हम सबके नाम लिखे थे। वे गद्य के लाजवाब नमूने हैं।

मैं इसलिए ग़ालिब का तरफदार हूँ कि मुझे वह एक मस्ती देता है। जो मस्ती कबीर में है वही ग़ालिब में। महान साहित्यकार और महान व्यक्तित्व की यह सबसे बड़ी पहचान है कि वे आपके वर्तमान को सँवार देने की क्षमता रखते हैं।

और इसी सिलसिले में मैं चाहूँगा कि आप मेरे साथ ग़ालिब और उसके पहले के जमाने में चलें जहाँ उर्दू हिन्दी गंगा-जमुना की तरह बही है। दोनों नदियों के किनारे आज घाट हैं, मठ हैं, पेढ़ियाँ हैं और पण्डों की जमात है जो चिल्लाती है और नदियों के नाम पर लूटती और बेवकूफ बनाती है पर इन नदियों का साफ और मीठा पानी हमारे देश को जिन्दगी देता है।

उर्दू शब्द तुर्की भाषा का है। अंग्रेजी का होर्ड और रूसी ओर्द इसी से बने हैं। यह शब्द ईरान को मंगोलों ने दिया। इसका मतलब है 'उमरा एवं सलातीत की फ़िरोदगाह' या 'शाही शिविर'। हिन्दुस्तान में यह लफ़्ज बाबर के साथ शायद आया और शाही शिविर के रूप में उपयोग हुआ। हिन्दुस्तान में आकर दिल्ली और मेरठ की बोली को मुसलमानों ने चुना। दरबारी काम फारसी में और साधारण कामकाजी देशी बोली में होता था जिसे हिन्दी अथवा हिन्दवी कहा गया। यही शब्द बाद में दक्षिण तक पहुँचा और 'रेखता' नामक छन्द की शुरुआत हुई। उर्दू-ए-मोअल्ला शब्द शाहजहाँ के आगरा से दिल्ली राजधानी ले जाने के बाद आया। इसमें खड़ी बोली और ब्रजभाषा की मिठास थी। यही उर्दू बाजार की बोली थी। धीरे-धीरे यही बोली फारसी के शरीफाना रंग से मिलकर दरबारी ज़ुबान हो गयी। पर यही एक सरल रंग में जनता की ज़ुबान भी रही। शाहजहाँ से बरसों पहले तुलसी ने कहा था —

बासी अवध को बूझिये न खाको।

खाक भी नहीं समझता उर्दू का मुहावरा है। यानी एक जुबान थी जिसको नाम बाद में दिया गया। वह कौन-सी जुबान थी? वह जो हो वही हिन्दी या उर्दू थी जिसे अमीर खुसरो ने 'देहलवी और उसके इतराफ की जुबान' कहा है। अमीर खुसरो ने हिन्दुस्तान की भाषा के 11 भाग बताये थे। (1) सिन्धी (2) लाहोरी (3) कश्मीरी (4) बंगाली (5) गौड़ी (6) गुजराती (7) तिलगी

(8) मावरी यानी कर्नाटकी (9) ध्रुव समुन्दरी (10) अवधी और (11) देहलवी और इसके इतराफ की जुबान। उस समय तक भाषा के लिए न हिन्दी शब्द आया था न उर्दू। वह एक ही भाषा थी जिसे वह देहलवी और इसके इतराफ की जुबान कहते हैं। यह तेरहवीं-चौदहवीं शती की बात है। 15वीं, 16वीं शती में जायसी ने कहा—तुर्की अरबी हिन्दवी भाषा जेती आहिं। जामे मारग प्रेम का सबै सराहें ताहि। जायसी की भाषा अवधी थी और खुसरो की देहलवी और उसके इतराफ की जुबान। 'बात की बात ठठोली की ठठोली, मरद की गाँठ औरैत ने खोली' जैसी भाषा को आप क्या कहिए हिन्दी या उर्दू। खुद खुसरो ने जरूर कहीं-कहीं हिन्दवी या हिन्दी शब्द का इस्तेमाल किया है। 1503 में शेख़ अशरफ़ ने 'हिन्दी बौलों कियो बखान, जेकर परसाद का मुजा ज्ञान। यानी यह लफ़्ज़ इसी मायने में इस्तेमाल होकर भी भाषा का नाम नहीं बना था। अबुलफ़ज़ल ने अकबर के वक्त हिन्दुस्तान की 12 भाषाएँ गिनायी थीं : (1) देहलवी (2) बंगाली (3) मुलतानी (4) मारवाड़ी (5) गुजराती (6) तिलंगी (7) मरहठी (8) कर्नाटकी (9) सिन्धी (10) अफगानी (11) बिलोचिस्तानी और (12) काश्मीरी। यानि इसमें भी देहलवी नामक भाषा है। यह कौन-सी है? आप इसे हिन्दी कहेंगे या उर्दू! वह एक ही है। इसी समय राजा जयसिंह ने पहली बार अपने लड़के रामसिंह को लिखे एक पत्र को हिन्दी में भेजा परवाना कहा है। उसके बाद यह सच है कि दोनों भाषाओं में लिखा गया होगा पर वह क्या एक-दूसरे के खिलाफ था, नहीं मानने में आता। मुहम्मद आजमशाह ने कुछ नये किस्म की आमों की डाली अपने पिता बादशाह औरंगज़ेब के पास भेजी और उनका नाम रखने की प्रार्थना की। जवाब आया जो फारसी में था—फर्जन्द आलीजाह, डाली अम्बा मुर्सले आँ बजाय पिदर पीर खुशगवार आमद यानी आमों की डाली जो तुमने भेजी वह तुम्हारे बुड्ढे बाप को पसन्द आयी। तुमने इन गुमनाम आमों के नाम रखने के लिए लिखा। तुम तो बेटा खुद प्रतिभावान हो, बुड्ढे बाप को क्यों तकलीफ देते हो, खैर सुधारस और रसना-विलास नाम रख दिया जाता है। यह नाम तो वह व्यक्ति रख ही नहीं सकता जो हिन्दी लफ़्ज़ों के गहरे मतलब से नावाक़िफ़ हो। पर वातावरण ऐसा नहीं था जैसा कि बताया जाता है। सन्त प्राणनाथ ने उस जमाने में कुरान की व्याख्या हिन्दी में लिखी थी। वह एक ही बोली दो लिपि में लिखी जाती थी। बाद तक उर्दू ग्रन्थों के नाम हिन्दी हैं। मिर्ज़ा ख़ाँ ने ब्रजभाषा का व्याकरण खोजा और अपने ग्रन्थ का नाम रखा 'तहफतुलहिन्द'। शाह बरकतउल्लाह ने 'रिसाला अवारिफे' हिन्दी तैयार किया और शेख़ अब्दुल अंसारी ने 'फिकए हिन्दी' और शेख़ महबूब आलम ने 'मसाएल हिन्दी' नामक पुस्तक में हिन्दी को उसी जुबान के मतलब में लिया

जो आम थी।

कबीर हिन्दी के कवि कहाते हैं, संवत् 1455 में हुए। उनकी हिन्दी देखिए—

हमन हैं इश्क मस्ताना हमन को होशियारी क्या?
रहें आज़ाद या जग में हमन दुनिया से यारी क्या?
जो बिछुड़े हैं पियारे से भटकते दर-ब-दर फिरते
हमारा यार है हममें हमन को इन्तजारी क्या?
न पल बिछड़े पिया हमसे न बिछड़ेंगे पियारे से
उन्हीं से नेह लागी है हमन को बेकरारी क्या
कबीरा इश्क का नाता हुई को दूर कर दिल से
जो चलना राह नाजुक है हमन सिर बोझ भारी क्या?

यह कबीर ही भाषा है जो जनता की भाषा है। कबीर न हिन्दू न मुसलमान और दोनों। पर अब मैं उस वक्त के मुसलमान शायरों की बात कहूँ। जमाल ने 1571 ई. में—

मनसा तो गाइक भये, नैना भये दलाल
धनी बसन बेचै नहीं, किस बिध बने
ज म ा ल

कादिर 1579 ई. में—

ग़ुन को न पूछै कोऊ औगुन की बात करै
कहा भयो दई कलिकाल यो खरानो है
पोथी ओ पुरान ज्ञान ठइन में जरी देत
चुगुल चुबाइन को मान ठहरानो है
कादिर कहत यासों कुछ कहिबै की नाहीं
जगत की रीत देख चुप मनमानो है
खोलि देखो हियो सब औरन सों भाँति भाँति
गुन न हिरानो गुन गाहक हिरानो है।

महबूब ने 1705 में—

मृगमद गन्ध मिली चन्दन सुगन्ध बहै
केसर कपूर जूरि पूरत अनन्त है

मौर मद गलित गुलाबन बलित भौंर
भनै महबूब तौर और दरसन्त है

दीन दरवेश 1828 में—

बन्दा बहुत न फूलिये, खुदा खिवेगा नाहिं
जौर जुलुम कीजै नहीं, मिरत लोक के माँहि

यह वही वक्त है 1722 ई. के आसपास जब वली का दीवान दक्खिन से दिल्ली आया और शायरी का दौर शुरू हुआ जिसे रेखता कहा गया। सब रेखता के शायर थे। ग़ालिब अपने को उसका ही उस्ताद कहते हैं। मगर यह रेखता शब्द कबीर के वक्त से था। कबीर ने रेखता छन्द कहा है जिसका नमूना है—

फहम कर फहम कर फहम कर मान यह
फहम बिन फिकिर नहिं मिटै तेरी
सकल उजियार दीदार दिल बीच है
जौक़ औ शौक सब मौज तेरी
बोलता मस्त मस्ताने महबूब है
इनोंसा अदल कहु कौर के री
एक ही नूर दरियाव वह देखिये
फैल बह रहा सब सृष्टि में री

रेखता शब्द यानि कबीर से पहले का होगा। शायद यही वह शब्द है जो अरबी फारसी मिश्रित हिन्दी के लिए बना होगा। तो किताबें बताती हैं कि हिन्दी का पहला कवि अमीर खुसरो और रेखता का पहला कवि कबीर। वही रेखता और वही हिन्दुई जो अलग रंग चढ़कर हिन्दी-उर्दू हो गयी। मुहम्मद शाह मालीन ने यह वाक्य—'लिख देव हिन्दी बोलकर बाँचू मैं दिन रात' या 'लिखी किताब इस वास्ते हिन्दी बोली बूझ' या 'हिन्दी की बोली के अन्दर बूझा राह यकीन'—यह सब जुमले हिन्दी के किस रूप की बात कहते हैं। शाह अब्दुल कादिर देहलवी के तरजुमा कुरान पाक (1792 ई.) में कहा है—'कभी-कभी जुबान रेखत: के मुकाबले हिन्दी शब्द इस्तेमाल होता है। इसमें जबां रेखत: नहीं बल्कि हिन्दी मुतारिफ कि अवाम को बेतकल्लुफ दरयाफ्त हो।' रेखत: में धीरे-धीरे फारसी शब्द बढ़ते गये और वह उर्दू हो गयी और उसी में अवधी ब्रज मिली तो वह हिन्दी हो गयी। पर ये दोनों स्वरूप एक दूसरे से अलग नहीं थे। अवाम को समझ आते थे। ये दोनों एक ही भाषा के दो फार्म दो शैलियाँ हैं।

यह सारे देश में थे उत्तर से दक्खन तक।

दक्षिण के कुतुबशाह 'जिल्ले अल्लाह' के दीवान में (1580 से 1612) जैसी भाषा है—

कुफर रीत क्या हौर इसलाम रीत
हर एक रीत में इश्क का राज़ है

या

तुम बिन रहा न जावे अननीर कुछ नमावे
बिरहा क्ता सतावे मन सेति मन मिलादो

या दक्खन के दूसरे शायर जैसे अहसन—

जब तें सफर पी ने किया तब तें गरीब आवाराहूँ
या बेग पी आया करें या मुजको बुलवाया करें

खुशनूद—

सब रैन जागे सेज पर तो भी सजन आया नहीं
चुप-चुप के देखी बाट मैं दरसन को दिखलाया नहीं

पर भाषा के दोनों रूप कहीं-कहीं मिल भी जाते थे—जैसे हामिद नामक शायर की पंक्तियाँ—

अज़म सफ़र चूं कर दी साजन नैनों नींद न आय जी
कद्रे विसालत ना दानिश्तम तुम बिन बिरह सताएजी

पर यह दोस्ती सिर्फ भाषा की ही नहीं है। यह छन्दों के क्षेत्र में भी है। जैसे—

दिल इबादत से चुराना और जन्नत की तलब
कामचोर इस काम पर किस मुँह से उजरत की तलब

फायलातून फायलातून फायलून। हिन्दी में यही गीतिका छन्द है। 26 मात्राओं का चरण, 14-12 की यति—

इश्क से तबीअत ने जीस्त का मजा पाया
दर्द की दवा पायी दर्द बे-दवा पाया
फाइलून मफाईलून फाइलून मफाईलून

यह दिग्पाल छन्द है—

समाया है जब से आँखों में मेरी
जिधर देखता हूँ उधर तू ही तू है
फउलुन फउलुन फउलुन फउलुन

यह हिन्दी में भुजंगप्रयात छन्द है। भरत के नाट्यशास्त्र के समय से चला आ रहा है।

आजकल की हिन्दी में उदाहरण है—

कभी आँख से आँख तेरी लड़ेगी
कभी कण्ठ में ब्याहमाला पड़ेगी
कभी चित्त की ग्रन्थि को खोल कोई
तुझे स्थान देगी मुझे मान देगी

यह हैं एक भाषा के दो रूप। उसे कोई नाम दीजिए। इसी में सिर उठाये ग़ालिब हैं। रेखते का उस्ताद मीर की तरह। मगर हम हैं कि ऐसे सभी शायरों और कवियों को भाषा के चौखटे में कसे हैं और उसका रस नहीं ले रहे हैं। ग़ालिब, मीर, सौदा और इन्शा को जाने बिना हिन्दी जानना अधूरा है।

बरसों से अनेक वजहों से जिसमें खासतौर से पोलिटिकल थी, हम भाषाओं में फर्क ही ढूँढ़ने में कमाल हासिल करते रहे और दूर होते चले गये। अब उन संकीर्ण यानी तंगनज़र लोगों की गिरफ्त से हिन्दी और उर्दू छूट रही है। नयी पीढ़ी के शायर और कवि एक-दूसरे के करीब हैं। ग़ालिब को श्रद्धांजलि अर्पित करने का हक हर सुसंस्कृत व्यक्ति को है। मैं इसी नाते उसके प्रति नतमस्तक हूँ।

मूल्यांकन : एक मर्ज़

मूल्यांकन एक ऐसा मर्ज है जो हर साहित्यिक को कभी-न-कभी लग जाता है। कुछ को कम उमर में और कुछ को बुढ़ापे में यह बीमारी हो जाती है। वे अन्दर से परेशान हो जाते हैं, वे अपने लिखे साहित्य को बटोरकर मोहित दृष्टि से देखने लगते हैं और मूल्यांकन करवाने को उतावले हो जाते हैं। वे भटकते हैं, रिश्ते जोड़ते हैं, पत्र-व्यवहार करते हैं, सभाएँ करवाते हैं, बातें करते हैं, पुराने सन्दर्भ उखाड़ते हैं, अपने एडवेंचरों की दास्तान उजागर करते हैं कि उनका मूल्यांकन हो रहा है या नहीं। जीवन-भर साहित्य के वृक्ष पर बन्दर-से उछलते रहने के बाद वे किसी डाल विशेष पर स्थापित होना चाहते हैं। वे विशेषणों की जंजीर अपने गले में डाल अपनी यात्रा-समाप्ति की घोषणा करना चाहते हैं। किसी भी राह या खिड़की से उस महल में घुसना चाहते हैं जो स्थायी यश का महल है, जो उनके मरने के बाद भी कायम रहेगा। महल के नाबदान से भी प्रवेश की सम्भावना हो तो वे नहीं चूकते। वे असली मरीज होते हैं। उन्हें रह-रहकर कुछ काटता है, अन्दर ही अन्दर कुछ कचोटता है कि हाय तुम मर रहे हो, तुम्हारा अभी तक मूल्यांकन नहीं हुआ। वे घबराकर किसी डॉक्टर आलोचक के चरणों में लोट जाते हैं और गिड़गिड़ाते हैं, मेरा मूल्यांकन कर दीजिए, मैंने हिन्दी में कितना लिखा है, क्या नहीं लिखा, मेरी चर्चा नहीं होती, मैं उपेक्षित ही मर जाऊँगा, मेरा सब-कुछ अकारथ जाएगा। वे समीक्षक के चरणों में अपना सम्पूर्ण सेट रख देते हैं। डॉक्टर उनके सिर पर हाथ फेरता है, धीरे-धीरे कहता है—नहीं पण्डितजी, हम तो आपको हमेशा मानते रहे हैं, आप कोर्स-बुक कमेटी में भी हैं, आपका मूल्यांकन न हो यह कैसे हो सकता है? हिन्दी साहित्य ने बहुतों के साथ अन्याय किया है पर आपके साथ नहीं होगा। कुछ दिनों बाद उन साहित्यकार के व्यक्तित्व और कृतित्व पर लेख और पुस्तक प्रकाश में आ जाते हैं। मरीज उन्हें सीने से लगाये सन्तोष से मर जाता है।

अब यह मर्ज जरूरी नहीं कि बुढ़ापे में ही हो। वह जवानी और बल्कि किशोरावस्था में भी हो सकता है। बल्कि आजकल तो हो ही जाता है। साहित्य

की डाल पर वे भी उछलकूद बन्द कर बैठना चाहते हैं। किसी लेखक को कह दीजिए कि आप आंचलिक जीवन के कथाकार हैं और तीन-चार लेखों में इस बात को दुहरा दीजिए तो बेचारे की जीवनधारा सुनिश्चित हो जाती है। वह भूलकर शहर की ओर नहीं भागता। और कभी आया तो तुरन्त भगा दिया जाता है। किसी को 'उद्योग-जीवन का कथाकार', किसी को 'मुस्लिम मध्यम-वर्ग का कथाकार' और किसी को 'किशोर जीवन का कथाकार' कह देने से वे एकदम इतने प्रमुदित हो जाते हैं कि कुछ दिनों लिखना ही भूल जाते। जब लिखते हैं वही लिखते हैं जिसका मूल्यांकन लेबल उनकी पीठ पर चिपकाया गया है। बेचारे! एक विशेषण के बहकावे में आ जाते और अपना जीवन समाप्त कर बैठते।

उनका भी कुसूर नहीं। हिन्दी में मूल्यांकन का विधान यह है कि किसी धारा या उपधारा में ही मूल्यांकन होता है। आप कत्थक नाचते हैं या कथकलि। अगर आप दोनों नाचते हैं तो आपका मूल्यांकन जरा कष्टप्रद होगा। अगर आप सिर्फ कत्थक नाचें तो हम आपका तुरन्त मूल्यांकन कर देंगे, आपको किसी परम्परा से जोड़ देंगे। आपका भूगोल स्पष्ट करेंगे जिससे इतिहास में आपकी जगह बने। अगर कोई कत्थक और कथकलि दोनों नाचता है और उसके बारे में यह स्थापित कर दिया जाए कि वह श्रेष्ठ कत्थक है तो वह धीरे-धीरे खुद कथकलि छोड़ देता है। वह जान लेता है कि उसका कत्थक बने रहना ही बेहतर है कि इस क्षेत्र में उसका फिक्सेशन हो जाएगा। वह अगर एक बार ग्राम कथाकार घोषित कर दिया जाए तो बिचारा वहीं बना रहता है वहीं सड़ता है, फर्मण्ट होता है और मजे देता है।

कम उमर में मूल्यांकन का मर्ज लग जाने पर उसकी गिरफ्त से जिन्दगी-भर मुक्त होना कठिन हो जाता है। स्थायी फीवर बना रहता है, नार्मल से कुछ ऊपर। हर पत्रिका में अपना नाम टटोलने की ऐसी अन्धी आदत पड़ जाती है कि सिवाय उसके कुछ नहीं सूझता। मूल्यांकन की प्यास गहरी होती है और हिन्दी में प्याउओं की कमी है। बड़ी रेगिस्तानी फिजां है। अगर कोई समीक्षक फेरी लगाकर मूल्यांकन करना आरम्भ करे तो पहले मोहल्ले में खड़ा हो जब वह आवाज लगाएगा कि 'मूल्यांकन करवा लो', 'लेख लिखवा लो' तो उसी मोहल्ले में उम्मीदवारों की गिनती इतनी ज्यादा हो जाएगी कि बेचारा समीक्षक जिन्दगी-भर वहीं रुका रहेगा।

अब स्थिति स्पष्ट है कि साहित्य में मित्र ही मूल्यांकन करते हैं। वे ही चाहें तो आप पर लिख दें तो कुछ बात बने। मगर प्रश्न यह है कि श्रीमान, इस कम्बख्त हिन्दी साहित्य में कौन अपना मित्र है यह जिन्दगी-भर पता नहीं

लगता। जिसके साथ ठहाके लगाते गला दु:ख जाता है वही मेरा यार कब हाथ बढ़ाकर गला घोंट देगा, पता नहीं चलता। जब मरीज ही मरीज का इलाज करने लगे, तो कौन किसको दवा के नाम पर कब क्या पिला देगा, नहीं कह सकता। इस कारण यह मूल्यांकन करवाने की ही मजबूरी है जो साहित्य में मित्रता के अंकुर जीवित रखे जाते हैं। आज नहीं तो कल हमें अपना मूल्यांकन करवाना है। सोचिए कौन करेगा? आप सोचिए अगर आप साहित्यकार हैं तो। निश्चित ही उत्तर में आप किसी अपने वाले की ओर स्नेह से देखेंगे। पर आप क्या कह सकते हैं? वह आपके मरने पर कविता लिख देगा मगर आपका मूल्यांकन करते हुए लेख भी लिख देगा इसमें सन्देह है।

और अगर ऐसा कुछ न हुआ तो समझिए कि तब आपका मूल्यांकन वही करेगा जो सबका करता है। जिसका कोई मूल्यांकन नहीं करता उसका मूल्यांकन रद्दी कागज खरीदने वाला करता है। आज नहीं कल वह तराजू लेकर आपके दरवाजे आएगा और कहेगा, "लाइए, देते हैं सारे कागज?" वह तोलेगा और प्रति किलो के रेट से दाम देकर उठा ले जाएगा। यह साहित्य का अन्तिम मूल्यांकन है। मन ही मन इसके लिए तैयार रहना चाहिए। कोशिश करते रहना चाहिए कि आपका मूल्यांकन हो जाए। व्यग्रता की इन्सोमनिया वाली रात में कोई नींद की गोली दे जिसे लेकर सन्तोष से सो सकें कि हम भी कुछ थे, इस हिन्दी साहित्य में हम भी कुछ थे। इस अनन्त अथाह कचरा-पेटी में अपनी स्थिति को भाँपने का आग्रह यदि पूरा हो जाए तो निश्चित ही आप सौभाग्यशाली हैं।

शायरे मैसूर...करे सलाम!

उनकी छवि निराली ही थी।

बिखरे बालों पर एक कढ़ी हुई टोपी, काजल लगी आँखें और पान से सने दाँत। बदन पर एक लम्बा कोट या छोटी शेरवानी—एक ऐसा वस्त्र जिसमें कोट और शेरवानी की नस्लें मिली लगती हैं। मैला चीकट पाजामा और गले में हार जो शायद किसी ने उनके सम्मान में सड़क से उठाकर डाल दिया लगता था।

तीन रोज मैसूर ठहरा था कि देखिए मेरी किस्मत उनसे मुलाकात हो गयी। पैदल भटक रहा था यहाँ-वहाँ और देख रहा था शहर। क्या कहने हैं, ख़ासकर जब सुबह दस-ग्यारह का समय हो और लड़कियाँ आ-जा रही हों। रंगीन कीमती साड़ियाँ, बहुत-बहुत फूलों से शोभित बाल, स्वस्थ साँवले शरीर और नंगे पैर। एक बार को अफसोस हुआ कि हाय कुँआरे जीवन की घड़ियाँ यहाँ बिताई होतीं तो इन बालों में सदैव को भटक जाता। सजे सँवरे इस नगर के किसी चन्दन कारखाने से उमड़ती आती गन्ध मुझे लपेट गयी और मैं मर ही गया। अभी-अभी एक कुर्गवासिनी लड़की के भरे पूरे तन पर लिपटी कुछ अजब ढंग की साड़ी को देखकर हटा था कि एक छोटी-सी भीड़ घेरे मुझे वे नजर आये। तमाशा घुसकर देखने के अन्दाज में मैं भीड़ में चला गया तो उन्हें मुझे भाँपते देर न लगी। यहाँ लुंगीविहीन पेण्टधारी व्यक्ति अक्सर ही परदेसी होता है। वे मुझे देख चारों तरफ खड़ी जनता की ओर मुस्कुराये कुछ यों कि लीजिए बुद्धू फँसा। अब होगी कमाई। फिर वे कुछ ठुमकते से, कि हार गले का हिलने-डुलने लगा, मेरी ओर बढ़े और आदाब की मुद्रा में झुककर बोले—शायर मेरा नाम, शायरी मेरा काम, झुक करूँ सलाम, दीजिएगा इनाम!

'आप शायरी करते हैं?' मैंने पूछा।

'शायर मेरा नाम, शायरी मेरा काम...।' उन्होंने फिर दुहराया।

मैंने लोगों को देखा। उनकी आँखों से ऐसा नहीं लग रहा था कि वे किसी पागल की ओर देख रहे हैं पर यों कि किसी प्रतिभाशाली की ओर देख रहे हैं। चेहरे पर मुस्कुराहट, आँखों में सम्मान। सोचने लगा कि हो सकता है यहाँ शायरी एक बाकायदा व्यवसाय हो और अच्छी नज़्म सुनाने पर नागरिकों द्वारा शायर को

अठन्नी देने का रिवाज़ हो। टीपू सुलतान हाथी और शेर पालने का बड़ा शौकीन था। वह चला गया तो जनता रोज़वुड के हाथी और शेर सजाकर उस परम्परा को जीवित रखे है। वह कविता शायरी का भी प्रेमी रहा होगा और जनता आज तक उस धर्म को निभाये है। कसम खाकर कहता हूँ मैंने आज तक ठेले पर कविताएँ बिकती नहीं देखीं। शायर हर शहर में पाँच दस से सौ तक की गिनती में बसते हैं पर महीनों ताक लगाये रहते हैं कि कब कहीं मुशायरा हो, महफिल जमे कि वे बुलाये जावें। फिर चाहे पारिश्रमिक के रूप में सौ डेढ़ सौ रुपया मिला या फक्त एक चिकनयुक्त खाना। पर शान है शहर मैसूर की कि शायर दो घण्टे शहर का चक्कर लगाता है, यहाँ-वहाँ सुनाता है और दिन-भर का खर्च बटोर लाता है। उस वक्त वह अपने रोज के अभियान पर निकले थे कि मुझे दिख गये—मेरे सौभाग्य! उन्होंने मुझे विचारों में खोया देख फिर फरमाया, पर इस बार एक बदले हुए अन्दाज से—'शायरे मैसूरवी करे सलाम, लेवे इनाम, येच अपना काम। हुजूर फरमाएँ बन्दा क्या सुनाए।'

सब मेरी ओर देख रहे थे। मैं बोलूँ तो वह कुछ कहे।

'सुनाइए कुछ अपना हाल।' मैंने कहा।

'सुनाऊँ कुछ अपना हाल। हुजूर देखना चाहते हैं कमाल। मुश्किल हुआ है आटा दाल। मिलता नहीं खाने को माल। बीती उम्र चालीस साल। दुखने लगी हड्डी झुर्रा गयी खाल। होने लगे हैं सफ़ेद मेरे बाल। मुरझा गये हैं मेरे गाल। बिगड़ गयी है सारी चाल। क्या बताऊँ अपने हाल। मुसीबत में अपने को दिया है डाल।'

'बीवी तो दो-दो किये हो' भीड़ में से कोई चिल्लाया।

शायर मुस्कुराये। उनका सीना फूल गया। चेहरे पर जवानी लौट आयी। आँखें चमकाकर वे फिर बोले—दोनों वाइफ बड़ा क्लीवर, रोज माँगता हमसे जीवर, सुन-सुन के आता है फीवर।—फिर वे रुक गये पर वे वाक्य सोच रहे थे, तुक खोज रहे थे। आधा मिनट बीता तो लोग हँसने लगे। फिर जैसे उनकी काव्य-प्रतिमा को यह चोट सहन न हुई हो, वे जोर से बोले—सुन-सुन के आता है फीवर। होता है गड़बड़ लीवर। अरे शायर डूब जा रीवर।—फिर चारों ओर उन्होंने आत्महत्या पूर्व की पीड़ा से देखा। सब ओर चुप्पी थी। फिर उनकी आँखों में आशा चमकी और अपनी गर्दन नकारात्मक ढंग से हिलाकर वे बोले—नीवर, नीवर!

इस अन्तिम तुक ने तालियाँ बजवा दीं और आदाब की मुद्रा में मेरी तरफ वे झुके मानो यह प्रश्न पूछते हुए कि इनाम कब मिलेगा।

पर मैं एकदम इनाम देने से रहा। चुपचाप यों देखता रहा कि अभी मुझ पर कोई असर नहीं हुआ है।

'चीन के खिलाफ सुनाओ, चीन के।' कोई बोला।

शायर हँसे और उन्होंने सुनाना स्वीकार किया। दूर की कौड़ी लाने की मुद्रा में उनकी दोनों भवें सिमट गयीं और वे फिर एकाएक बोले—मुल्क हिन्दुस्तान, खुदा की शान, ऐ नौजवान, हो जा कुर्बान। आज मुल्क पे आफत आयी, चीन ने मुसीबत ढायी। जी चाऊ की शामत आयी, क्या गलत राह अपनायी। हिन्दू सिख ईसाई, और मुस्लिम भाई। सब एक माता की सन्तान, कर देवें खुद को बलिदान। बचावें देश की आन, इसी में है सच्ची शान। ऐ नौजवान हो जा कुर्बान!

चारों ओर से वाह-वाह की आवाज आने लगी। तभी एक आदमी आया और बोला—'अजी आप यहाँ खड़े हैं और वहाँ आपका इन्तजार हो रहा है।'

'मेरा इन्तजार किसके दिल में। कौन बेजार हुआ महफिल में।'

सब लोग फिर शायर को दाद देने लगे। उसने फिर आदाब के अन्दाज में मेरी ओर देखा।

'आप तो बहुत अच्छे शायर हैं।' मैंने भी कहा।

'हुजूर मैं शायर नहीं हूँ, मेरा पेट शायर है।' और उसने जोर से पेट पर हाथ मारा और पीड़ा में झुक गया।

सब ओर एकाएक चुप्पी-सी छा गयी।

'देखने को लगता है हुजूर कि पेट और दिल में कोई तुक नहीं, रोटी और शायरी में कोई तुक नहीं। मगर नहीं...बड़ी गहरी तुक है। देखिए ना...शायरे म्हैसूर करे सलाम...माँगे इनाम...येच अपना काम। सुबह शाम, न चैन न आराम।' और उसने मेरी ओर हाथ बढ़ाया। मैंने बारह-चौदह आने की चिल्लर उसके हाथ पर रख दी। वह झुका और आगे बढ़ गया।

तबीयत हुई इसके पीछे-पीछे जाऊँ। जैसे तमाशा दिखानेवाले के पीछे बच्चे भटकते हैं ना वैसे ही—पर लौट आया। तीन दिन मैसूर में रहने पर जैसे अनेक कथाएँ देखीं और अधूरी छोड़ दीं—कुछ उसी तरह उस शायर को भी पूरी तौर से नहीं समझा।

अक्सर जब कोई कविताविहीन कविता देखता हूँ, तुकबन्दी वाले पोये पढ़ता हूँ, रेडियो या कवि सम्मेलनों में वातावरण की छिछली माँग पर किये गये भावविहीन पद्य सुनता हूँ—मुझे उस सुन्दर नगर मैसूर का वह शायर याद आ जाता है। काश! उसने कविता को सीरियस लिया होता, वह बेढंगा बाना न पहिन कविजनों-सा सँवरा होता, सम्मेलनों की प्रतीक्षा करता, रेडियो और अकादमी से भले सम्बन्ध रखता तो क्या साहित्य के समाज में उसका भी स्थान नहीं हो जाता। प्रतिभा की कमी, कला का फूहड़पन और जीवनदृष्टि का अभाव—इन सबको छुपाने के नुस्खे हैं, जानना चाहिए। पैसा तो यों भी मिलता है। फर्क सिर्फ सलाम के तरीकों में है।

अपनी प्रति सुरक्षित कराइए

उस दिन मैंने बेसब्र उत्साह के साथ ढेर सारे लोगों को एक ओर जाते हुए देखा। युवक, स्त्रियाँ, बच्चे, बूढ़े—लपके चले जा रहे थे। कोई जुलूस नहीं, कोई नारा नहीं। एक निश्चित दिशा, एक दृढ़ संकल्प। मैंने एक शख्स से पूछा —आप लोग कहाँ जा रहे हैं? वह व्यस्त था मगर वह रुका और कृपापूर्वक उसने मुझे बताया—हम लोग अपनी प्रति सुरक्षित कराने जा रहे हैं।

आप मानेंगे कि ऐसा हो सकता है। एक जुलूस आ जाए, मुझे दिखे, मैं पूछूँ, वह जवाब दे। इसका अर्थ है आपने पत्रिकाओं के विज्ञापनों के नीचे यह ठोस पंक्ति नहीं देखी कि अपनी प्रति तुरन्त सुरक्षित करा लीजिए। किसलिए, किसके लिए लिखी जाती है यह पंक्ति? उन हजारों लाखों पाठकों के लिए जिनके सम्मुख सबसे बड़ी समस्या है अपनी प्रति की सुरक्षा, एक कोमल प्रति की दृढ़ सुरक्षा, जो तुरन्त होना जरूरी है। वे तुरन्त घर से निकलते हैं और एजेण्ट की दिशा में बढ़ते हैं। स्वाभाविक है कि जब एक महत् उद्देश्य को लेकर लोग घर से निकल पड़ेंगे, वे सड़कों पर जुलूस से बन जाएँगे। मैंने उसे देखा है। बार-बार देखा है। आज सुबह मैं स्वयं उस जुलूस में था। आपने भी ऐसे काफी सारे लोग एक तरफ जाते देखे होंगे। आपने पूछा नहीं, अन्यथा वे बताते कि वे प्रति सुरक्षित कराने जा रहे हैं। खैर, आगे से जब बहुत सारे लोगों को एक दिशा में जाते देखें, समझ लीजिए कि वे अपनी प्रतियाँ सुरक्षित कराने जा रहे हैं। जो विपरीत दिशा से आ रहे हैं वे करा के लौट रहे हैं।

प्रति की सुरक्षा एक गम्भीर मसला है। राष्ट्र की सुरक्षा की तरह साधारण बात नहीं, जो हमारी ओर से सरकार कर देगी। यह एक ऐसा काम है जो खुद हमें अपनी जिम्मेदारी से करना है। विज्ञापनों में पाठकों के उसी उच्च कर्तव्यबोध का स्मरण कराया जाता है, 'यह फिर न कहना खबर न हुई' वाला मामूली किस्सा नहीं है। जरा सोचिए कि यदि प्रति असुरक्षित रह गयी, तो क्या होगा? वह जो पहली बार प्रेस से निकली है, अछूती है, सुन्दर है, उन अनेक गुणों से भरी-पूरी है जिसका विज्ञापन में जिक्र है। आपकी अपनी प्रति, जिसे देख

एकाएक हृदय का समस्त संचित अपनत्व उमड़ पड़ता है, ललककर बाँहों में ले लेते हैं और होठों से फूट पड़ता है—मेरी प्रति, ओ मेरी प्रति। आप उसे दबोच लेते हैं जैसे शेर बकरी दबोच लेता है और उसके कण्ठ से फूटता है—मेरी बकरी। सुरक्षा के लिए यह आवश्यक है।

अब मेरा ही मामला लीजिए। जैसे ही मैं विज्ञापन में पढ़ता हूँ कि प्रति सुरक्षित करा लीजिए, वैसे ही मैं फिक्र में दुबला होने लगता हूँ। चूँकि विज्ञापन निरन्तर छपते रहते हैं। इसलिए दुबले रहना मेरे जीवन का स्थायीभाव है। काजीजी दुबले क्यों, प्रति असुरक्षित रहने के अन्देशे से। और एक दिन अपने पत्नी-बच्चों को रोता-बिलखता छोड़ एजेण्ट के अड्डे की ओर दौड़ पड़ता हूँ। वहाँ भारी भीड़ है। सभी अपनी प्रति की सुरक्षा चाहते हैं। मैं उसे भीड़ में अपने मित्रों और रिश्तेदारों को देखता हूँ और एक प्रश्न मेरे मन में उठता है कि क्या इन यारों और नातेदारों के होते मैं अपनी प्रति की चिन्ता करूँ। अन्दर से महाभारती अन्दाज में जवाब आता है कि हे शुद्ध ग्राहक, तू अपना कर्म कर, इधर-उधर मत देख। बस मैं, जुट जाता हूँ। ढिशिंग ढिशिंग, इसके पेट में कोहनी मारी, उसका पैर दाबा, उसे झापड़ रसीद की और जगह निकालता कोई आधे घण्टे बाद एजेण्ट के पास पहुँच जाता हूँ। विजयी, दर्प से मदमाता, अनजानी सुरक्षा के बोध से ग्रस्त, निर्णय पर अडिग, हाँफता हुआ।

''कहिए बाबू साहब, क्या आज्ञा?'' उसी पेशेवर नम्रता के साथ एजेण्ट कहता है जो बिल वसूल करते समय उसके चेहरे पर रहती है।

''मेरी प्रति सुरक्षित कीजिए?''

''कौन-सी प्रति?''

''जिसका विज्ञापन छपा है।''

''कौन-सा विज्ञापन?''

''जो छपा है।''

''कहाँ छपा है?''

''उसी पत्रिका में।''

''कौन-सी पत्रिका?''

''जिसकी प्रति सुरक्षित करना है।''

होता यह है कि प्रति सुरक्षित कराने के उत्साह में मैं अक्सर भूल जाता हूँ कि कौन पत्रिका की प्रति सुरक्षित कराना है। पर उससे अन्तर नहीं पड़ता। मैं सब पत्रिकाओं की प्रति सुरक्षित करा लेता हूँ। ग्राहक धर्म है प्रति सुरक्षित कराना। एक बार मैं इसी प्रकार भीड़ में कोहनी-फाइट के चमत्कार दिखाता आगे बढ़ रहा था कि एक कोहनी एक स्त्री को लग गयी। मैंने गौर से देखा तो वह

वाकई में मेरी पत्नी थी। मैंने पूछा—तुम यहाँ कैसे? उसने बताया कि वह एक महिलाओं की पत्रिकाओं की प्रति सुरक्षित कराने आयी है। खूब मिली। फिर हम दोनों निश्चित दिशा में परस्पर सहयोग करते हुए संघर्ष करने लगे। इसे कहते हैं—जीवन-साथी। प्रति भी सुरक्षित, पति भी सुरक्षित!

कई बार मैं अपने से सवाल करता हूँ कि सुरक्षा क्यों? यह सारी भाग-दौड़, सारी धींगामुश्ती, साधना किसके लिए? जवाब भी उसी विज्ञापन में दिया होता है। यही कि सब-कुछ उसमें इतना बहुमूल्य है कि सुरक्षा जरूरी है। जैसे शर्मिला टैगोर का रंगीन चित्र और शरद जोशी का सशक्त व्यंग्य! क्या इन्हें असुरक्षित छोड़ा जा सकता? नहीं! एक सुन्दर है और दूसरा सशक्त। हम जो शक्ति और सौन्दर्य के उपासक रहे हैं, हमारी नसों में आज भी थोड़ा बहुत वीरगाथा काल शेष है कि हम उसे सुरक्षित रखें। वह पत्थर की मूरत नहीं जो असुरक्षित पड़ी रहे। और उसे फोल्ड कर चुराने वाले अमरीका ले जाएँ। वह जीवन्त बोलती हुई, तरोताजा किस्म की चीज है, जिसकी सुरक्षा में ही इस देश का हित है। इसीलिए विज्ञापन बार-बार चीखकर कहते हैं—अपनी प्रति सुरक्षित करा लीजिए, आज ही, अभी। और देखिए कि इनसान एक प्रति सुरक्षित कराता है, वह उस तक पहुँचती है और उसमें लिखा होता है कि अगली भी करा लीजिए। वह उसके लिए दौड़ पड़ता है। पिछले सालों में निरन्तर प्रति सुरक्षित कराने के चक्कर में मैं कुछ पढ़ नहीं सका उससे अन्तर नहीं पड़ता। असली मजा प्रति सुरक्षित कराने में है। सारी थ्रिल, सारी सनसनाहट, सारा सुख। यात्रा तो बोर होती है मगर सीट बुक हो जाए, स्लीपिंग बर्थ का आरक्षण हो जाए तो इनसान इतना प्रसन्न हो जाता है कि यात्रा के दर्द कम हो जाते हैं। वस्ले यार की मोनोटोनी से इन्तजार में बैठे कोकाकोला पीना कहीं बेहतर है। गारण्टी हो कि आएगी, तो क्या कहने! सुरक्षा जरूरी है। प्रति की हो या देश की। बाकी बातें बेमतलब हैं, जैसे अध्ययन या विकास। देश सुरक्षित रहना चाहिए फिर चाहे उसके अन्दर कितनी ही पोलें हों!

आलोच्य वर्ष की उल्लेखनीय रपट

जैसा कि प्रतिवर्ष होता है, इस वर्ष भी समस्त उल्लेखनीय दुर्दशाओं के बावजूद देश ने काफी प्रगति की। तबादला न हो जाए, इस भय से हर क्षेत्र और विभाग के अधिकारियों ने अपने क्षेत्र की सफलताओं के जो प्रतिवेदन भेजे हैं, उनका बिना अध्ययन किये भी आलोच्य वर्ष के विषय में यह अधिकारपूर्वक कहा जा सकता है कि सिवाय प्रगति दरसाने के कोई विकल्प राष्ट्र के पास रह नहीं गया है। तत्काल कारण आगामी चुनाव और कुर्सी पर बैठे रहने की पात्रता बनाये रखना, इन सफलतासूचक प्रतिवेदनों की मूल प्रेरणा और कारण रहे हैं। गिरावट केवल वहाँ आयी, जहाँ अभिवृद्धि के जोरदार प्रयत्न किये गये और सफलता वहाँ मिली, जहाँ इसके अतिरिक्त चारा न था और वह बिना कुछ किये भी सम्भव था।

शासन के पास इरादे और प्रयत्न का अभाव रहते हुए भी धन में कमी आयी, जिसका भरपूर लाभ शासकीय कर्मचारियों को प्रति वर्षानुसार इस वर्ष भी मिला। भौतिक लक्ष्य चाहे अपूर्ण रहे, पर आर्थिक लक्ष्य पूर्ण हुए, उधारी बढ़ी, चुकारों में कमी आयी। वित्त विभाग घाटे में रहा, पर निजी खातों में उल्लेखनीय बढ़ोतरी हुई। बैंकों से अधिक चेक बुकें इशु की गयीं, जिससे राष्ट्र के आर्थिक सन्तुलन में गड़बड़ी रहने के बावजूद निजी लेनदेन में गतिविधियाँ अनुकूल बनी रहीं। सरकारी ऋण सामान्यजन तक पहुँचा, जिसे न लौटाकर व समस्त जन असामान्य जन हो, गरीबी की रेखा से लटकने की बजाय उस पर साइकिल चलाने लगे।

बुआई का क्षेत्र कम होने, अच्छे बीजों के उचित वितरण न होने तथा मौसम की खराबी के बावजूद आलोच्य वर्ष में अधिकारियों के प्रतिवेदन के अनुसार खाद्यान्न का उत्पादन बढ़ा, जिसमें आयातित खाद्यान्न भी शामिल हैं, जो सड़ने की अवस्था में उचित मूल्य की दुकानों पर बेचा गया। तत्सम्बन्धी शासकीय नीति गत वर्ष के अनुसार अकाल मृत्यु में कमी कर, खराब चीजें खिलाकर मरीजों की संख्या में निरन्तर वृद्धि की रही। जिसने जो बोया, वह वही बोकर पछताया,

यद्यपि जिसने न बोया, वह भी सुखी न रहा। योजना का अन्तिम वर्ष होने के कारण कृषि के लक्ष्य निश्चित करने पर पूरा ध्यान दिया गया, जो योजना का अन्तिम वर्ष होने के कारण पूरे न हो सके।

बिजली प्रदाय करने की स्थिति न होने के बावजूद ग्रामीण उद्योगों को बढ़ावा दिया गया। भीषण सूखे के कारण शासन ने परिणामोन्मुखी ठोस कदम उठाये, जिसका भीषण सूखे के कारण कोई परिणाम न निकला। उत्पादन में शून्यता अनुभव कर शासन ने उत्पादकों को लाभप्रद मूल्य दिलाने की नीति अपनायी और समुचित आर्थिक प्रावधान किये, जो उत्पादन न होने के कारण उपयोग न किये जा कर बचत रही। किसी क्षेत्र में रबी का उत्पादन खरीफ से कम रहा और कहीं खरीफ का रबी से कम। कुल मिलाकर रबी-खरीफ का उत्पादन विगत वर्ष से कम रहा, जिसमें होनेवाली हानि की पूर्ति भावों में उचित अभिवृद्धि कर की गयी। मिठास में कमी होने पर भी गन्ने की फसल बढ़ी तथा रबर के उत्पादन में खिंचाई में कमी आने के बावजूद बढ़ोतरी रही।

सार्वजनिक वितरण प्रणाली से खाद्यान्न क्रय करने में उपभोक्ताओं की सुविधा रही। लेवी वसूली पर उत्पादन कम होने पर भी कड़ी नजर रखकर पूरा ध्यान दिया गया। मूल्य बढ़ाकर धान की सामान्य किस्मों की प्रतिष्ठा में वृद्धि की गयी। चावल की अनेक किस्मों का बासमती नामकरण कर देहरादून में सील लगाने के केन्द्र खोले गये। देहरादून में चावल की खेती में कमी आने पर भी देश-भर में देहरादून चावल उपलब्ध रहा। इस नीति से उत्तम चावल न होने पर भी चावल के व्यापार में गिरावट नहीं आयी। शासन की उचित कड़ी नीति के कारण किसानों में आर्थिक सहायता प्राप्त करने का बोझ कम हुआ। तिलहन उत्पादन क्षेत्र में मूँगफली का उत्पादन बढ़ा, पर तेल के उत्पादन में कमी आयी, क्योंकि समुचित भोजन के अभाव में जनता में मूँगफली सेंककर खाने की प्रवृत्ति बढ़ी। चाय-कॉफी का उत्पादन कम हुआ, जिसकी पूर्ति तम्बाकू के उत्पादन में वृद्धि से हुई। खराब चाय की खपत में भारतीय रेल विभाग ने आलोच्य वर्ष में भी सभी स्टेशनों पर समुचित सुविधा प्रदान की।

शासन की कोशिश उत्पादन बढ़ाने की रही, फिर जिसमें जो भी बढ़ जाए, गोदामों में चूहे और खेतों में कीड़े अपने स्वभाव के अनुकूल सक्रिय रहे। ट्रैक्टर, हार्वेस्टर, पडलर आदि के मानकीकरण तथा उत्पादन वृद्धि पर सरकार ने पूरा ध्यान दिया। यद्यपि आर्थिक दशा खराब होने के कारण कृषक इस पर ध्यान न दे सके। फलों के उत्पादन के डिब्बाकरण की नीति के कारण डिब्बों का उत्पादन

बढ़ा और फलों का वही रहा। रेगिस्तान विकास कार्यक्रम के अन्तर्गत नीतियाँ स्पष्ट की गयीं कि विकास रेगिस्तान का न किया जाकर, हरियाली का किया जाना है। चीनी का उत्पादन बढ़ा तथा हलवाइयों को मिठास की मात्रा बढ़ाने की प्रेरणा दी गयी, ताकि बफर स्टॉक में कमी आये, जिसे बनाने के लिए शक्कर का आयात किया गया। सामान्यजन की सब्जी पर निर्भरता में कमी आयी तथा गैर सब्जी पदार्थ अर्थात अण्डा, चिकन, मछली पर उपलब्धता के कारण ध्यान बढ़ा। गत वर्ष के अनुसार इस वर्ष भी पुलिस विभाग ने चिकन की खपत बढ़ाने में योगदान दिया। वर्तमान वर्ष में बाजार को छोड़कर सर्वत्र मछलियों का अभाव रहा। महँगी होने के कारण वे दुकानों पर टिकी रहीं।

लक्ष्य के अनुसार वृक्ष लगाये गये और लगाये वृक्षों की रक्षा के लिए अन्य वृक्षों से डालियाँ काट उचित घेराबन्दी की गयी, ताकि बकरी के अतिरिक्त अन्य पशु अन्दर प्रवेश न कर सकें। वृक्ष काटने की घटनाओं पर जंगलों के अतिरिक्त सर्वत्र नियन्त्रण रहा। नये लगाये वृक्षों में अधिकांश मुख्यमन्त्रियों ने लगाये। बड़, बबूल, पीपल, नीम आदि परम्परागत लगाये जा रहे वृक्षों की प्रवृत्ति रोककर जल्दी काट कर बेचे जाने योग्य वृक्ष लगाने की प्रवृत्ति को बढ़ावा दिया गया।

कृषि क्षेत्र एवं औद्योगिक क्षेत्र में किसका अधिक पतन एवं किसका अधिक विकास हुआ, इसे लेकर राज्यों में परस्पर विवाद रहा। कर बचाने एवं लघु उद्योगों के लिए प्रदत्त सरकारी सुविधाओं का लाभ लेने के उद्देश्य से मध्यम एवं बड़े कारखानों ने अपना कार्य विभाजन कर कारखानों में ही भिन्न नामों से कारखाने खोले, जिसके परिणामस्वरूप आलोच्य वर्ष में पंजीकृत उद्योगों की संख्या बढ़ी। यद्यपि उत्पादन वही रहा, जो गत वर्ष था। बीमार मिलों द्वारा रुग्णता का प्रदर्शन जारी रहा और वे सरकारी सहानुभूति की पात्र बनी रहीं। विगत वर्षों की तरह उन्हें ऋण प्रदान करते रहने के कारगर उपाय किये जाते रहे, जिन्हें पाकर बीमार मिलें स्वास्थ्य लाभ के उद्देश्य से आराम करती रहीं।

कोयले के रख-रखाव पर पूरा ध्यान दिया गया। उपभोक्ताओं में गैरटिकाऊ वस्तुओं की खरीदी को प्रोत्साहित किया गया। रबर के जूते और चश्मों की खरीदी में गिरावट आयी, पर कारों की बिक्री बढ़ी, जिसका एक परिणाम यह हुआ कि बिजली के पंखे और अच्छे तराजुओं की बिक्री कम हुई। नगर निगमों द्वारा सफाई का भार कम किये जाने की नीति के अच्छे परिणाम सामने आये और घरेलू कीटनाशक दवाओं की बिक्री बढ़ी। अन्य कई रोगनाशक दवाएँ अधिक बिक्री दिखाने लगीं। रेफ्रीजरेटर एवं वातानुकूलित यन्त्रों की बिक्री बढ़ी, पर करण्ट न होने से बिजली के तारों की बिक्री में कमी आयी। जिन क्षेत्रों में वर्षा पर्याप्त हुई, वहाँ केबल्स की माँग में इजाफा हुआ।

पिछले वर्षों में जहाजों के निर्माण में जोर देने तथा विदेशों से पुराने जहाज खरीदने की अपनायी गयी नीति के फलस्वरूप जहाज मरम्मत के क्षेत्र में कामकाज बढ़ा और रोजगार की सम्भावना उत्पन्न हुई। मानव निर्मित धागों का उत्पादन बढ़ा, परिणामस्वरूप कपास की बुआई का रकबा कम हुआ, और खादी उद्योग को आर्थिक सहायता देते रहने की नीति जारी रही। जूट के कपड़ों के प्रति पर्याप्त आकर्षण पाया गया, यद्यपि बिक्री कम दरसायी गयी। पेंसिलों की बिक्री कम हुई, पर बिजली के लैम्पों, टी. वी. तथा स्ट्रेपटोमाइसिन की बिक्री बढ़ी। पंचर जोड़ने की सामग्री का उत्पादन बढ़ा, पर ट्यूब-टायर का कम हुआ। छपाई मशीनों की बिक्री बढ़ी। कागज के उत्पादन में कमी आयी। आलोच्य वर्ष में साबुन और डिटर्जेण्ट के टी. वी. पर हुए विज्ञापनों की आय से सात परसेण्ट निजी कमीशन पर प्राप्त सुरक्षा सामग्री के आयात में वृद्धि हुई। सेना और पुलिस के लिए शस्त्रों की पूर्ति में आतंकवादियों से प्राप्त शस्त्रों की भारी मात्रा के कारण व्यय में कमी आयी। अखबारों की बिक्री बढ़ने से कागज की लुग्दी बनाने के उद्योग को बढ़ावा मिला। ग़ज़ल का प्रचलन बढ़ने से सारंगी निर्माण उद्योग की सम्भावना भी विकसित हुई। शक्कर उद्योग पर अधिक ध्यान दिये जाने के कारण गुड़ कितना बिका, यह ज्ञातव्य संकलित न हो सका।

प्रचलित वर्ष में छोटे सिक्कों का इतना निर्माण हुआ कि वे म्यूज़ियम में रखे जा सकें, चाँदी की बिक्री में गिरावट आयी। सोने के आभूषण की बिक्री बढ़ी, जिसका अधिकांश सोना स्मगलरों द्वारा उपलब्ध हुआ। विदेशों से ऋण लेते रहते रहने की नीति जारी रही तथा ऋणदाता देशों में दो द्वीपों की वृद्धि हुई। गृहनिर्माण उद्योग को बढ़ावा देने के लिए झोंपड़ी उन्मूलन की गतिविधियों में गति आयी। रिजर्व बैंक बैंकों को ऋण देता रहा। बैंक ऋण न लौटानेवालों को ऋण देते रहे। फलस्वरूप एय्याशी की सामग्री की बिक्री बढ़ी और पाँचतारा होटलों ने अच्छा व्यवसाय किया। व्यापारियों, ठेकेदारों और ऋण लेनेवालों के सरकारी अधिकारियों से सही तालमेल और सहयोग के कारण व्हिस्की तथा अन्य मादक पेयों की बिक्री गत वर्षों की अपेक्षा अधिक हुई। पानी गन्दा होने तथा बीमारियाँ फैलने के समाचारों के प्रभाव में एरेटेड वाटर की बिक्री में स्थायित्व आया। मच्छर मारने के उपादान बनाने की नयी यूनिटें खुलीं, जिसके आगामी वर्षों में विकसित होने की सम्भावना है। विशेषज्ञों के मतों के अनुसार आगामी दो दशकों में मच्छर मारना राष्ट्र की प्रमुख निजी गतिविधि हो जाएगी, अतः तत्सम्बन्धी समस्त उद्योगों के विकास की भारी सम्भावना है।

बैंकों में व्यापक मूल्य वृद्धि के कारण मध्यमवर्ग की जमा राशि में गिरावट आयी, पर बड़े खातों में वही राशि बढ़ जाने के कारण बैंक आर्थिक दृष्टि से सुरक्षित रहे। बैंक लुटने की बढ़ती घटनाओं को दृष्टिगत रखते हुए लुटे बैंकों की सहायता के लिए एक स्थायी कोष के निर्माण का प्रस्ताव है, जिसके ब्याज से नियमित क्षतिपूर्ति की जा सके।

कुल मिलाकर आलोच्य वर्ष उल्लेखनीय रहा। महात्मा गाँधी की नीति से हटकर धीरूभाई अम्बानी की नीति अपनाने से देश के कतिपय वर्ग की आर्थिक स्थिति में सुधार हुआ। पनडुब्बी तथा तोपों पर राष्ट्र का ध्यान बँटा रहने के कारण अन्य विदेशी सौदों में कामकाज अच्छा रहा। आर्थिक दृष्टि से सफल वर्ष की ठोस पहचान यह है कि आगामी चुनावों में सत्तारूढ़ दल के चुनाव फण्ड में किसी प्रकार की कमी परिलक्षित नहीं हो रही है तथा आशा है कि चुनाव उपरान्त मूल्य वृद्धि में समुचित छूट देकर अपेक्षित लाभों की राशि पूरी तरह अर्जित कर व्यापार, उद्योग तथा दलाली के क्षेत्र में साहसिकता को बढ़ावा दिया जा सकेगा। तत्सम्बन्धी चालू कामों में बढ़ती बेरोजगारी के कारण अपेक्षित जन-सहयोग प्राप्त हो सकेगा, जो तत्काल हमारे प्रजातान्त्रिक-राजनीतिक लक्ष्यों की पूर्ति में सहायक सिद्ध होगा।

वोट ले, दरिया में डाल

आखिर वोट से क्या माने हैं? इसमें 'वो' किसके लिए स्टैण्ड करता है और 'ट' किसके लिए स्टैण्ड करता है! दरअसल दोनों अपने-अपने लिए ही स्टैण्ड करते हैं। यह एक बुनियादी बात है, इसे समझ लिया जाना चाहिए। हमारे लिए कोई स्टैण्ड नहीं करता। हमारे लिए हम खुद स्टैण्ड करते हैं, बशर्ते हममें स्टैण्ड करने की कूवत हो। अँग्रेजी का यही मजा है। बजाय अँग्रेजी में 'स्टैण्ड' करने के हमें हिन्दी में खड़ा होना चाहिए। मत करना चाहिए। मत में 'म' किसके लिए खड़ा है और 'त' किसके लिए खड़ा है। साफ-साफ कहूँ कि 'म' मेरे लिए है 'त' तेरे लिए है। मत का सारा मामला मेरा-तेरा किस्सा है। और कुछ नहीं। अब सवाल यह है कि कमबख्त क्यों चुनाव लड़ने के लिए खड़ा हो गया है तो इस का जवाब बच्चन जी ने काफी पहले लिख दिया है कि 'इसीलिए खड़ा रहा कि तुम मुझे पुकार लो। पुकार कर दुलार लो, दुलार कर सँवार लो...'

इसमें जरा 'लो' पर गौर कीजिए श्रीमान। जरूरत से कुछ ज्यादा आया है। कितना कीजिएगा। वह तो उम्मीदवार बनकर खड़ा हो गया है। अबे बैठ क्यों नहीं जाता? क्या तुझे शक है कि बैठ जाएगा तो तुझे कोई पुकारेगा नहीं? और पुकारेगा तो दुलारेगा सँवारेगा नहीं? सच यह है कि वह चुनाव में खड़ा है और इसीलिए खड़ा है कि उसकी थोड़ी पूछ-परख होगी। दुलरने-सँवरने का मौका मिलेगा। जब बड़ों को आवाज लगेगी तब उसे भी पुकारा जाएगा। वह इसी चक्कर में खड़ा है। यों वह आम कवियों या प्रेमियों की तरह (बच्चन जी दोनों मामलों में अपवाद हैं) फड़तुस नहीं है। उसकी जेब में नोट भरे हैं। नोट की तुक इस मुल्क में वोट से मिलती है। यद्यपि दोनों अँग्रेजी के शब्द हैं मगर उनकी तुकें इसी मुल्क में मिलती हैं। यह कुछ ऐसा ही है जैसे डॉलर से स्कालर की तुक मिलती है। खैर उसे छोड़िए, फिलहाल मतलब की बात कीजिए। हालाँकि वह भी मतलब की बात है। वह अपना-अपना मत है जो लब पर आ जाता है। लब में 'ल' क्या है और 'ब' क्या है? ऊपर वाला 'ल' है, नीचे वाला 'ब' है। ये दोनों 'मतलब' में दो बार मिलते हैं। 'मत' में एक बार, 'लब' में एक

बार। इस तरह बार-बार। बिना उसके कोई मतलब नहीं निकलता। बार-बार मिलना होता है मत के लिए, वोट के लिए जिसकी तुक नोट से मिलती है। वह इसीलिए खड़ा है। उसे बुलाओ, उसे वोट दो। वह उसे ले जाएगा। जिसका जो है वह ले जाता है। दाने-दाने पर जिस तरह खाने वाले का नाम लिखा रहता है, उसी तरह हर वोट पर लिखा है ले जाने वाले का नाम। आ और ले जा।

वोट क्या है? वोट एक इंजेक्शन है जो पाँच साल में एक बार लगता है। बीमारी ज्यादा बढ़ जाने से इस बार चार साल में ही लग रहा है। मगर यह वह इंजेक्शन है जो मरीज अपने डॉक्टरों को लगाते हैं। हम जिसके भरोसे बिस्तर पर पड़े हैं, जिसके भरोसे जी रहे हैं, दम अटका हुआ है, उस डॉक्टर का भी स्वस्थ रहना जरूरी है।

और वोट की तुलना अगर दिल से कर दी जाए तो कितने नये आयाम प्रकट हो जाएँगे। वास्तव में चुनाव दिल वालों की नहीं, दिल-जलों की कहानी होती है। लोग इसीलिए खड़े रहते हैं कि कोई उन्हें पुकार ले, पुकारकर दुलार ले वगैरा। मगर जब कोई पुकारता नहीं तब उनका दिल जल जाता है। वोट एक माचिस है जिससे आप किसी की सिगरेट सुलगा सकते हैं, किसी की फूस की गंजी जला सकते हैं, उसका दिल जला सकते हैं। जलाते रहे हैं, आगे भी जलाएँगे। वोट की इस माचिस ने मुल्क में बड़ा उजाला किया है। वोट एक लालटेन है जो सुलगता-भभकता रहता है। इसका मजा यह है कि केरोसीन किसी और का जलता है, रास्ता किसी और को नजर आता है। जिसका कैरोसीन जलता है वह बेचारा अँधेरे में ही रहता है। दूसरा ही कोई लालटेन हिलाता आगे बढ़ जाता। हमें कुछ नहीं मिलता। इसी को कहते हैं दीया तले अँधेरा। लोकसभा-भवन में जो प्रतिनिधित्व की गैसबत्तियाँ लटक रही हैं, उसी के तले इस देश में अँधेरा है। हमें कुछ नहीं मिलता। बदले में हमें एक वोट भी नहीं मिलता। वोट एक ऐसा उधार है जो सिर्फ दिया जाता है और जिसे हम देकर भूल जाते हैं, उसे धरम का काम समझते हैं, दान-खाते में डाल देते हैं। वोट एक भिक्षा है जो हम भिखारी के घर जाकर देते हैं। भिखारी खड़ा रहता है। इसीलिए कि कोई उसे पुकार ले। कोई उसे दुलार ले, सँवार ले। ये सब फिजूल की बातें हैं। हम जाते हैं और उसे वोट दे आते हैं।

हम और क्या कर सकते हैं? हमारे पास दो ही बातें हैं। दें या न दें? हम दे देते हैं। अच्छा रहता है। इस देश के राजनीतिक रेगिस्तान में भटकते हुए वोट हैं। एक नखलिस्तान है जो पानी का मीठा भ्रम उत्पन्न करता है। परिवर्तनों की आकांक्षा लिये हम हिरन भटकते हैं। वोट हमें भटकाता है, हर बार नयी उम्मीदें पैदा करता है और पुरानी निराशाओं को दुहराता है। वोट देना अक्सर

ओखली में सिर देने के बराबर साबित होता है। एक मूसल-सा सतत हम पर पड़ता है। गलती हमारी है। ओखली में सिर हमने दिया था। अब मूसल उसके हाथ में है। यह मूसल हमने दिया था। वोट एक शस्त्र है जो हम दूसरों को इसलिए देते हैं कि वह हम पर प्रहार कर सके। वह वास्तव में इसीलिए खड़ा रहा था कि कोई उसे पुकार ले। पुकारकर उसे शस्त्र दे दे। फिर दुलारने-संवारने का काम तो वह स्वयं कर लेगा। वोट एक चाकू है, एक उस्तरा है जो हम गलती से या जानबूझकर एक बन्दर के हाथ में देते हैं। पता नहीं, वह इसका क्या करेगा। वह खुद का गला भी काट सकता है, वह हमारा भी काट सकता है। या वह न भी काटे।

हातिम ताई जब मुनीरशामी के लिए सवालों के जवाब तलाशने निकला था तब यह एक ऐसे बूढ़े शख्स से मिला था जो 'नेकी कर और दरिया में डाल' का साक्षात प्रतीक था। जब वह बूढ़ा अमीर था तब वह रोज दो रोटियाँ बनवाकर दरिया में डलवाता था। ऐसा वह बरसों करता रहा। जब उसके बुरे दिन आये और वह भूखों मरने लगा तब दो शख्स उसके दरवाजे पर आये और हाथ जोड़कर खड़े हो गये। कहने लगे कि हम आपको खिलाएँगे-पिलाएँगे। बूढ़े ने उनसे पूछा कि तुम लोग कौन हो तो वे बोले कि हम ही वे दो रोटियाँ हैं जिन्हें आप दरिया में डालते थे। इस तरह दरिया में डाली नेकी काम आती है। वोट भी ऐसी ही नेकी है जिसे आप दरिया में डालते हैं। मगर हातिम ताई की कहानी में और आज की में इतना फर्क है कि वह नेकी मुसीबत में काम नहीं आती। दोनों नौकर दल बदल लेते हैं और किसी दूसरे के सामने हाथ जोड़कर खड़े हो जाते हैं जो आपकी मुसीबतों का कारण है। वोट एक नेकी है जो चुनाव के दरिया में बेकार जाती है।

उम्मीद पर दुनिया कायम है और वोटों पर प्रजातन्त्र। खड़ा रहने वाला इसीलिए खड़ा रहता है कि लोग उसे पुकारेंगे और अगर न भी पुकारेंगे तो वोट जरूर देंगे। मौसम आता है, देश भर में वोट खिलते हैं, झरते हैं और धन्धा करने वाले अपनी टोकरियाँ भर लेते हैं। नेता, नेता, वोट कितने, बेटा सब सामने आते हैं। शोर होता रहता है। मतगणना तक बँधी मुट्ठी लाख की होती है तथा एक और एक ग्यारह का भ्रम देती है। गणना के बाद मुट्ठी खुल जाती है और पता लगता है कि एक और एक दो ही होते हैं। जो इसीलिए खड़ा था, वह इसीलिए चल देता है या स्थायी रूप से बैठ जाता है। जब एक और एक ग्यारह नहीं हो पाते तब बेहतर है कि नौ-दो ही ग्यारह हो जाएँ।

'म' मेरे लिए खड़ा है, 'त' तेरे लिए खड़ा है। मैं-तू लड़ रहे हैं, तू-तू-मैं-मैं चल रही है। यही मत है, यही चुनाव है। नाव है, सूराख हैं, लहरें

हैं। खेने वाला है, डुबोने वाला है, दोनों एक ही नाव में बैठे हैं बल्कि कहा जाए, खड़े हैं। इसीलिए खड़े हैं कि पुकार लो। जिस नाव में जा रहे हैं, उसमें छेद कर रहे हैं। जिस थाली में खा रहे हैं उसमें भी छेद कर रहे हैं। वे आपसे वोट माँग रहे हैं जिससे कार्य में प्रगति हो। छेद बड़ा हो, नाव बेजरूरत हो जाए। वोट एक तीर है जो एक बार छूटने के बाद पाँच साल से पहले लौटकर नहीं आता। एक चूक है जो दुरुस्त नहीं होती। एक पूजा है जो चढ़ती है, उतरती नहीं। एक पुकार है जो लगती है, लौटकर नहीं आती। तुम पुकार रहे हो? वह इसलिए खड़ा रहा है कि तुम उसे पुकार लो। पुकारकर दुलार लो, सँवार लो। इस लो पर जरा गौर कीजिए श्रीमान। बहुत हो रहा है। 'लो, लो' ही कब तक चलता रहेगा। 'दो, दो' भी होना चाहिए। चुनाव के बाद जरा ध्यान रखिए कि जो काफी देर से इसीलिए खड़ा था, वह कहीं भाग न जाए।

रहा किनारे बैठ

तुलसीदास जी ने कहा है—

जिन खोजा तिन पाइयाँ, गहरे पानी पैठ।
मैं बौरी ढूँढ़न गयी, रही किनारे बैठ॥

आप हँसकर कहेंगे तुलसीदास जी ने नहीं कहा है, यह किसी और 'दासजी' ने कहा है, तो वैसा सही। कोई फर्क नहीं पड़ता कि कौन कहता है। चाहे इसे महात्मा बुद्ध ने ही क्यों न कहा हो। 'लेबल' पर नहीं जाइए, बाटली में जो तत्त्व हैं, आप उस पर विचार कीजिए। वह यों है कि इस ज्ञान की गंगा में जो फुरसती गहरे उतरेगा, उसे ही मोती मिलेगा और जो किनारे पर बैठा मौज मारेगा, उसे कुछ नहीं मिलेगा। बात उस जमाने को देखते हुए ठीक रही होगी। अब ज्ञान-गंगा (और उसकी हर नहर) गहरी तो है ही, उसका पाट भी काफी चौड़ा हो गया है। मोती खोजने जाएँ और मौत मिल जाए तो बताइए इस अनइंश्योर्ड काया की शहादत कौन से दफ्तर में नोट होगी?

अत: दूसरी पंक्ति ज्यादा भली है। मैं बौरी ढूँढ़न गयी, रही किनारे बैठ। किनारे बैठिए या लेटिए और ज्ञान-गंगा की (जिसे सरल जनता समाचार-गंगा से अधिक नहीं मानती) हर छोटी-बड़ी लहर पर अपना वक्तव्य दीजिए। वक्तव्य देना हर जीवित व्यक्ति का स्वयंसिद्ध अधिकार है। पहले यह अधिकार सीमित था यानी जो भोगते-भुगतते थे, जो अनुभवी थे, वे ही वक्तव्य देते थे। किन्तु अब वे भी देते हैं, जो उस मामले में कुछ नहीं जानते। जैसे मैं आलसी, जो इस कमरे से उस कमरे जाने में परेशानी और थकन अनुभव करता हूँ, बहानेबाजी करता हूँ, मनुष्य की चन्द्रलोक की यात्रा पर भाषण दे सकता हूँ, पुस्तक लिख सकता हूँ। और तो और मैं हर एस्ट्रोनॉट को चार उचित परामर्श दे सकता हूँ। चाँद से लौटे हुए आदमी का क्रॉस एक्जामिनेशन कर सकता हूँ ताकि पता लगे कि मेरा यार वास्तव में गया था कि दो चक्कर ऊपर लगा यों ही गप्प हाँक रहा है। किनारे पर बैठे हर व्यक्ति को यह अधिकार है।

आप गहरे उतरकर ज्ञान-गंगा से मोती लाइए, हम कहेंगे नकली है—इमीटेशन है, आप ठगे गये। हम किनारे जो बैठे हैं टीका टिप्पणी के लिए।

जो अधिकार मत देने का बिना कविता लिखे आलोचक को, बिना राजनीति में घुसे सम्पादक को, बिना पतंग के पेंच लड़ाये डोर लूटनेवालों को और बिना क्रिकेट खेले कमेण्टेटर को प्राप्त है, वही अधिकार मेरा है—जो बौरा ढूँढ़न गया और किनारे बैठा रहा।

आपको सच बात बताऊँ कि ढूँढ़ने गया हूँ यह तो मेरा प्रचार भर था, मैं तो वास्तव में किनारे बैठने ही आया था और बैठा हूँ। मैं उन मूर्खों में से नहीं हूँ जो मोम के पंख चिपकाकर उड़े और धड़ाम से गिर कर मरे। मैं उन समझदारों में से हूँ, जो आराम से घर बैठे रहें और हवाई जहाज के आविष्कार का इन्तजार करते रहें। एटम के टुकड़े करने में अपनी एनर्जी व समय नष्ट करने से क्या लाभ? यदि आपको ऐसा ही कूटने, पीसने, चूरने और विभाजन करने का शौक है तो एक पनचक्की खोल दीजिए और मोहल्ले-भर का आटा पीसिए, जिससे आपकी भी रोटी चले।

किनारे पर बैठना जिसे राजनीतिक शब्दावली में 'तटस्थता' कहा जाता है, इस युग का सद्गुण है। इकबाल ने कहा है कि—

'कुछ बात है कि हस्ती मिटती नहीं हमारी।'

मेरे एक मित्र ने पंक्ति को यों कर दिया है—'कुछ बात है कि सुस्ती मिटती नहीं हमारी।' और यही हमारी लम्बी उमर का रहस्य है।

'यूनानो मिस्रो रोम सब मिट गये जहाँ से।'

आखिर क्यों? सिकन्दर और सीजर को घोड़ा दौड़ाने की खप्त सवार थी।

'अब तक मगर है बाकी नामो-निशां हमारा।'

क्योंकि हमारे यहाँ समुद्र पार करनेवाले को जाति से निकाल दिया जाता था। हुक्का-पानी बन्द कर दिया जाता था यानी चाय और बीड़ी को भी देशवासी पूछते नहीं थे। यही बात है कि अब तक आर्य जाति का साइनबोर्ड इस दुनिया में यथावत लटका हुआ है।

हमारे प्राचीन ऋषि-मुनि, जो भविष्य को टेलीविजन की तरह देख लेते थे, कभी किसी राजा को देश के बाहर फौज ले जाने की सलाह नहीं देते थे। लड़ने को देश में ही क्या कमी है, जो बाहर जाएँ। काश ब्रिटेन के पास ऐसे ऋषि-मुनियों का भण्डार होता तो वे पहले ही बता देते कि यारो, कुछ साल बाद

हिन्दुस्तान को आजाद होना है, बेकार समन्दर चीरने से क्या फायदा? किसी ने (मैंने) क्या सच कहा है—'जिन खोजा तिन पाइयाँ, जिन पाइयाँ तिन पछताइयाँ।'

हमारे देश के बच्चों को छोटी कक्षा में ही सिखा दिया जाता है कि भारत के उत्तर में हिमालय पहाड़ अभेद्य दीवार की तरह खड़ा है, उसे कोई पार नहीं कर सकता तथा भारत के तीन ओर समुद्र है, जहाँ से आक्रमण कठिन है। बस, बच्चा जिन्दगी भर के लिए निश्चित हो जाता है। जब दरवाजा ही बन्द है तो दुश्मन के आने का सवाल नहीं और अपने बाहर जाने का सवाल नहीं। 'पलटू दीवार कहकहा, मत कोऊ झाँकन जाय।' कौन दीवार झाँके और कहकहा लगाकर पागल हो, मरे। जवान होकर वह पढ़ता है कि वही हिमालय जहाँ देवताओं का वास है और ऋषि-मुनि या रिटायर्ड गृहस्थ ही जाते हैं, वहाँ चीन के सिपहियों ने चौकियाँ स्थापित की हैं तो उसे आश्चर्य होता है। चीन तो भौतिकवादी है और हिमालय अध्यात्मवादियों का अड्डा है, वहाँ वह क्यों पहुँचा। हम हिमालय नहीं चढ़े न समन्दर पार किया।

हमारी संस्कृति जब सबसे ऊँची थी तो बाहर असंस्कृत देश में जाकर क्यों अपना स्तर गिराते? जगतगुरु क्या इधर-उधर ट्यूशनें करने जाएगा? वह घर बैठेगा, जिसे गरज हो आकर पढ़ जाए। उन्हीं जगतगुरु के बाल-बच्चे अब फॉरेन स्कालरशिप के लिए चक्कर काटते हैं। पुष्पक विमानों में बैठनेवाले 'मिग' खरीदने की सोच रहे हैं!

यही हमारी परम्परा है और यही बन्दे का आदर्श। पुस्तकालयों के बाहर बना हरी घास का लॉन मुझे प्रिय है। वहीं लेटा रहता हूँ। फास्ट बालिंग सीखने और उसका सामना करने के बजाय उसे गैरकानूनी घोषित करने के लिए बहस करना पसन्द करता हूँ। हर युवक को सलाह देता हूँ कि राजनीति में मत पड़ो, अपना जीवन नहीं बिगाड़ो और साथ ही देश की राजनीति में नया नेतृत्व, योग्य ईमानदार और कर्मठ नेतृत्व नहीं उभरकर आ रहा है इसकी भी शिकायत करता हूँ। निजी कोशिश यही रहती है कि मेरा भाई और बच्चा फौज में भरती न हो और सार्वजनिक रूप से यह शिकायत बुलन्द करता हूँ कि हमारी फौजें कम क्यों और युवक देश की सेवा के लिए सर पर कफन क्यों नहीं बाँधते?

कोई मेरा मित्र प्रेम व अन्तरजातीय विवाह के चक्कर में पड़ जाए तो उसे समाज में बदनामी का डर बताता हूँ, माता-पिता का दिल न दुखाने और विवाह न करने का परामर्श देता हूँ और जब किसी उपन्यास में कोई हीरो समाज से संघर्ष कर विधवा या वेश्या से विवाह करता है तो वाह-वाह कर उठता हूँ या जब फिल्म के अन्त में हीरो हीरोइन का विवाह न हो पाये तो सिर पीट लेता हूँ और टिकिट के पैसे बेकार गये समझ दुखी होता हूँ।

मैं सामान्य हिन्दुस्तानी हूँ, जो किनारे पर बैठे मोतियों की कमी से लेकर 'मछली मँहगी' होने तक की शिकायत एक स्वर से करता है। मैं प्रतिनिधि हूँ उन अनेक लोगों का जिन्हें राय देने का जन्मसिद्ध अधिकार है। उपदेश पाने के लिए प्राचीन लोग जंगल-जंगल भटकते थे, एक वाक्य मशाल बन जाता था और अब लम्बा भाषण हो जाए लालटेन भी नहीं जलती। प्रयत्न जारी रहता है।

मैं किसी विषय में कुछ नहीं जानता, इस कारण प्रत्येक विषय पर बोलने और लिखने के लिए स्वतन्त्र हूँ। आज जो आँखों का विशेषज्ञ है वह पेट की गड़बड़ के विषय में बताने से इनकार कर देता है पर मैं, जो शरीरशास्त्र से परिचित भी नहीं चश्मा कैसे दूर करें, से लेकर लम्बी आयु कैसे हो, सबके नुस्खे बता सकता हूँ। किनारे पर बैठकर मेरी राय, कल्पनाएँ, विचार, सूझ और असहमति का आदर कीजिए क्योंकि वे तटस्थ हैं, उनमें कोई पूर्वग्रह नहीं। पूर्वग्रह अध्ययन के बाद बनता है और मैं अध्ययन नहीं करता। कबीर मेरे कान में कह गये थे—

'बेद-कितेब छाड़ देउ पांडे, ई सब मन के भरमा।'

प्रेम : महानगर से गाँवों तक

पहले ऐसा लगता था कि प्रेम या तो गाँव में होता है या बड़े शहरों में। छोटे शहर में प्रेम नहीं, सिर्फ घोटाले होते हैं। उपन्यासों और फिल्मों के दृश्य इस बात की तसदीक करते थे। नदी, नहर के किनारे, आम के पेड़ों की छाँह में, झाड़ियों और झोपड़ों में नजरें मिलाना, मुसकराना, हाथ खींचना, एक-दूसरे के पीछे लपकना तथा अन्य जितने प्रेम के अनिवार्य फूहड़पन हैं, सब वाजबी लगते थे। भौगोलिक परिस्थितियाँ हमेशा स्कैण्डल में सहायता पहुँचाती हैं। हर प्रेम की अपनी एक ज्यॉमेट्री होती है, टाइमिंग होता है, और उसके फलने-फूलने पर धूप, गरमी, बरसात के बाकायदा असर होते हैं। गाँवों का भूगोल एक मामले में बड़ा मददगार रहता है। मगर वहाँ दो मजबूरियाँ स्पष्ट हैं : एक तो यही कि गाँव का हीरो गाँव की जो सबसे सुन्दर लड़की हो उससे प्रेम करे। यानी एक समय गाँव में एक प्रेम चल सकता है। सुन्दर लड़की एक गाँव में एक दशक में हद से हद एक होती है अत: गाँव में पाँच-छह वर्ष यों ही बिना किसी प्रेमकाण्ड के बीत जाते हैं। दूसरी मजबूरी यह है कि जागीरदार का लड़का या पंचायत कमेटी के सदस्य जो हर प्रेम-कथा के परम्परागत 'विलेन' रहते चले आये हैं, प्रेम की आग बुझाने के सिलसिले में फायर-ब्रिगेड के बाप साबित होते हैं। प्रेम की बीमारी का उन्मूलन हीरो का डण्डे से सिर पर प्रहार कर किया जाता है। गाँव में प्रेम की घटना जातीयता की विरोधी पालिटिक्स को बढ़ावा देती है और शान्त वातावरण और भाईचारा बनाये रखने के लिए प्रेमियों का चारा-पानी बन्द कर देते हैं। देश, काल और वातावरण के इस खौफनाक भय के कारण जब भी प्रेमी प्रेमिका मिलन का आयोजन करते हैं उसे अत्यन्त सुनियोजित, व्यवस्थित एवं प्राय: दीर्घकालीन बनाते हैं। 'अब घर जाने दे' किस्म का। नतीजे यह होते हैं कि गर्भ रह जाते हैं और आकाश की लहरों पर चढ़नेवाली प्रेम की बेल कुएँ में उतर जाती है। फूली हुई लाश, जाती हुई डोली अथवा फटे हुए सिर की ये घटनाएँ उदीयमान प्रेमी-प्रेमिकाओं को निरुत्साहित करती हैं।

गाँव में प्रेम की दिशाएँ स्पष्ट हैं। या तो सनसनीखेज आत्महत्या, बड़े शहर

की ओर हाथ पकड़कर पलायन (अगर खेती के लिए खुद की जमीन न हो) या पंचायत द्वारा भ्रष्टाचार और अनैतिकता के प्रमाण-पत्र के साथ हुक्का-पानी बन्द करने की धमकी। गाँव के लोग, अकसर प्रेम और हुक्के में निर्णय करने की स्थिति आती है, हुक्का नहीं छोड़ पाते, प्रेम छोड़ देते हैं। ठीक भी है। प्रेम प्रेम है, हुक्का हुक्का है। दोनों की कोई बराबरी नहीं। गाँव वालों से हुक्का पीने के सम्बन्ध बने रहें तो प्रेम करने के लिए लड़कियाँ तो बहुत मिल जाएँगी।

गाँव से भागे प्रेमी शहर में खुद एक-दूसरे के लिए समस्या बन जाते हैं। खेत-खलिहानों में उपजा प्रेम छोटी-सी कुठरिया में पनप नहीं पाता। अगर पुलिसवालों को पता लग गया तो अस्तित्व का संघर्ष आरम्भ हो जाता है। मुसम्मात कोतवाली के कोने में बैठी है और हीरो हवलदार साहब के सामने गिड़गिड़ा रहा है। शादी के खर्च से रुपया बचाया तो वह सारा इन खाकी रंग के बड़ी मूँछों और कड़क आवाज वाले सुसरों में खर्च हो जाता है। भारत में कानून पढ़नेवाले जज-वकीलों के लिए चूँकि काव्य का अध्ययन कम्पलसरी नहीं है अत: वे सोलह-सत्रह की लड़की का प्रेम पंजीकृत नहीं करते। जान निछावर करने और प्रेम में सब कुछ भूल जानेवाले प्रेमी को गाँव का गुण्डा करार दिया जाता है। जो गीत गाने आया था—बयान देने लगता है। दो पुलिसवाले कमर कस लें तो सपनों का सारा महल चार दिन में खँडहर कर दें।

यों बड़े शहर में यानी महानगर में प्रेम के लिए वातावरण उपयुक्त लगता है। गाँव के गँवई यहाँ गड़बड़ा जाएँ पर महानगर की परिस्थितियों में जीनेवाले समूची व्यवस्था ठीक कर लेते हैं। यहाँ कुछ बुनियादी कठिनाइयाँ हैं। मिलावट का व्यापार ज्यादा है और असली प्रेम किस डिब्बे में किस भाव पर मिलेगा, कोई नहीं जानता। सेकण्ड-हैण्ड प्रेमी और थर्ड-हैण्ड प्रेमिका भी ब्रैण्ड न्यू लगते हैं। कोई नहीं जानता कि असल क्या है? पर अच्छी बात यह है कि उसकी जिद भी नहीं होती। महानगर में प्रेम की ज्यॉमेट्री और टाइमिंग खास महत्त्व रखते हैं। अगर आप पाँच पैंतालीस की रेल से चेम्बूर लौटते हैं तो चार चालीस को चर्चगेट से चढ़नेवाली लड़कियों से मुलाकात भी सम्भव नहीं। नगर की विशालता और जिन्दगी की तीव्र गति के कारण भाव, अनुभाव और संचारी भाव अकसर गड़बड़ हो जाते हैं। अगर आपके दिल के थैले में शुद्ध और टिकाऊ किस्म का प्रेम है भी तो उसे कहाँ डिपाजिट करें, समस्या बन जाती है। सारा शहर एक्सट्राओं से भरा है, इस भीड़ में हीरोइन खोजना एक समस्या है। इस विराट ब्रह्माण्ड में अपनी माया कौन है, समझ नहीं आता।

महानगर में प्रेम हो जाने के मूल में बड़ा मजेदार भूगोल होता है। एक रेल से यात्रा, एक चाल या कालोनी में रहना, एक दफ्तर में नौकरी, एक कॉलेज

में पढ़ना या एक लॉज में सिमटकर खाना आदि आधारों पर परिचय गड्ढे खुद जाते हैं और जरा अवसर मिला कि उस गड्ढे में प्रेम का जल इकट्ठा होने लगता है और लड़के-लड़की के पैर कीचड़ में सनने लगते हैं। यानी जब तक उस महानगर में भी छोटा-सा गाँव निर्माण न हो जाए प्रेम के झूले पर पेंग लेना असम्भव है। एक महानगर में कई गाँव एकत्र होकर जबरदस्त मूवमेण्ट करते हैं। अब उस गाँव को आप कालेज कहें या दफ्तर का नाम दें। महानगर में प्रेम कुटीर उद्योग के स्तर पर पनपता है। उसकी भूमिका चाहे देर से बने पर एक बार जोत जल गयी तो खुली हवा की कमी के बावजूद आग जोर पकड़ लेती है। समुद्र के किनारे रेत में पाँच फुट जमीन बैठने को मिल जाए या किसी पब्लिक पार्क में एक मोटे तनेवाला पेड़ पीठ टिकाने को प्राप्त हो जाए तो दो घण्टे की बैठक में सारे समझौते सम्पन्न हो जाते हैं। महानगर में प्रेमिका एक साक्षात जाँच-कमीशन होती है। वह कुरेद-कुरेदकर पूछती है। किसी गजेटेड आफिसर से चरित्र का प्रमाण-पत्र लेकर दिखा देने से भी उसे सन्तोष नहीं होता। आपकी कोट में कितने जेब हैं और आपकी माँ के कितने बच्चे हैं, इस तरह के सैकड़ों प्रश्नों की जंजीर से आप बँधते-खुलते रहते हैं।

पर बदनामी की वहाँ कोई समस्या नहीं। आते-जाते लोग यों गुजर जाते हैं जैसे आप महज पोस्टर हों। घुड़दौड़ के शौकीन एक रेंगते हुए प्रेम में रुचि नहीं लेते। सामान्य ट्रैफिक के नियमों का पालन करते हुए आप प्रेम के मार्ग पर बेधड़क आ-जा सकते हैं। पुलिसवाला कुछ नहीं बोलता। अखबारवाले नजरें मिलने जैसे साधारण समाचार में कोई रुचि नहीं रखते और जिस समस्या से अखबार और पुलिस परेशान नहीं, शहरवालों को उस समस्या में कोई दिलचस्पी नहीं। प्रेम का अपना प्राइवेट सेक्टर होता है और सरकार अकारण बीच में नहीं आती। हर प्रेम-कथा के ऐसे सौभाग्य कहाँ कि वह नानावटी काण्ड के स्तर तक पहुँचे।

छोटे शहर में प्रेम की डिजाइन अलग होती है। वहाँ गाँव के सारे कष्ट और महानगर के सारे दोष किसी रूप में पाये जाते हैं। कोशिश करने पर गाँव के सुख और महानगर के फायदे भी उपलब्ध हो सकते हैं। शायरी के दाँव-पेंच छोटे शहर में मददगार साबित होते हैं। समय काफी मिलता है और इत्मीनान से नजरें मिलायी जा सकती हैं। जाँच-परखने की सर्वाधिक सुविधाएँ यहाँ उपलब्ध हैं। आप आहें भरने के पहले ठोंक-बजाकर देख सकते हैं। सांस्कृतिक कार्यक्रम, मेटिनी शो से लेकर बर्थ-डे पार्टियाँ तक सामान्यत: मददगार सिद्ध होती हैं। आदमी बड़ी जल्दी सरकुलेशन में आ जाता है। बाजार की दशा नित बदलती है फिर भी स्थायित्व का वातावरण बना रहता है। मगर प्रेम की बेल परवान चढ़

रही है इसकी जानकारी सारे नगर को तुरन्त हो जाती है। यहाँ प्रेम का खेल रनिंग कमेण्ट्री के साथ चलता है। कौन किस पोजीशन पर है और किस दिशा में गति या दुर्गति हो रही है सबको हर मिनट का हाल मालूम रहता है। यहाँ प्रेम के लिए काफी समय उपलब्ध होने के बावजूद एकान्त मिलना समस्या है। जहाँ जाइए, दो परिचित खड़े मुस्करा रहे हैं। टिकिट-घर की खिड़की पर प्रेमिका के लिए टिकिट ले रहे हैं—चार परिचित आसपास खड़े हैं। स्कूटर पर उसे लिये जा रहे हैं, बीस जाननेवाले साक्षी बने राह में मिले समझो। यहाँ तक कि सूनी दोपहर किसी के घर पर भी बिताओ तो धीरे-धीरे मित्रों की भीड़ बढ़ने लगेगी। कोई स्थान सुरक्षित नहीं। पर छोटे शहर का प्रेमी इस मामले में शायरी से आत्मबल प्राप्त करता है और बदनामी से नहीं डरता मगर अकसर सिर्फ बदनामी होती है, प्रेम नहीं होता। धीरे-धीरे कुछ लड़के-लड़की पेशेवर प्रेमी-प्रेमिका बन जाते हैं। पेशेवर से तात्पर्य सिद्ध पुरुष से है। नये-नये जोड़े बनते, टूटते और फिर नये बनते हैं। दिल टूटने की खबरें मुसकराहट और मजेदार टिप्पणियों के साथ सुनाई जाती हैं। खुसपुसाहट से जो दास्ताँ शुरू होती है, कहकहों के साथ ट्रेजेडी बन जाती है। छोटे शहर में रकीबों में दोस्ती रहती है, भाईचारा, हमदर्दी और जैसे एक क्लब के सदस्य हों। बड़े शहर या गाँवों की तरह वे शत्रु नहीं होते। एक बादशाह के दरबार में जैसे कई वजीर सम्पूर्ण नम्रता और गम्भीरता से प्रतियोगिता करते हैं, वैसी प्रतियोगिता चलती रहती है। यहाँ अपने वेतन में से कुछ अंश और चौबीस घण्टों में कुछ घण्टे अलग रखकर कोई व्यक्ति जिन्दगी-भर प्रेमी बना रह सकता है। छोटे शहर की प्रेमिकाएँ सन्तोषी स्वभाव की होती हैं।

सारी सुखद और दु:खद परिस्थितियों के बावजूद 'कुँवारे' हर जगह शेष रह जाते हैं और इन्तजार करनेवालियाँ इन्तजार करती ही रहती हैं। इसलिए कि किसी कहानी का बनना-बिगड़ना सिर्फ देश-काल या वातावरण पर ही नहीं, घटनाक्रम और कथोपकथन पर भी निर्भर करता है। महानगर के 'अकेले' और 'अकेली' गाँव की गौरी और ढोला और छोटे नगर के रोमियो-जूलियट अपनी टेकनिक बदलने से सुखद परिणाम प्राप्त कर सकते हैं, अगर जरूरी ही हो।

हमारे शहर में चुनाव

अखबारों में जो खबर छपी थी कि हमारे शहर में पोलिंग उत्साह से हुआ वह सही खबर थी। मैं गवाह हूँ कि लोगों में उत्साह था। हमारे शहर के लोग नागरिक जिम्मेदारियों के काम आमतौर पर नहीं करते और यदि करना पड़ ही जाए तो उसमें हल्की-सी शर्म अनुभव करते हैं। इसीलिए मुझे शक था कि हमारे यहाँ मतदान कम होगा या होगा ही नहीं क्योंकि लोगों के पास दीगर जरूरी काम हैं, वे उन्हें करेंगे या मतदान करेंगे? मगर बात उल्टी हुई। मतदान के मामले में ऐसा उत्साह देखा गया जैसा कि हड़ताल के वक्त होता है। ताज्जुब नहीं कुछ लोग इस सिलसिले में जल्दी सुबह उठ गये हों। जैसा कि आमतौर पर नहीं होता। लोगों ने मुझे बताया कि आज मतदान केन्द्र पर सुबह से भीड़ लग गयी। ऐसा हमारे शहर में तभी होता है जब नयी पिक्चर लगी हो। लोग खिड़की खुलने के पहले जाकर डँट जाते हैं। मुझे पता लगा कि मतदान केन्द्रों पर भीड़ है तो मैंने सोचा चक्कर लगाकर देखा जाए। जब मैं घर से निकला तब मुझे कुछ लोग मतदान केन्द्र से वापस आते नजर आये। वे मेरे यार अपना वोट डाल आये थे। हमेशा होता यह है कि लोग, खासकर हमारे शहर के लोग, दोपहर तक इस टोह में इधर-उधर भटकते रहते हैं कि पता लगे कौन जीत रहा है। अगर उन्हें पता लग जाए कि काँग्रेस जीत रही है तो वे कांग्रेस को वोट डाल आते हैं और अगर उन्हें पता लगे कि जनसंघ जीत रही है तो वे जनसंघ को वोट डाल आते हैं। इससे वे कभी गलत नहीं होते। अर्थात्, जिसे वोट देते हैं वह जीत जाता है और जो जीत जाता है वे उसी को वोट देते हैं।

मैं सारा दिन यहाँ-वहाँ घूमता रहा और लोगों की भीड़ देखता रहा और परिचितों से बातें करता रहा। यों आम तौर पर बहुत खामोशी का वातावरण था, एक हद तक तिलस्मी। मगर उस बीच में कुछ मजेदार किस्से सुनने को मिले।

हमारे शहर के एक पोलिंग बूथ के पास एक भिखारन कटोरा लिये खड़ी थी और कह रही थी—''भगवान के नाम पर एक वोट मुझे भी मिल जाए।'' मैं करीब से गुजर गया और मुझे समझ में नहीं आया, मगर बाद में ठिठककर

मैंने सुना कि वह यही कह रही है। मैंने उससे रुककर पूछा कि तू वोट क्यों माँग रही है? वह मुझसे भी वोट माँगने लगी। मैंने फिर पूछा और उसे समझाया तो बोली कि सुना लोग आज वोट दे रहे हैं। तो भैया, एक वोट मुझ गरीब को भी मिल जाए। भगवान तेरी आस औलाद सुखी रखे। बड़ी अजीब स्थिति थी। मैंने उससे कहा कि माँगना बेकार है। तुझे कोई वोट नहीं देगा, तो वह कहने लगी कि मुझे एक वोट ही तो चाहिए। जब उसे बताया कि कोई तुझे वोट नहीं देगा तो वह बड़ी निराश हो गयी जैसे चुनाव में खड़ी हुई हो। मैं उसे समझाकर आगे बढ़ गया मगर मैंने देखा कि वह फिर कोशिश में लग गयी—भगवान के नाम पर एक वोट मुझे भी मिल जाए, अन्धी-लूली पर दया करो भगवान।

दोपहर को पोलिंग बूथ पर मुझे एक विचित्र शख्स मिला जो अपनी बात पर अड़ा हुआ था। वह लोगों से पूछ रहा था कि "श्रीमती इन्दिरा गाँधी कहाँ हैं? मैं उन्हें वोट देना चाहता हूँ।"

"वे यहाँ नहीं हैं।"

"फिर क्या किया जाए, मैं उन्हें वोट देना चाहता हूँ।"

"वे नहीं हैं तो क्या हुआ, उनकी पेटी तो है।" एक ने समझाया।

"अगर उनकी पेटी यहीं है तो वे जरूर लौटकर यहीं आएँगी। मैं इन्तजार कर लेता हूँ। कहाँ गयी हैं?" वह बोला।

"वे नहीं आएँगी।"

"क्यों, उनकी पेटी तो यहीं है?"

वह इसी तरह अजीब-सी बातें करता रहा और बड़ी मुश्किल से तैयार हुआ कि इन्दिरा गाँधी का वोट उनकी पेटी में डाल दिया जाए। बाहर आने पर फिर वह लोगों से निवेदन करता रहा कि उस पेटी को, जिसमें उसने वोट डाला है, श्रीमती गाँधी को भिजवा दिया जाए।

एक पोलिंग बूथ पर एक नव-विवाहित युवक अपनी नवेली को लेकर आया और रिटर्निंग आफिसर से कहने लगा कि मेरी पत्नी भी वोट डालना चाहती है।

"वोटर लिस्ट में नाम है?" अफसर ने पूछा।

"जी नहीं, मगर यह कह रही है कि मैं भी वोट डालूँगी।"

"यह कैसे हो सकता है?"

"मैंने इसे कहा मगर यह मानती नहीं है।" वह युवक बोला।

अफसर ने दुल्हन से बात की, "देखिए, आपका नाम लिस्ट में नहीं है, आप वोट नहीं दे सकतीं।"

दुल्हन कुछ लजायी खड़ी रही, फिर एकदम फूटी—"पाँच दस रुपया

खरच हो जाए कोई बात नहीं मगर हमारा वोट करवा दो?''

अफसर हँसा, फिर बोला, ''क्या उम्र है आपकी?''

दुल्हन ने लजाकर अपने साजन की तरफ देखा।

''सोलह साल। अभी शादी हुई, आठ दस दिन हुए।''

''आप बहुत छोटी हैं। इक्कीस साल की होतीं तो वोट करतीं।'' अफसर ने कहा।

''इक्कीस साल की होती तो मैं शादी ही नहीं करता इससे। मैं खुद इक्कीस का हूँ।'' लड़का बोला।

''आप हमें एक वोट देने दीजिए। आप जिसे कहेंगे हम उसे वोट कर देंगे, मगर हमारा वोट करवा दीजिए।'' दुल्हन फिर बोली।

काफी देर यह चलता रहा किस्सा। दुल्हन रूठी, दूल्हे ने मनाया, अफसर ने समझाया और वे लोग बड़ी कठिनाई से रवाना हुए। दुल्हन क्रोध में थी और दूल्हा उसे समझाता जा रहा था।

मैं अस्पताल के पास से गुजरा तो वहाँ लोग एक डॉक्टर की प्रजातन्त्र के प्रति कर्तव्यनिष्ठा की दाद दे रहे थे। वे बता रहे थे कि डॉक्टर साहब ऑपरेशन छोड़कर वोट डालने गये। उन्होंने बीच आपरेशन में कहा कि 'मेरा पहला दायित्व प्रजातन्त्र के प्रति है', और कैंची मरीज के पेट में छोड़ वोट डालने चल दिये।

''मरीज मरा नहीं?''

''नहीं। इस बार पोलिंग बूथ करीब बने हैं। डाक्टर साहब वोट देकर आये और फिर ऑपरेशन करने लगे।''

'इसे कहते हैं प्रजातन्त्र के प्रति निष्ठा। पहले प्रजातन्त्र, सब चीजें बाद में।'

मैं यहाँ-वहाँ घूम रहा था और चुनाव के दृश्य देख रहा था। डॉक्टर के प्रजातन्त्र प्रेम से मुझे भी प्रेरणा मिली और मैं अपने पोलिंग बूथ पर वोट डालने आया। वहाँ मुझे अपने मोहल्ले के विषय में खबर मिली कि वहाँ करीब सब वोट डाल चुके हैं इन्दिराजी के नाम पर और सत्ता काँग्रेस के उम्मीदवार से समाजवाद वसूलने के चक्कर में उसके बँगले की तरफ गये हैं।

उस शाम सत्ता काँग्रेस के उम्मीदवार के बँगले पर बड़ी भीड़ थी। लोग आकर उसे बताते कि हमने तुम्हें वोट दे दिया है मगर अब जल्दी से इधर समाजवाद होना, तुम आज रात की गाड़ी से दिल्ली जाओ और यहाँ समाजवाद भिजवाओ। कुछ लोग जो दादा किस्म के थे उसे धमकी भी दे गये कि अगर जल्दी समाजवाद नहीं लाकर दिया तो तुम्हारा सिर तोड़ देंगे।

हमारे शहर के लोग अजीब हैं और खासकर मेरे मोहल्ले के। काफी रात तक हमारे मोहल्ले के चौराहे पर चुनाव की ही बातें करते रहे। उसमें एक ने

बताया कि आज एक मुर्दे ने वोट दिया। किस्सा यों था कि कुछ लोग एक मुर्दे को तरकटी (अर्थी) पर रखकर श्मशान की ओर जा रहे थे। जब वे अपने क्षेत्र के पोलिंग बूथ के पास से गुजरे तो मुर्दा एकाएक उठ बैठा और कहने लगा — मैं जनसंघ को वोट दूँगा। लोगों ने तरकटी उतारी, मुर्दा उठकर मतदान केन्द्र के अन्दर गया और वोट देकर फिर तरकटी पर लेट गया। इस बार वह वाकई मर गया। लोगों ने तरकटी उठायी और उसे श्मशान की ओर ले गये।

कुछ लोग कहने लगे कि यह गप्प है। इस पर झगड़ा हो गया जो काफी रात तक चलता रहा। जिस शख्स ने यह किस्सा सुनाया था वह मानने को ही तैयार नहीं था कि यह गप्प है। मैं कुछ देर खड़ा रहा फिर चला आया। पता नहीं वे कब तक झगड़ते रहे। हमारे यहाँ इसी तरह कुछ न कुछ चला करता है।

दूसरे दिन सुबह मुझे मुहल्ले के एक व्यक्ति ने बताया कि वह वोट नहीं दे सका क्योंकि वह दिन-भर सोता रहा। उसका नियम है कि वह सरकारी छुट्टी के दिन जमकर सोता है।

चुनाव के कारण सरकार ने छुट्टी रखी थी उस दिन सो वह तान खूँटी सोता रहा। वह अफसोस कर रहा था कि वह उस निर्दलीय प्रत्याशी को वोट नहीं दे सका जिसे वह देना चाहता था। मगर क्या किया जा सकता था। यदि वह जागता भी रहता तो विशेष अन्तर नहीं पड़ता क्योंकि चुनाव-परिणाम निकलने पर पता लगा कि वह निर्दलीय प्रत्याशी कई हजार मतों से हारा है। हमारे शहर के बारे में यह बात सही है कि जो सोवत है वह कुछ खास नहीं खोवत और जो जागत है वह कछु खास पावत भी नाहीं। फिर भी यह कह सकते हैं कि पोलिंग उत्साह से हुआ।

यह घाटा कब तक सहूँगा

पिछले दिनों 20-25 लाख का नुकसान हो गया मेरा। बज्जर छाती है जो ऐसे भीषण आर्थिक प्रहार को सहन कर गयी वरना कोई और होता तो हार्ट-अटैक (अपने दिलदार होने का अन्तिम प्रमाण) में इस दुनिया का कूचा छोड़ देता। 20-25 लाख की रकम छोटी-मोटी नहीं होती। इतनी रकम से ऊसर में खेती की जा सकती है और हरियाली में कारखाना ताना जा सकता है। अगर इतना रुपया विधायकों में बाँट दूँ तो एक मन्त्री-पद दरवाजा खटखटाने लगे। अखबार-पत्रिका छापने लगूँ तो राजनीति छोड़ अपने सांस्कृतिक शत्रुओं से भी कातर-चीं बुलवा दूँ और प्रतिभा की साख जमे सो ब्याज में। रुपया सब करवा लेता है। आलोचक तो लेखक के गले की टाई देखकर कलम की दाद देते हैं।

जानता हूँ इसीलिए 20-25 लाख की योजना बनायी थी। मिल जाते तो मन का तँबूरा स्थायी रूप से झंकारने लगता। मगर कहते हैं न, कि भारत में लेखकों के दुर्भाग्य की गति उनकी कलम से तेज होती है। नुकसान हो गया। भारी नुकसान! इस देश में जहाँ लेखक और कवि महज एक लाख का पुरस्कार पाने के लिए जीवन भर साधना के दण्ड पेलते हों, अनबूझ दर्शनों की बोरियत लादते हों, चेहरे को मनहूस बनाये रहते हों, वहाँ मैंने 20-25 लाख यों ही गँवा दिये। है कोई हिन्दी में माई का लाल जिसने इतना नुकसान सहा हो और शिक्षा-मन्त्री से न कहा हो!

आप जानना चाहेंगे कि यह नुकसान कैसे हुआ। यद्यपि मन ही मन तो आपको ख़ुशी हो रही होगी कि अच्छा हुआ, बड़ा व्यंग्यकार बनता था और लाखों रुपया बटोरने की सोच रहा था। लेकिन ऊपर से आप मेरे दुख में मुँह लटकाये खड़े होंगे और जानना चाहेंगे कि सच बात क्या है। जिज्ञासा मनुष्य की स्थायी खुजली है और फिर आप तो साहित्यिक ठहरे, आप में तो यह रोग बित्ता भर ज्यादा ही होता है। मैं कहता हूँ, जान कर क्या कीजिएगा? आप किसी की कौड़ी मदद कर नहीं सकते, कर्तव्य से भागते हैं, फिर आपको क्या करना? जो होना था हो चुका। मेरी मैं भुगतूँगा। आप क्या कर लेंगे? आप 25 लाख रुपया

एकत्र करके देने से तो रहे! फिर?

पिछले कुछ महीनों से मैं लाटरी के टिकट खरीद रहा हूँ। पंजाब, हरियाणा, उत्तर प्रदेश, महाराष्ट्र और सुदूर केरल तक के टिकट खरीदे जिनके इनामों का टोटल 25 लाख आता था। मैंने जोड़ लगाकर देखा था। उससे अधिक की मुझे जरूरत नहीं थी। साहित्य का व्रत लिया है तो फलाहार के लिए इतने रुपये काफी होते हैं। आप जानते ही हैं कि मैं ज्यादा लालच नहीं करता। जो मिल जाता है, उसी में प्रसन्न रहता हूँ। बल्कि मिलता कम है और प्रसन्न ज्यादा रह लेता हूँ। सोचा था 25 लाख मिल जाएँगे तो एक चिट्ठी लखटकिया पुरस्कार देने वालों को डाल दूँगा कि भई, हमारा नाम भविष्य में पुरस्कार पानेवालों की सूची से काट दो और वही रुपया किसी अन्य गरीब कवि लेखक को दे दो तो दुआ देगा। अपना इन्तजाम हो गया है। ऐसा ही पत्र साहित्य अकादमी को लिखने का इरादा था कि मित्रो, मुझे बख्शो। मुझे तुम्हारा इनाम नहीं चाहिए।

मन ही मन यह भी सोच रहा था कि 25 लाख आने के बाद व्यावसायिक पत्रों के खिलाफ खड़ा हो जाऊँगा। भाई लोग एक अच्छी नौकरी मिल जाने के बाद व्यावसायिकता के खिलाफ खड़े हो जाते हैं तो मैं तो खड़ा हो ही सकता था। साफ कह देता कि ये बड़े पत्र मुझे खरीद बेच नहीं सकते। स्थितियाँ ऐसी आ गयी हैं कि लेखक के पास अपनी चिकनी पत्रिका निकालने के अलावा कोई रास्ता नहीं रह गया है। एक प्रकाशन आरम्भ करने की सोच रहा था। आज प्रकाशक लेखकों का शोषण कर रहे हैं, उनकी रायल्टी खा रहे हैं तो क्यों नहीं एक लेखक ही लेखक का शोषण करे और उनकी रायल्टी अक्षरशः खाये। यह निश्चित ही बेहतर है। मैं प्रकाशन खोलता, किसी लेखक को कौड़ी रायल्टी नहीं देता और घाटे में चल रहा हूँ, का गीत हेमन्तकुमार के दर्दीले सुरों में निरन्तर गाता रहता और पूँजी बढ़ाता।

लेकिन वह जो 'सोचा था क्या, हो क्या गया' वाला पुराना गाना है, हम पर ही फिट होना था सो हो गया। 25 लाख धीरे-धीरे यों डूबे जैसे शनैः-शनैः जहाज डूबता है। लाटरी के टिकट न हुए कविताएँ हुईं, जिनके भाग्य में अस्वीकृत होना ही लिखा था। हर बार लाटरी खुली और मेरा दम अंशतः निकला। बहुत निकला मगर अफसोस कम निकला। अभी हिसाब लगाने को जिन्दा हैं। मेरे एक व्यवसायी मित्र ने, जो नस्ल से हिसाबी व्यक्ति हैं, मुझे बताया था कि अगर कोई रुपया या आमदनी प्रत्याशित हो, जिसके आने का पूरा विश्वास हो और अगर वह न आये तो उसे नुकसान यानी घाटा करार दिया जाना चाहिए। जैसे एक दुकानदार सोच ले कि इस वर्ष उसे 25 हजार का लाभ होगा और यदि उसे 20 हजार का ही लाभ हो तो वह पाँच हजार के घाटे में रहा।

उसे अधिकार है कि वह इस बात पर धाड़ें मारकर रो सकता है और बोनस देते समय रूठ सकता है। उसके लिए तो वर्ष व्यर्थ गया। कल्पना में अर्जित राशि में भी कटौती हो जाए तो वह करारा प्रहार होती है अर्थशास्त्र के अनुसार। और जिनके लिए अर्थशास्त्र ही धर्मशास्त्र है, उनके लिए तो यह प्रहार संघातिक बैठेगा। मैंने जब लाटरी के टिकट खरीदे थे, एक गणित मेरी आँखों में सपना बन फिट हो गया था।

मुझे लगता था कि चेकबुक सिरहाने रखे सोच रहा हूँ। विशाल देश है, जिसमें अनेक प्रान्त हैं। सबकी अपनी संस्कृति, अपनी भाषा और अपनी लाटरी है। एकता में अनेकता इसी को कहते हैं। और अनेकता में एकता यह है कि मेरे पास सभी राज्यों की लाटरी के टिकट हैं। सब राज्यों के विकास के लिए एक-एक रुपया भेज मैंने इस पूरे देश को सँवारने में योग दिया है। मेरी इस उच्च राष्ट्रीय भावना का समुचित आदर होना चाहिए। सभी लाटरियाँ मेरे ही नाम खुलना चाहिए। राजस्थान, उत्तर प्रदेश, हरियाणा, तमिलनाडु, महाराष्ट्र आदि से इनाम की रजत-सरिताएँ आकर मेरी जेब के महासागर में गिर जाना चाहिए। मैं देश के सुखी भविष्य की सोचता हूँ, बदले में देश को मेरे सुखद भविष्य की सोचना चाहिए। क्या खूब सौदा है! सारी लाटरियाँ मेरे नाम खुल जाएँ तो मेरे कर्जदारों के अच्छे दिन आ जाएँ।

कुछ दिन हुए मेरे कर्जदार रास्ते में मिले थे। उन लोगों ने मुझे प्रेम से पान खिलाया और पूछा, ''जोशी साहब, रुपया कब चुका रहे हो?'' मैंने जेब से लाटरी के टिकट निकालकर दिखा दिये, ''फिक्र मत करो प्यारे, खुलने ही वाली है। एक-एक पैसा चुका दूँगा और मूड ठीक रहा तो दो-चार पैसे ज्यादा ही दे दूँगा।'' उन लोगों को उम्मीद बँधी। उनके पास भी कुछ लाटरी के टिकट थे। वे बोले कि अगर हमारी लाटरी खुल गयी तो हम आपका कर्ज माफ कर देंगे। मैंने कहा, ''नहीं मित्र, इतने निराश मत हो, लाटरी खुले तुम्हारे दुश्मनों की, मैं एक-एक पैसा वापस कर दूँगा।''

लेकिन वैसा नहीं हुआ। वे आज भी आशा-भरी नजरों से मेरी ओर देखते हैं जिस तरह मैं लाटरी खुलने की तारीख पर अखबार देखता हूँ। अभी तक 25 लाख रुपयों का नुकसान बर्दाश्त कर चुका हूँ। फिर भी मन नहीं मानता। और भी टिकट ले लिये हैं—20-25 लाख के। अगर ये भी न आएँ तो घाटा 50 लाख का हो जाएगा। कब तक बर्दाश्त करूँगा। इस देश में जहाँ लोग थोड़ा देकर ज्यादा पाने की सोचते रहते हैं, मैं पचास-सौ लाख रुपये खोकर अगर पा भी गया तो ढाई-पाँच लाख। इससे यह नियमित रूप से हो रहा लाखों का घाटा कैसे भरेगा? घाटा पचास लाख का और आमदनी सिर्फ ढाई लाख। कैसे चलेगा!

माना कि इस धन्धे में हमारी मूल पूँजी पच्चीस-पचास रुपयों से ज्यादा नहीं होगी मगर नुकसान तो लाखों का हो रहा है! खाताबही तो यही बोलते हैं कि महाराष्ट्र से ढाई लाख आने थे सो नहीं आये। उत्तर प्रदेश की पाँच लाख की रकम इस माह भी जमा नहीं हुई। अब बताइए, यह दुकान कैसे चलेगी? जरा सोचिए, आप भी धन्धा कर रहे हैं लेकिन क्या इतना घाटा होने पर दिवाला आउट नहीं कर देंगे!

फिर भी जिसे कहते हैं कि उम्मीद पर आसमान टिका है या शुद्ध भाषा में कहें तो आशा से आकाश बँधा है कि एक दिन लाटरी खुलेगी। देश इस त्यागी का सम्मान करेगा जो हर प्रान्त को एक-एक रुपया भेजकर अपनी प्राइवेट बूँदों से पब्लिक के सरकारी तालाब भर रहा है। कहीं काँग्रेस की हुकूमत है तो कहीं संयुक्त मोर्चे की। देखें कौन आगे आता है और मेरे नाम लाटरी खोलता है! जैसी नीयत वैसी बरकत। जो हमें देगा उसे पब्लिक देगी। हमारी तो यही सदा है कि भेज, ढाई-पाँच लाख भेज तो कम्पनी का काम चले। हिन्दी साहित्य को इस समय व्यंग्य से अधिक नगद रुपयों की जरूरत है। हजार-पाँच सौ से काम नहीं चलेगा, पूरी जिन्दगी पड़ी है और सब जानते हैं कि लेखकों की मोमबत्ती दोनों तरफ से जलती है। जो मिलेगा, साफ कर देंगे। तेरा तुझे सौंप देंगे बावले, जरा भरोसा रख और खोल लाटरी पाँच लाख की।

नहीं खुलती। नहीं खुलती, खुलाए लाटरी नहीं खुलती। यही शेखचिल्ली फ्रस्ट्रेशन मुझे खाये जा रहा है।

घी की हँड़िया सिर पर रख चिकने सपनों को सँजोता मैं आगे बढ़ता हूँ और यथार्थ मुझे ठोकर मार गिरा देता है। इसी को खड़ी बोली में गहरा दुख कहते हैं। वही दुख जो सबको माँजता है और यह सीख देता है कि लाटरी खरीदे। मैं खरीदता हूँ। कभी अपना भी नम्बर लगेगा, क्लास बदलकर उच्चों में जा मिलेंगे, आर्थिक क्रान्ति होगी जो व्यक्तिगत लाभ देगी। और आँगन के पार कार खड़ी होगी। और उसके बाद...?

उसके बाद टिकट खरीद आगे का हाल पर्दे पर देखिए। सेवण्टी एम. एम. के परिवेश में टेक्नीकलर। हीरो वही जो फायनेंसर। ऐयाशी के क्षेत्र में बाक्स आफिस हिट। बस, फिलहाल दिल जलाने को इतनी सूचना काफी है। शेष जुल्म आगे होंगे। यों प्रोग्राम में हेर-फेर मैनेजर के हाथ है। कामेडी न हुई तो ट्रेजेडी अवश्य होगी।

तिलस्मी अँगूठी

चौराहे की निरन्तर उपस्थित रहने वाली भीड़ में से मदारी ने अपना जमूरा खोज लिया था। इस समय वे एक-दूसरे के सामने खड़े थे। जमूरा सुस्त था, मुँह लटकाये खड़ा था मगर वह हाजिरजवाब था। मदारी उससे बात कम करता था। वह भीड़ से बात करता था। बात ही बात में वह लम्बा भाषण देने लगता था। नीचे जमीन पर एक मैला-सा कपड़ा बिछा था जिस पर अँगूठियों का एक छोटा-सा ढेर पड़ा था। अँगूठियाँ अलग-अलग आकार-प्रकार की थीं और उन पर अलग-अलग रंगों के पत्थर जड़े हुए थे। उसी प्रकार की एक अँगूठी मदारी के हाथ में थी।

मदारी ने एक लम्बा भाषण दे अभी-अभी बताया था कि "यह एक तिलस्मी अँगूठी है जिसमें आप भूत, भविष्य और वर्तमान सब कुछ देख सकते हैं। जिस भाई के दिल में अपनी और इस मुल्क की किस्मत के मामले में भरोसा है, वह अँगूठी में थोड़ा तेल लगाये और अपनी नज़रें गड़ाकर गौर से देखे। उसे एक अदद समाजवाद साफ तौर पर खड़ा हुआ दिखाई देगा। यही वह समाजवाद है भाई साहब, जो आपके दरवाजे पर दस्तक दे रहा है। हर हिन्दुस्तानी भाई, जो अपनी और मुल्क की किस्मत जानना चाहता है, इस अँगूठी को अपने बायें हाथ की किसी अँगुली में पहने और उस ऊपरवाले पर भरोसा रखे जो जल्दी ही समाजवाद भेजेगा। बायें हाथ की अँगुली में भाई साहब, कहीं दाहिने हाथ की अँगुली में मत पहन लेना, नहीं तो सारा करेण्ट काफूर हो जाएगा। यह तिलस्मी अँगूठी है भाईजान, जो देखेगा उसे अपनी किस्मत का पता लगेगा, समाजवाद नजर आएगा। कीमत कोई ज्यादा नहीं, एक रुपया, एक रुपया, सिर्फ एक रुपया।"

एक छोटे कद का व्यक्ति जो हाथ में थैला लिये था, उसने धीरे-से मदारी से पूछा, "क्या इससे गड़ा हुआ खजाना नजर आता है?"

"जरूर नजर आएगा और उसको नेशनलाइज करने का तरीका भी बताया जाएगा। यह समाजवाद की अँगूठी है भाई साहब, जो मुल्क के हर बाशिन्दे के

लिए हिमालय के एक साधु महाराज ने तैयार की है। इस्तेमाल का तरीका यह है कि तेल लगाने के बाद अपनी नजरें अँगूठी के तिलस्मी पत्थर पर गड़ा दीजिए। भिश्ती को बुलाइए। वह आएगा और पानी का छिड़काव करेगा। फिर फर्राश को बुलाइए। वह आएगा और जमीन पर कालीन लगा जाएगा। उसके बाद फायनेंस मिनिस्टर को बुलाइए। वह आएँगे और कालीन पर बैठ जाएँगे। वह आपको सारे मुल्क का अर्थशास्त्र इशारे से समझाएँगे। गड़ा खजाना कहाँ है, बताएँगे। उसे खोदने का रास्ता बताएँगे। आप खोदिए और मुल्क में समाजवाद लाइए। तिलस्मी अँगूठी, कीमत एक रुपया, एक रुपया, सिर्फ एक रुपया।...''

जमूरा बड़ी लापरवाही से खड़ा था। उसकी मुद्रा देखकर नहीं लगता था कि उसे समाजवाद लाने की जल्दी है। मगर भीड़ उतावली थी। मदारी ने एक अँगूठी तेल मलकर जमूरे की अँगुली में पहना दी। उसने जमूरे से कहा कि वह झुककर अँगूठी देखे और बताए कि उसे क्या नजर आ रहा है? कुछ देर चुप्पी रही। मदारी इधर-उधर घूम रहा था और अपने प्रारम्भिक भाषण के कुछ अंश दोहरा रहा था। जमूरे की आँख उस तिलस्मी अँगूठी में लगी थी। भीड़ टकटकी लगाये उसे ही देख रही थी।

''यह समाजवाद की अँगूठी है भाइयो! जिसकी जैसी किस्मत, उसका वैसा समाजवाद। सवाल पूछिए, जवाब मिलेगा।'' और मदारी ने घूमकर जमूरे से पूछा, ''क्यों बे, आया कुछ नजर?''

''आया।''

''क्या नजर आया?''

''मुझे मेरा चाचा खड़ा दिख रहा है।''

''हा, हा, वही चाचा जिसका तू भतीजा है!''

''वही चाचा।''

मदारी ने गर्दन चारों ओर घुमायी और भीड़ की ओर उन्मुख होकर कहा—''देखा आपने समाजवाद की अँगूठी का कमाल, भतीजे को अपना चाचा नजर आ रहा है। मैं पूछता हूँ कि भतीजे का समाजवाद आता कहाँ से है? चाचा से। क्यों बे, क्या कह रहा है तेरा चाचा।''

''इशारा कर रहा है।''

''क्या इशारा कर रहा है?''

''पास बुला रहा है।''

''घुग्घा अँगूठी में!'' मदारी ठठाकर हँसा मगर दूसरे ही क्षण गम्भीर हो गया और चीखकर बोला—''श्रीमान लोग, जरा गौर कीजिए! जब तक चाचा अपने भतीजों को मौका नहीं देंगे, मुल्क में समाजवाद नहीं आएगा। दिल साफ

हो, तमन्ना गहरी हो, फिर देखिए अँगूठी का कमाल। हर शख्स को समाजवाद नजर आएगा।''

भीड़ में से एक विद्यार्थी ने कहा, ''मैं अपना भविष्य देखना चाहता हूँ।''

''जरूर देखो बाबू! यहाँ देखो, एक अँगूठी घर ले जाओ, रिश्तेदार और मोहल्ले-पड़ोस को बताओ। हट बे, जरा बाबू साहब को उनका समाजवाद देखने दे!''

जमूरे ने अँगूठी निकालकर उस विद्यार्थी को दे दी। विद्यार्थी ने बायीं अँगुली में पहनकर नजर गड़ा दी।

''बाबूजी दिल साफ तो है?''

''साफ है!''

''कोई ऐब-खोट तो नहीं?''

''नहीं।''

''कुछ दिल में शक-सुबह तो नहीं?''

''नहीं।''

''फिर देखिए, जरूर आपको समाजवाद नजर आएगा।''

मदारी चारों ओर घूमने लगा और बोला, ''अँगूठी जो बताएगी, सच-सच बताएगी। इधर-उधर चक्कर में फँसने की जरूरत नहीं है। सच्चा समाजवाद देखिए और जिन्दगी-भर मौज करिए।'' फिर कुछ क्षण उसने अँगूठी में नजरें गड़ाये विद्यार्थी से पूछा, ''कुछ दिखाई देता है भाईजान?''

''हाँ।''

''क्या दिखाई देता है?''

''एक स्कूटर।''

''जरा गौर से देखिए!''

''एक स्कूटर दिखाई देता है।''

''क्या छोटी कार नहीं दिखाई देती?''

''नहीं।''

''अपनी-अपनी औकात है भाई! आपको स्कूटर में नजर आ रहा है। बाज लोगों को उनका समाजवाद छोटी कार में नजर आता है। जैसा जिसकी किस्मत, वैसा उसका समाजवाद। किसी को फीएट, मर्सीडीज और इम्पाला में नजर आता है। जिनकी किस्मत खराब है, उनका समाजवाद खच्चर, ताँगे में नजर आता है। जो सड़क-छाप लोग हैं, उनका समाजवाद पैदल आ रहा है। आप भाई साहब का समाजवाद स्कूटर पर आएगा। जाइए साहब, कोशिश कीजिए कि कहीं से एक स्कूटर मिले, बाप दे या बड़ा भाई, मगर हासिल कीजिए। उसके बाद

किस्मत पलटेगी और चारों तरफ समाजवाद ही समाजवाद नजर आएगा।''

विद्यार्थी ने अँगूठी से आँख हटायी। उसने एक रुपया मदारी की ओर बढ़ाया और भीड़ में मिल गया।

मदारी ने अँगूठियों के ढेर से एक और अँगूठी उठायी और जमूरे को दी। जमूरा उसे पहनकर फिर नजरें गड़ाकर खड़ा हो गया। ''जमूरे?''

''उस्ताद!''

''नजर आता है?''

''आता है!''

''क्या नजर आता है?''

''समाजवाद!''

''अबे बोल रंग कैसा है? कहीं हरा तो नहीं है, क्योंकि आजकल मुल्क में हरित-क्रान्ति चल रही है। ताज्जुब नहीं अपना समाजवाद हरा-हरा नजर आये। रंग कैसा है?''

''गुलाबी।''

''गौर से देख!''

''देख लिया।''

''गुलाबी!''

''गुलाबी।''

''शाबाश, क्या सुन्दर शेड पाया है कमबख्त ने! यह हिन्दुस्तानी समाजवाद है भाई साहब, जरा इसके रंग पर गौर कीजिए। वाह, वाह! गुलाबी। क्या रंग है! क्या अदाएँ हैं! यह आपका अपना समाजवाद है भाई साहब! अँगूठी नहीं, पार्टियों के मेनुफेस्टो हैं जनाब! जरा गौर से देखिए, समाजवाद झलकने लगेगा। अँगूठी की कीमत एक रुपया, एक रुपया, सिर्फ एक रुपया। समाजवाद के दर्शन कीजिए और अपनी किस्मत आजमाइए। अँगूठी दुनिया-जहान के सवालों का जवाब देती है और समाजवाद सब सवालों का जवाब है।''

तभी एक साहब आये और मदारी से बोले कि हम अपना भाग्य देखना चाहते हैं।

''जरूर देखिए साहब!'' मदारी ने जमूरे से अँगूठी लेकर उन्हें पहना दी। वह आँख गड़ाये खड़े हो गये।

''अपनी-अपनी किस्मत है भाई साहब! अँगूठी अपनी तरफ से कुछ नहीं बताती। जिसका जैसा भाग्य में लिखा होगा, अँगूठी वही कहेगी। बाबू साहब, आया कुछ नजर।''

''अभी तक तो नहीं आया।''

“आएगा। आपका समाजवाद कैसा है, किस्मत का फाटक कैसा खुलेगा, कड़की कैसा खतम होएगा—सब नजर आएगा। जरा गौर से देखिए!”

“आ रहा है।”

“क्या नजर आ रहा है?”

“एक दुकान नजर आ रही है।”

“कैसी दुकान है?”

“.........”

“जरा गौर से देखिए, हलवाई की या किराने की?”

“लाटरी की।”

“शाबाश! देखिए साहब, अँगूठी का चमत्कार। इन बाबू साहब का समाजवाद लाटरी से आएगा। लाटरी का टिकट खरीदिए और मुल्क में समाजवाद लाइए, फटाफट। जिसकी किस्मत में समाजवाद होगा, लाटरी उसके नाम खुल जाएगी। सच्चा समाजवाद लाटरी के टिकट में है भाई मेरे। लखपति बनने की ईक्वल अपारच्युनिटी मिल गयी है इनसान को। टिकट खरीदो और समाजवाद लाओ। अँगूठी एक गैबी ताकत वाली चीज है जो ठीक रास्ता बताती है। इनसान का सच्चा रास्ता है समाजवाद का रास्ता, अँगूठी का रास्ता, तिलस्मी अँगूठी का रास्ता। कीमत एक रुपया, सिर्फ एक रुपया।”

भीड़ बढ़ रही थी। अँगूठी की माँग करनेवालों की गिनती बढ़ रही थी।

“एक रुपया बड़ी बात नहीं है, मुल्क में समाजवाद लाने के लिए एक रुपया बड़ी बात नहीं है।”

मदारी चिल्ला रहा था। लोग अँगूठी खरीद रहे थे।

पंचतन्त्र : पाँच नमूना आपातकालीन लोककथाएँ

लक्ष्य की रक्षा

एक था कछुआ, एक था खरगोश, जैसा कि सब जानते हैं।

खरगोश ने कछुए को संसद, राजनीतिक मंच और प्रेस के बयानों में चुनौती दी—अगर आगे बढ़ने का इतना ही दम है, तो हमसे पहले मंजिल पर पहुँचकर दिखाओ।

रेस आरम्भ हुई। खरगोश दौड़ा, कछुआ चला धीरे-धीरे अपनी चाल।

जैसा कि सब जानते हैं आगे जाकर खरगोश एक वृक्ष के नीचे आराम करने लगा। उसने संवाददाताओं को बताया कि वह राष्ट्र की समस्याओं पर गम्भीर चिन्तन कर रहा है, क्योंकि उसे जल्दी ही लक्ष्य तक पहुँचना है। यह कहकर वह सो गया।

कछुआ लक्ष्य तक धीरे-धीरे पहुँचने लगा।

जब खरगोश सोकर उठा, उसने देखा कि कछुआ आगे बढ़ गया है, मेरे हारने और बदनामी के स्पष्ट आसार हैं।

खरगोश ने तुरन्त आपातकाल घोषित कर दिया।

उसने अपने बयान में कहा कि प्रतिगामी, पिछड़ी और कंजरवेटिव (रूढ़िवादी) ताकतें आगे बढ़ रही हैं, जिनसे देश को बचाना बहुत जरूरी है।

और लक्ष्य छूने के पूर्व कछुआ गिरफ्तार कर जेल में डाल दिया गया।

शेर की गुफा में न्याय

जंगल में शेर के उत्पात बहुत बढ़ गये थे। जीवन असुरक्षित था और बेहिसाब मौतें हो रही थीं। शेर कहीं भी, किसी पर हमला कर देता था।

इससे परेशान हो जंगल के सारे पशु इकट्ठा हो वनराज शेर से मिलने गये। शेर अपनी गुफा से बाहर निकला—कहिए, क्या बात है?

उन सबने अपनी परेशानी बतायी और शेर के अत्याचारों के विरुद्ध आवाज उठायी। शेर ने अपने भाषण में कहा—

''प्रशासन की नजर में जो कदम उठाने हमें जरूरी हैं, वे हम उठाएँगे। आप इन लोगों के बहकावे में न आवें, जो हमारे खिलाफ हैं। अफवाहों से सावधान रहें, क्योंकि जानवरों की मौत के सही आँकड़े हमारी गुफा में हैं जिन्हें कोई भी जानवर अन्दर आकर देख सकता है। फिर भी अगर कोई ऐसा मामला हो तो आप मुझे बता सकते हैं या अदालत में जा सकते हैं।''

चूँकि सारे मामले शेर के खिलाफ थे और शेर से ही उसकी शिकायत करना बेमानी था इसलिए पशुओं ने निश्चय किया कि वे अदालत का दरवाजा खटखटाएँगे।

जानवरों के इस निर्णय की खबर गीदड़ों द्वारा शेर तक पहुँच गयी थी।

उस रात शेर ने अदालत का शिकार किया। न्याय के आसन को पंजों से घसीट अपनी गुफा में ले आया।

जंगल में इमर्जेंसी घोषित कर दी गयी। शेर ने अपनी नयी घोषणाओं में बताया—जंगल के पशुओं की सुविधा के लिए, गीदड़ मण्डली के सुझावों को ध्यान में रखकर हमने अदालत को सचिवालय से जोड़ दिया है, ताकि न्याय की गति बढ़े और व्यर्थ की ढिलाई समाप्त हो। आज से सारे मुकदमों की सुनवाई और फैसले हमारी गुफा में होंगे।

इमर्जेंसी के दौर में जो पशु न्याय की तलाश में शेर की गुफा में घुसा उसका अन्तिम फैसला कितनी शीघ्रता से हुआ इसे सब जानते हैं।

क्रमशः प्रगति

खरगोश का एक जोड़ा था, जिनके पाँच बच्चे थे।

एक दिन भेड़िया जीप में बैठकर आया और बोला—असामाजिक तत्त्वो, तुम्हें पता नहीं सरकार ने तीन बच्चों का लक्ष्य रखा है। और दो बच्चे कम करके चला गया।

कुछ दिनों बाद भेड़िया फिर आया और बोला कि सरकार ने लक्ष्य बदल दिया है। और एक बच्चे को और कम कर चला गया।

खरगोश के जोड़े ने सोचा, जो हुआ सो हुआ, अब हम शान्ति से रहेंगे।

मगर तभी जंगल में इमर्जेंसी लग गयी।

कुछ दिन बाद भेड़िये ने खरगोश के जोड़े को थाने पर बुलाया और कहा कि सुना है, तुम लोग असन्तुष्ट हो सरकारी निर्णयों से और गुप्त रूप से कोई षड्यन्त्र कर रहे हो? खरगोश ने साफ इनकार करते हुए सफाई देनी चाही, पर तभी भेड़िये ने बताया कि इमर्जेंसी के नियमों के तहत सफाई सुनी नहीं जाएगी।

उस रोज थाने में जोड़ा कम हो गया।

दो बच्चे बचे। मूर्ख थे। माँ-बाप को तलाशने खुद थाने पहुँच गये। भेड़िया उनका इन्तजार कर रहा था।

यदि थाने नहीं जाते तो वे इमर्जेंसी के बावजूद कुछ दिन और जीवित रह सकते थे।

कला और प्रतिबद्धता

कोयल का कण्ठ अच्छा था, स्वरों का ज्ञान था और राग-रागिनियों की थोड़ी बहुत समझ थी। उसने निश्चय किया कि वह संगीत में अपना कैरियर बनाएगी। जाहिर है उसने शुरुआत आकाशवाणी से करनी चाही।

कोयल ने एप्लाय (आवेदन) किया। दूसरे ही दिन उसे ऑडीशन के लिए बुलावा आ गया। वे इमर्जेंसी के दिन थे और सरकारी कामकाज की गति तेज हो गयी थी।

कोयल आकाशवाणी पहुँची। स्वर-परीक्षा के लिए वहाँ तीन गिद्ध बैठे हुए थे।

''क्या गाऊँ?'' कोयल ने पूछा।

गिद्ध हँसे और बोले, ''यह भी कोई पूछने की बात है। बीस-सूत्री कार्यक्रम पर लोकगीत सुनाओ। हमें सिर्फ यही सुनने-सुनाने का आदेश है।''

''बीस-सूत्री कार्यक्रम पर लोकगीत? वह तो मुझे नहीं आता। आप कोई भजन या ग़ज़ल सुन सकते हैं।'' कोयल ने कहा।

गिद्ध फिर हँसे।

''ग़ज़ल या भजन? बीस-सूत्री कार्यक्रम पर हो तो अवश्य सुनाइए?''

''बीस सूत्री कार्यक्रम पर तो नहीं है।'' कोयल ने कहा।

''तब क्षमा कीजिए, कोकिला जी। हमारे पास आपके लिए कोई स्थान नहीं है।'' गिद्धों ने कहा।

कोयल चली आयी। आते हुए उसने देखा कि म्यूजिक रूम (संगीत कक्ष)

में कौओं का दल बीस-सूत्री कार्यक्रम पर कोरस रिकार्ड करवा रहा है।

कोयल ने उसके बाद संगीत में अपना कैरियर बनाने का आइडिया त्याग दिया और शादी करके ससुराल चली गयी।

बुद्धिजीवियों का दायित्व

लोमड़ी पेड़ के नीचे पहुँची। उसने देखा ऊपर की डाल पर एक कौवा बैठा है, जिसने मुँह में रोटी दाब रखी है। लोमड़ी ने सोचा अगर कौवा गलती से मुँह खोल दे तो रोटी नीचे गिर जाए। नीचे गिर जाए तो मैं खा लूँ।

लोमड़ी ने कौवे से कहा —"भैया कौवे! तुम तो मुक्त प्राणी हो, तुम्हारी बुद्धि, वाणी और तर्क का लोहा सभी मानते हैं। मार्क्सवाद पर तुम्हारी पकड़ भी गहरी है। वर्तमान परिस्थितियों में एक बुद्धिजीवी के दायित्व पर तुम्हारे विचार जानकर मुझे बहुत प्रसन्नता होगी। यों भी तुम ऊँचाई पर बैठे हो, भाषण देकर हमें मार्गदर्शन देना तुम्हें शोभा देगा। बोलो मुँह खोलो कौवे!"

इमर्जेंसी का काल था। कौवे बहुत हाशियार हो गये थे। चोंच से रोटी निकाल अपने हाथ में ले धीरे से कौवे से कहा—"लोमड़ी बाई, शासन ने हम बुद्धिजीवियों को यह रोटी इसी शर्त पर दी है कि इसे मुँह में ले हम अपनी चोंच को बन्द रखें। मैं जरा प्रतिबद्ध हो गया हूँ आजकल, क्षमा करें। यों मैं स्वतन्त्र हूँ यह सही है और आश्चर्य नहीं समय आने पर मैं बोलूँ भी।"

इतना कहकर कौवे ने फिर रोटी चोंच में दबा ली।

कथा सत्यनारायण की

मुहल्ले जनसम्पर्क का सर्वश्रेष्ठ माध्यम है सत्यनारायण की कथा का आयोजन। हर पूनम को कहीं न कहीं भगत का डौल जम जाता है। औरतें, बच्चे और दफ्तर से लौटे बाबू घिर आते और भगत की सुनाई कथा के 'प्रसाद' गुण-सम्पन्न क्लाइमेक्स की धैर्य से प्रतीक्षा करते। भगत के बराबर कथा बाँचनेवाला उन्हीं के अनुसार सारे जम्बूद्वीप में कोई नहीं है। बुआ के शब्दों में कहा जाए तो जब भारत आजाद हुआ था तब भगत ने दिल्ली में जाकर सत्यनारायण की कथा बाँची थी। आज विलायत से बुलावे आते हैं कि भई, एक बार हमारे मुल्क में बाँच जाओ सत्यनारायण, पर भगत को क्षिप्रा पार करने की फुरसत नहीं है, समन्दर कैसे पार करें?

बात है भाषा और शैली की, यों सत्यनारायण की कथा ऐसे सरल-सीधी है कि कोई भी किसी को सुना दे। भगत का आनन्द कुछ और है। कारण यह है, भगत विद्वान हैं और सत्यनारायण सुनाते समय संसार भर का ज्ञान उसमें डाल देते हैं कि लगता है हम कुछ नया सुन रहे हैं। फिर भगत का अपना व्यक्तित्व है। काले लहराते बाल, चौड़ा माथा, भाँग के रंग में रची आँखें और मधुर वाणी। आधी फीस वे अपने व्यक्तित्व की लेते हैं और आधी सत्यनारायण की कथा की।

उस दिन जब वे बुआ से कह रहे थे कि जनसमाज में धर्म की भावना का 'हड़ास' हो रहा है, तभी हम पहुँचे।

''क्या बताऊँ बुआ, राम का नाम पृथ्वी से 'उच्चटित' हो गया। अब देखो, एक सम्पूर्ण सप्ताह परिपूरित हो गया, कोई चिड़ी का चिरंजीव भी आवाहन करने नहीं आया कि बन्धु भगत, मेरे आवास पर तनिक सत्यनारायण की कथा बंचित कर दो।''

''अजी, ईश्वर के नाम पर भी पैसा खरचते कलेजा चिर जाता है लोगों का।''

''सत्य है, सत्य है आपका वचन बुआ!'' भगत ने लहराते बालों पर हाथ फेरते हुए हमारी ओर देखा, ''नमस्कार सज्जनो, इस काया के उपयुक्त सेवा

अपेक्षित कीजिए।''

''पूनम को हमारे यहाँ कथा बाँचना है।'' मामा बोले।

''मनोरम विचार हैं आपके बन्धु!'' भगत एकाएक अत्यन्त प्रसन्न हो गये और बोले, ''आप धर्मप्राण प्रकार के मानव प्रतीत होते हैं। अत्यन्त उत्तम भावनाएँ आपके हृदय में पदार्पित हुई हैं। मैं अवश्य आऊँगा। सत्यनारायण का दीप आपके आवास में प्रदीप्त होगा और इस सौष्ठव के साथ कि श्रोतात्मा प्रसन्न हो जाएगी।'' वे कुछ सोचने लगे और बोले, ''जहाँ तक कथा की तैयारी का प्रश्न है मैं अपने विचार रखना चाहूँगा।''

सबने देखा कि भगत संगीत में भी निष्णात धरे हैं। जिस प्रकार वे गलत खटका लगने पर तबलेवाले की ओर घूरते थे, हारमोनियम की धमनी छोड़कर हाथ को एक लचक देकर फिर धमनी समेटते थे और लम्बी तान के बाद सम पर झटका खाकर रुकते थे। ऐसा शायद देश के बड़े गवैयों के लिए भी सम्भव नहीं होगा। गीत समाप्त कर वे फिर बोले, ''झकाझक कि इस युग में केवल माया मोह का नाता है, कल्पना सत्य बनती है तो सत्य कल्पना हो जाता है। आकाश से धरती और धरती से आकाश कभी मिल नहीं पाता है, फूल भक्ति का कभी खिल नहीं पाता है। क्योंकि आज स्वार्थ की बयार है, असत्य की बहार है, सर्वत्र यह विचार है कि हाय, यह लोक बन जाए, उस लोक की बात छोड़ो, अधर्म का हाथ पकड़ो और धर्म का साथ छोड़ो। जहाँ मुक्ति की राह है वहाँ माया की सराय है, जहाँ भक्ति की चाह है वहाँ लोभ की हाय है। तो ऐसे बियावान में, अँधेरे सुनसान में, टूटे हुए अरमान में ईश को व्यथा सुनाना हो तो पवित्र भावना और कामना से सत्यनारायण कथा कराएँ। इस हेतु अधर्मियों से नहीं डरें। धर्मियों और मर्मियों को बुलाइए, उस रोज अवश्य नहाइए, गृह को सजाइए, सामग्री मँगाइए और फिर ऐसा पण्डित जो ज्ञानवान, धर्मप्राण और कीर्तिवान हो—सत्य के रहस्य और रहस्यों के सत्य को समझता हो बुलाइए और भेंट की रकम टेंट में रखकर प्रभु की कथा करवाइए और फिर देखिए, झकाझक कि ठाठ निराला है, दुश्मन का मुँह काला है, लबरेज भरा हुआ धर्म का प्याला है। वेदपुराणों से खिंचवायी है और भावना की सुराही में ढाला है। साकी सन्त बड़ा दिलवाला है। लक्ष्मी चरणों में पड़ी है, सिद्धि सेज पर लेटी है, रिद्धि गोद में लेटी है, पवन पंखा डुलाता है, मगन मन गीत गाता है कि क्या?''—और भगत ने फिर हारमोनियम छेड़ा—''प्यारी कर लो सत्यनारायण, पूनम की रात निमन्त्रण...!''

सचमुच वातावरण अमृतमय हो चुका था। यह तो भूमिका ही थी। भगत ने कथा कब प्रारम्भ की, पता ही नहीं लगा। सदानन्द ब्राह्मण का लकड़ी काटने का वर्णन करते हुए उन्होंने केन्द्रीय शासन की वन-विस्तार नीति पर पर्याप्त

प्रकाश डाला और जंगल काटने के लिए सहकारी समिति की उपयोगिता बतायी। पलने से चिता तक मानव जीवन में लकड़ी की उपयोगिता बतायी। राजा द्वारा ग्वाल-बालों के सत्यनारायण के प्रसाद को ठुकराये जाने के सन्दर्भ में उन्होंने जाति-भेद और ऊँच-नीच की भावना का डटकर विरोध किया। माँ लीलावती और पुत्री कलावती पर चर्चा करते हुए भगत स्त्री के कर्तव्यों पर भाषण देने लगे, "भद्रजनो, यदि नारी केवल केसर क्यारी है तो बलिहारी है। नारी वो कि तमतमाती तेग हो जैसे, नारी वो कि वर्षा में नदी का वेग हो जैसे। नारी वो कि मूड आये तो मीरा और दुःख पड़े तो दुर्गावती। नारी जैसे सावित्री सत्यवान की या जानकी जो पत्नी थी भगवान की। नारी जिसके तन से तेज जगे और अन्त समय जिसे चिता भी सेज लगे, कुर्सी मेज लगे। नारी वो जो पल में ज्वाला और पल में माला। कूप में झाँके तो जल में तरंग उठे और आकाश को देखे तो घटा बजरंग उठे। जिसके रौब से रावण काँपे, यम रास्ता नापे। बन्धुओ, यही है नारी की परिभाषा, पर हाय, वर्तमान की स्थिति में कैसी निराशा! डूब गयो धरम, भुलाय दई गीता, कैसे होय घर घर में सावित्री या सीता?"—और फिर वे इस पंक्ति को हारमोनियम पर भी गाने लगे।

अन्त में जब भक्तजनों में आरती घूम रही थी और पैसा, दो पैसा, चवन्नी, अठन्नी लोग डाल रहे थे, तब भगत माइक से मुँह लगाकर मधुर कण्ठ से कह रहे थे, "माया का मगर आत्मा के मुक्त हाथी को बाँधे है, धर्म का अंकुश अनुपयोगी हो जाता है बन्धुओ! धन ही पाप का मूल है और उसे पास में रखना बहुत बड़ी भूल है। रुपये में सकल रोग और नोट में सारी खोट। सत्यनारायण के चरणों में माया डाल दो और दीप की ज्योति हृदय में बाल लो। आत्मा के प्रकाश के सम्मुख सोने चाँदी का वैभव छोटा है। सन्त की कुटिया से कुबेर सदा निराश लौटा है। ध्यान रखिए और सम्मुख आयी आरती का मान रखिए। इस लोक की अठन्नी उस लोक का रुपया, जिसने न दिया दान, पछताता रहा भय्या! अहर्निश धन्यवाद बन्धुओ! आरती का धन आपकी तृप्ति का, आत्मतृप्ति का परिमाणपत्र है बन्धुओ! सत्यनारायण आपको सुखी और दुश्मन को दुखी रखे बन्धुओ! झकाझक कि थाली इधर ले आओ भैया वापस, थैंक्यू, वेरीगुड...! बोलो सत्यनारायण भगवान की...!"

कोशिश तो करें

मैं आज आपके सामने रचना पढ़ने के लिए खड़ा हूँ। कल मैं इस देश का प्रधानमन्त्री हो जाऊँ तो ताज्जुब मत करना। दाढ़ी नहीं है तो क्या हुआ। कई अयोग्य प्रधानमन्त्री बिना दाढ़ी के भी हुए हैं इस देश में। मैं भी हो सकता हूँ। मैं तो फिर भी थोड़ा योग्य हूँ। मुझसे गये बीते प्रधानमन्त्री लिखे हैं अब इस देश की किस्मत में। आप यदि इस देश के लिए कुछ कर सकते हैं तो प्लीज़ इसके प्रधानमन्त्री हो जाइए।

आप हो जाइए। आप हो जाइए। प्लीज़ आप हो जाइए। भाभीजी आप हो जाइए। बहुत दिनों से कोई महिला प्रधानमन्त्री बनी नहीं इस देश में। ...चलिए छोड़िए फिर हम ही हो जाते हैं। ...आप लोग तो ऐसे डर रहे हैं जैसे मुख्यमन्त्री बनना हो।

इस देश के हर व्यक्ति को प्रधानमन्त्री बनने की कोशिश करना चाहिए। कल मैंने अपने घर का चौका बरतन करने वाली से पूछा, तू इस देश की प्रधानमन्त्री क्यों नहीं बन जाती। बड़ा अकड़कर बोली, टाइम नहीं है मेरे पास इन फिजूल की बातों के लिए। कमाल है। मैंने एक दोस्त से कहा, बनता है प्रधानमन्त्री। बोला, आज सुबह से हम ही मिले, कोई दूसरा नहीं मिला।

आज स्थिति यह है कि कोई भी व्यक्ति मन में धार ले कि उसे जैसे भी कर के इस देश का प्रधामन्त्री बनना है तो वह बन भी सकता है। इतिहास उसे मौका दे या न दे, भूगोल दे सकता है। कैसे बन गये प्रधानमन्त्री? उत्तर प्रदेश के हैं इसलिए। अर्थशास्त्र दे सकता है। जिसके पीछे किसी पैसेवाले की ताकत हो तो वो हो जाए प्रधानमन्त्री। संविधान की मजबूरी में हो जाए प्रधानमन्त्री। किसी पार्टी के सहारे हो जाए प्रधानमन्त्री। चल बदनाम तू हो जा तो मशहूरी हम लूटेंगे। कोई राजनीतिक पार्टी सहसा उछले और मेरी तरफ इशारा करके कहे कि ये रहा हमारा प्रधानमन्त्री, तो मैं हो जाऊँ।

इस देश में अब कुछ भी सम्भव है। इसलिए मैं कहता हूँ आज हर व्यक्ति को प्रधानमन्त्री बनने के लिए तैयार रहना चाहिए। निश्चय कर लेना चाहिए कि

मौका मिला तो बनकर रहूँगा। इस काम के लिए रोज घण्टे दो घण्टे का समय देने में कोई हर्ज नहीं। हम लोगों के पास फुरसत ही फुरसत है। और कोई काम नहीं तो चलो प्रधानमन्त्री ही हो जाएँ। इसके लिए आप पदयात्रा कीजिए या घर पर ही रहिए। कोई बात समझ नहीं आये तो यों न कहिए कि समझ नहीं आया। कहिए कि मैं इस विषय पर टिप्पणी नहीं करना चाहता। आज हम कोई बेवकूफी करें तो लेने के देने पड़ जाते हैं। मगर जब आप प्रधानमन्त्री बन बेवकूफी करते हैं तब ऐसा नहीं होता। लोग कहते हैं यू आर रांगली एडवाइज्ड। आपको गलत सलाह मिली।

आदमी जिस स्टाइल का है वह उसी स्टाइल का प्रधानमन्त्री हो सकता है। गुण्डा है तो गुण्डा प्रधानमन्त्री, शरीफ है तो शरीफ प्रधानमन्त्री। आपकी अपनी स्टाइल है, मेरी अपनी स्टाइल है। हम वैसे प्रधानमन्त्री बन जाएँगे। लोग पीठ में छुरा भोंक कर, दुश्मन से हाथ मिलाकर प्रधानमन्त्री बनते हैं। हम कम से कम वैसा तो नहीं करेंगे।

हम लोग भी अजीब हैं। कुछ भी हो जाएँगे प्रधानमन्त्री नहीं बनेंगे। हम साधारण लोग, यह सोचकर शरम में रह जाते हैं कि इतने ऊँचे पद पर हम क्या बैठेंगे। पर इधर परिस्थितियों में बड़ा बदलाव आया है, भाई साहब। कोशिश करने में क्या हर्ज है। कुछ दिनों के लिए तो बन ही सकते हैं। कुछ दिनों के लिए तो आप कुछ भी कर सकते हैं। पूरी जिन्दगी तो ऐसे कामों में बरबाद करना भी नहीं चाहिए। शायद हममें से कोई प्रधानमन्त्री बन जाए तो इस पद की गरिमा बन जाए।

सूझ-बूझ का पंजीकरण

सरकार यदि कोई ऐसा दफ्तर खोले, जहाँ कल्पनाएँ पंजीकृत की जा सकें, व्यक्तिगत सूझ-बूझ को नोट करने के बाकायदा रजिस्टर हों तो सच मानिए, मैं उस दफ्तर का दरवाजा खटखटाऊँ।

पिछले चार-पाँच दिनों से बहुत दुखी हूँ। जब से अखबार में पढ़ा कि एक ऐसे वायुयान का निर्माण किया जा रहा है, जो पैडल मारते ही हवा में उड़ने लगता है तो जान जलकर रह गयी समझिए। आखिर यह आइडिया भी यार लोग मार ले गये! बरसों से सोचे बैठा था कि फुरसत मिली तो ऐसा हवाई जहाज बना डालूँगा, जो साइकिल जैसा होगा और पैडल मारने से आसमान में उड़ने लगेगा। मगर इसके पहले कि इस काम में लगता, लोगबाग कर गुजरे। हमारे साथ ऐसी चोटें अक्सर हो जाती हैं। शरीफ आदमी हैं, कुछ कहते बनता नहीं। कोई दफ्तर हो तो आइडिया रजिस्टर करवा लें, ताकि सनद रहे और वक्त पर, खासकर वैज्ञानिक प्रगति का इतिहास लिखते वक्त, काम आये।

यों अब कहने से कोई मतलब नहीं, पर सच बात तो यही है कि धूप की गर्मी से रोटी सेंकने और सब्जी बना लेने का सुझाव सबसे पहले हमने ही दिया था। अच्छी तरह याद है, उस रोज घर में कोयले नहीं थे। हम बाहर धूप में आरामकुर्सी पर बैठे गर्मी ले रहे थे। माँ ने कहा—कोयले ले आओ और हमने अपने स्वभाव के अनुसार उत्तर दिया कि नहीं लाएँगे।

माँ चिल्लायी कि नहीं लाओगे तो रोटियाँ कैसे सिकेंगी। उत्तर दिया कि हम कैसे धूप में सिंक रहे हैं, वैसे ही रोटियाँ सेंक लो धूप में। माँ मजाक उड़ाने लगी। विदेशी माँ होती तो पूत के ऐसे लक्षण पालने में देख वारि वारि जाती। जेम्स वाट की माँ मुझे मिली होती, आज मैं दो-चार 'नोबल प्राइज़' का मालिक होता। उसने आग से केटली नहीं उतारी, जब तक कि भाप से ढक्कन उछलने न लगा और बेटा जेम्स आविष्कारक न बन गया।

यह सच है कि आवश्यकता आविष्कार की जननी है, पर यह भी सच है कि आलस आविष्कार का बाप है। उस रोज माँ मजाक न उड़ाती तो हमने

भी धूप का चूल्हा बना दिया होता। हूटिंग से प्रतिभाएँ इसी प्रकार नष्ट होती हैं। हमारे भाई-बहन यदि आपस में एक-दूसरे को हूट नहीं करते तो हमारे परिवार में सभी गवैये होते। (मैं तो खैर उदार व्यक्ति हूँ। हूटिंग को भी प्रोत्साहन देता हूँ। क्या पता आज का शौकिया हूटर कल का अच्छा पेशेवर आलोचक बन जाए! साहित्य का इतिहास साक्षी है कि मंच से कवि व्यक्तित्व और हाल से आलोचक प्रतिभाएँ उभरकर आयी हैं।)

तो सोचता हूँ, अब मुझे कुछ आविष्कार कर डालने चाहिए। सुना है देश को वैज्ञानिकों की बड़ी आवश्यकता है—कोई साहब परसों बता रहे थे। फिर हम आविष्कारक ही क्यों न बन जाएँ। साहित्य में ही कौन ऐसे भुट्टे सेक रहे हैं! एक दिन बैठकर पान बनाने की मशीन तैयार की थी। आप जानते हैं कि हमारे राष्ट्र की अनेक रचनात्मक प्रतिभाएँ अपना समय पान लगाने में नष्ट कर रही हैं। प्रति फर्लांग दो पान वालों का अनुपात आता है, फिर भी प्रायः लगता है, देश में पान वालों की कमी है।

यही सोचकर पान बनाने की मशीन बनायी थी। मशीन यों थी कि एक ओर से पान का पत्ता डालो और हैण्डल घुमाओ तो उसमें सबसे पहले चूना लगेगा, फिर कत्था लगेगा, सुपारी डलेगी और फिर बीड़ा बनेगा, जो पिन या लौंग लगकर दूसरी ओर निकल आएगा। (लौंग को मैं प्रकृति प्रदत्त पिन मानता हूँ।) यूरोप में पान खाने का चलन होता तो अब तक ऐसी मशीन बन गयी होती। मगर हम भारतवासी ठहरे, पान भी हैण्डिक्राफ्ट का खाते हैं।

सारे मोहल्ले के लोग जानते हैं कि मैं प्रायः रेडियो खोलकर बैठ जाता हूँ। वास्तव में मेरी बड़ी पुरानी इच्छा है कि रेडियो में कुछ ऐसी व्यवस्था हो जाए कि मैं अपने कमरे में बैठकर कहूँ 'वाह-वाह' तो स्टूडियो में गाते खाँ साहब सुन लें। यहाँ से पूछूँ कि सिलिमिड आन पर कौन फील्डर है तो कमेण्टेटर जवाब दे—मांजरेकर।

आजकल गाइडेड मिसाइल्स का बड़ा हल्ला है। जिस राष्ट्र के पास ये होते हैं, वही मूँछें मरोड़ता है। मेरी योजना पूरी हो गयी तो गाइडेड मिसाइल्स बाजार में छह-छह आने में मिलेंगे। दोस्तों के घर की स्थिति अक्षांश देशान्तर के हिसाब से निश्चित कीजिए। फिर अपनी छत पर बैठ यों मिसाइल छोड़िए कि आशिक के कबूतर की तरह ठीक छतरी पर उतरे। गाइडेड मिसाइल में नीबू का अचार रखकर उड़ा दीजिए, जो सीधा दोस्त के घर भोजन के पूर्व पहुँच जाएगा और वह मित्र मिसाइल पात्र में पढ़ी हुई मासिक पत्रिका रख दे, जो दोपहर की निद्रा के पूर्व आपको मिल जाएगी।

अब सोचिए, आम हिन्दुस्तानी की ऐसी शान्तिपूर्ण सूझ-बूझ कहाँ नोट की

जाएगी! भारतवर्ष का सरल इतिहास साक्षी है कि भूतकाल में ऐसी अनेक कल्पनाएँ यहाँ से स्मगल कर विदेश ले जाई गयी हैं और वहाँ पर मूर्त कर फिर हमें बेची गयी हैं। अब ऐसा नहीं होना चाहिए। जब तक वैज्ञानिक विकास की सुविधाएँ इस देश में नहीं हो जातीं, तब तक चाहें तो हम केवल आइडिया बेचकर विदेशी मुद्रा अर्जित कर सकते हैं। कुछ पुराने बिल भी बकाया हैं, जो विदेशों से वसूल करने हैं; खासकर हवाई जहाज का आइडिया यहाँ से उधार में गया है।

कुछ दिन हुए अखबार में छपा था कि खटमल में अपार विद्युत उत्पन्न करने की शक्ति होती है। मेरे खयाल से प्राचीन भारतीय इस तथ्य से परिचित थे। इसी कारण हमारे यहाँ खाटें लकड़ी की होती हैं। धातु की खाटें होतीं तो खटमल से करण्ट लगने का डर रहता।

विदेश से लौटे एक सज्जन ने जब बताया कि वहाँ ऐसी सीढ़ियाँ बनी हैं, जो खुद ऊपर चढ़ती है, आदमी खड़ा रहता है तो मुझे बहुत दुख हुआ। यह भी मेरा पुराना आइडिया है। मैं ऐसी ही सड़क बनाने की सोचता हूँ, जो खुद चले और आदमी खड़ा रहे। हर सड़क दो भागों में बँटी हो। एक भाग एक दिशा में और दूसरा भाग उसके विपरीत दिशा में निरन्तर चलता रहे। आप केवल सड़क पर खड़े हो जाइए या चढ़ जाइए और वह चलती रहेगी। बताइए कितनी एनर्जी बचेगी!

इस प्रकार की अनेक बातें हैं, जिन पर मानव जाति का महान भविष्य निर्भर करता है और वे सिर्फ मुझे फुरसत नहीं मिलने के कारण साकार नहीं हो पायी हैं। जैसे विचार मेरे पास हैं, वैसे ही दूसरे लोगों के पास होंगे। एक मैनेजर साहब ऐसे यन्त्र का आविष्कार करना चाहते हैं, जो आलसी बाबुओं को डाँट सके। एक वैद्य-राज जी का कहना है कि नीम के वृक्ष पर घोंसला बनानेवाले या बैठे रहनेवाले पक्षी अन्य पक्षियों की अपेक्षा अधिक स्वस्थ होते हैं। यदि यह सच है तो इस जानकारी का प्रचार पक्षियों में और पक्षी पालनेवालों में होना चाहिए, ताकि नीम के पेड़ किराये पर दिये जा सकें।

मेरे एक मित्र दूध में पानी मिलाने पर तो क्रोधित नहीं होते, पर यह चिन्ता उन्हें सताती है कि पानी अशुद्ध तो नहीं था। यह वे कैसे जान सकते हैं, जब तक कि ऐसा मीटर न बन जाए! कई ऐसी बातें हैं, जो लोगों के दिमाग में हैं। इन कल्पनाओं के पंजीकरण की कोई व्यवस्था ही नहीं! मेरे एक भाई का यह पक्का विश्वास है कि यदि वाटर वर्क्स और रेडियो स्टेशन एक कर दिये जाएँ, तो नल खोलने पर पानी मिलने के साथ गाना भी सुनाई दे सकता है। ध्वनि की तरंगें पानी के साथ आ जाएँगी।

कल के पागलपन आज के आविष्कार बन गये हैं। आज के पागलपन को भी उचित बढ़ावा दिया जाए, कल गली-गली में आविष्कारक घूमते नजर आएँगे। जरूरत है, हर नगरपालिका दफ्तर में एक मोटा रजिस्टर रखने की।

विज्ञान सर्वशक्तिमान है। राई से पर्वत करना कोई उससे सीखे। हथेली पर सरसों जमाना और नाई को बालों की संख्या बताना वही जानता है। विज्ञान ही फटे दूध को सीनेवाला उत्तम टेलर है। वही आज स्वर्ग तक सीढ़ी बनाने की सोचता है। यह सभी चिरन्तन अनुत्तरित भारतीय समस्याएँ हैं, जिनके लिए भारतवासियों को खुद वैज्ञानिक बनना जरूरी है। अच्छा हो, हम अपनी पहली फ़ुरसत में वैज्ञानिक बन जाएँ।

बेहयायी का याहयायी वर्ष

उस दिन सुबह चाय पर जब बेगम याहया खाँ ने प्रस्ताव किया कि नये साल के मुबारक मौके पर क्यों नहीं एक छोटी-सी पार्टी रात को की जाए और चन्द बड़े फौजी अफसर, कुछ राजदूत और रिश्तेदारों को बुलाकर खिलाया-पिलाया जाए, तो यह सुनते ही खान याहया बिगड़ खड़े हुए और प्याला तोड़ते हुए बोले, ''हम फँसे हुए हैं और तुम्हें पार्टी की पड़ी है!''

''आय हय! तो मैंने कौन बुरी बात कह दी, हर साल होती है, इस साल क्या परसीडेण्ट नहीं रहे?''

''यहाँ जान आफत में है और तुम्हें पार्टी की सूझ रही है।'' याहया ने दूसरा प्याला पकड़ते हुए कहा।

बहस बढ़ी और पूरा टी सेट टूट गया। इस पर बेगम ने नाश्ते की प्लेटें खुद तोड़ते हुए कहा, ''जाने दो, मुझे क्या पड़ी है। मैं तो तुम्हारे भले के लिए कह रही थी।'' और पैर पटकती गुसल में घुस गयीं।

सच है कि याहया खाँ की खैर इसी में है कि वे अपने फौजी अफसरों से सम्बन्ध अच्छे रखें, मगर उनका यह कहना भी ठीक है कि इस बार नया साल मनाने का मूड नहीं है। पिछली बार जब 1971 की शुरुआत हो रही थी, तब उनका रुतबा ऊँचा था। ये ही दिन थे, मौसम खुशनुमा था, चिकन पक रहे थे, अण्डे तले जा रहे थे। 1970 का साल अच्छा रहा था। प्रेसिडेण्ट का पेट और वजन बढ़ा था और व्यक्तित्व प्रभावशाली हुआ था। उम्मीद थी कि जल्दी ही वे दुनिया के बड़े आदमियों में हो जाएँगे।

वे कुछ मुल्कों के फेरे लगा चुके थे, निक्सन व माओ से हाथ मिला चुके थे और विदशी पत्रकारों से बात करने की तमीज उनमें आ रही थी। 1971 में उनके सामने दो प्रोग्राम साफ थे। एक यह कि मुल्क में डेमोक्रेसी के नाम पर चमचों की एक ऐसी जमात बना लें, जो उनके इशारे पर प्रस्ताव पास करे और हर काम वे मिलिटरी के नहीं, पब्लिक के नाम पर कर सकें। दूसरे, इत्मीनान से फौजी सामान बटोर कर हिन्दुस्तान पर हमला किया जाए और जो काम अय्यूब न कर सके वह वे कर दिखाएँ।

उन्हें उम्मीद थी और नये साल की रात जमकर पीते हुए वे कह रहे थे कि 1971 में इंशा अल्लाह यह सब होकर रहेगा। अपनी महानता के इसी रोब में वे अरब-इजराइलवालों को नहीं लड़ने, बल्कि बातचीत से मसला सुलझाने की सलाह दे चुके थे। प्रेसिडेण्ट निक्सन को एक अमनपसन्द शख्स होने का सर्टिफिकेट अता कर चुके थे और डेमोक्रेसी के लिए अपनी गहरी आस्था के सबूत के रूप में सिक्योरिटी कौंसिल में उनके गुर्गे ने आवाज लगायी थी कि भारत कश्मीर के जनमत मोर्चे वालों को संसद का चुनाव लड़ने की इजाजत नहीं दे रहा, जिनके बिना भारतीय संसद अधूरी रहेगी।

मगर हाय रे यह 1971! खान याहया उर्फ यहिया खाँ का न अब वह वजन रहा, न वह रोब। बाल ज्यादा सफेद हो गये हैं, तोंद छँट गयी है। बात-बात में चिढ़ते हैं, दारू ज्यादा पीने लगे हैं। अपने वालों पर भी शक करते हैं और उन्हें लगता है हर शख्स हिन्दुस्तान का जासूस है। जिस मुकाम पर हिटलर अपने आखिरी दिनों में पहुँचा था, वहाँ से आपकी शुरुआत हो रही है। नादिरशाह का यह अन्तिम रोबदार वंशज यों ऊँचाई पर चढ़कर गिरेगा, किसी को खयाल नहीं था।

कल तक वे अपना बुनियादी हक मानते थे कि भारत के अन्दरूनी मामलों में दखल दें। आज ये चीख कर रो रहे हैं कि भारत उनके मामलों में दखल दे रहा है। कल वे जोर से कहते थे कि हम भारत पर हमला करेंगे और आज वे कहते हैं कि अपने से पाँच गुना बड़ी फौज पर हम क्या खाकर हमला करेंगे! भाड़ में जाए नया साल! अरे, कैसा नया साल और किसका नया साल! और सब का हो, याहया का नहीं।

1971 का वर्ष याहया के लिए बयान बदलने का वर्ष था, पैंतरे बदलने का वर्ष था। वह जलवा नहीं रहा, वह जोश नहीं रहा, वे दिन गये जब अपने जमजमे सुनते थे और खुद फड़कते थे। वह शख्स, जिसे पाकिस्तान का भावी प्राइम मिनिस्टर कहकर अपना बनाने की सोच रहे थे, वह जेल में डालने पर भी बस में नहीं आ रहा। वह भुट्टो, जिसे मुँह नहीं लगाते थे, उसकी खुशामदें करनी पड़ रही हैं! वे अफसर, जिनका प्रमोशन बायें हाथ का खेल था, अब वे ही किसी दिन उन्हें प्रेसिडेण्ट पद से खिसका न दें, इसका डर उन्हें खा रहा है।

अल्लाह और अखबार पढ़नेवाले जानते हैं कि इस साल खान याहया ने क्या नहीं किया। उन्होंने अपनी शख्सियत सँवारने के लिए क्या-क्या न कलाबाजियाँ खायीं, क्या-क्या न बोल बोले। उन्होंने इन्दिरा गाँधी को 'दैट वूमन' कहा। लेकिन यह सब कहकर भी वे किसी को डरा न सके। बंगलादेश में सेना द्वारा किये गये हत्याकाण्ड की तारीफ करते हुए वे बोले—'जब मेरे

सिपाही हत्या करते हैं, वे अपना काम बखूबी निभाते हैं।' मगर फिर भी सिपाहियों में उनकी इज्जत नहीं बढ़ी।

आज वे अपनी कुर्सी पर दुम समेटे पड़े हैं और हर करीब आनेवाले पर गुर्रा रहे हैं। उन्हें एक गोयेबल्स की सख्त तलाश है जो उन्हें मिल नहीं रहा। दो कौड़ी के कवि शायद उनके खिलाफ लिख रहे हैं और अखबारवाले उनकी मजाक बना रहे हैं। लानत है ऐसे प्रेसिडेण्ट होने पर और बेगम कहती हैं नया साल मनाओ। हाश्!

बेगम ने गुसल का दरवाजा खोला और चीखकर कहने लगीं, "अरे, तुम मर्द कुछ न करो तो हम लेडीजों को तो इजाजत दोगे कि नये साल की पार्टी कर लें। चाटने हर कहीं चले जाते हैं और जब दूसरों को पार्टी देने की बात आती है तब साँप लोटता है।"

खान याह्या ने अन्दर से नया प्याला मँगवाया और तोड़ते हुए कहा, "चार दिन रुक जाओ मैडम। फिर इत्मीनान से पाकिस्तान की बेवाओं की कॉन्फ्रेंस करना और तुम उसकी सदर हो जाना।"

"मुँह में जो आता है बोल देते हो। लिहाज-शरम है कि नहीं! जब से प्रेसिडेण्ट हो गये हो, मैं कहती हूँ, दिमाग खराब हो गया है तुम्हारा।" बेगम बड़बड़ायीं और फिर गुसलखाने में घुस गयीं।

बेगम का कहना ठीक है कि अब याहया वे नहीं रहे जो पहले थे। पार्टिशन के वे अच्छे दिन, जब बिल्ली के भाग से छींका टूटा और वे लेफ्टिनेण्ट कर्नल बने। पैंसठ की लड़ाई, जिसमें अय्यूब ने हिलालइ-जुर्रत का खिताब बख्शा और छह अफसरों की सीनियारिटी लाँघ वे कमाण्डर बने। और 1969 की पहली अप्रैल का वह बेवकूफियों वाला दिन जब दुनिया वालों ने अखबारों में पढ़ा कि वे अय्यूब को खिसकाकर प्रेसिडेण्ट बन गये हैं।

क्या दिन थे वे! किस तेजी से वे उठ रहे थे, मगर 1971 उन्हें ले डूबा। हर गलती पर गरजनेवाला खान बंगाल में हुए बलात्कारों पर चुप्पी मार गया, लाल खून को हरे झण्डे से ढँककर सफाई के बयान देता रहा। यह दिन भी देखने बदे थे।

इस साल याहया का डेमोक्रेसी खड़ी करने का तमाशा रंग नहीं ला सका, फूलों के हार फाँसी साबित हुए। अब वे चिल्लाकर कहते हैं कि मैं एक सोल्जर हूँ और सिर्फ वही कर सकता हूँ, जिसकी मुझे ट्रेनिंग मिली है। मगर लोग उन्हें अच्छा सोल्जर भी नहीं मानते। वे टूटी रीढ़ को लिये अटेंशन में खड़े होने की कोशिश कर रहे हैं। एक जगह पैर पटक रहे हैं और कह रहे हैं—'मैं मार्च कर रहा हूँ।'

आजकल उन्हें पढ़े-लिखे लोगों से सख्त नफरत हो गयी है। बंगाल में

वे हुक्म दे चुके हैं कि जो पढ़ा-लिखा दिखे, उसे गोली मार दो। पश्चिम में वे स्कूल-कॉलेज बन्द करवाने की सोच रहे हैं। वे स्लेट-पट्टी के सख्त दुश्मन हैं। घर के बच्चे उनसे छिपकर अच्छी किताबें पढ़ते हैं। वे कहते हैं कि उसी मुल्क में भले नागरिक होते हैं, जहाँ जहालत हो।

1971 के वर्ष ने उन्हें उघाड़कर रख दिया। उनकी वर्दी ढीली पड़ गयी। बेगम ने नेक सलाह दी थी कि लड़के को जल्दी ब्याह दो, क्योंकि जब तक प्रेसिडेण्ट हो, लोग अपनी बेटी भी दे देंगे, बाद में कौन पूछता है। लिहाजा अली याहया की शादी कर दी गयी। सरकारी खर्च पर एक काम निपट गया।

इसके अलावा वे इस वर्ष क्या कर सके हैं। पहले विदेश हो आते थे, कुछ नहीं तो ढाका का चक्कर ही काट आते थे। अब वह भी नहीं होता। पिण्डी से लाहौर, कराची और फिर पिण्डी। अखबारवाले कम्बख्त हर जगह सूँघते हैं। एक ऐसा कोना नसीब में नहीं, जहाँ इत्मीनान से बैठ आस्तीन से आँसू पोंछ सकें।

वे क्या करें, किसे शूट करने का हुक्म दें, किसे मारें, कुछ समझ नहीं पा रहे हैं। ले-देकर एक भारत नजर आता है। आज सोचते हैं, हमला करें, फिर रुक जाते हैं, फिर कुछ कहते हैं, फिर बोलते हैं—'रहने दो।' गंजे हो जाने के डर से वे खीजकर बाल भी नहीं नोच पाते। 1971 का यह साल उन्हें तोड़कर रख चुका है। और बेगम कहती हैं—'नया साल आ रहा है।' शूट कर दो स्साले को!

कुछ देर बाद गुसल करती बेगम ने बाहर खटपट सुनी, तो वे लपेट-लपाट कर बाहर निकलीं। बाहर अजीब नजारा था। बात प्याले तोड़ने से ऊपर उठ गयी थी। खान याहया कुर्सी-टेबल और दीगर फर्नीचर तोड़ रहे थे।

"अजीब हो, यह फर्नीचर क्या अमरीकी खैरात में मिली है, जो बरबाद करने पर तुले हो!" बेगम बिगड़ीं।

"मैं सोल्जर हूँ, मेरे सामने जो आएगा, मैं उससे लड़ूँगा।"

"कौन आता है, तुम्हारे सामने? क्या पागल हो गये हो?"

"1972! 1972। मैं इस 1972 को मार डालूँगा।" याहया ने एक कुर्सी फेंकी और सामने की खिड़की के काँच बिखर गये।

"मियाँ, जरा ठण्डे दिमाग से काम लो, कुछ शरम-हया रखो। यह क्या लगा रखा है। अरे, मुल्क के प्रेसिडेण्ट हो, लोग देखेंगे तो क्या बोलेंगे!"

"कौन बोल सकता है?"

"अरे, बोलें नहीं, सोचेंगे तो।"

"कौन सोच सकता है?" याहया ने वर्दी झटकी, तन कर खड़े हो गये और सीना फुलाये बँगले से बाहर निकल गये। और उसी दिन याहया खान ने भारत पर हमला करने का हुक्म जारी कर दिया।

इथियोपिया हम से बहुत दूर है

जिन क्षेत्रों में भूख और गरीबी होती है वे क्षेत्र जाने हमसे क्यों बहुत दूर होते हैं। बल्कि कहिए कि वे क्षेत्र तो वहीं होते हैं, जहाँ वे होते हैं, हम उनसे बहुत दूर हो जाते हैं। पता नहीं हम पहले से दूर होते हैं या जब अकाल होता है उन क्षणों में हम दूर हो जाते हैं। जब बिहार में अकाल पड़ा था, बिहार दूर था। जब छत्तीसगढ़ में पड़ा, छत्तीसगढ़ दूर था। यह दूरी आवागमन के सारे साधनों के बावजूद एकाएक कैसे हो जाती है? जिस हैलीपेड पर नेता हेलीकॉप्टर से उतरता है, उससे गेहूँ के थैले नहीं उतर सकते? पता नहीं क्यों रेलवे स्टेशन से अकालग्रस्त गाँवों का फासला इतना अधिक बढ़ जाता है? यह व्यवस्था की खूबसूरती है कि संकट की जगह पर फोटोग्राफर पहले पहुँचते हैं, टेलीविजन टीम पहले पहुँचती है मगर डॉक्टर देर से पहुँचते हैं, दवाइयाँ देर से पहुँचती हैं, दूध देर से पहुँचता है, बिस्कुट देर से पहुँचता है।

यह दूरी अमीरी से गरीबी की दूरी है। सम्पन्नता से मानवीय पीड़ा की दूरी है। इस दूरी को यदि मनुष्य जाति का कोई सदस्य नापना चाहता है तो वह इतना करे कि अपने शहर के अनाज के गोदाम से इथियोपिया की दूरी नाप ले। सोचिए, कितना दूर है अमेरिका, रूस या किसी अन्य सम्पन्न देश से इथियोपिया। या अफ्रीका के वे छोटे-छोटे देश, जहाँ पेट चिपके हुए हैं, आँखें धँसी हुई और मृत्यु सिरहाने बैठी अपनी घड़ी देखती है। वे देश सभ्य समाज से काले कोसों वाली दूरी पर हैं। केन्या, तंजानिया, युगाण्डा, जाम्बिया बहुत दूर हैं।

मानो इन देशों के पास भूख न होती और एटम बम होता तो इनका आकाश इतना खाली और सुनसान न होता। बड़ी शक्तियों के अदृश्य कैमरे चौबीसों घण्टे अन्तरिक्ष में तैरते हुए इन देशों की छोटी से छोटी गतिविधि पर नजर रखते, चित्र लेते, एनलार्ज करते और हर पेड़ और घर को भी शक की निगाहों से देखते। वे कैमरे, जो अमेरिका और रूस के पास हैं, वे ऐसी दूरदराज की गरीबी को पकड़ नहीं पाते। वह नहीं देखते कि यह कंकालों की पाँत कहाँ है, गिद्ध कहाँ मँडरा रहे हैं। हमारी सुपरटेक्नालॉजी में ऐसा कोई यन्त्र नहीं है, जो गिद्धों की

गतिविधियों पर नजर रख यह बता सके कि मनुष्य कहाँ संकट में है और जहाँ मनुष्यता पीड़ित है वहाँ राहत पहुँचाने वाले अन्तर्राष्ट्रीय संस्थानों के हवाई जहाज और हेलीकॉप्टर क्या गिद्धों से पहले नहीं पहुँच सकते। शायद हवाई जहाज का यह कभी मकसद नहीं रहा कि वे अकाल के समय अपना पेट्रोल फिजूल बर्बाद करें। वे युद्ध के लिए आविष्कृत किये गये हैं। पर्यटन और व्यापार के लिए आविष्कृत किये गये हैं।

इथियोपिया के गरीबों के पास तब पूरे कपड़े नहीं थे जब वे अपने सैनिक शासन की दसवीं वर्षगाँठ का जश्न देख रहे थे। अब उनके पास खाने के लिए अनाज नहीं है। उन्होंने अपने जंगल बेचकर विदेश से ट्रक खरीदे थे। तब वे समझ रहे थे कि ट्रकों के पहियों के बल पर वे आधुनिक युग में प्रवेश करेंगे। आज उनके अधिकतर ट्रक फालतू पुर्जों के अभाव में बेकार पड़े हैं और विदेश से आया अनाज वे गाँवों और दूर के इलाकों तक पहुँचा नहीं सकते। यदि उनके पास जंगल होते तो आज वे यों भूखे नहीं मरते। जंगल होते तो वर्षा होती, उपज होती, घास होती, पशु जीवित होते, जीने का सहारा होता। पर लगता है उनके फौजी शासकों ने भी आधुनिकता का पाठ उसी किताब से पढ़ा है, जिससे भारतीय नेताओं ने पढ़ा। जंगल बेचो और ट्रक खरीदो, बैलों को मरने दो, ट्रैक्टर ले आओ। घास उगाने में जमीन बरबाद मत करो। वह तो अच्छा है, हमारे यहाँ इन सारी बातों के बावजूद अनाज काफी है। मगर जरा झोल खाते ही हमारे अकालग्रस्त क्षेत्र भी उतने ही दूर हो जाएँगे जितनी दूर अफ्रीका के बन्दरगाहों से इथियोपिया के इलाके हैं। हम भी पहले की तरह गर्दन ऊँची कर अमेरिका की तरफ ताकने लगेंगे। हमें अनाज चाहिए।

कहते हैं इथियोपिया में बच्चे खाना सामने आने पर भी खा नहीं पाते। पी नहीं पाते। लम्बी भूख और कमजोरी में वे यह भूल गये कि पेट कैसे भरते हैं। आश्चर्य होता है कि यह भूभाग भी इसी दुनिया का हिस्सा है। स्कूल की किताबों में बच्चों को बताया जाता है कि वैज्ञानिक आविष्कारों ने इस दुनिया को बहुत छोटा कर दिया है। हम फौरन लन्दन और टोकियो पहुँच सकते हैं, न्यूयार्क फोन कर सकते हैं, मास्को और पेरिस के विचार जान सकते हैं। पर वैज्ञानिक आविष्कारों के कारण छोटी होती इस दुनिया की बात लन्दन, टोकियो, पेरिस, न्यूयार्क तक ही सीमित है। कुछ लोगों के लिए सिर्फ यही दुनिया है। इथियोपिया उनकी दुनिया में नहीं आता। अफ्रीका के भूखे देश उनकी दुनिया में नहीं आते। वह तीसरी दुनिया है, एक गैरजरूरी दुनिया है। वहाँ बच्चे जनमते ही हैं शीघ्र मरने के लिए। आप अमेरिका से अनाज की बात कीजिए। कहिए कि फेंकने और

जानवरों को खिलाने की बजाय आप यह उन देशों को क्यों नहीं भेज देते जिन्हें अनाज की जरूरत है। जवाब में सुनने को मिलेगा कि ये देश इतने बच्चे क्यों पैदा करते हैं कि अनाज की जरूरत बढ़ जाती है? अतः तीसरी दुनिया वह जो ज्यादा बच्चे पैदा करती है, हम भी उनमें से एक हैं। तीसरी दुनिया के नेता।

प्रदर्शनीमय ये देश

जैसे एक खास भाव प्रकट करनी के लिए आदमी रंगीन बुश्शर्ट पहन लेता है उस तरह एकाएक कहीं प्रदर्शनी लग जाती है। किसी चौड़े मैदान पर पूरे तामझाम जंका-मंका के साथ, पूरे लटके-झटके से जैसे कोई ठुमरी गानेवाली पसर कर बैठी हो एक मायानगरी सबको मोहने लगती है।

मुझे एक बहुत बड़ा खाली मैदान दिखा। मैंने सोचा क्यों नहीं यहाँ मैं एक प्रदर्शनी लगाऊँ। बहुत-सी बातें थीं जो मैं दिखाना चाहता था। लोग आये और मण्डप-दर-मण्डप देखने लगे। मॉडल, चार्ट, नक्शे और झाँकियाँ।

एक मण्डप था जिसमें बताया था कि मिलावट करने और नकल करके हू-ब-हू वही चीज बना देने में देश ने कितनी प्रगति की है। एक मण्डप इस बात का कि कितने लायसेंस दिये गये और कितने कारखाने नहीं खुले। खुले तो उनमें उत्पादन कितना कम हुआ और हड़तालें कितनी हुईं। मालिक और पार्टनर किस शान से रहते हैं, मजदूर और कारीगर किस हाल में रहते हैं।

एक मण्डप इस बात का कि हर वस्तु का सही मूल्य क्या है और वह बाजार में बिकती कितनी कीमत पर है। एक मण्डप कालाबाजारी का, एक मण्डप भ्रष्टाचार का। लोगों को बताया जाए कि किस काम के लिए रिश्वत की दरें कितनी हैं। किस कुर्सी पर अतिरिक्त आय कितनी है और किस पर कोई आमदनी नहीं। आजादी के बाद इस देश में कितने स्कैण्डल हुए।

उस प्रदर्शनी में एक मण्डप आयात-निर्यात का था। हम कौन-कौन सी वस्तुएँ स्मगल करके लाते हैं और कौन-सी यहाँ से चुरा कर भेजते हैं। एक मण्डप तो मैंने सिर्फ गोल्ड पर लगाया। और एक हथियारों पर। हीरोइन, स्मैक और नशीली दवा पर।

मण्डपों की संख्या बढ़ती चली गयी। एक मण्डप आर्थिक मामले का था। वास्तविक आय कितनी है, लोग टैक्स कैसे बचाते हैं, छिपा पैसा किन धन्धों में लगा है। सट्टा, जुआ खेलने में हम कितने आगे बढ़ गये हैं।

चुनाव कैसे जीते जाते हैं, दल-बदल कितने होते हैं। जो त्यागमय जीवन

जीते हैं उनकी निजी सम्पत्ति कितनी बढ़ गयी। लाठियाँ कितनी बार चलीं, गोलियाँ कितनी बार, अश्रुगैस का प्रति व्यक्ति कंज़प्शन क्या है। भिखारी कितने हैं, फुटपाथ पर सोनेवाले कितने हैं, बेकार कितने हैं, लाचार कितने हैं। भूख से, ठण्ड से कितने मरे, बाढ़ में कितने डूबे। औरतों की हालत क्या है, आदमी की किस्मत क्या है, बच्चों की जिन्दगी क्या है।

कितने विदेश चले गये। कितने जाकर कभी नहीं लौटे। वकील कितने हैं, मुकद्दमे कितने हैं, सिरफुटौवल कितनी होती है। हत्याएँ कितनी होती हैं। कितने पुल टूटे, कितने बाँधों में क्रेक आया।

अब आप पूछेंगे कि सपना कब टूटा। उस मैदान में और कितने मण्डप थे। हुआ यह कि मैंने देखा कि वह मैदान फैलता गया और पूरे देश में बदल गया। प्रदर्शनी पूरे देश में फैल गयी। हर जगह एक मण्डप हो गयी। दर्शक चलते-चलते थकने लगे। मण्डप बनते जा रहे थे। हवा कितनी अशुद्ध है, पानी कितना गन्दा, आकाश कितना गँदला है। दर्शक चलते-चलते थक गये। मैं खुद एक जगह थककर गिर पड़ा। सपना टूटा। देखा आसपास कोई जगह नहीं थी। एक ठेकेदार कह रहा था। सब जगह निर्माण कार्यों के मण्डप लगे हैं। आपके लिए कोई जगह नहीं बची। मैंने दर्शकों से कहा, आओ यह देश घूमें। प्रदर्शनी सब जगह फैली है।

सावधान! अमेरिका हममें रुचि ले रहा है

आजकल अमेरिका फिर भारत की ओर प्यार-भरी नजरों से देखने लगा है। पता नहीं हम पर कौन-सी मुसीबत आनेवाली है। अमेरिका एक ऐसा देश है जिसकी न दोस्ती अच्छी और न जिससे दुश्मनी अच्छी। चीन, रूस सभी इस बात को जानते हैं और जो नहीं जानते वे भुगतते हैं। अमेरिका दोस्ती और दुश्मनी में किसी भी हद तक जा सकता है और वह जिस भी हद तक जाए अन्ततः नुकसान हमारा ही होना है। उसका अन्दाज हमेशा कुछ ऐसा होगा कि जिसमें इन्तिहा क्या होगी या हो सकती है, इसकी कल्पना आप नहीं कर सकते। श्रीमती गाँधी की मृत्यु के बाद से वह हमारी ओर बड़ी दया और स्नेहभरी दृष्टि से देखने लगा है। उसके मन में अब क्या नीति और कौन-सी खुराफात है, इसका अन्दाजा लगाना कठिन है। उसकी भाषा और भाव में कितना अन्तर, कितनी दूरी होती है यह निश्चित नहीं कहा जा सकता है। वह एक ऐसा देश है कि यदि आप उसके डॉलर में रुचि न दिखाओ तो वह आपका कॉलर पकड़ ले और दिखाओ तो आपका पतलून उतारने लगे। मतलब, वह आपको हमेशा एक ऐसी स्थिति में रखेगा कि आप समझ नहीं सकेंगे कि आप क्या करें? यह परेशानी भारत के सभी प्रधानमन्त्रियों के साथ रही है। बल्कि सभी देशों के सभी प्रधानमन्त्रियों के साथ रही है। वह पुरजोर कोशिश करेगा कि आपका प्रधानमन्त्री उसके डॉलरों को स्वीकार कर ले। अमेरिका का भक्त या चमचा बन जाए। और वैसी सम्भावना नहीं या कम नजर आने पर वह हो सकता है वही डॉलर प्रधानमन्त्री के बॉडीगार्ड या बेअन्तसिंह को दे दे।

मैं यह नहीं कह रहा कि हमारे यहाँ यही हुआ होगा। नहीं भी हो सकता है और हो भी सकता है। आप यह भी नहीं कह सकते कि अमेरिका की ऐसी नीतियाँ हैं या रही होंगी और यह भी नहीं कह सकते कि ऐसी नीतियाँ नहीं होंगी। क्योंकि अमेरिका के पास हर तरह की नीतियाँ हैं, वहाँ सभी तरह के सोचने वाले और सलाह देनेवाले हैं। वे कभी भी, कुछ भी सोच सकते हैं। भारत को मदद करने से लेकर भारत की पूरी तरह ऐसी तैसी करने तक। दूसरों को

दुखी सुखी करने के मामले में वहाँ पूरी तरह प्रजातन्त्र है। वे एक शस्त्र पाकिस्तान को दे सकते हैं और उसी क्षण आपकी ओर देख मुस्कारा सकते हैं और पाकिस्तान वही शस्त्र खालिस्तानियों को दे सकता है, जिस पर अमेरिका आश्चर्य करने के साथ दुखी हो सकता है।

और यह आश्चर्य, यह दुख, शस्त्रों का लेन-देन और मुस्कराना सभी उसी की योजना का पूर्वनिर्धारित सुनिश्चित क्रम हो सकता है। श्रीमती गाँधी कहा करती थीं कि विदेशी ताकतें हमारे लिए विकट समस्याएँ खड़ी करना चाहती हैं। वे मारी गयीं। देश के सामने सचमुच विकट समस्या खड़ी हो गयी और इन क्षणों में हम देखते हैं कि वही विदेशी ताकत, जिसका स्पष्ट अर्थ अमेरिका होता है, हमारी ओर पूरी सहानुभूति से देख रही है।

अमेरिका कमाल का देश है। वह किसी के साथ कुछ भी कर सकता है और यह समझना या समझाना न केवल हमारे लिए बल्कि खुद उसके लिए मुश्किल होता है कि वह ऐसा क्यों कर रहा है। वहाँ शायद गतिविधियों का अर्थ राष्ट्रीय प्रगति है। कुछ न कुछ होता रहे। किसी को अनाज दो, किसी को शस्त्र दो, देते रहे हो तो रोक लो, न दे रहे हो तो शुरू कर दो। किसी को मार दो, कहीं सत्ता बदल दो, कहीं डिक्टेटर बिठा दो, कहीं फौजी शासन। किन्हीं दो को आपस में लड़वा दो, कहीं जनसंख्या के ही टुकड़े करवा दो। किसी से खुश हो जाओ, किसी से नाराज। मतलब कि कुछ करते रहो। इस दुनिया को दो मिनट भी शान्ति से मत बैठने दो। किसी को पनपने मत दो।

और समस्या यह है कि इसका कोई अन्त नहीं। यह एक ऐसा मेहमान है, जो घर में आते ही आपकी पत्नी की कमर में हाथ डालने की सोचता है। आपके छोटे भाई को आपके खिलाफ बड़ी मिठास से बरगला देता है। कुछ दिनों बाद आप समझ नहीं पाते कि आपके बाप को हार्टअटैक कैसे हो गया, जबकि वे कल तक भले चंगे थे। मेहमान ऐसे मौके पर आपके दर्द में सहयोगी रहता है मगर धीरे से उस कमरे में अपना डेरा जमा लेता है, जहाँ आपके बाप सोते थे। आप सोचते हैं कि कोई बात नहीं। पर कुछ दिनों बाद आप मार्क करते हैं कि छोटा भाई घर के बँटवारे की बात करने लगा है। और आपकी बहन घर से नफरत करने लगी है। आप चकित हैं और अपनी समस्याओं के मूल में कहीं न कहीं अपने मेहमान को दोषी पाते हैं। तब मेहमान आधुनिकतम शब्दावली में आपका मनोविश्लेषण करने लगता है और आपके दोष गिनाता है। आप सोचें तब तक आपको पता लगता है कि मोहल्ले के लोगों में आपके दोष प्रचारित हो चुके।

आप कड़ा कदम उठाने का विचार करते हैं। वह कहता है आप डिक्टेटर हैं और मानवीय आकांक्षाओं का हनन कर रहे हैं। कुछ दिन बाद आपका छोटा भाई, जो आपका दुश्मन हो चुका है, इस घर के भविष्य का भावी निर्माता घोषित हो जाता है। आप एकाएक निरर्थक हो जाते हैं। आप मर जाते हैं। आपकी शवयात्रा निकल जाती है। आपका प्रेत देखता है कि देर रात तक मेहमान और आपका छोटा भाई व्हिस्की पीते घर का लेआउट बदलने की स्कीम बना रहे हैं। मेहमान जानेवाला है और एक दिन वह चुइंगम चबाते आपके घर की ओर हिकारत से देख हँसता हुआ वाकई चल देता है।

तब आपकी तबीयत होती है कि आप उसका गला पकड़कर पूछें कि उसने ऐसा क्यों किया। अगर पूछें तो उसके पास इसका कोई जवाब नहीं। वह अमेरिका है और यह उसका स्वभाव है, चरित्र है।

आज हर भारतवासी अमेरिका से पूछना चाहता है, 'सच सच बता, यह जो हत्या अभी हुई, उसमें तेरा हाथ है?' पर आप नहीं पूछते। क्या मतलब पूछने का। वह क्या उत्तर देगा, आप जानते हैं। क्या उसे पता है खुद भी? जेकिल और हाइड में बँटा वह क्या जानता है कि उसने क्या कर दिया है। फिलहाल तो आप उस दर्द और सहानुभूति भरी नजरों से बचिए। यह कितनी भयावह स्थिति है कि वह भारत में रुचि ले रहा है! कहीं इसी रुचि में वह सातवाँ बेड़ा करीब न सरका दे! आपके कुछ महत्त्वपूर्ण लोगों को भविष्य के सुनहरे सपने दिखा भ्रष्ट न कर दे! वह नये एजेण्ट न पैदा कर दे! वह भावी हत्याओं के नये नक्शे न बनाने लग जाए! वह पाकिस्तान को और खतरनाक शस्त्र न दे दे!

पिछले इतने सारे बरसों में हमारा देश अमेरिका से दोस्ती के सवाल पर लगातार सोचता परेशान होता रहा। मुसीबत यह है कि अमेरिका की दोस्ती का कहीं अन्त नहीं। वह आपको सब कुछ सिखाना चाहता है। मसलन वह आपके पत्रकारों को अखबार कैसे निकालें यह सिखाना चाहता है, आपके प्रोफेसरों को पढ़ाना सिखाना चाहता है, आपके कवियों को भावधारा देना चाहता है, वह चाहता है, आप उसके सिनेमा देखें, उसकी किताबें पढ़ें, उसका कोकाकोला पिएँ। खैर, बात यहीं तक नहीं है। वह चाहता है कि वह आपके सैनिकों को उसके शस्त्रों से लड़ना सिखाए, आपके किसानों को फसल बोना और काटना सिखाए, आपके गाँव उसी तरह बसें जिस तरह बसना उसकी नजर में उचित और जरूरी है। वह आपके नेताओं को निरन्तर सीख और सलाह देना चाहता है। वह चाहता है कि आपकी संस्कृति और समाजशास्त्रीय और नृत्यशास्त्रीय

समस्याओं को उसके चिन्तन के अनुरूप सुलझाया जाए। हम अपने उत्पादनों की सूची उससे पूछकर बनाएँ। अमेरिका की इच्छाओं का कोई अन्त नहीं। उसका स्वार्थ और उसकी मानवीय दृष्टि लगभग एक है। इसलिए उसकी दोस्ती और उसकी दुश्मनी लगभग एक है।

वह अमेरिका है और आपके घर की कालबेल निरन्तर बजाता रहता है। आप उसे दरवाजे से टाल नहीं सकते क्योंकि वह अमेरिका है। जाहिर है आप उससे बात करेंगे। अब जैसे अमेरिका के सात सिनेटर भारत आ रहे हैं। ये भारतीय मामलों में रुचि रखनेवाले अमेरिकी हैं। ये मसीहा भी हो सकते हैं और इस भाव से आ सकते हैं कि वे हमारा इलाज करके रहेंगे और यदि आप उनसे कह दें कि बीमारी के मूल में आप हैं, तो या तो वे अनजान बन जाएँगे या नाराज हो जाएँगे कि हम उनके सद्‌भाव को गलत समझ रहे हैं। जो नेता और अधिकारी इनसे उलझते सुलझते हैं, वे गजब करते हैं।

जैसा कि अभी तक होता था, इतने बरसों हम अमेरिका से निपटने-सुलझने का काम सरकार को सौंपे हुए थे। पर पंजाब की घटनाओं से लेकर श्रीमती गाँधी की मृत्यु तक हुए घटनाक्रम पर विचार कर अब हमें लगता है कि अमेरिका की ऐसी सर्वव्यापी नीतियों का विरोध हमारी राष्ट्रीय भावना की एक पहचान बन जानी चाहिए। ये देश के टुकड़े-टुकड़े करवा देंगे, हमें नेस्तनाबूद करने के लिए दुश्मन को शस्त्र देने से लेकर आन्तरिक परेशानियाँ भी कम पैदा नहीं करेंगे।

श्रीमती गाँधी की मृत्यु के बाद दूसरी दुखद सूचना देश के लिए यह है कि रेगन फिर राष्ट्रपति बन गये हैं। मतलब भारत के आत्मगर्व को खण्डित करने की उनकी इच्छा पूरी करने के लिए उन्हें चार वर्ष और मिल गये।

पता नहीं कितने षड्यन्त्र रूप लेंगे भविष्य में। हम सभी देशों से दोस्ती का नारा लगाते हैं मगर उसके साथ हम खतरनाक दोस्ती की जोखिम भी मोल लेते हैं। इस संसार में कई ऐसे देश हैं जिनके बड़े से लेकर छोटे नेता अमेरिका की कृपा से परम भ्रष्ट हो गये, अमेरिका पर निर्भरता के कारण उनकी चेतना को लकवा मार गया और उनका सबसे बड़ा कमाऊ कुटीरोद्योग विदेशियों की सेक्स आकांक्षा की पूर्ति करना भर रह गया। अमेरिका यों ही रुचि नहीं ले रहा। वह जानता है कि इन क्षणों में यह देश टूट सकता है और इसे अपने रास्ते पर खींचा जा सकता है। जवाहरलाल नेहरू से श्रीमती गाँधी तक दृढ़ राष्ट्रीय स्वाभिमान

और समझ के कारण हम अमेरिका से ठीक निपटते रहे। पर आज जो कम्प्यूटरधर्मी नेतृत्व हमें मिला है, यह कब कहाँ फिसल जाए कहना मुश्किल है। अमेरिका आपको हड़प न सके इसके लिए दृढ़ राष्ट्रीय भावना आवश्यक होती है। वियतनाम इसका उदाहरण है, जो केवल मजबूत राष्ट्रीय संकल्प के कारण इस भीषण राष्ट्र के सामने टिक सका। आज अमेरिका भारत के प्रति उत्साहित है। हमें हर सम्भावना के लिए तैयार रहना चाहिए।

भावभीनी विदाई

हमारे यहाँ विदाई के आगे एक विशेषण लगता है —भावभीनी। विदाई तो सब देशों में सबकी सारे माध्यमों से होती है। पर जो उसका भावभीनापन है वह हमारी संस्कृति का कमाल है। हम उसे ऐसे विदा करते हैं कि जनम जिन्दगी याद रखे कि विदा हुआ था। और अगर जरा भी शरम हो तो फिर लौट कर न आये। विदाई जब अच्छी-खासी जोरदार हो जाती है, तो लौटने का, खासकर जल्दी लौटने का, मन नहीं करता। भारत में यही होता रहा है।

बम्बई सेण्ट्रल और विक्टोरिया टर्मिनल स्टेशनों के प्लेटफॉर्म पर व्यवस्था यह लगनेवाली है कि यात्री के अलावा वहाँ किसी को घुसने नहीं दिया जाएगा। दिल्ली में भी कुछ लग चुकी है। मतलब, जो एक के साथ चार छोड़ने जानेवाले की भारतीय संस्कृति रेल, हवाई जहाज के मामले में भी चली आ रही है वह समाप्त। अब प्लेटफॉर्म पर प्रवेश करते समय केवल आप हैं। आपका सामान है, आपका कुली है और वे बेचनेवाले हैं जो खराब चाय से सड़े तेल की कचौरियों तक आपको सब कुछ बेचने की चीख-चिल्लाहट मचाये रहते हैं। इसके अलावा वे दबे-छुपे कलाकार हैं जो आपका बैग चुराने में प्रवीण होते हैं और प्लेटफॉर्म पर ड्यूटी लगाती पुलिस से जिनकी मिलीभगत होती है। आप बोतल में पानी भरने नल तक गये और वह आपका सामान ले उस तरफ से कूदा। आप यात्री हैं और जब तक असहाय न हो वह कैसा यात्री।

ये दुर्घटना न भी हो फिर भी रेल के डिब्बे के आसपास जो आत्मीयता भरा संसार है वह समाप्त हो जाएगा। बम्बई सेण्ट्रल पर खड़ी रेल के आसपास जो बड़ौदा अहमदाबाद जानेवाले यात्री और उन्हें छोड़नेवाले, जो परस्पर बार-बार 'आवाजो' 'आवाजो' कहते रहे हैं वह अब सुनाई नहीं देगा। अब यात्री स्वयं अपने आप से 'आवाजो' कहेगा और बढ़ लेगा। वी. टी. पर इलाहाबाद और बनारस की ओर जानेवाली ट्रेनों पर बम्बई के उत्तर भारतीय या बम्बई की बोली में कहें तो भैया लोग जिस तरह रेल की खिड़की से टिकट लेकर गाँव जानेवाले को वही अन्तिम विदाई सन्देश बार-बार दिया करते हैं कि बुआ से कहना अस्सी

रुपया भेज रहे हैं। साठ में छप्पर दुरुस्त हो तो उसे दे दें। और कहना हम मनोऑर्डर कर रहे हैं। रुक्का से कहना है मुनिया की बात करने खुद एक बार नैनी चले जाएँ। लड़का अच्छा है। हमारी उसके मामा से बात हुई है। कहना, हम आ रहे हैं। अभी छुट्टी नहीं मिल रही है। मौसी से कहना, अच्छा हुआ जो उन्होंने भैंस खरीद ली। और जाने क्या-क्या बातें। यात्री की मजाल है, जो इनमें से एक बात भी भूल जाए।

यदि इस नयी व्यवस्था के कारण भावभीनी विदाई का माहौल समाप्त हो गया तो सामाजिक फिल्मों के उस क्लाइमेक्स सीन का क्या होगा जब हीरोइन निराशा में ट्रेन में आकर बैठ जाती है और हीरो हाँफता दौड़ता आता है और कहता है मुझे माफ कर दो, चलो हम नयी शुरुआत करते हैं। यथार्थवादी फिल्मों से तो गया ये दृश्य।

शायद सारी बीमारी बम्बई के सहार एयरपोर्ट से आरम्भ हुई जिसकी रचना ऐसी की गयी है कि विदाई देते हुए लगता है मानो हम कोई अपराध कर रहे हैं। जैसे जेल पर छोड़ने आये हैं कि भैया वकील ने तो पूरी कोशिश की अब देखो अपील में क्या होता है, भगवान ने चाहा तो जल्दी छुड़ा लेंगे। यात्री को विदा होते देखना ऐसा लगता है जैसे किसी दूसरे की जायदाद झाँककर देख रहे हों। व्यवस्था चाहती नहीं कि यात्री के साथ विदा करनेवालों की भीड़ हो। जिस तरह दुनिया से अकेले जाना है उस तरह लन्दन भी अकेले जाओ। अब रेल के स्टेशनों पर भी यही नियम कि काशी भी जा रहे हैं तो कोई छोड़नेवाला नहीं। भारतीय अधिकार है वह छिना जा रहा है।

ठीक है, जाते का कौन साथ देता है। मगर प्लेटफॉर्म के इन नियमों में तब अवश्य छूट होगी जब कोई विधायक, एम. पी., मन्त्री या इंका का प्रभावशाली नेता ट्रेन से जाएगा। तब तब तो उनके चमचे और कार्यकर्ताओं की नियमित भीड़ उसे छोड़ने, नारे लगाने अवश्य आएगी। तब नियमों में अवश्य शिथिलता आएगी। लोकप्रिय नेता है ना! प्रेयसी को विदा करने आप डिब्बे तक न जा पाओ, प्रिय नेता के लिए न सिर्फ आप जा सकते हैं मगर जब ट्रेन चले तो प्लेटफॉर्म के कोने तक खिड़की के साथ दौड़िए भी।

हेलीपैड का सन्नाटा

आवागमन के जो नित नये साधन आविष्कृत होते हैं, वे अन्य देशों में सबसे पहले उद्योग, सुरक्षा और समाज कल्याण के क्षेत्र में उपयोग में आते हैं। हमारे देश में सबसे पहले राजनीति उसकी उपयोगिता परखती है। करोड़ों की भीड़ को बहलाने, चौंकाने के लिए जो साधन जितना उपयोगी साबित हो, राजनेता उसके विकास में उतनी अधिक रुचि लेता है।

टी. वी. को शिक्षा के प्रसार का माध्यम करार कर शिक्षा से अधिक रुचि टी. वी. के प्रसार में दिखाई जाती है। अब यह शोध का विषय है कि छायागीत से कितनी शिक्षा निस्सारित होती है। सप्ताह में दो बम्बइया फिल्में देख किसी का कितना आत्मिक विकास हो सकता है। पर सामाजिक और आर्थिक वास्तविकताओं पर रंगीन पर्दे डालने के आयोजन में रंगीन टी. वी. से बेहतर स्क्रीन और क्या हो सकती है। आजकल सरकारी प्रसार फिल्म, नृत्य और संगीत के घोड़े पर बैठकर भीड़ में घुसता है। एक वैज्ञानिक आविष्कार का कुल जमा यही उपयोग है।

और इसी तरह हेलीकॉप्टर, जिससे राजनेता ढोये जाते हैं, कब से इस देश में यह मशीन उड़ रही है पर इसकी केवल यही उपयोगिता हमें समझ में आयी कि चुनाव के समय नेताओं के दर्शनों की अभिलाषी पब्लिक को इसके चमत्कार दिखाये जाएँ। जिला-दर-जिला, प्रचार के केन्द्रों पर हेलीपैड बने ताकि नेता का समय बर्बाद न हो। इस देश में आदमी की कदर कम है। नेता की ज्यादा है। जितना खर्चा हेलीपैड बनाने और हेलीकॉप्टर की यात्रा पर होता है, उतना यदि गाँव की शाला और जिले के अस्पतालों में और लग जाए तो नेताओं को वोटों के लिए इस तरह दरबदर भटकना न पड़े। नेता फरिश्ते की तरह आसमान से जमीन पर उतरना चाहता है। लोग, जिनके पास इन मूर्ख बातों के लिए अपार खाली समय है, प्रतीक्षा में खड़े हैं। पहले नेता की कार देर से पहुँचती थी, अब उसका हेलीकॉप्टर देर से उतरता है। खड़े हैं चमचे हाथ में डेढ़ रुपये वाले दस हार लेकर। नदी-पहाड़ों के देश में लेट पहुँचना हमारी संस्कृति से जुड़ा है।

विज्ञान के विकास से संस्कृति पुष्ट होनी चाहिए। नष्ट नहीं होनी चाहिए। हेलीकॉप्टर से भी नेता लेट ही उतरता है। अफसर खड़े हैं क्योंकि उनके भाग्य में खड़े रहना ही बदा है।

हेलीकॉप्टर उड़ जाता है। हेलीपैड रह जाता है। प्रेमिका के जाने के बाद उसके छोटे रूमाल की तरह। नेता के आगमन की याद में बना सीमेण्ट का स्मारक जिसकी अब यही उपयोगिता शेष रह गयी कि कुत्ते लेटें। चिड़िया उड़ जाने के बाद खाली डाल की तरह। पता नहीं फिर कब चिड़िया उतरेगी। उतरेगी भी या नहीं। न ही उतरे तो अच्छा। क्योंकि पहले उतरी थी तभी कौन क्षेत्र के भाग खुल गये।

हेलीपैड पर कुछ नहीं होता। बाद में न पंचायत की बैठक जुट सकती है न राजनीतिक सभा। न बच्चों की खुली कक्षा। वे बस्ती से इतने बेदब दूरी पर होते हैं कि वहाँ न कोई जाता है और न जाना चाहता है। पूरे देश में पता नहीं कहाँ-कहाँ ऐसे अनुपयोगी हेलीपैड बने पड़े हैं। जो नेता उससे उतरे थे, उससे अधिक दुर्दशा में। गाँव के लोग सोचते होंगे, इतने ही रुपयों में एक पक्का कुआँ खोद देती सरकार तो देश नीचे नहीं उतर जाता। लोकसभा में यह पूछने लायक प्रश्न है कि पूरे देश में ऐसे कितने हेलीपैड हैं, उनकी प्रान्तवार संख्या कितनी है, उनके निर्माण पर कितना व्यय हुआ। निर्माण के बाद उस पर कितनी बार और कब हेलीकॉप्टर उतरा आदि। पूरा विश्वास है इस प्रश्न का उत्तर बटोरने में एक हेलीपैड बनाने से कम खर्च नहीं आएगा।

हर गाँव में एक बस स्टैण्ड होता है। कभी कीचड़, कभी धूल को सहन करते जहाँ गाँव के लोग गुजरने वाली मोटरों का इन्तजार करते रहते हैं। नेता के आगमन और विदाई के लिए हेलीपैड बनानेवाले उस बसस्टैण्ड को ठीक से नहीं बनाते जहाँ कई लोग रोज गाँठ से पैसा देकर चढ़ते-उतरते हैं। इस देश में नेता की कदर है, आदमी की नहीं। जो कुछ होता है वी. आई. पी. के लिए होता है, सामान्य जन के लिए नहीं। अब यह दूसरी बात है कि वी. आई. पी. के लिए उत्पन्न सुविधा का उपयोग बाद में सामान्य जन करने लगें। लोग चाहें तो चन्दे से हेलीकॉप्टर खरीद हेलीपैड का उपयोग कर सकते हैं।

मैं प्रतीक्षा में हूँ : 2

अपने देश को पूरी तौर से समझने का दावा इस देश में कौन नहीं करता? राजनेता तो करते ही हैं, अर्थशास्त्री करते हैं और साहित्यकार कवि या लेखक का कहना ही क्या। बहुतेरे हैं जो समझते हैं कि देश हमारी जेब में है। जिस तरह रोमाण्टिक कविताएँ पढ़कर ऐसा लगता है कि प्रेमिका का चित्र हर समय कवि के बटुए में रहता है उस तरह राष्ट्रीय कविता पढ़कर लगता है कि देश कवि के कमरे में लटका है। वह जब जहाँ जैसा चाहता उसका उपयोग कर सकता है। सौ साल पहले का कवि अपने देशप्रेम को उतनी ही भौगोलिक सीमा तक व्यक्त करता था जितना उसका ज्ञान था, या भावना थी। मतलब कि किसी ने गोकुल या मथुरा की कुंज-गली का वर्णन कर दिया। किसी ने जयपुर या लखनऊ पर लिखा। या ग़ालिब ने कलकत्ता पर लिख मारा। अपने समूचे देश की शोभा या बिखरे-बिखरे सौन्दर्य को समेटने की कोशिश कालिदास के बाद लगभग गायब है। पर इधर पिछले सौ सालों में जरूर हमें ऐसी कविताएँ ढेरों मिल जाएँगी जिनमें हिमालय से लेकर समुद्र तक देश को एक इकाई के रूप में महसूस कर लिखा गया है।

उत्तर से दक्षिण तक तो यह भूगोल ठीक है। आप क्या कर सकते हैं। ऊपर पहाड़ है, नीचे समुद्र है। पर पूर्व से पश्चिम तक हमारी भावना का विस्तार बहुत बड़ा है, फैला हुआ है। इस मामले में हमारा सीमान्त वह नहीं है जो हमें राजनीति ने दिगा है। पुराने समय में कहा जाता था कि 'जाके मन में अटक है सो ही अटक रहा'। कटक तो सबको पता है क्योंकि वहाँ समुद्र है। पर अटक कहाँ है? हम कहते हैं अटक से कटक तक, पर यह अटक कहाँ है? कनिष्क को हम भारतीय इतिहास में जोड़ते हैं जिसकी राजधानी पुरुषपुर अथवा पेशावर में थी। और बर्मा को हम बरसों तक ब्रह्मदेश कहते रहे हैं। शरत बाबू के औपन्यासिक पात्र कलकत्ता से बर्मा तक ऐसे आते-जाते हैं जैसे अपने देश में भटक रहे हों। इतिहास और पुरानी कविताओं से गुजर कर यदि हम अपने मन में भारत का चित्र बनाएँ तो वह पेशावर से ढाका तक बनता है। रंगून तक बनता

है। राजनीति ने कविता पर सबसे बड़ा अत्याचार यह किया कि उसने हमारे देश की सीमाएँ छोटी कर दीं। मैंने बचपन में भारतमाता के जितने चित्र देखे उसमें भारतमाता का मुकुट कश्मीर था और लंका भारत माँ के चरणों में एक कुमुदिनी की तरह पानी से उभरी लगती थी। तब मुझे कभी नहीं लगा कि लंका हमसे परायी है। रावण पराया था, लंका नहीं। राम और राम के भक्तों ने बड़ी मुश्किल से जो कामचलाऊ पुल समुद्र पर बनाया था उसे बाद के रामभक्तों ने मजबूत नहीं किया। राम विभीषण को लंका का राज सौंप कर आये थे पर उन्होंने उससे यह नहीं कहा था कि भैया तेरा देश अलग, मेरा देश अलग।

कृपया मेरी बात को तुच्छ राष्ट्रीय अहंकार न समझें। यह एक ऐसे लेखक की व्यथा है जिसने बचपन में जिस देश को देखा, होश सँभालने पर उसे वह देश उस रूप में नहीं मिला। देश को लेकर मेरे मन की कविता छिन्न-भिन्न हुई और लगातार छिन्न-भिन्न होती चली गयी। आप मुझ पर अतीत में जीनेवाले का आरोप लगा सकते हैं मगर जब मामला आरोप और बहस पर उतरेगा तब मैं भी आप पर आरोप लगाऊँगा कि आप इस देश का विस्तार नापते हुए सांस्कृतिक गहराई में नहीं जाते। हमें जो देश मिला है हम उससे बड़े देश के नागरिक हैं। मैं अपने अग्रज नेताओं को इसलिए क्षमा नहीं करूँगा और यदि ठीक से लिखा जाए तो वह इतिहास भी क्षमा नहीं करेगा कि उन्होंने चन्द टूटी कुर्सियाँ पाने की जल्दबाजी में देश को और एक बहुत पुराने देश को तोड़ दिया। बचपन में मैं किताबों में पढ़ता था कि भूगोल का प्रभाव इतिहास पर पड़ता है। बड़े होने पर मैंने देखा कि इतिहास का प्रभाव भूगोल पर पड़ रहा है। कराची, लाहौर और ढाका पराये हैं। हैदराबाद और श्रीनगर पर सन्देह है। अब केवल दिल्ली, बम्बई, मद्रास, कलकत्ता के चौकोन में हमारी दौड़ रह गयी है। फ्रण्टीयर चला गया, फ्रण्टीयर गाँधी चले गये। अब सिर्फ फ्रण्टीयर मेल हमारे पास है। पूरी वसुधा को कुटुम्ब माननेवालों को सूचना मिली कि जहाँ तक तुम्हारा कुटुम्ब है वहाँ तक तुम्हारा देश नहीं। एक नागरिक के मन में जो हाहाकार मचा था वह किसी रक्तपात से कम नहीं था। यदि हमारे नेता पाकिस्तान की कल्पना नामंजूर कर दो साल आजादी पोस्टपोन कर संघर्ष जारी रखते तो इस देश में खालिस्तान की कल्पना करनेवाले जनम नहीं लेते। अपनी भावुकता और सुन्दर शब्दों के प्रयोग की धुन में हम नेहरू को स्वप्नदर्शी कहते रहे। पर यह अजीब ट्रेजेडी है कि एक स्वप्नदर्शी कहलानेवाले नेता ने इस देश को एक टूटे हुए सपने की तरह लेना मंजूर किया। इस देश का दुर्भाग्य है कि तब से टूटना और लगातार टूटते रहना एक प्रक्रिया बन गयी। आज भजनलाल और बरनाला चन्द गाँवों के लिए लड़ रहे हैं और दिल्ली उस लड़ाई को बड़ी गम्भीरता से ले रही है। दोस्ती और

बातचीत कराने की कोशिश यों हो रही है जैसे ये दोनों रीगन और गोर्बाचोफ हों। शायद आप समझ नहीं पाएँगे कि हम कितनी गम्भीरता के साथ, हास्यास्पद स्थितियों में जी रहे हैं।

मैं यह सब इसलिए कह रहा हूँ और इन बातों की याद इसलिए दिला रहा हूँ कि एक लेखक के नाते, और हिन्दी लेखक के नाते अपने आपको देश से जोड़ने और देश को समझने में कितनी कठिनाई होती है। सौभाग्यशाली हैं वे लोग जो सिर्फ मुंसीपाल्टी के बारे में सोचते हैं। सौभाग्यशाली हैं वे प्रबुद्ध चिन्तक जो अपनी यूनिवर्सिटी की लड़ाइयों में पड़े रहते हैं। सौभाग्यशाली हैं वे घटिया नेता जिनका संसार उनका चुनावक्षेत्र और हद से हद उनका जिला या प्रान्त होता है। वे परम सुखी हैं। सबसे भले वे...जिन्हें जगतगति नहीं व्यापती। देश उनके लिए एक नारा है। कोरस गीतों का एक कार्यक्रम है। एक क्षेत्र है जहाँ जाने के लिए पासपोर्ट नहीं लेना पड़ता। देश वह है जहाँ हम अपना बिजनेस फैला सकते हैं। जहाँ तक हम नौकरी के लिए अप्लाय कर सकते हैं। देश वहाँ तक है जहाँ तक हमारी ब्रांचेज हैं। देश वह है जहाँ तक हमारे ग्राहक फैले हैं। देश वहाँ तक है जहाँ तक हमारे स्वार्थ हैं। देश वहाँ तक है जहाँ तक हमारी जानकारी है। देश उतनी दूर तक फैला है जहाँ तक आप ट्रंककाल लगा सकते हैं। नेशन वहाँ तक है जहाँ तक टी. वी. का नेशनल नेटवर्क है। देश वहाँ तक है जहाँ तक वोटर वोट देते हैं।

इन बातों को समझाकर आप एक छात्र को बहला सकते हैं। एक व्यापारी बिजनेस कर सकता है। एक राष्ट्रीय बैंक अपनी शाखाएँ फैला सकता है। एक केन्द्रीय नेता अपने भाषणों से भरी यात्रा का कार्यक्रम निश्चित कर सकता है। पर आप यदि एक लेखक से भी यही अपेक्षा करेंगे कि वह अपनी सोच और संवेदना का दायरा यह बना ले तो आप मुझे एक शानदार विरासत से काट देंगे। पूरा अतीत मेरे चिन्तन से आपरेट कर अलग कर देंगे। जिस मोहनजोदड़ो से मैं अपना इतिहास आरम्भ करता हूँ वह पाकिस्तान में है। तो मैं क्या करूँ? इतिहास आरम्भ ही न करूँ! यों तो देखो तो सिकन्दर भारत आया ही नहीं। वह पाकिस्तान तक आकर लौट गया। सेल्युकस से हमें क्या मतलब? महाराजा रणजीत सिंह की राजधानी लाहौर थी। क्या करें? सिखों को पाकिस्तान का मान लें। ढाका की मलमल का जिक्र न करें। कितनी कतरब्योंत करें अपने सोचने के ढंग में। एक भारतीय लेखक का मन गोरखनाथ के साथ उनके पदचिह्नों का अनुसरण करते हुए भटकना चाहिए। नीलांचल से सिंहलद्वीप, विन्ध्याचल से हिमालय, सुदूर कामरूप कामाख्या से ब्रह्मदेश तक। जहाँ तक उन्होंने अलख जगायी वहाँ तक हमें देखना-सोचना चाहिए। वहाँ तक हमारा देश है। अनिरुद्ध

के सपनों में उषा जितनी दूर थी उतनी दूरी को हमें निकटता माननी चाहिए। जहाँ तक राम की पूजा हुई है, जहाँ तक कृष्ण का नाम फैला है, जहाँ तक शिवलिंग पूजे गये हैं वहाँ तक हमारा देश है। इस विस्तार से कम हमारी संकीर्णता नहीं होनी चाहिए। हमारी राजनीतिक चातुरी गंगा से कावेरी तक सीमित हो पर हमारे साहित्यिक मन को ब्रह्मपुत्र और सिन्धु को लाँघना चाहिए। लाँघते रहना चाहिए।

यह सब मैं इसलिए कह रहा हूँ कि इस देश के लेखक के नाते, मैं जिस विराट संस्कृति का नागरिक हूँ, उसे समझना और जानना कितना मुश्किल है! हम जो कलम की नोक पर देश को टिकाये रखने का दम भरते हैं कितने असहाय हैं! कितने अनाथ हैं! कई बार मुझे लगता है कि देश की बात बड़े दम से करते समय हम थोथे नेताओं से कम नहीं। पता नहीं हमारी कही और लिखी सचाइयों में कितना झूठ है, कौन जाँचेगा हमें? कौन है जो देश को पूरी तरह ठीक अर्थों में समझता है और हमारी ठीक समीक्षा कर सकता है? अन्धा सूरदास जितना कृष्ण को जानता था उतना हम आँखवाले अपने पड़ोसी को नहीं समझते। फिर भी हम देश और समाज के विषय में जानने का दम भरते हैं और कहने का दावा करते हैं। जिस तरह एक व्यक्ति जो निरन्तर हवाई जहाज में बैठा इस देश की भूमि और आकाश को देखता रहा और एकाएक जमीन पर उतरकर उस देश का नेता और प्रधानमन्त्री हो जाता है। उसी तरह हम इस देश के विषय में अपनी कल्पनाओं और किताबी जानकारियों के आसमान से उतरकर एकाएक लेखक हो गये हैं। हम अपनी मीठी भाषा से आपको बाँधते हैं, मोहित रखते हैं। और आप, नेता की मुस्कान में देश का उज्ज्वल भविष्य खोजने और आश्वस्त रहनेवाले भोले-भाले और भले लोग, हमारे लेखन से सहमत हैं। पर इस तरह की मधुरता न लेखन की शर्त है और न लेखक और पाठकों के रिश्ते की शर्त है।

यहीं आकर सारी परेशानी है। आप या मैं इस देश को या देश की समस्या को सही परिप्रेक्ष्य में समझना चाहते हैं तो कैसे समझें! पिछले सौ वर्षों में देश, भाषा, प्रान्त और प्रान्त के लोगों के बारे में इतने अधिक पूर्वग्रह हमारे मन-मस्तिष्क में भर दिये गये हैं कि उस पूरे जाल को तोड़कर समस्याओं की जाँच करना मुश्किल होता है। जैसे कि किसान बड़ा मेहनती होता है, मजदूर शोषित होता है, व्यापारी कंजूस होते हैं, सरदार बड़े बहादुर होते हैं, बंगाली बड़ा संवेदनशील और उत्तेजना से भरा होता है, मद्रासी बड़ा केरियरवादी और हिसाबी-किताबी होता है, कायस्थ बड़ा होशियार होता है, भिण्ड मुरैना के लोग डाकू होते हैं, पहाड़ी ईमानदार होते हैं, आदिवासी हमेशा नृत्य करते रहते हैं। कामरूप की औरतें जादू करती हैं, बस्तर में सेक्स का बड़ा सुख है, राजस्थान में गाना-नाचना चलता रहता है, बनारस में विद्वान होते हैं, लखनऊ में नज़ाकत

कोचीन से लेकर उत्तर केरल तक जो एक लम्बी पट्टी चली गयी है बस वही मेरा आकाश और वही मेरी जमीन होती। वही भाषा, वही दर्द, वही सुख-दुख। थोड़ा अपने प्रान्त का अर्थशास्त्र का ज्ञान, एक सीमित भूगोल का इतिहास और एक साहित्यिक परम्परा का ज्ञान पर्याप्त होता। मतलब, मैं थोड़ा कुछ लिखकर अच्छा-खासा तकषी शिवशंकर पिल्लै होता और मुझे सन्तोष होता कि मैं अपने लेखन में अपने समाज को ठीक से व्यक्त कर रहा हूँ। यदि मैं असमी लेखक होता तब भी मेरा उत्तरदायित्व इतना नहीं होता और यह जरूरी नहीं माना जाता कि सारा भारत मेरे लेखन से व्यक्त हो।

मैं हिन्दी का लेखक हूँ। और हिन्दी आप जानते हैं नौ रस, पचास प्रभाव, और पता नहीं कितनी परम्पराओं, भावधाराओं का जमघट है। संस्कृत की पुत्री, बोलियों की अम्मा, अँग्रेजी की पिछलग्गू। यह जनता की भाषा है, धर्म की भाषा है, राजनीति के क्षेत्र में लोगों को मूर्ख बनाने की भाषा है, अनुवाद की भाषा है, मूल की भाषा है। यह वर्नाक्यूलर है। एक दृष्टि से हम कामनवेल्थ संस्कृति के वर्नाक्यूलर में लिखनेवाले लेखक हैं। हमारे लिए जरूरी है कि अखिल भारतीय वास्तविकताओं की जानकारी पाने के लिए हम अँग्रेजी जानें। हिमालय, गंगा, ताजमहल पर श्रेष्ठ पुस्तकें अँग्रेजी में लिखी गयी हैं। दक्षिण के विषय में सारी जानकारी हमें अँग्रेजी से मिलती है। हमारे देश के दार्शनिक, अर्थशास्त्री स्वयं को अँग्रेजी में व्यक्त करते हैं। अन्तर्राष्ट्रीय मामलों में अपनी तुच्छ समझ को बरकरार रखने के लिए हमें अँग्रेजी से जुड़े रहना है। एक पूरा वर्ग है, एक सत्ता है, एक व्यवस्था है, आर्थिक शक्तियाँ हैं जो अँग्रेजी के पीछे हैं। जिन लोगों ने अँग्रेजी को सींचा उन लोगों ने अपने बच्चे कान्वेण्ट भेज दिये हैं। वे कृतसंकल्प हैं कि भविष्य में भी अँग्रेजी जस की तस रहेगी। गरीब और अपढ़ लोगों के वोटों से बनी सरकार उस प्रभावशाली अँग्रेजीपरस्त वर्ग के विरुद्ध नहीं जा सकती। हम और आप अँग्रेजी पर मुग्ध हैं जैसे अँग्रेजी न हो मार्लिन मनरो की लम्बी गोरी टाँग हो। जब कोई सुरीली अँग्रेजी बोलता है हमें लगता है हाय ऐसी बाँसुरी हम बजाते। जब हमारा प्रधानमन्त्री अन्तर्राष्ट्रीय मंचों पर तात्कालिक भाषण प्रतियोगिता में भाग लेनेवाले छात्र के उत्साह से मधुर अँग्रेजी बोलता है, हम नहीं जानते कि वह क्या बोल रहा है पर हमें लगता है हाय यह मानव जीवन का कितना उच्चतम क्षण है जब आप इतनी ऊँचाई से अँग्रेजी बोल रहे हैं। हमने दिनकर, महादेवी और यहाँ उपस्थित बहुत लोगों ने स्वर्गीय माखनलाल चतुर्वेदी को भाषण देते सुना होगा। उन्हें सुनकर यह मन नहीं हुआ कि हम ऐसी हिन्दी बोलें। पर जब कोई अँग्रेजी में स्वरलहरी बहाता है रीढ़ में मधुर कम्पन होने लगता है। यह वही मधुर कम्पन है जो सरोजिनी नायडू की अँग्रेजी सुन

जवाहरलाल नेहरू की पीठ में होता था। जवाहरलाल जो अपने इलाहाबाद जाने पर निराला से मिलने का समय न निकाल पाते थे पर लन्दन जाने पर बर्नाड शॉ से मिलने के आकांक्षी रहते थे। बड़े अपमानों से गुजरी है हिन्दी। भवानी भाई ने एक बार कहा था, हिन्दी बड़ी है, शायद इसीलिए सबके चरणों में पड़ी है। हिन्दी तब इतनी दुर्भाग्यशाली नहीं थी जब अँग्रेजों का राज था। उसके दुर्भाग्य की कथा तब से आरम्भ होती है जब से हिन्दी भाषी क्षेत्र से सत्ताधारी केन्द्र में आये और उनके राज में हिन्दी घर की मुर्गी दाल बराबर रही। जिस तरह इन सत्ताधारियों द्वारा अहिन्दी क्षेत्रों को प्रसन्न करने के लिए अहिन्दी भाषा को उचित आदर दिया वैसा उचित आदर हिन्दी को भी शायद मिलता यदि केन्द्र की सत्ता में दक्षिण के लोग आते। वे हिन्दी की उपेक्षा तो नहीं करते। वे अपनी भाषा को भी आगे बढ़ाते। यह तो उनका धर्म है, उन्हें करना ही चाहिए। आज हिन्दी का थोड़ा-बहुत प्रसार है उसमें सरकार का योग नगण्य है और जो कुछ उन्होंने किया है उसने दक्षिण के मन में हिन्दी के प्रति नापसन्दगी और विरोध उत्पन्न किया है। शासन अपनी अँग्रेजीपरस्त नीतियों से हिन्दी के मन में हीनभाव उत्पन्न करती है। अपनी हिन्दी नीति से दक्षिण में विरोध उत्पन्न करती है। हिन्दीभाषा का लेखक सारे जहाँ का दर्द अपने जिगर में पाले अपनी ही मित्र भाषाओं से कटा रहता है। हमारे लिए ग़ालिब का अध्ययन आवश्यक है पर एक उर्दूभाषी के लिए आवश्यक नहीं कि वह तुलसी, निराला पढ़े। भावनात्मक एकीकरण की सारी जिम्मेदारियाँ हमारी हैं। उन्हें संकीर्णता प्रशंसनीय है क्योंकि तब वे अपनी जड़ से जुड़े लगते हैं। वे चाहते हैं कि हम अपनी जड़ से जुड़ें पर गहरे नहीं। बस सौ दो सौ साल। उससे गहरे गये कि रीएक्शनरी कहलाये। प्राचीनता से जुड़ना ब्राह्मणवाद से जुड़ना माना जाता है और ब्राह्मणवाद से जुड़ना प्रतिक्रिया माना जाता है। हिन्दी को आमफहम बनाइए। पर भाषा का आमफहम होना क्या होता है इसे हम परिभाषित नहीं कर सकते। इसे वे परिभाषित करेंगे।

मैं हिन्दी का प्रचारक नहीं हूँ। मैं हिन्दी का लेखक हूँ। मैं शुद्ध हिन्दीवादी भी नहीं हूँ। पर मैं अपनी भाषा की शक्ति पहचानने के लिए समाजशास्त्रीय तथ्यों तक पहुँचना चाहता हूँ। हिन्दी एक अत्यन्त उदार भाषा है। हम जो कहते हैं कि हमारी सांस्कृतिक जमीन खैबर के दर्रे से ढाका और बर्मा तक फैली है तो इसी तथ्य ने हमारी मूल भाषा को उदार बनाया है। हिन्दी में शब्दों को आत्मसात करने का अनोखा गुण है। हिन्दी इस देश की मूल भाषा है। भाषा को नामकरण हमेशा विदेशी देते हैं। हमारी भाषा को विदेशियों ने हिन्दी बाद में पुकारा हो पर हम बोलते पहले से रहे हैं। वह हिन्दी आज जैसी हिन्दी न हो पर वह थी हिन्दी ही। प्राकृत का कोई रूप जो आर्यों के आने से पहले से रहा होगा। उस भाषा

में भी उदारता थी। उसने आर्य भाषा को आत्मसात किया। आर्यों ने अपने व्याकरण और शब्द संरचना के सहारे संस्कृत को रूप दिया। हमारी मूल भाषा तब भी थी। उसने परिस्थितियाँ बदलने पर संस्कृत के शब्द फेंके और अरबी फारसी के शब्द अपनाना शुरू किये। परिस्थितियाँ फिर बदलीं और हमारी इसी निरन्तर सँवरती-बिगड़ती भाषा ने फारसी, अरबी के शब्द फेंके और अँग्रेजी के शब्द अपनाना आरम्भ कर दिये।

मैं भाषाशास्त्र पर व्याख्यान नहीं देना चाहता। मैं इतना कहना चाहता हूँ कि मेरे देश के सत्ताधारी चाहे अँग्रेजी उर्दू का हीनभाव जीएँ, उससे डरें, समझौते करें। वे यह सपना भी देखें कि इक्कीसवीं सदी तक पहुँचते सारे देश में तकनीकी विकास के नाम पर अँग्रेज के बच्चों की भीड़ लग जाएगी। मगर मैं हिन्दी के लेखक के नाते अपने को एक हजारों साल पुरानी भाषा के शब्दों से, अर्थ के संसार से जुड़ा पाता हूँ। मैं किसी भी विदेशी कसौटी पर अपनी भाषा को नहीं परखूँगा। मुझे उस सशक्त व्याकरण पर भरोसा है जिसने हजारों वर्षों से आदमी को आदमी से जोड़ा और शब्दों को जीवन्त और सार्थक रखा। इसलिए हिन्दी में लिखना विरोध का कर्म है। यह तब भी था जब राज-दरबारों में संस्कृत सम्मानित होती थी। यह तब भी था जब शाही महफिलों में फारसी और उर्दू का बोलबाला था। हिन्दी में लिखना तब भी विरोधी कर्म था जब अँग्रेजों का राज था। और आज भी है जब देश में अँग्रेजीपरस्तों का राज है। मैं संस्कृत, उर्दू, अँग्रेजी भाषाओं का विरोधी नहीं हूँ पर मैं उस शासन का विरोधी हूँ जो अपने समाज पर राज करने के लिए, अपने समाज की भाषा बोली से कटकर विशिष्ट जनों की एक ऐसी भाषा को प्रश्रय देते हैं ताकि सत्ता के केन्द्रों पर उच्च वर्ग छाया रहे और उस देश का गरीब प्रतिभा और योग्यता होने के बावजूद कभी सत्ता में हिस्सेदारी न कर सके। अँग्रेजी चाहे कितनी ही समृद्ध और भरी पूरी भाषा हो पर इस देश में उसकी भूमिका जनविरोधी है। इस देश के लाखों गरीबों का विकास अँग्रेजी के कारण रुका हुआ है। यदि प्रान्तों को अपनी भाषाओं में विकास का अवसर दिया जाए और हिन्दी एक सम्पर्क सूत्र हो तो इस देश में सागाजिक क्रान्ति हो सकती है, जिसकी कल्पना से काँप हमारे सत्ताधारी अँग्रेजी से चिपके रहते हैं।

तो हमारी एक भाषा, वही एक भाषा इस देश की, जिसने आर्यों के आगमन के समय आर्य शब्द स्वीकार किये। जब दरबारों में संस्कृत का बोलबाला था तब संस्कृत के शब्द स्वीकार किये। जब फारसी अरबी का वक्त आया तब उन शब्दों को अपनी भाषा में समाहित कर लिया। जब अँग्रेजों का राज हुआ तब अँग्रेजी शब्द अपने में ले लिये। आज वही भाषा प्रशासन के द्वारा दिये हिन्दी

के ही अनेक कठिन, दुरूह, अनुवाद की प्रक्रिया से बने नकली तरह से गढ़े हुए शब्दों को अपनाने के लिए अभिशप्त है। पता नहीं हिन्दी कब हिन्दी हो सकेगी। वह सब कुछ होती रही पर हिन्दी नहीं हो सकी।

हम इस गलतफहमी में जी रहे हैं कि हमारी भाषा उन्नत स्वरूप अर्जित कर चुकी। हो सकता है हम प्रागैतिहासिक अवस्था में जी रहे हों। पर प्रागैतिहासिक अवस्था में जीते समय हम कैसे पहचान सकते हैं कि यह प्रागैतिहासिक अवस्था है। हमें तो यह बड़ी उन्नत और सही लगती है। प्रेमचन्द को अपने जमाने में सही और उन्नत लगती थी। उन्हें क्या पता था कि जिस भाषा में वे लिख रहे हैं वह पुरानी पड़ जाएगी। मैं कैसे कह सकता हूँ कि जिस भाषा में मैं अभी लिख बोल रहा हूँ वह पचास वर्ष बाद व्यर्थ न हो जाएगी।

लिखते समय ऐसा कोई भय मलयालम, तमिल या बांग्ला के लेखक के मन में नहीं होता। हिन्दी के लेखक के मन में होता है। उसका लिखा वाक्य बदलते समय की कसौटी पर खरा उतरेगा या नहीं।

इसलिए मित्रो, एक हिन्दी लेखक अपने देश, अपने समाज और मनुष्य से जुड़ने में बड़ी कठिनाई अनुभव करता है। चुनौतियों का सामना करते समय कितने भय उसके मन में हैं। जीवन की गति ही नहीं स्वरूप बदल गया है। मनुष्य की वह झलक अब समाज में देखने को नहीं मिलती जो हम साहित्य में देखते आये हैं। कहाँ गये वे प्रेमचन्द के पात्र। कहाँ गया वह गुलेरीजी की कहानी का पात्र। सब कहीं भीड़ में खो गये। तीस साल से मैं देख रहा हूँ। हिन्दी ने लेखक के कर्म और धर्म को परिभाषित करने के लिए कितने आन्दोलन आरम्भ किये। नयी, सहज, अ, या सचेतन कहानी। गाँव, कस्बे, शहर की कहानी। युवा कहानी, ऐसी ही धाराएँ, कविताएँ। लगता है एक चिड़िया उड़ गयी जो हाथ नहीं आ रही है। आदमी साबुन की बट्टी की तरह बार-बार हमारे हाथ से फिसल रहा है। साहित्य जो सदा से आम आदमी पर, आम आदमी का और आम आदमी के लिए होता या वह आम आदमी से एकाएक अपरिचित हो गया है और बहस कर रहा है कि आम आदमी क्या है? जैसे लेखक एक विशेष, विशिष्ट जन्तु है और उसे आम आदमी को समझना है। जैसे हम एक सुसभ्य गाँव हैं और आम आदमी जंगल का जानवर है। अपने को जनभाषा कहनेवाली हिन्दी के चिन्तन की गिरावट का यह नमूना है कि एक आम आदमी की भाषा आम आदमी का पता पूछने लगी। ऐसा लगता है कि इस देश में कुछ अँग्रेजी दिमाग से जीनेवाले लोग हिन्दी को जीवन जीने के एक स्टण्ट के रूप में अपनाये हैं।

मैं लेखक हूँ और लेखक के विषय में कहा जाता है कि वह किसी भाषा

विशेष का नहीं होता। हम तो संगीत उत्पन्न करते हैं, फिर हमारा वाद्य कोई भी भाषा हो। वही हमारा धर्म है। हमारी जाति लेखकों की जाति है और इस जाति की अनेक भाषाएँ हैं। बात अपने में सही है पर भाषा ही हमारा औजार है, हमारा वाद्य। वाद्य पर ध्यान दिये बिना हम संगीत उत्पन्न नहीं कर सकते। भाषा ही हमारा माध्यम है। हिन्दी में लेखन एक ऐसे कार्यक्रम की तरह हो रहा है जिसमें वाद्य गड़बड़ है, संगीत उत्पन्न नहीं हो रहा, श्रोता गायब है। संयोजक है, पारिश्रमिक भी है, सम्मान भी है। पर मंच पर बैठे हम सोच रहे हैं। क्या? किसके लिए? एक तर्क यह है कि संगीत उत्पन्न करें तो श्रोता लौट आएँगे। दूसरी ठसक यह है कि श्रोता आ जाएँ तो आरम्भ करें।

हम अपने कलाकार होने के रोब में वाद्य की कमजोरियों को नकारते हैं। हम अपनी भाषा पर मोहित रहते हैं। पर मनुष्य की भाषा कभी परिपक्व नहीं होती, उसी तरह लेखक की भाषा भी कमजोर होती है। हमें वाद्य पर नहीं संगीत पर ध्यान देना चाहिए।

एक समय था मैं सोचता था कि लेखक के रूप में मेरा संसार बहुत बड़ा है। रवीन्द्र, शरत, प्रेमचन्द, मण्टो, चेखव, टाल्सटाय, गोर्की, बालज़ाक और ऐसे अनेक नामों की दुनिया थी। लिखते-लिखते अब मेरा संसार छोटा होता जा रहा है। अब मैं देश के विषय में ही सोचता हूँ। प्रान्त, भाषा के झगड़े मेरा ध्यान खींचते हैं। मुझे यह अच्छा नहीं लगता कि मेरा और मेरे देश का यह अजीबोगरीब पतन-सा हो रहा है। मैं आपसे यह अपेक्षा करूँगा कि आप अपने व्यक्तित्व में अपना देश खोजें तो मैं आपके व्यक्तित्व में अपने देश के दर्शन कर सकूँ और आपकी बात लिखकर देश की बात लिख सकूँ। आप अपने में एक संसार, एक विश्व महसूस करें तो हिन्दी का लेखक अपनी कलम में विश्व अभिव्यक्त कर सके। आप उस पूरे दुश्चक्र से मुक्त हों जो इस देश की आर्थिक और राजनीतिक स्वार्थों ने आपके इर्द-गिर्द खड़ा कर दिया है और लेखक को यह इजाजत दें कि वह आपके करीब आ सके। देश से जुड़ना देशवासी से जुड़ना है और देशवासी से जुड़ना देश से जुड़ना है। पर यदि देशवासी में उसका देश न नजर आये तो उससे एक लेखक कैसे जुड़े। कृपया भाषा को इस दुर्भाग्यपूर्ण स्थिति से मुक्त करने में योग दें। आप देश बनें ताकि हमारा लेखन देश का लेखन बन सके। और हिन्दी देश की भाषा हो। आज आप भी अँग्रेजी के अनुवाद हैं और हिन्दी भी अनुवाद है। जब आप मूल पर लौटेंगे तब मौलिकता आरम्भ होगी। मैं जो मौलिक लेखक होने के दम्भ में जीता हूँ आपसे भी ऐसे किसी दम्भ को नकार वास्तविकता को समझने का आग्रह करता हूँ।

●●●